DIE DEUTSCHE KRIEGSMARINE IM 2. WELTKRIEG

EDWARD P. VON DER PORTEN

Die deutsche Kriegsmarine im 2. Weltkrieg

MOTORBUCH VERLAG STUTTGART

Umschlag-Zeichnung: Carlo Demand.
Einband und Umschlag-Konzeption: Siegfried Horn.

Copyright © 1969 by Edward P. von der Porten.
Die US-Ausgabe ist erschienen bei Thomas Y. Crowell Company, New York,
unter dem Titel »The German Navy in World War II«.

Die Übertragung ins Deutsche besorgte
Horst Willmann.

Marinefachliche Bearbeitung der deutschen Ausgabe:
Hans Dehnert.

ISBN 3-87943-287-2

2. Auflage 1976
Copyright © by Motorbuch Verlag, 7 Stuttgart 1, Postfach 1370.
Eine Abteilung des Buch- und Verlagshauses Paul Pietsch GmbH & Co KG.
Sämtliche Rechte der Verbreitung in deutscher Sprache – in jeglicher Form und Technik –
sind vorbehalten.
Gesamtherstellung: J. Ebner, Grafischer Herstellungsbetrieb, 79 Ulm.
Printed in Germany.

Inhaltsverzeichnis

Gewidmet dem Andenken
an meinen Großvater,
Paul M. von der Porten,
Arzt, Schriftsteller und Historiker
in Hamburg und New York,
1879 – 1964.
Die Geschichte war sein Lebensinhalt.

Vorwort

Dieses Buch von Mr. Edward P. von der Porten gibt in der großen Linie ein zutreffendes, klar und anschaulich geschriebenes Bild der deutschen Seestrategie.

Die politische und die militärische Führung Deutschlands hatten, im kontinentalen Denken aufgewachsen und in ihm befangen, die gesamt-strategisch entscheidende Bedeutung des Seekrieges nicht erkannt. Dieses Unverständnis war einer der wesentlichen Gründe für die von der deutschen Staats- und Kriegführung gemachten politischen und strategischen Fehler.

Ich wünsche diesem hervorragenden Buch von Mr. von der Porten eine weite Verbreitung.

Möchten die in ihm enthaltenen Erkenntnisse über den Zweiten Weltkrieg dazu beitragen, daß der Frieden der Welt erhalten bleibe.

Dönitz
Großadmiral a. D.

Einführung des Verfassers

Der Krieg ist oft als ein Phänomen, das von den großen Entwicklungszügen der Geschichte scharf zu trennen ist, behandelt worden: als großes Abenteuer; als mystische Probe auf die Stärke des einzelnen oder der Nation; als Schachspiel der Könige; als sinnloser Kampf, der insgeheim von der Wirtschaft kontrolliert wird; oder als größte Vernunftlosigkeit der Menschheit. Jeder dieser Gesichtspunkte spiegelt *einen* Aspekt der Wahrheit wider. Akzeptiert man aber nur einen von ihnen isoliert von den anderen, so macht man das Studium der Kriegsgeschichte zur alleinigen Aufgabe von Technikern, Altertumsforschern oder Moralphilosophen. Die Vorstellungen des 19. Jahrhunderts über einen Sieg – als Vernichtung der Kriegsmöglichkeiten und des Kriegswillens des Gegners – stellen ebenso unzureichende, wenn nicht törichte, Analysen von Mechanismen und Methoden dar, nicht aber der tatsächlichen Strategie. Unser ungestümes Jahrhundert, dessen Möglichkeiten zur Massenvernichtung alles bisher Dagewesene übersteigen, erfordert es, daß der Krieg in allen seinen weitreichenden Beziehungen zu nationalen und internationalen Entwicklungen gesehen wird.

Unter diesem Gesichtspunkt kann ein genaues Studium der theoretischen und der tatsächlich angewendeten Strategien und Taktiken des schwächsten Teiles der Streitkräfte eines der aggressivsten politischen Systeme der modernen Welt, der Kriegsmarine des nationalsozialistischen Deutschland, wertvolle Erkenntnisse für die noch erschreckendere Umwelt und die weit folgenreicheren Entscheidungen vermitteln, die im Atomzeitalter getroffen werden müssen. Die deutsche Marine der Jahre 1919–1945 stellt das Beispiel einer einfachen, rein militärischen Organisation dar, deren einziges Ziel in der Bereitstellung eines Machtmittels für den Staat bestand. Diese Marine war kleiner als die meisten der zeitgenössischen anderen. So zeichnen sich hier alle Probleme besonders klar ab, und Siege wie Niederlagen bieten sich relativ unkompliziert für eine saubere Analyse an.

Es ist üblich, das Studium militärischer Ereignisse unter drei Gesichtspunkten vorzunehmen, der »großen« oder Gesamtstrategie, der militärischen oder Teilstrategie und der Taktik.

Unter der Gesamtstrategie wird die Summe aller Planungen auf politischem, wirtschaftlichem und militärischem Gebiet zur Erreichung grundlegender politischer Ziele verstanden, und sie stellt in diesem Sinne die höchste Integrationsstufe nationaler Planung zur Förderung und Verbesserung der Position einer Nation im internationalen Rahmen dar. Wie aufgezeigt werden wird, hat für das Deutschland unter der Regierung Hitlers eine solche Gesamtstrategie nicht existiert, wenn man von den Vorstellungen, die Hitler allein für sich entwickelt hatte, absieht.

Die militärische Teilstrategie oder Strategie im engeren Sinne ist die Kunst, durch Ausnutzung der eigenen Machtmittel nationale Ziele auf dem internationalen Felde unter geringstmöglichen Risiken und mit kleinsten Einbußen zu erreichen. Sie setzt sich zusammen aus der Schaffung der Machtmittel, der Planung für mögliche Alternativen und der Bereitstellung der Streitkräfte zur Verfügung der militärischen Führung, so daß sie vor einem Zusammentreffen mit einem Feind in günstigste Ausgangspositionen gebracht werden können.

Die Taktik schließlich bezieht sich auf die Verteilung und den Einsatz von Streitkräften während eines Kampfes.

Die vorliegende Arbeit untersucht die theoretischen strategischen Planungen der deutschen Marine, die Mittel, die ihr zur Verfügung standen, die Einflüsse, welche die Strategie veränderten, und die dann tatsächlich unter dem Zwang der Ereignisse und dem Einfluß der beteiligten Persönlichkeiten verwirklichte Strategie. Anzeichen einer Gesamtstrategie sind hierbei, soweit sie sich feststellen lassen, von besonderem Interesse, obwohl der Versuch, eine solche, für die ganze Zeit des Nationalsozialismus bestehende, festzustellen, vergeblich ist. Ein großer Teil der Darstellung ist der Seestrategie gewidmet, einer Strategie, die häufig merkwürdig isoliert von anderen, gleichzeitigen Ereignissen erscheint – und zwar nicht nur isoliert von Entwicklungen im verbündeten Italien oder im schnell besiegten Frankreich, sondern auch von den anderen deutschen Wehrmachtteilen und vom Oberkommando der Wehrmacht. Die Folgen einer solchen strategischen Zersplitterung werden aufgezeigt werden.

Strategie führt zu Operationen, und die Taktik führt zur Modifizierung der theoretischen Grundlagen, aus denen die Strategie entwickelt wurde.

Die Kampfhandlungen, die für eine genaue Durchleuchtung herangezogen werden, sind die, die Änderungen in der Strategie erzwangen, das Denken der politischen und militärischen Führer Deutschlands beeinflußten oder aus anderen Gründen ein spezielles Interesse erwecken. Viele Operationen der schweren Einheiten hatten Einfluß im strategischen Bereich, während Ubootoperationen oft nur Ele-

9

mente größerer Kriegsabschnitte waren, in denen Einzelereignisse keine entscheidende Bedeutung erlangten. So sind die relativ wenigen Darstellungen aus dem Ubootkrieg nicht etwa ein Anzeichen dafür, daß die Bedeutung des Ubootes im Kriege vom Autor als geringfügig betrachtet wird.

Die Großadmirale Erich Raeder und Karl Dönitz waren die dominierenden Persönlichkeiten der Marine dieser Epoche. In einem anderen Sinne gilt das gleiche für Hermann Göring in der Luftwaffe. Alle wurden jedoch von Adolf Hitler überschattet, der sich zusätzlich zu seiner politischen Macht als oberster Kriegsherr auch die militärischen Stellungen des Oberbefehlshabers des Heeres und der Wehrmacht anmaßte. Die Vorstellungen Hitlers und Görings sollen hier nur insoweit in die Analyse mit einbezogen werden, als sie Auswirkungen auf die Seestrategie hatten. Die Politik wird ausgeklammert, sofern sie nicht direkt auf die Strategie einwirkte.

Danksagung

Frühere deutsche Marineoffiziere haben mir in großzügiger Weise ihre Zeit zu Interviews zur Verfügung gestellt, das Manuskript in verschiedenen Entstehungsstadien gelesen und mir Fragen beantwortet. Ihre Hilfe erbrachte viele wertvolle Informationen und interessante Detailangaben und machte die Korrektur einer großen Zahl von Irrtümern möglich. Besonders zu Dank verpflichtet bin ich Großadmiral Karl Dönitz, Generaladmiral Wilhelm Marschall, Admiral Werner Fuchs, Admiral Theodor Krancke, Konteradmiral Gerhard Wagner, Konteradmiral Edward Wegener, Vizeadmiral Friedrich Ruge, Konteradmiral Eberhardt Godt, Konteradmiral Hans Meyer, Kapitän z. See Gerhard Junack und Prof. Dr. Jürgen Rohwer.

Lieutenant (j.g.) Donald Hansen, USNR, und Mrs. Clarence Phillippi lasen das Manuskript, Mrs. Richard Bigelow war bei den Korrekturen behilflich. Die vielen Stunden, die sie auf diese Arbeit verwandten, erbrachten ein Buch, das weitaus lesbarer ist, als es anderenfalls gewesen wäre.

Meine Frau, Saryl, half mir schließlich, die Reisen, die mit den Studien verbunden waren, zu ermöglichen. Sie brachte viele Opfer, um die Fortführung der Arbeit zu sichern, und sie schrieb das Manuskript der endgültigen Fassung und korrigierte es. Ohne ihre Hilfe wäre die Arbeit nicht zustande gekommen. Ich hoffe, sie entspricht ihren Erwartungen.

Ich glaube, alle Fakten über die deutsche Marine sachlich richtig wiedergegeben zu haben. Für ihre Gewichtung und Interpretation trage ich allein die volle Verantwortung.

Neue Schiffe und neue Strategien

JUNI 1919 – SEPTEMBER 1939

Das Linienschiff *Friedrich der Große*, Flaggschiff der Kaiserlichen Hochseeflotte in der Skagerrakschlacht, setzte die Flagge in der ausländischen Bucht von Scapa Flow, dem Stützpunkt der Grand Fleet Großbritanniens während des Ersten Weltkrieges, der 7 Monate zuvor zu Ende gegangen war. Zur gleichen Zeit stiegen auf 73 anderen Kriegsschiffen in dieser Flottenbasis die deutschen Flaggen empor. Kein Geschütz feuerte hierbei Salut, noch war es das Signal zum Gefecht, und dennoch sank *Friedrich der Große*. Nahe der deutschen Flotte lagen untätig Schiffe unter dem stolzen »White Ensign« Großbritanniens. Während *Friedrich der Große* sank, begann der Schlachtkreuzer *von der Tann* stärker und stärker zu krängen, während eine Abteilung nach der anderen geflutet wurde. Er hatte bei der Doggerbank und in der Skagerrakschlacht gekämpft, dort die *Indefatigable* aus dem Schlachtkreuzergeschwader des Vizeadmirals Sir David Beatty versenkt und dann das Feuer der britischen Schlachtschiffe erwidert, bis nahezu alle seine schweren Geschütze ausgefallen waren. Dennoch hatte er seinen Platz in der Linie gehalten. Das war 1916, drei Jahre zuvor, gewesen. Am 21. Juni 1919 sank er schließlich – nicht von feindlichen Geschossen zerrissen, sondern von der eigenen Besatzung in einem letzten Akt des Trotzes versenkt, der die Alliierten um ihre Kriegsbeute brachte. Um ihn herum versanken die anderen großen Schiffe der Kaiserlichen Flotte: das Linienschiff *Bayern*, das zur Zeit der Skagerrakschlacht noch nicht fertiggestellt war und noch nie gegen eine feindliche Flotte gekämpft hatte; das Geschwaderflaggschiff *König*, das die Schlachtflotte im konzentrierten Feuer der Grand Fleet angeführt hatte; 12 weitere Großkampfschiffveteranen, 8 kleine Kreuzer und 50 große Torpedoboote. Die Briten reagierten viel zu spät und eröffneten rachsüchtig erst das Feuer, als die deutschen Besatzungen die sinkenden Schiffe verließen.

Die Verzweiflungstat von Scapa Flow überdeckte die Erinnerung an jene frühen roten Novembertage der Kieler Meuterei, als deutsche Seeleute durch ihre Weigerung zum Auslaufen die Revolte in Gang setzten, die den Ersten Weltkrieg beendete. Damit wurde auch das scheußliche Internierungszeremoniell des 21. November null und nichtig, bei dem die Flotte inmitten von Linien britischer Schiffe in die Internierung gefahren war und dann von Admiral Beatty Anweisung erhalten hatte, die Flaggen niederzuholen. Dieser Tag in Scapa Flow markierte den Beginn einer neuen deutschen Marine, die ihren Geist aus der alten herleiten sollte. Der Kapitulation und der Selbstversenkung folgten unmittelbar die Pläne für einen neuen Aufbau, obwohl alle Aussichten dafür zunächst sehr schlecht waren.

Nach den Selbstversenkungen und den daraufhin zusätzlich geforderten Auslieferungen weiterer Schiffe an die siegreichen Alliierten blieben der Marine nur 8 veraltete Linienschiffe, 8 alte Kleine Kreuzer und 32 ebenso unbrauchbare Torpedoboote. Aber noch nicht einmal diese kleine Zahl konnte nach den Bedingungen des Versailler Vertrages in Dienst gehalten werden. Dieser begrenzte die aktive Flotte der Weimarer Republik auf 6 alte Linienschiffe, 6 Kleine Kreuzer, 12 Zerstörer und einige kleine Hilfsfahrzeuge. Durch andere Vertragsbestimmungen suchten die Alliierten sicherzugehen, daß die deutsche Marine eine Küstenverteidigungsflotte mit einer geringen Anzahl kleinerer Schiffe blieb. Ersatzbauten waren für Linienschiffe und Kreuzer erlaubt, die ein Alter von 20 Jahren erreicht hatten. Das Deplacement der Ersatzbauten durfte aber bei Linienschiffen 10 000 ts und 28 cm-Geschütze, also die Größe von Kreuzern und Waffen von kleinen Linienschiffen, und bei Kreuzern 6 000 ts und 15 cm-Geschütze nicht übersteigen. Andere Ersatzbauten waren zwar gestattet, jedoch nur bis zu 800 ts bei Zerstörern und 200 ts bei Torpedobooten. Flugzeuge, Flugzeugträger und Uboote waren verboten.

Wie auch bei den anderen Wehrmachtteilen war die Personalstärke der Marine begrenzt. 15 000 Offiziere und Mannschaften waren erlaubt, die Dauer der Dienstzeit bei Mannschaften auf 12, bei Offizieren auf 25 Jahre festgelegt.

Während der Zeit der Weimarer Republik konnte die Marine nicht einmal in den erlaubten Grenzen aufgebaut werden. Soweit die knappen Haushaltmittel das zuließen, erfolgte von Anbeginn an der Aufbau in Form einer Kadertruppe. Technische Entwicklungsaufgaben wurden Zivilpersonen übertragen, so daß die größtmögliche Zahl von Offizieren für eine Erweiterung in der Zukunft zur Verfügung blieb. Schon 1921 wurde die Aufteilung der Schiffe auf zwei Flotten oder Geschwader durchgeführt, obwohl die Reaktivierung alter Schiffe bis 1925 noch nicht vollständig durchgeführt werden konnte. Trotz der veralteten Schiffe wurden alle Aufgabengebiete zukünftiger Operationen bearbeitet, wie Minenräumen, Chiffrieren, Einbrechen in gegnerische Codes und Funkverkehr mit großer Reichweite.

Inzwischen wurde in jedem Jahr der Kampf um den Haushalt ausgefochten, und die Marine versuchte, Mittel von einem widerstrebenden Reichtag zu erhalten. Sie überzog gewöhnlich ihre bewilligten Budgetposten, und die zusätzlichen Mittel wurden für nicht genehmigte Vorhaben verwendet. Dieser »schwarze Fonds« wurde 1928 aufgelöst. Aber viele Vorbereitungsmaßnahmen wurden in dieser oder einer anderen Tarnung mit stillschweigender Billigung der Regierung fortgeführt. Die Marine verhandelte über den Bau schneller Bananenfrachter, die für einen Einsatz als Hilfskreuzer in Frage kamen. Sie plante die Verwendung von Fischdampfern als Minensucher und charterte zivile Flugzeuge für Fliegerabwehrübungen. Zivile Piloten wurden zu zukünftigen Marinefliegern ausgebildet. Die Marine überwachte den Entwurf und den Bau von Seeflugzeug-Prototypen und Flugzeug-Funkanlagen. Diese wie auch viele andere minder wichtige Tätigkeiten standen im Widerspruch zum Haushaltplan und zum Versailler Vertrag, dienten jedoch dazu, die Fähigkeiten eines Offiziersstammes zu erhalten, die dieser einsetzen sollte, sobald wieder die Möglichkeiten dazu gegeben sein würden.

Die Unterseeboote, die offene Wunde der Alliierten während des großen Krieges, wurden anders behandelt. Im Juni 1922 erwarb die Marine Anteile an einem niederländischen Konstruktionsbüro in Den Haag, das eine Gruppe der besten deutschen Ubootkonstrukteure beschäftigte. Diese Gruppe überbrückte die Lücke bis 1935, als ihre letzten Entwürfe für fremde Staaten als Grundlage für die ersten neuen deutschen Uboottypen dienten.

Inzwischen setzte die Marine unter Einhaltung des Versailler Vertrages andere Bauprogramme fort. So wurden von 1925 bis 1928 zwei kleine Gruppen von 800 ts-Torpedobooten gebaut. Der erste Leichte Kreuzer, die *Emden*, wurde gebaut und dann für die Ausbildung und zum »Zeigen der Flagge« auf Reisen rund um die Erde eingesetzt.

Die zwanziger Jahre waren viel mehr als nur die Jahre eines langsamen Aufbaus, sie waren Jahre geistiger Unruhe innerhalb und außerhalb der Marine. Der Weltkrieg wurde analysiert, besonders unter dem Einfluß der lebhaften Erinnerung an die nationale Katastrophe. Ein Reichswehrminister wurde zum Oberbefehlshaber aller bewaffneten Streitkräfte bestimmt, und sein Ministerium stellte zum erstenmal in der deutschen Geschichte eine einheitliche militärische Strategie auf. Die Notwendigkeit derartiger Pläne war eine eindeutige Lektion des Weltkrieges, aber die Integration verlief so langsam, daß Heer und Marine für eine weitere Dekade nahezu autonom blieben. Zuerst richtete sich die Planung auf Probleme, die sich möglicherweise mit dem neugegründeten Nachbarstaat Polen ergeben konnten. Die Rolle der Marine wurde in der Unterstützung des Heeres gesehen oder als die eines Partners in einem begrenzten Krieg. Ein frühes Ziel war, die Eingänge der Ostsee zu verteidigen, um die Vereinigung der französischen und polnischen Flotten zu verhindern. Praktiker wie Admiral Paul Behncke, Chef der Marineleitung von 1920 bis 1924, und Konteradmiral Erich Raeder, ein schnell aufrückender Marineoffizier, glaubten, daß sich die Marine auf solche Aufgaben konzentrieren solle, die ihrem derzeitigen Potential entsprachen. Dies glich aber dem Konzept der sehr begrenzten Rolle, wie sie der Kaiserlichen Marine in ihrer Anfangszeit zugewiesen worden war.

Andere Konzepte reichten in weitere Ferne; sie stellten alle herrschenden Ideen in Frage. Vizeadmiral Wolfgang Wegener zerpflückte die Strategie, unter der die Kaiserliche Marine im Ersten Weltkrieg gekämpft hatte. Nach seiner Meinung entsprang die Konzentration auf den Schlachtgedanken in den Überlegungen der Kaiserlichen Marine einer Fehlinterpretation der internationalen »Marinebibel« des amerikanischen Rear-Admiral Alfred Thayer Mahan, »The Influence of Sea Power upon History«. Mahan hatte Seeschlachten beim Kampf um Seewege in den Vordergrund gestellt. Der deutsche Großadmiral Alfred von Tirpitz aber hatte in Seeschlachten auch in jenem Gebiet, das im wesentlichen seine strategische Welt war, nämlich in der Nordsee, das Hauptziel gesehen. Als die Briten der Schlacht nach deutscher Vorstellung ausgewichen waren und eine indirekte Blockade der Nordsee-Ausgänge eingerichtet hatten, konnte die deutsche Hochseeflotte mit ihrem geringen Aktionsradius keinen Einfluß auf den Ausgang des Ersten Weltkrieges nehmen. Bereits im Februar 1915 hatte Wegener darauf gedrungen, die französische Westküste zu nehmen und die Flotte dorthin zu verlegen, so daß sie Gibraltar und die Handelswege im Nordatlantik hätte bedrohen können. Eine derartige Bedrohung hätte mit Sicherheit zu Schlachten und Entscheidungen geführt.

Wegeners 1926 veröffentlichte Arbeit »Die Seestrategie des Weltkrieges« unterstrich diese Gedankengänge und weitete sie aus. Großbritannien, so sagte er darin, stand in der Geschichte der Ausdehnung jeder europäischen Macht feindselig gegenüber. Also würde ein wiedererstandenes Deutschland unvermeidlich gegen Großbritannien zum Kampf antreten müssen. Um erfolgreich zu sein, mußte

Deutschland zur ozeanischen Seemacht werden. Das erforderte die Schaffung einer großen, ausgewogenen Flotte, den Erwerb von Flottenstützpunkten, etwa im westlichen Norwegen und Frankreich, um den britischen Nordatlantikbereich zu erschließen, und schließlich Entscheidungen durch Schlachten auf den Handelswegen. Wenn es Deutschland nicht gelingen sollte, eine derartige Operationsbasis maritimer Macht zu erwerben, mußte es ein Bündnis eingehen, das machtvoll genug war, die Engländer auf See herauszufordern, da sie die europäischen Handelswege kontrollierten. Aber selbst ein kontinentales Bündnis gegen die Seemacht würde nicht ausreichen, wenn die Vereinigten Staaten von Amerika feindlich wären. Tatsächlich schien in Wegeners Sicht die Allianz mit den Vereinigten Staaten die beste Sicherung für Deutschlands Zukunft. Da weder der Aufbau einer überlegenen Marine noch der Abschluß von Bündnissen zu verwirklichen war, enthielt Wegeners Darstellung implizit die Folgerung, daß deutsche irredentistische oder expansionistische Hoffnungen nur ins Verderben führen konnten.

Die Ideen Admiral Wegeners wurden nicht zu einem neuen Evangelium für die deutschen Marineführer. Für einige waren sie zu radikal, zu weitreichend oder zu abseitig, um sie in ernsthafte Erwägungen einzubeziehen. Andere benutzten sie als theoretische Rechtfertigung für die Lösung von Einzelproblemen einer zukünftigen deutschen Seemacht. Wegeners Vorstellungen und die seiner Zeitgenossen sorgten aber dafür, daß der Offiziernachwuchs der neuen deutschen Marine einen weiteren geistigen Horizont hatte als seine Vorgänger in der Kaiserlichen Marine. Die Abneigung jedoch, die politischen Auswirkungen der Seemacht zu betonen (z. B. den Einfluß der Uboote auf den Eintritt der USA in den Ersten Weltkrieg), schmälerte den Umfang des deutschen strategischen Denkens, den es anderenfalls hätte erlangen können. Viele Offiziere fanden gesamtstrategische Gedankengänge interessant, aber unwichtig für ihre praktische Aufgabe, den Aufbau einer kleinen Marine aus dem Nichts. Wiederholt fanden jedoch in den 19 Jahren, die der neuen Marine verbleiben sollten, Wegeners Vorstellungen in den Operationsplänen Niederschlag.

Im letzten Jahr der Amtszeit von Admiral Hans Zenker, 1928, traten die praktischen Probleme der deutschen Strategie besonders deutlich in den Vordergrund. Das älteste Linienschiff mußte ersetzt werden, und um den neuen Entwurf gab es einen Sturm. Für Admiral Zenkers Stab war die Wahl klar. Der Bau eines langsamen, schwer bewaffneten Küstenpanzers von 10 000 ts für die Verwendung in der Danziger Bucht hätte die Rückkehr auf den wenig ehrenvollen Stand der preußischen Flotte bedeutet und die Marine wiederum zu einem unbedeutenden Anhängsel des Heeres degradiert. Die Alternative, eine brauchbare Einheit für eine offensive ozeanfähige Marine innerhalb der Begrenzungen des Versailler Vertrages zu bauen, stellte aber ein sehr schwieriges Problem dar. Die Eigenschaften eines solchen Schiffes würden seinen Zweck offenbaren und alle Versuche, von einem Neubau für Geleitdienst in der Ostsee zu sprechen, zunichte machen. Der Reichstag war hinsichtlich der möglichen Auswirkungen des Schiffes auf die Weltmeinung und seiner Kosten leidenschaftlich zerstritten. Schließlich wurde jedoch der Bau der *Deutschland*, eines in jeder Hinsicht bemerkenswerten Schiffes, genehmigt.

Offiziell wurde ein Deplacement von 10 000 ts angegeben. Tatsächlich lag es 1700 ts über der Begrenzung, obwohl eine vollgeschweißte Konstruktion zur Gewichtersparnis verwendet wurde. Das Schiff war nicht stark gepanzert, und die Hauptartillerie entsprach mit sechs 28 cm-Geschützen den Bedingungen des Vertrages von Versailles. Der alleinige Dieselantrieb ermöglichte es, etwa 10 000 sm mit einer Geschwindigkeit von 20 kn zurückzulegen. Die Höchstgeschwindigkeit betrug 28 kn. Die Vorstellungen derjenigen, die diesen Vertrag entworfen hatten, waren damit völlig durchkreuzt. Es wurde später erklärt, das zusätzliche Deplacement wäre nur zur Verbesserung der defensiven Standkraft des Schiffes verwendet worden, d. h. stärkerer Unterteilung und Panzerung. Da aber jedes Kriegsschiff eine Reihe von Kompromissen hinsichtlich Geschwindigkeit, Bewaffnung, Standfestigkeit und Seeausdauer darstellt, ist ein größeres Schiff ganz allgemein auch ein stärkeres Schiff.

Es ist eine Ironie, daß die deutschen Schiffe, die damals gebaut wurden, später Schiffe angreifen sollten, die unter den strengen Beschränkungen des Washingtoner Abkommens von 1922 – eines Seerüstungs-Begrenzungsvertrages, der Deutschland weder erwähnte noch einschloß – entstanden. Zu diesen feindlichen Einheiten sollten »Vertragskreuzer« wie HMS *Exeter* mit sechs 20,3 cm-Geschützen gehören, die Kapitän z. See Hans Langsdorff mit *Admiral Graf Spee* in der Schlacht am La Plata zusammenschoß.

Die *Deutschland* wurde zur Führung von Kreuzerkrieg auf hoher See entworfen. Sie war stärker als jedes schnellere Schiff, drei britische Schlachtkreuzer ausgenommen. Im Falle eines Krieges mit Frankreich wurde erwartet, daß sie und ihre Schwesterschiffe die französische Flotte in der Hauptsache zu Geleitdiensten zwingen

würden, und daß damit die Ost- und Nordsee wie auch die Nord-
atlantikwege nördlich Schottland für die deutsche Schiffahrt offen-
gehalten werden würden. Sie konnten auch in anderen Situationen,
etwa in einem Krieg, in dem Deutschland Verbündete haben würde,
verwendet werden. Die Idee zum Bau von Schiffen, die nicht nur
begrenzte Aufgaben erfüllen konnten, und von schlagkräftigen
Handelsstörern mit großem Aktionsbereich deuteten schon auf den
Z-Plan des OKM von 38/39 und den Verlauf des 2. Weltkrieges hin.
Die Panzerschiffe gaben den Deutschen die Seeherrschaft in der Ostsee und erregten im Ausland großes Aufsehen. In Frankreich erfolgte
eine unmittelbare Reaktion – die Schlachtkreuzer der *Dunkerque*-
Klasse wurden als Antwort auf diese Bedrohung gebaut. Später
reagierten sogar die USA auf diese Herausforderung mit der
Alaska-Klasse, Schlachtkreuzern des Zweiten Weltkrieges.
Der Unterstützung der Panzerschiffe und anderer möglicher Handelsstörer diente ein Versorgungssystem auf allen Meeren. Bereits
1927 wurden Versuche unternommen, mit früheren Mitarbeitern
am überseeischen Versorgungssystem des Ersten Weltkrieges Kontakte wiederaufzunehmen. Bis 1931 war das System bereits wieder
gut organisiert. Es wurde nur in wohlwollenden neutralen Ländern
eingerichtet und bestand aus Agenten der Reedereien im Ausland.
Sie waren für das Beladen deutscher Handelsschiffe mit Versorgungsgütern für die Handelsstörer auf ein Stichwort von Berlin hin
verantwortlich. Sie hatten dann das Auslaufen dieser Schiffe zu
veranlassen, damit sie die Handelsstörer in abgelegenen Seeräumen
treffen konnten.
Im Herbst 1928 wurde der erfahrene und befähigte Admiral Raeder
Chef der Marineleitung. Er brachte als Erbe der Kaiserlichen Marine
eine Ausbildung auf Segel- und Dampfschiffen mit. Er hatte Dienst
auf dem Flaggschiff des Konteradmirals Prinz Heinrich von Preu-
ßen, im Ostasiengeschwader und in der Schlachtflotte in der Nordsee getan. Er war viel gereist und hatte an der Herausgabe des
deutschen Admiralstabwerkes »Der Krieg zur See 1914–1918« mit-
gearbeitet. Jede neue Aufgabe hatte seine Kontakte zum Kreis
jener Menschen erweitert, die die maritime Zukunft der Welt be-
stimmen sollten. Unter diesen waren Großadmiral Tirpitz, der
Schöpfer der Hochseeflotte; Admiral Sir John Jellicoe, der die britische Grand Fleet beim Skagerrak führen würde, und die meisten
deutschen Offiziere, die sich im Ersten Weltkrieg hervortun sollten.
Sein Dienst auf der Kaiseryacht hatte ihm einen guten Einblick in
höchste gesellschaftliche und politische Kreise gewährt.

Raeders Ruf entstand im Ersten Weltkrieg. Bei vielen Vorstößen und in den beiden Schlachten bei der Doggerbank und vor dem Skagerrak hatte er auf den Admiralsbrücken der Schlachtkreuzer *Seydlitz* und *Lützow* als Chef des Stabes des Vizeadmirals Franz v. Hipper gestanden. Er unterstützte diesen großen Seeoffizier und verfolgte den Kampf der größten Flotten der Welt um die Seeherrschaft. Vor dem Skagerrak hatte er erlebt, wie *Lützow* von zehn großkalibrigen Geschossen und einem Torpedo getroffen wurde. Mit Admiral Hipper hatte er das beschädigte Schiff verlassen und war inmitten der Wassersäulen des feindlichen Feuers zunächst auf ein Torpedoboot übergestiegen. Dann hatten sie sich auf dem Schlachtkreuzer *Moltke* eingeschifft, um wieder das Kommando über die Aufklärungsstreitkräfte zu übernehmen. Nach dem Kriege hatte Raeder eine Reihe meist organisatorischer Aufgaben erhalten, die aber mit historischen Studien und Bordkommandos wechselten. Er stieg stetig in der kleinen, aber wachsenden Marine auf, die ihr Leitbild in den Helden des Skagerraks sah.

Raeder war ein Verfechter unbeugsamer Disziplin, ein intensiver Arbeiter und ein praktischer Denker. Er widmete sich nachdrücklich dem Aufbau der Marine und sah diese Aufgabe im Zusammenhang mit der Bildung eines tüchtigen Offizierskorps und gut geschulter und disziplinierter Mannschaften als seine Hauptverantwortung an. Er hieß die Verletzung des Versailler Vertrages und die geheimen Aufbauvorbereitungen gut, denn er empfand sie nur als kleinere Verstöße gegen den Vertrag, die nötig waren, um das zu verbessern, was er als eine sehr schwache Position ansah. Er setzte sich für eine begrenzte Aufgabe für die Marine in Übereinstimmung mit ihrer begrenzten Stärke ein. Trotz seiner historischen Studien über die deutschen Handelsstörer des Ersten Weltkrieges stand der Admiral dem Entwurf der Panzerschiffe für diesen Zweck zuerst ablehnend gegenüber, da ihm der Kaperkrieg auf hoher See zur Rolle der Marine ohne Beziehung zu sein schien. Aber er akzeptierte das Schiff und stimmte für weitere Bauten des Typs, als sich die *Deutschland* als praktisch und vielseitig verwendbar herausstellte. Wegeners Thesen lehnte er aus dem Grunde ab, daß Deutschland nie wieder gegen Großbritannien kämpfen würde.

Obwohl Raeder persönlich etwas förmlich und zurückhaltend war, hörte er den Ideen anderer zu und akzeptierte offene Worte, besonders in einem Gespräch unter vier Augen. Aber ein Gefühl der Unsicherheit drängte sich in seine Beziehungen mit den meisten Menschen außerhalb seines kleinen dienstlichen Kreises. Das zeigte sich in der Bitte, Bemerkungen, die unter vier Augen gemacht wurden, nicht weiterzugeben, und in der Empfindlichkeit gegenüber Kritik, die er offensichtlich unberechtigt als Untergrabung seiner Autorität ansah. Er neigte auch dazu, eine genaue Kontrolle über die Operationen zu behalten und engte die Initiative der Offiziere in Stellungen von Seebefehlshabern durch detaillierte Instruktionen und scharfe Kritik bei ihrer Rückkehr ein. In all diesem zeigte sich der unverkennbare Einfluß der Zeit bei der Hochseeflotte, nur wenig verändert, da Raeder wenig enge Kontakte zu anderen Marinen, Regierungen und Völkern nach dem Ersten Weltkriege unterhalten hatte.

Raeder hatte die ungewöhnliche Möglichkeit, eine moderne Marine über 15 Jahre zu führen, von den frühen Aufbaustadien bis hin zu ihrer Verwendung im Kampf. Seine Planung und Organisation waren ausgezeichnet – sein Unglück war, daß der Krieg zu früh kam. In guten und schlechten Zeiten hielt er die deutsche Marine auf einem hohen Standard, er hielt sie aus der Politik heraus und verhinderte den Einfluß äußerer Kräfte in personeller wie in organisatorischer Hinsicht. Er war sogar in der Lage, die NSDAP herauszuhalten und den Fortbestand der Marineseelsorge und normalen Gottesdienstes zu sichern.

Die Jahre 1928–1933 waren für Raeder und seine Marine sehr arbeitsreich. Es wurden neue Schiffe, darunter moderne Leichte Kreuzer von 6 000 ts gebaut. Fast alle wurden mit Marschdieseln zusätzlich zu ihren Hauptdampfturbinen ausgerüstet, um die Reichweite zu erhöhen. 1932 wurde ein 5-Jahres-Bauplan der Reichsmarine aufgestellt und vom Reichswehrminister genehmigt. Der Plan umfaßte den Bau von Zerstörern, Torpedobooten und Schnellbooten sowie die Anfänge des Aufbaues einer Ubootwaffe und Marineluftwaffe, die ab 1933 eingeleitet werden sollten. Im Falle der Uboote erfolgte eine erste Ausbildung unter der Tarnung als »Ubootabwehr-Schule«. Es wurden Versuche mit Minen, Minenräumtechniken und neuen Räum- und Schnellbooten gemacht. Elektronische Forschung begann, die zur Entwicklung von Funkmeßgeräten führte. Die Rüstungsindustrie wurde angeregt, fremde Märkte zu suchen, um ihre Erfahrungen und Produktionskapazität zu erhalten. Außerdem entwickelten private Firmen Katapulte, Flugzeugtorpedos und Bordwaffen für Flugzeuge. Schließlich wurden Manöver in der Nordsee abgehalten, die zunächst auf die Verteidigung in lokalen Kriegen, dann gegen Frankreich oder Rußland ausgerichtet waren. Die Idee der »Kampfgruppen«, in denen Schiffe für bestimmte Aufgaben zusammengefaßt wurden, entstand in dieser Zeit. Niemals wurde eine Übung abgehalten, bei der Großbritannien als möglicher Gegner angenommen wurde.

1933 wurde Adolf Hitler Reichskanzler. Wenige Tage nach der Machtübernahme hatte Raeder seine erste Konferenz mit ihm. Hitlers strategisches Denken war kontinental. Es gründete sich auf die »Heartland«-Theorie von Sir Halford Mackinder und sah ein Machtfundament vor, errichtet auf der Landmasse des östlichen Europa und des westlichen Asien. Zunächst schien er jedoch Raeders Ideen zu verstehen und mit ihnen übereinzustimmen. Beide waren sich einig, daß die Grundlage der strategischen Planung der Marine Frieden mit Großbritannien war, der durch Anerkennung der britischen Vorherrschaft zur See zu sichern war. Die Briten benötigten diese auf Grund ihrer Stellung als Weltkolonial- und Seemacht. Hitler schlug vor, daß ein durch Verhandlungen festzulegendes Maß an Stärke zur See angestrebt werden solle. Nach Hitlers Meinung war in Rußland der Erzfeind Deutschlands und Europas zu sehen – ein Krieg gegen England kam nicht in Frage.

Raeder und viele andere führende Marineoffiziere waren beeindruckt von Hitlers Führerschaft und seinem friedlichen Vorgehen, obwohl ihre Haltung eine bemerkenswerte Ambivalenz zeigte, die die meisten von ihnen zu Hitlers Lebzeiten nicht auflösten. Keiner der höheren Offiziere der neuen Marine, die in der vornehmen Kaiserlichen Marine aufgewachsen waren, konnte sich in der Gemeinschaft des anmaßenden früheren österreichischen Gefreiten wohlfühlen, dessen Besprechungen egozentrische Monologe waren. Nicht daß er ständig ungehobelt gewesen wäre – seine Sprache war zwar unerzogen, aber er besaß die bemerkenswerte Gabe, seine Worte seiner Zuhörerschaft anzupassen und ein Geschick, eine entwaffnende persönliche Freundlichkeit zu zeigen. Zu Raeder war er förmlich und korrekt und traf damit dessen Vorstellung von angemessenen Beziehungen zwischen dem Regierungschef und dem Führer der Marine genau. Hitlers Skrupellosigkeit, seine Ungerechtigkeit und Brutalität zeigten sich am Anfang nicht deutlich. Die Greueltaten, eine Entwicklung der Kriegsjahre, blieben durch seine Methode der Machtaufteilung und durch den enormen Druck der Kriegszeit, die jedermann in verantwortlicher Stellung eng an den scharf begrenzten Bereich seiner Verantwortlichkeiten band, verborgen. Die Eigentümlichkeiten der hitlerischen Urteilsbildung, bei der er objektive Darstellungen forderte, aber jene zurückwies, die nicht in seine vorgefaßte Meinung paßten, wurden ausgeglichen durch seine offensichtlichen Erfolge in auswärtigen Angelegenheiten und späterhin bei militärischen Wagnissen. Seine Stärke lag auf psychologischen und politischen Gebieten. Er hatte die Fähigkeit, seinen Vorteil aus einer günstigen Gelegenheit zu ziehen, selbst wenn die normalen militärischen Vorbereitungen und Sicherungen nicht abgeschlossen waren. Er stellte aber keine detaillierten, langfristigen Pläne auf. Sein Erfolg überdeckte viele Schwächen, wie etwa die Tendenz, sich eine Entscheidung vorzubehalten, während er mit dem Vorschlag übereinzustimmen schien, oder die fehlende Koordination der verschiedenen Regierungsdienststellen, die mit demselben Problem befaßt waren.

Der wichtigste Faktor in der Beziehung der Marine zu Hitler war, daß sie, wie beide Seiten es wünschten, unpolitisch blieb. Nur langsam wurden die hierin liegenden Nachteile klar, als sich die Marine in Auseinandersetzungen mit den anderen Wehrmachtteilen deutlich benachteiligt sah. Besonders galt dies gegenüber der Luftwaffe, an deren Spitze der politisch einflußreiche Hermann Göring stand.

Das erste Ergebnis unter dem neuen Regime war ein neues 5-Jahres-Bauprogramm für die Marine, das auf dem Versailler Vertrag basierte. Der Personalbestand wurde jedoch vergrößert, so daß er 1935 das Dreifache dessen betrug, das der Vertrag zuließ. Ein Aufbau zur vollen Ausnutzung der Vertragsgrenzen wurde zum erstenmal geplant.

Reichswehrminister und Oberbefehlshaber der Wehrmacht in Hitlers erstem Kabinett war Generalfeldmarschall Werner von Blomberg. Seine Dienststelle, das Oberkommando der Wehrmacht (OKW), sollte eine einheitliche militärische Strategie aufstellen und die Operationen der bestehenden zwei (später drei) Wehrmachtteile koordinieren. Ihm sollte ein gemeinsamer Wehrmachtführungsstab beigegeben werden. Damit würde Deutschland zum ersten Male eine voll funktionsfähige, einheitliche Kommandostruktur besessen haben.

Die einheitliche Führung wurde aber bald durch die Ernennung von Hermann Göring zum Reichsluftfahrtminister zerstört. Dieses neue Ministerium war, obgleich zwar theoretisch dem Verteidigungsministerium gleichrangig, ihm durch Görings Stellung in der nationalsozialistischen Hierarchie tatsächlich übergeordnet. Göring begann sofort mit dem Aufbau einer geheimen Luftwaffe und versuchte die insgeheim ausgebildeten Heeres- und Marineflieger als deren Kern zu übernehmen.

Görings Pläne setzten einen heftigen Streit über Luftstrategie in

Gang. Die Marine benötigte nach ihrer Meinung eigene Luftstreit-kräfte, ausgebildet für Operationen über See und ausgerüstet mit für diesen Zweck geeigneten Flugzeugen. Göring war ein radikaler Luftmachtvertreter, wahrscheinlich ohne viel wirkliches Verständnis für die Folgen einer solchen Position. Er forderte eine einzige Luftwaffe in extremer Form mit dem Ziel, alle Luftoperationen mit Ausnahme derer der Schwimmerflugzeuge an Bord der Kriegsschiffe durch die Luftwaffe zu kontrollieren. Sogar die geringe Zahl dieser Marineflugzeuge sollte auch von der Luftwaffe entwickelt und versorgt werden. Sein Ziel in einem Krieg waren die Luftherrschaft und der strategische Angriff, und er legte wenig Wert auf eine Zusammenarbeit mit den anderen Wehrmachtteilen. Es sollte Ausnahmen von seiner Einseitigkeit in Abschnitten der Blitzkriege zwischen 1939 und 1941 geben, aber sie waren seltener, als es den alliierten Beobachtern erschien. Der Bedarf an Waffen, ausgebildetem Personal, Funkschlüsseln und Nachrichtenmitteln für die Spezialaufgaben der anderen Wehrmachtteile wurde vernachlässigt. Dies war aber erst der Beginn der Zwistigkeiten.

Teilweise in der Hoffnung, daß die Bestimmungen des Versailler Vertrags modifiziert werden würden, ließ Raeder 1934 mit der Planung größerer Schiffe beginnen. Es war an der Zeit, zwei neue 10 000 ts-Panzerschiffe zu bauen. Drei waren bereits gebaut worden und wurden als erfolgreich bewertet. Die folgenden sollten aber auf Raeders Wunsch einen dritten 28 cm-Drillingsturm erhalten und größer und stärker werden. Hitler wünschte jedoch nicht, daß fremde Mächte durch eine so offensichtliche Verletzung des Versailler Vertrags beunruhigt würden. Daher sollte Raeder zunächst ein stärker gepanzertes Schiff mit noch besserer Unterteilung planen. Diese Pläne konnten später so geändert werden, daß ein zusätzlicher Turm eingebaut werden konnte. Die Tonnage könnte auf diese Weise bis auf 25 000 ts ansteigen.

Handelsstörer waren zu jener Zeit in der Marine sehr im Gespräch, und es wurden geheime Vorbereitungen für den Umbau von 4 schnellen Handelsschiffen zu Hilfskreuzern getroffen. Die notwendigen Geschütze konnten jedoch vom Heer nicht beschafft werden, und das Projekt wurde nach einigen unerfreulichen Auseinandersetzungen fallengelassen, die Planung aber fortgesetzt.

Der Bau von Ubooten näherte sich 1934 und Anfang 1935 immer mehr der Verwirklichung. Ein türkisches und ein finnisches Boot, entworfen vom niederländischen Konstruktionsbüro, dienten als letzter Schritt vor Deutschlands eigenem Bau. Das finnische Boot wurde z. T. in Deutschland entworfen und vor der endgültigen Ablieferung an die finnische Marine für deutsche Versuche verwendet. Es wurde der Prototyp für die erste deutsche Küsten-Ubootserie U 1 bis U 24 mit 250 t. Das türkische Boot war der Prototyp für U 25 und U 26, die ersten Hochsee-Uboote. Teile für U 1 – U 24 wurden außerhalb Deutschlands bestellt und gebaut. Raeder schlug im November 1934 vor, 6 derartige Boote zu montieren, so daß sie im Falle von Verwicklungen über den Wiederaufbau der Wehrmacht bereitlägen. Hitler verwarf diese Idee, doch wurden zu Beginn des Jahres 1935 dann Teile heimlich eingeführt, nachdem als Folge von Hitlers aggressiverer Politik große Veränderungen für die Zukunft der Wehrmacht in Aussicht standen.

Im März 1935 brach Hitler den Versailler Vertrag auch nach außen hin. Er gab die Bildung der Luftwaffe unter Göring als dritten Wehrmachtteils offiziell bekannt. Göring blieb auch weiterhin Reichsluftfahrtminister. Als die Luftwaffe aufgebaut wurde, mußten die Marineflieger in einem gewissen Umfang an Göring abgegeben werden. Einer Übereinkunft dieses Jahres zufolge sollte der »Führer der Marineluftstreitkräfte (F. d. Luft)« von der Luftwaffe in Kriegszeiten der Marine operativ unterstellt werden. Für diesen Zweck wurden Marineoffiziere als fliegendes Personal zur Luftwaffe versetzt. Göring versprach, dafür bis 1942 für diesen Verband 62 Geschwader mit 700 Flugzeugen bereitzustellen und seine Bodenorganisation und den Nachschub sicherzustellen. Diese Vereinbarung erschien auf den ersten Blick annehmbar, aber sie zerstreute nicht die Besorgnis derjenigen, die Göring kannten. Mit dieser Umgliederung begann der Niedergang der zu dieser Zeit von Raeder als ausgezeichnet beurteilten Marineluftwaffe.

Im Juni 1935 wurde ein deutsch-englischer Flottenvertrag abgeschlossen, obwohl Deutschland drei Monate vorher den Versailler Vertrag gebrochen hatte. Britischerseits war dies als Geste des guten Willens zu betrachten und eine anscheinende Bestätigung der deutschen Intention, Großbritanniens weltweites Engagement zu respektieren. Anstelle einer Flotte von bisher 3 Panzerschiffen, 6 Leichten Kreuzern und 12 Torpedobooten wurde Deutschland nun erlaubt, 35 % der Stärke der größten Seemacht der Welt zu erreichen. Der neue Vertrag erlaubte ihm 5 Schlachtschiffe, 5 Schwere Kreuzer, 11 Leichte Kreuzer, 2 Flugzeugträger und 64 Zerstörer. Diese Gesamtstärke konnte noch zunehmen, wenn sich die britische Flotte vergrößerte. Uboote wurden bis zu einer Tonnage von 45 % der britischen wieder erlaubt. Das waren zu dieser Zeit ca. 45 Einheiten.

Eine Zusatzklausel gestattete, mit Ubooten nach Unterrichtung Großbritanniens und zu Lasten anderer Schiffsklassen mit den britischen Zahlen gleichzuziehen. Die Beschränkung der Größe der Schlachtschiffe auf 35 000 ts war ein deutsches Zugeständnis und entsprach der britischen Begrenzung, die durch das Abkommen von Washington gegeben und durch die Dimensionen des Panamakanals bedingt war. Mit dem Beitritt zu dem Londoner Ubootabkommen vom 3. September 1936 stimmten die Deutschen zu, daß ihre Uboote die Prisengesetze zu befolgen hätten, die zum Schutz der Passagiere und Mannschaften der Handelsschiffe geschaffen worden waren. Weder die Begrenzung der Tonnage der Schlachtschiffe noch die Prisengesetze wurden auf die Dauer eingehalten, wenn auch die deutsche Marine zu Beginn des Zweiten Weltkrieges bemüht war, die Prisenordnung zu befolgen, bis die Entwicklung des Seekrieges derartige Bemühungen unmöglich machte.

Innerhalb der deutschen Marine wurde der Flottenvertrag als ein Meisterstück begrüßt – sowohl von denen, die mit einem Krieg gegen England rechneten als auch von jenen, die dies nicht erwarteten. Wie Hitler den Vertrag erläuterte, sollte Deutschland durch Anerkennung der Vormachtstellung zur See ein engeres Verhältnis zu Großbritannien entwickeln. Deutschland würde einen maritimen Rüstungswettlauf vermeiden, welchen es nicht gewinnen konnte, der aber Großbritannien beunruhigen würde. Raeder und die anderen hohen Führer der Marine stimmten mit dieser Ansicht überein. Bis zum Tage des Kriegsausbruchs glaubte Raeder selbst, daß Hitlers Ambitionen sich auf den Kontinent beschränkten, und daß der Frieden mit Großbritannien über einen langen Zeitraum erhalten bleiben könnte. Zur gleichen Zeit wurde das Abkommen aber von jenen Offizieren gepriesen, die sicher waren, daß es zu einem Krieg mit Großbritannien kommen würde. Im Falle eines Krieges, so schlossen sie, würde die britische Stärke durch ein Hineinziehen von Italien, eventuell auch von Japan, und durch die Notwendigkeit, Schutz für Geleitzüge zu stellen, überbeansprucht werden. Hierdurch würde Deutschland mit Großbritannien zu einem Kräfteausgleich in der Nordsee kommen können. Dieser Schluß ging jedoch von zwei Voraussetzungen aus: 1. Der Krieg durfte nicht ausbrechen, bevor Deutschland das in dem neuen Abkommen genehmigte Bauprogramm ausgeführt hatte, und 2. Die deutschen Schlachtschiffe mußten moderner und stärker als ihre britischen Gegner sein.

Am 28. Juni 1935, 11 Tage nach der Unterzeichnung des Abkommens, wurde U 1 in Kiel in Dienst gestellt. Die mysteriösen, scharf bewachten Hallen, die 1934 in Kiel errichtet worden waren, wurden geöffnet, um die ersten deutschen Uboote zu zeigen. Bis Januar 1936 waren 11 weitere kleine Uboote im Dienst. Alle waren schon vor Vertragsabschluß im Bau gewesen.

Die erste Ubootflotille – sie bestand aus drei 250 t-Küstenbooten und trug den Namen »Flottille Weddigen« nach einem berühmten Ubootkommandanten von 1914 – wurde am 28. September dem Kommando von Kapitän z. See Karl Dönitz unterstellt. Andere Uboote wurden zu Ausbildungszwecken verwendet. Ein Jahr nach dem Flottenvertrag waren bereits 24 kleine Uboote fertiggestellt.

Jede Bewertung des Ubootes in der Zwischenkriegszeit und im Zweiten Weltkrieg erfordert ein genaues Verständnis dessen, worum es sich hierbei handelt. Der Begriff »Unterseeboot« ist an sich eine Fehlbezeichnung – ein besserer Terminus wäre »Tauchboot«; doch ist der traditionelle Name »Uboot«. Fast bis zum Ende des Zweiten Weltkrieges war das Uboot im wesentlichen ein Überwasserfahrzeug. Es fand, verfolgte und griff seine Beute über Wasser an und lief über Wasser ab. Es war schnell; es konnte sehen, aber selten gesehen werden, und es hatte verschiedenartige Waffen, wenn es an der Wasseroberfläche war. Das Uboot tauchte lediglich, um einer Gefahr auszuweichen oder einen Angriff bei Tageslicht durchzuführen. (Der Tag war nicht die übliche Angriffszeit.) Getaucht verminderte sich die Geschwindigkeit und in gewissem Maß auch die Sicherheit, da es durch Asdic (die britische Version des Sonar) geortet werden konnte.

1935 war das Uboot gegenüber der Zeit seiner letzten Verwendung 1918 beachtlich verbessert worden. Es konnte lautlos operieren und länger unter Wasser bleiben, denn es wurden leistungsfähigere Batterien verwendet. Die Torpedos konnten geschossen werden, ohne die Position des Bootes zu verraten, da elektrische Torpedos ohne Blasenbahn benutzt und der Luftschwall beim Ausstoß vermieden wurden. Schließlich konnten durch Verwendung von Torpedos, die durch Magnetzündung unter dem Kiel explodierten, Schiffe viel wirkungsvoller zerstört werden. Verbesserte Funkgeräte ermöglichten völlig neue taktische und sogar strategische Planungen.

Karl Dönitz war die ideale Wahl als Führer der neuen Ubootwaffe. Er hatte weitreichende Kenntnisse über Marinefragen in internationalem Maßstab, gewonnen bei seinen Kommandos in der Marine. Diese Kommandos hatten seinen Dienst während des Krieges auf dem Kleinen Kreuzer *Breslau* eingeschlossen, dessen berühmter gemeinsamer Durchbruch mit dem Schlachtkreuzer *Goeben* durch das

Mittelmeer nach Konstantinopel 1914 den Eintritt der Türkei in den Ersten Weltkrieg bewirkte.

Nach dem Kriege hatte er weitere Erfahrungen durch Kommandierungen auf Überwassereinheiten sammeln können. Der Höhepunkt war das Kommando des Leichten Kreuzers *Emden* auf einer Ausbildungsreise im atlantischen und indischen Ozean. Jedoch war es die zweijährige Dienstzeit auf Ubooten während des Ersten Weltkrieges, die seine Zukunft bestimmte. Der Einfluß seiner Ubooterfahrung war so entscheidend, daß Dönitz den Entschluß, 1919 bei der Marine zu bleiben, davon abhängig gemacht hatte, daß die Ubootwaffe wiederaufgebaut werden würde. Die 16jährige Wartezeit auf diese Entwicklung ließ seine Pläne für neue Uboot-Taktiken und -strategie nur weiter reifen. Als 1935 der Augenblick kam, daß er auf dem Turm stehen und mit dem kleinen U 1 in See gehen konnte, hatte er bereits das Bild im Kopf, wie große Flotten von Hochsee-Ubooten die Existenz der größten Seemacht der Welt bedrohen könnten.

Etwas ähnlich Bedeutungsvolles war zur gleichen Zeit in Dönitz gereift, indem er das gemeinsame Erbe der Formalitäten auf den Überwasserschiffen und des engen Zusammenlebens auf Ubooten miteinander verschmolz. Dönitz entwickelte dabei eine Kürze und Präzision der Sprechweise und der Befehle, die er durch das persönliche Interesse an jedem einzelnen Mann ausglich.

Wenn die Kommandanten von ihren Fahrten zurückkehrten, war Dönitz' Haltung im Lageraum oder bei den üblichen Vorträgen der Kommandanten von sorgfältiger Aufmerksamkeit allen Berichten und Vorschlägen gegenüber geprägt. Er stellte gründliche Fragen, die kein Ausweichen vor unangenehmen Tatsachen erlaubten. Wenn die Belastungen der Besprechungen und des Lageraumes beendet waren, lud er seine Offiziere zu zwanglosen Mahlzeiten ein, bei denen ein kameradschaftlicher, ungezwungener Ton vorherrschte. Diese Zusammenkünfte illustrierten sehr deutlich die großen Unterschiede in der Persönlichkeit zwischen Dönitz und dem etwas steifen, autoritären Raeder.

Dönitz erkannte, daß sich kein Land durch einen »guerre de course«, d. h. einen unkoordinierten Zugriff auf die Handelsschiffahrt, besiegen ließ. Er akzeptierte den Handelsstörer des Ersten Weltkrieges, das Uboot, ohne grundsätzliche Änderungen, plante aber, es in völlig neuer Weise zu verwenden. Mit dem Ziel eines »Tonnagekrieges«, – d. h. maximaler feindlicher Tonnageverluste pro Uboot-Einsatztag in See –, immer klar vor Augen wählte er den Nordatlantik als einzigen entscheidenden Schauplatz. Er plante, dem starken Geleitschutz mit »geführten Operationen« zu begegnen und die Geleitzüge mit Gruppen über Funk angesetzter Boote massiert anzugreifen. Bei den ersten derartigen Übungen experimentierte Dönitz mit einem Gruppenführer, der die Angriffe von einem Uboot im Kampfgebiet leitete. Später, als die Führungsmöglichkeit durch Funk aus seiner eigenen Befehlsstelle an Land erwiesen war, gab er diese Idee auf und führte das Verfahren ein, daß das erste Boot, das einen Geleitzug ausmachte, die Funktion eines Fühlunghalters übernahm, der andere Boote an das Ziel heranführte, während er selbst die Disposition der Boote so änderte, daß die größtmögliche Zahl an Booten zum Einsatz kam. Einmal mit dem Geleitzug in Fühlung, operierten die Uboote nachts unabhängig voneinander über Wasser, sehr ähnlich der Art von Torpedobooten. Sie brachen vor Tagesanbruch ab und liefen dem Geleitzug voraus, um in großer Zahl wieder den nächsten Nachtangriff zu führen. Die Übungen für diese Angriffe waren so realistisch, daß sich bereits 1936 der erste Unfall ereignete, als U 18 von einem Geleitfahrzeug gerammt und versenkt wurde, als es versuchte, die Sicherung des Geleits zu durchbrechen und sein Ziel aus geringer Entfernung anzugreifen.

Dönitz Taktik erforderte viele »Augen«, um die Konvois aufzufinden – er forderte daher so viele Uboote mittlerer Größe wie nur irgend möglich. Er nahm auch an, daß diese Boote weniger verletzlich und manövrierfähiger als große Boote sein würden. Seine Vorgesetzten im Oberkommando der Kriegsmarine hielten dagegen den Bau einiger größerer Boote bis zu 2 000 t zur Verwendung als U-Kreuzer in entfernteren Seegebieten mit Geschützen von einem Kaliber bis zu 15 cm als Hauptangriffswaffe für zweckmäßiger. Einige Offiziere des OKM wollten sogar die Funkgeräte der Uboote abschaffen, da sie fürchteten, daß diese mehr Gefahr als Nutzen bringen würden. In den Debatten prallten das Handelsstörerkonzept und das des Tonnagekrieges aufeinander. Die Frage, wie die nach dem deutsch-britischen Flottenabkommen erlaubte Tonnage am besten zu nutzen wäre, führte zu einer zweijährigen Bauverzögerung. Schließlich wurden die U-Kreuzer aus dem Bauprogramm gestrichen.

1935 wurde ein stark erweitertes Schiffbauprogramm geplant, das sich an die neuen Begrenzungen hielt und auf der vorhandenen Baukapazität und den gemachten Erfahrungen basierte. Das Ziel war, das Verhältnis von 35 % zur Flottenstärke Großbritanniens in den Jahren 1944 oder 1945 zu erreichen. Der erste Schritt bestand im

Bau von zwei vergrößerten Panzerschiffen mit einem dritten Turm. Als diese kleinen Schlachtschiffe, oder Schlachtkreuzer, fertiggestellt waren, verdrängten sie 31 800 t gegenüber den angekündigten 26 000 ts. Ihre Hauptartillerie von neun 28 cm-Geschützen war, verglichen mit der von Schlachtschiffen anderer Länder, relativ schwach, ihre Panzerung jedoch ziemlich stark. Ihre Fahrstrecke von 10 000 sm bei 19 kn und ihre Spitzengeschwindigkeit von 32 kn waren beachtenswert. Beide Schiffe besaßen eine starke Mittelartillerie, die aus zwölf 15 cm-Geschützen und zahlreichen Flak bestand.

Die beiden Schiffe dieses Typs (*Scharnhorst* und *Gneisenau*) und die des nächsten (*Bismarck* und *Tirpitz*) besaßen Hochdruck-Heißdampf-Turbinenanlagen. Große Dieselmotoren wären bevorzugt worden, aber ihre Entwicklung hätte den Bau der Schlachtschiffe zu lange verzögert.

Bei den drei übergroßen Schweren Kreuzern, die zur gleichen Zeit in Bau gegeben wurden, verringerte der Übergang auf Turbinen den Fahrbereich, so daß sie im Atlantik nicht sehr gut einzusetzen waren. Auch die 16 Zerstörer des Programms hatten aus demselben Grund einen zu geringen Aktionsradius. Weiterhin wurde der Bau von 28 Ubooten und zahlreichen kleineren Fahrzeugen begonnen. Mit der Einführung der Wehrpflicht erhöhte sich die Zahl der Offizieranwärter, und Reserveoffiziere wurden für die schnell wachsende Flotte ausgebildet.

Das Bauprogramm von 1936 war durch den Baubeginn der beiden letzten Schlachtschiffe, *Bismarck* und *Tirpitz*, gekennzeichnet, die mit herkömmlichem Antrieb entworfen wurden. Obwohl Hitler Schlachtschiffe von 80 000 t und mit 50- oder 53 cm-Geschützen wünschte, gelang es Raeder und seinem Stab, zu zeigen, daß 40,6 cm-Geschütze die größten waren, die man benötigte, und daß Schiffe, die für eine solche Bewaffnung entworfen wurden, sowohl billiger als auch praktischer hinsichtlich der Hafentiefen und der Dockmöglichkeiten waren. *Bismarck* und *Tirpitz* verdrängten 41 700 bzw. 42 900 ts, trugen je acht 38 cm-Geschütze und waren so konstruiert, daß sie es mit den besten englischen und französischen Schiffen gut aufnehmen konnten. Um den Schein zu wahren, wurde ihre Tonnage mit 35 000 ts angegeben. Die Schiffe hatten eine sehr starke Mittelartillerie von zwölf 15 cm-Geschützen und mehr als 40 Fla-Geschütze, alle mit hoher Feuergeschwindigkeit. Ihre Unterteilung war ausgezeichnet, die Panzerung sehr stark, und sie waren mit den besten optischen Entfernungsmeßgeräten von Zeiss und genauen

Feuerleitgeräten ausgerüstet. Sie konnten nahezu 31 kn laufen und hatten eine Fahrstrecke von ca. 9 000 sm. Die Konstrukteure hatten hier die stärksten Schlachtschiffe der Welt gebaut und beabsichtigten, daß die folgenden sie noch übertreffen sollten.

Die Landeinrichtungen der Marine wurden sehr schnell aufgebaut. Die Torpedoversuchsanstalt wurde um eine Abteilung für elektrisch angetriebene, akustisch gesteuerte Torpedos erweitert und ein Entwicklungsbüro mit Versuchswerkstatt für Ubootantrieb geschaffen. Viele private Werften arbeiteten zu dieser Zeit an herkömmlichen Konstruktionen für die Marine. Hierzu gehörte auch das erste kombinierte Tank- und Versorgungsschiff mit der sehr hohen Geschwindigkeit von 21 kn.

Auswärtige Angelegenheiten berührten die Marine in diesen Jahren wenig. Alle aggressiven Handlungen waren reine Landoperationen. Während der europäischen Krisen vom Einmarsch in die entmilitarisierte Zone des Rheinlands 1936 bis in die zweite Hälfte 1938 befand sich die Marine in Alarmbereitschaft, falls auswärtige Mächte eingreifen sollten, aber die meisten ihrer Führer rechneten nicht mit einem Krieg. Das amerikanische Neutralitätsgesetz von 1937, das die Preisgabe neutraler Rechte verkündete, wie auch das deutsch-britische Flottenabkommen desselben Jahres mußten dieser Haltung Vorschub leisten. Dieses Abkommen, eine Ergänzung zu dem Vertrag von 1935, erscheint merkwürdig, es sei denn, man erklärt es einfach als einen deutschen Versuch, die Briten von der eigenen Aufrichtigkeit zu überzeugen. Die wichtigste Bestimmung war eine erneute Bestätigung der 35 000 ts-Klausel für Schlachtschiffe – die Deutschland bereits gebrochen hatte. Ein anderer Teil war die Vereinbarung der Bekanntgabe möglicher notwendiger Veränderungen als Folge der Maßnahmen einer dritten Macht. (Raeder rechtfertigte später das Unterlassen von Mitteilungen über die Tonnageabweichung damit, daß Deutschland nicht den Anlaß zu einem Wettrüsten geben wollte und die zusätzliche Tonnage lediglich zusätzlicher Defensivausrüstung gedient hätte. Das ganze war ein seltsames Verhalten.)

1937 führten die Uboote Manöver durch, deren Grundlage ein möglicher Krieg mit Frankreich war, in dem sie die Geleitzugroute Nordafrika–Provence anzugreifen hätten. Sie führten in Planspielen ihre Möglichkeiten vor. Sie »zerstörten« nach Anweisungen aus Kiel einen gut gesicherten Geleitzug in der Ostsee und operierten später im Atlantik und vor der Küste Spaniens. Dönitz gewann die Überzeugung, daß ein Krieg mit England nicht lange auf sich warten lassen würde, und er drängte Raeder, sich auf Uboote zu konzentrieren, aber Raeder rechnete nicht mit der Möglichkeit eines Krieges. Hitler hatte versichert, daß es keinen geben würde. Raeder scheint außerdem angenommen zu haben, daß deutsche Uboote gegenüber der britischen Ubootabwehrtechnik nicht viele Chancen haben würden.

Am 5. November 1937 machte Hitler gegenüber dem Kriegs- und dem Außenminister sowie den Oberbefehlshabern der drei Wehrmachtteile die ersten Andeutungen, daß seine Ziele nicht mit friedlichen Mitteln zu erreichen wären. Während einige von ihnen ihre Opposition offen aussprachen und demzufolge ihr Amt verloren, scheint Raeder wenig betroffen gewesen zu sein. Von Hitlers Reden sagte er, daß sie häufig widerspruchsvoll waren, entworfen, um ein bestimmtes Ziel zu erreichen. In diesem Fall wäre es möglicherweise das gewesen, seine Gegner aus ihren Ämtern zu entfernen. Hitler erklärte Raeder auch, daß seine Reden Eindruck machen und zu Maßnahmen anregen, aber nicht wörtlich genommen werden sollten. Raeder besaß außerdem Hitlers Versicherung, daß die Tschechoslowakei von Großbritannien abgeschrieben worden sei und kein Krieg mit Großbritannien kommen würde. Es sei höchstens ein lokaler Konflikt zu erwarten. Die Operationsstudien der Marine befaßten sich weiterhin nur mit möglichen Auseinandersetzungen mit Frankreich, Polen und Rußland.

Als nächstes ernannte sich Hitler selber zum Kriegsminister und grenzte die Kompetenzen zwischen dem OKW und den drei Wehrmachtteilen neu ab. Das OKW unter General Wilhelm Keitel sollte die Aufgaben der drei Wehrmachtteile koordinieren und für den »taktischen« Bedarf sorgen, d. h. Industrie, Wirtschaft, Arbeitskräfte u. ä. koordinieren, und weiterhin sollte es als beratender Arbeitsstab für Hitler dienen. Hitler wollte die Lage mit den Spitzen aller 4 Oberkommandos diskutieren und ihnen Anweisungen erteilen. Tatsächlich wurde gegen die Entscheidungen des OKW bei Hitler häufig von den verschiedenen Wehrmachtteilen protestiert und diese rückgängig gemacht, was allerdings für Raeder sehr schwierig war, da er auf Hitler weniger Einfluß als seine Gegenspieler hatte.

In einem anderen lebenswichtigen Bereich, dem der Zuweisung der knappen Rüstungsmittel, stand die Marine bei weitem an letzter Stelle. Sie war nicht nur, bedingt durch die langen Landgrenzen, für deren Verteidigung Heer und Luftwaffe bevorzugt werden mußten, der am wenigsten geförderte Wehrmachtteil, sondern zusätzlich war das gesamte Reichskriegsministerium gegen sie eingestellt. Hitler und Keitel setzten sich für das Heer ein, Göring förderte die Luft-waffe. Göring gab als Beauftragter für den Vierjahresplan Anwei-sungen, die die Wehrmacht betrafen, an das Wirtschafts-, Finanz- und Verkehrsministerium. Es verwundert kaum, daß unter diesen Umständen sogar der Ubootbau verhältnismäßig geringen Vorrang genoß. Das Beste, was für die Marine gewöhnlich erreicht werden konnte, war ein Befehl Hitlers an Keitel, er möge feststellen, was bezüglich eines bestimmten Problems geschehen könne – gewöhnlich geschah dann nichts.

Es lassen sich zahlreiche Gründe für die wirkungslose Kommando-struktur, die sich unter Hitlers Führerschaft entwickelte, nennen. Ein Teil der Erklärung liegt in dem Grundproblem eines jeden Dik-tators, der verhindern muß, daß irgendeine Gruppe, besonders eine militärische, zu mächtig wird. Dieses Motiv in Verbindung mit dem Mißtrauen, das Hitler hatte, erklärt, warum er die alte Führungs-spitze der Wehrmacht auflöste. Ein derartiger Vorgang ist jedoch kumulativ. Wenn keine Nachfolger gefunden werden können, wird ein Diktator immer mehr Regierungsfunktionen selbst übernehmen. Er wird bald mehr Funktionen innehaben, als er angemessen aus-üben kann – wie das Beispiel von Hitler und Göring zeigt.

Das Fehlen einer Führung ruft ein Vakuum hervor, welches durch Männer aufgefüllt wird, die nicht über hinreichende Erfahrungen und die Einsicht verfügen, daß sie den Rat von Fachleuten und eine gute Organisation als Notwendigkeit anerkennen. Für Görings naive Annahme der radikalsten Luftwaffentheorien gab es z. B. keine Kontrolle, da seine Stellung nicht von seinen militärischen Fähigkeiten abhing, sondern von seiner politischen Zuverlässigkeit. Vielleicht hätte Erziehung im weitesten Sinne zu einem anderen Er-gebnis geführt, aber Deutschland war kein Land, in dem in der Bildung auf solche Begriffe wie Seemacht Wert gelegt wurde.

Während Politik auf der einen Seite Teil eines jeden Regierungs-systems ist, führt in einer jungen Diktatur (die von der Struktur her eine Tendenz zur Instabilität hat) das Streben jedes Führers, mehr Macht auf Kosten anderer zu erhalten, stärker zur Betonung per-sönlicher Motive als bei den meisten anderen Systemen. Es fördert auch die Bildung isolierter Machtblöcke, die sich heftig befehden. Eine natürliche Folge hiervon ist die Unterdrückung von Initiative auf den unteren Ebenen, die der Gruppe der Machthaber politisch fern stehen. Hier führt politische Infiltration zu Unsicherheit und demzufolge zu geringerer Leistung.

All diese Faktoren, politische Ämterverteilung, Aufsplitterung der

Autorität, Mängel der Erziehung und Bildung, exzessive persönliche Macht, beeinflußten die deutsche Kommandostruktur. Während ruhiger Zeiten waren die inneren Spannungen nicht allzusehr bemerkbar, Notzeiten aber brachten alle diese Mängel an den Tag.

Ende Mai 1938 erwähnte Hitler zum erstenmal Raeder gegenüber, daß er damit rechne, Großbritannien könne in der Zukunft einmal zu Deutschlands Gegner werden. Er wünschte eine Beschleunigung der Arbeiten an den beiden Schlachtschiffen *Bismarck* und *Tirpitz*, die Vorbereitung weiterer Schlachtschiffentwürfe und eine Planung für Ubootparität mit Großbritannien. Es wurde ein Plan aufgestellt, bis 1943/44 129 Uboote zu bauen. Dönitz protestierte gegen diesen Plan, da er unzureichend war, denn er beruhte darauf, daß der Kriegsfall nicht so bald eintreten würde – eine sehr gefährliche Annahme. Raeder und fast sein ganzer Stab vertraten jedoch die Anschauung, die Marine solle das Konzept der ausgewogenen Flotte beibehalten. Er war immer noch davon überzeugt, daß Hitler in den nächsten Jahren keinen Krieg beginnen würde und meinte, daß eine Änderung des Bauprogramms als feindseliger Akt empfunden werden würde.

Im Dezember 1938 nahm Hitler die Ausnahmeklausel des deutschenglischen Flottenvertrages in Anspruch und nannte als Grund den russischen Ubootbau. Bei einer Konferenz in Berlin wurde Admiral Andrew Cunningham hiervon unterrichtet und um Zustimmung zum Bau zweier weiterer Schwerer Kreuzer ersucht, um die Stärke der im Vertrag erlaubten 5 Schweren Kreuzer zu erreichen und mit dem russischen Flottenbau Schritt zu halten. Beiden Ansuchen wurde stattgegeben.

Die Generalstabspläne des Heeres im Jahre 1938 schlossen für den Kriegsfall einen Krieg mit Großbritannien ein. Die Marine erklärte sich nicht imstande, selbst die begrenzte Rolle, die ihr der Plan zuwies, zu erfüllen. Nach diesem Plan sollte die Marine nur die britischen Überwasserstreitkräfte binden und Störangriffe durchführen, während Heer und Luftwaffe die entscheidenden Aktionen durchführten.

Im September 1938 wurde unter der Leitung von Fregattenkapitän Hellmuth Heye ein Ausschuß gebildet, der Empfehlungen für ein vergrößertes Schiffbauprogramm geben und eine strategische Überprüfung der Lage Deutschlands in einem möglichen Krieg mit Großbritannien liefern sollte. Als Grundvoraussetzung wurde übereinstimmend von den Mitgliedern der Arbeitsgruppe angesehen, daß Kolonien, Seeverbindungen und ein gesicherter Zugang zu den

Ozeanen notwendig wären, sollte Deutschland eine Weltmacht werden. Von einer derartigen Zielsetzung wurde angenommen, daß sie zum Kriege mit Großbritannien und Frankreich führen würde und möglicherweise die Hälfte bis ²/₃ der Welt erfassen könnten. Da Deutschland eine solche Kriegsanspannung nicht zu leisten in der Lage war, sollte die Arbeitsgruppe Pläne entwerfen, die zum Erreichen größtmöglicher Seemacht im Rahmen des wirtschaftlichen Potentials Deutschlands führen würden. Das bedeutete die Schaffung einer Flotte, die Handelskrieg auf den atlantischen Schiffahrtswegen Großbritanniens führen konnte und damit half, einen begrenzten europäischen Krieg durch die Lähmung Großbritanniens zu gewinnen.

Der erste Schritt war die Sammlung aller Gedanken, die von den Exponenten unterschiedlicher Strategien geliefert wurden, und ihre Reduzierung auf die materiellen Grundlagen, die zu ihrer Verwirklichung notwendig waren. Zu diesen Vorschlägen zählte offenbar auch Dönitz' Forderung nach einer großen Zahl von Ubooten – eine Forderung, die nach den Wintermanövern 1938/39 eine Zahl von 300 Booten erreichte. Jedoch wurden weder Dönitz noch irgendein Mitglied seines Stabes zu Beiträgen oder zur Mitarbeit herangezogen, ein Anzeichen für die einseitige Ausrichtung des OKM auf die Überwasserstreitkräfte. Die Gesamtzahl der zunächst im sogenannten X-Plan geforderten Schiffe war in ihrer Höhe indiskutabel. So wurde sie durch Konteradmiral Werner Fuchs, den Chef des Amtes Kriegsschiffbau, reduziert und in Übereinstimmung mit den deutschen Werftkapazitäten gebracht. Der daraus resultierende Y-Plan war zahlreichen Kritiken ausgesetzt, erfuhr aber nur wenige Änderungen und führte schließlich zu zwei alternativen Z-Plänen. Raeder hielt sich außerhalb der lebhaften strategischen, taktischen und persönlichen Konflikte, die während der Beratungen der Kommission auftraten. Nachdem sie beigelegt waren, legte er zusammen mit Fuchs Hitler die beiden Pläne zur Entscheidung vor.

Der eine der Pläne legte das Schwergewicht auf Uboote, Hilfskreuzer und Panzerschiffe. Er war schnell zu verwirklichen, billig und einseitig. Der andere Plan sah eine ausgewogene, gut bewaffnete Flotte zum offensiven Einsatz gegen die britischen Seestreitkräfte und die Schiffahrt vor. Dieser Plan war nur langsam zu verwirklichen, teuer, aber recht verheißungsvoll. Hitler versicherte Raeder, daß die Zeit zum Bau ausreichen würde und wählte den zweiten Plan, wobei er darauf bestand, daß dabei jede Einheit stärker als die korrespondierenden feindlicher Flotten würde.

Im Januar 1939 gab Hitler dem Z-Plan den Vorrang vor allen anderen Bauprogrammen. Mit Fuchs als Chef des Bauprogramms wurde das Ziel gesetzt, innerhalb von sechs Jahren große Schlachtschiffe zu bauen, während in dem ursprünglichen Plan 8 bis 10 Jahre dafür veranschlagt waren.

Der Kern der Flotte sollte aus den 4 fertigen bzw. im Bau befindlichen Schlachtschiffen und zusätzlich 6 Superschlachtschiffen von je 56 200 ts und mit acht 40,6 cm-Geschützen bestehen. Das Programm umfaßte außerdem noch zwölf Kleine Schlachtschiffe von je 20 000 t mit 30,4 cm-Geschützen, vier Flugzeugträger von 19 000 bis 27 000 t, die drei vorhandenen Panzerschiffe, fünf Schwere Kreuzer, 44 Leichte Kreuzer, 68 Zerstörer, 90 Torpedoboote und 249 Uboote aller Typen von Küsten-Uboot bis zum U-Kreuzer. Man hoffte, daß das Programm bis 1948 fertiggestellt sein würde. Alle neuen Überwassereinheiten sollten mindestens 29 kn laufen, entweder reinen Dieselantrieb oder einen gemischten Antrieb aus Dieselmotoren und Dampfturbinen erhalten und großen Aktionsradius sowie gute Seeausdauer aufweisen. Jedes Schiff sollte in seiner Klasse eine Spitzenleistung werden. Alle Typeigenschaften sollten möglichst geheimgehalten werden, um Gegenmaßnahmen Großbritanniens zu verhindern.

Das strategische Konzept, das dieser geplanten Flotte zugrunde lag, vereinte mehrere der üblichen Operationsmöglichkeiten, die einem Flottenchef offenstanden. Zuerst sollte der Handelskrieg durch Minenlegen von Zerstörern, Ubootangriffe auf den Zufahrtswegen zu den Britischen Inseln und der Panzerschiffe und kleinen Schlachtschiffe, Schwerer und Leichter Kreuzer, von Hilfskreuzern und U-Kreuzern auf allen Ozeanen beginnen. Weiterhin sollte eine Flotte, bestehend aus älteren Schlachtschiffen, die britischen schweren Einheiten als »Fleet in being« in der Nordsee binden. Zum Dritten sollte das Gros der Flotte, nachdem die Engländer ihre langsamen Einheiten durch den Schutz der Konvois und die Jagd auf die Handelsstörer überbeansprucht und zersplittert haben würden, in zwei Verbänden auslaufen, um Konvois und ihren Geleitschutz zu vernichten. Jede Kampfgruppe sollte aus 3 Superschlachtschiffen, einem Flugzeugträger, mehreren leichten Kreuzern und Zerstörern bestehen. Bei Anwendung dieses Plans wären alle Teile der Flotte mit maximaler Ausnutzung ihrer Möglichkeiten herangezogen und über Funk von Berlin aus unterrichtet und angesetzt worden. Das stärkste Argument für ihn war, daß damit die Kampfgruppen alle offensiven Vorteile des Kreuzerkrieges, gleichzeitig aber auch größte

Schlagkraft besitzen würden. Sie würden, da sie keinen defensiven Bindungen unterlägen, zu einer starken Bedrohung werden und könnten sogar entscheidende Bedeutung erlangen, wenn Deutschland durch die Gewinnung von Bundesgenossen noch weitere Teile der englischen Flotte binden könnte.

In Hinblick auf die Gesamtstrategie stellte der Z-Plan einen Rückfall in die Politik des Alleingangs des Kaisers gegenüber den anderen Seemächten Westeuropas dar. Er wiederholte den risikoreichen Gedanken des Sieges mit einem einzigen Schlag, der schon das Kernstück des Schlieffen-Planes vor dem 1. Weltkrieg für den Sieg auf dem Lande gewesen war. Doch stellte der Z-Plan in vieler Hinsicht etwas Neues dar, und so intensiv sich auch die Väter dieses Planes mit der Erlangung der Überlegenheit im Atlantik durch Schiffe mit großem Aktionsradius auseinandergesetzt hatten, so enthielt die »Diversions-Strategie«, wie man sie nennen kann, doch eine Reihe von ungelösten Problemen. Zunächst ging sie davon aus, daß es vor frühestens 1944 zu keinem Krieg mit Großbritannien kommen würde, denn der Aufbau einer ausgewogenen Flotte würde eine Schwächeperiode von mindestens 5 Jahren mit sich bringen, ehe genügend schwere Einheiten fertiggestellt sein würden. Zum Zweiten ging der Z-Plan davon aus, daß es für einige Zeit gelingen würde, die Britische Flotte im Neubau völlig zu überflügeln, und nahm hierbei die veralteten Eigenschaften der vorhandenen britische Großkampfschiffe als Ausgangspunkt. Und zum Dritten wurde schließlich vorausgesetzt, daß der Krieg zwischen 1944 und 1948 ausbrechen würde – bevor Großbritannien den entscheidenden Vorsprung in Großkampfschiffen wiedergewonnen hätte.

Viele, darunter auch Dönitz und eine Reihe hoher Offiziere im OKM, glaubten nicht, daß England im Falle weiterer deutscher Aggressionen neutral bleiben würde. Raeder, der stark von Hitler beeinflußt wurde, glaubte jedoch dessen Versicherungen, daß politische Vorkehrungen England in Ruhe halten würden. Hitler erklärte, daß eine starke deutsche Flotte für England einen Kriegseintritt risikoreich machen und dadurch für die Herstellung freundschaftlicher Beziehungen zwischen Deutschland und England förderlich sein würde. Der Wunsch, England einerseits einzuschüchtern, andererseits ein Übereinkommen zu suchen, illustriert in interessanter Weise Hitlers eigenartige Haß-Liebe gegenüber Großbritannien. Er zeugte von einem unzureichenden Verständnis der britischen Mentalität – ein Mißverständnis, das wahrscheinlich durch die schwache Führernatur Chamberlains gefördert wurde. Hier wurde der Fehler, den schon Admiral Tirpitz 40 Jahre zuvor gemacht hatte, wiederholt. Alle diese Gedanken unterschätzten eine Reihe praktischer Probleme. Der Z-Plan ging von der Voraussetzung aus, daß England seinen Großkampfschiffbau für eine Reihe von Jahren nicht nennenswert vermehren und keine Bündnisse mit anderen großen Seemächten abschließen würde. (Die letztgenannte Vorstellung basierte zum Teil auf einer Projektion der »America First«-Einstellung in die Zukunft – trotz der ganz offensichtlich feindlichen Haltung der maritim orientierten Regierung Franklin D. Roosevelts.) Die geographischen Gegebenheiten stellten einen weiteren einengenden konstanten Faktor dar: das Problem der engen Zufahrtwege zum Atlantik konnte mit zunehmender Verbesserung von Reichweite und Methoden der Luftüberwachung nur immer schwieriger werden. Die Schwierigkeit, für im Atlantik beschädigte Schiffe Reparaturbasen zu finden, konnte auch durch die Wegnahme französischer Stützpunkte – sie wurde zu diesem Zeitpunkt noch für unwahrscheinlich gehalten – nicht völlig gelöst werden. Das größte französische Trockendock – das Normandie-Dock in St. Nazaire – war zu klein, um die Superschlachtschiffe des Z-Plans aufzunehmen, und außerdem lagen alle französischen Häfen in der Reichweite der britischen Luftwaffe.

Die Engländer hätten sich in der Taktik dazu entschließen können, ihre Kräfte nicht zu zersplittern und sich statt dessen auf eine Entscheidungsschlacht zu konzentrieren. Das hätte eine sehr nachteilige, aber nur vorübergehende Einstellung ihrer Konvois bedeutet. Nachträgliche Erkenntnisse zeigen, daß die Z-Plan-Flotte ihre Schwäche in den Flugzeugträgern hatte; das hätte aber immer noch korrigiert werden können, nachdem Erfahrungen mit dem ersten Träger ihre Bedeutung erwiesen hätten. Die starke Betonung der Artillerie – die sogar bei den schwer bewaffneten Flugzeugträgern und den 27 U-Kreuzern zum Ausdruck kam – ist offensichtlich. Das ist aber angesichts des Entwicklungsstandes der Seekriegführung im Jahre 1939 und der beträchtlichen Einschränkungen, denen die damals vorhandenen Flugzeuge von den Wetterbedingungen her in den Operationsgebieten der Nordsee und des Nordatlantik unterlagen, nichts Überraschendes.

Ob nun durchführbar oder nicht, stellte die Diversionsstrategie des Z-Planes auf jeden Fall eine aufsehenerregende Kombination der Gedanken des *guerre de course* (des Handelskrieges) und der *fleet-in-being* dar. Sie zielte auf die Entscheidung im Seekrieg: die Erringung der Seeherrschaft. Für Deutschland wäre ein Verdrängen

Großbritanniens von der See der Vorherrschaft gleichgekommen: die deutsche Wirtschaft wäre ohne Seeverbindungen ausgekommen, die britische in keinem Falle. Was die Diversionsstrategie aber bewirkte, war die Tatsache, daß sie für die westlichen Seemächte Fragen aufwarf, die für sie in dem kurz vor seinem Anbruch stehenden Atomzeitalter lebenswichtig waren: die Entscheidung zwischen Kräftekonzentration in Schlachtflotten zur Zusammenballung größter Schlagkraft und deren Aufteilung zur Bereitstellung des Schutzes für Konvois, zwischen der Verletzlichkeit weit verstreuter Kriegsschiffe gegenüber örtlich überlegenen Gegnern und der ständigen Überwachung wichtiger Seewege, zwischen der Sicherung größerer Flotteneinheiten gegen Uboote und Flugzeuge durch Konzentrierung oder deren Sicherung durch Auseinanderziehen zur Täuschung der gegnerischen Aufklärung, und schließlich die Entscheidung zwischen passiver Verteidigung von Konvois, Stützpunkten und Flottenverbänden und einer mehr aktiven Verteidigung durch Sicherung von Knotenpunkten oder Fernblockade. Über drei Jahrhunderte waren alle diese Probleme des Seekrieges durch Aufstellung massierter Schlachtverbände, Blockade und Konvois gelöst worden; die deutschen Seestrategen warfen sie alle von neuem auf.

Anfang 1939 erfuhr der Z-Plan einige kleinere Modifikationen. An die Stelle der 12 kleinen Schlachtschiffe traten drei Schlachtkreuzer von 32 300 ts mit je sechs 38 cm-Geschützen. Eine Prioritätenfolge wurde aufgestellt, bei der die Schlachtschiffe (auf Grund ihrer langen Bauzeit) und die Uboote als Lückenbüßer Vorrang genossen. Dieser Teil des Planes sollte 1943 verwirklicht sein. Raeder sah in der Annahme dieses Programms durch Hitler eine Garantie dafür, daß es in der nächsten Zeit nicht zu einem Krieg mit England kommen würde.

Dönitz und der Stab der Ubootwaffe hielten den ganzen Z-Plan für aussichtslos, da Großbritannien niemals so lange stillhalten würde und nur Uboote (ergänzt durch weniger aufwendige Handelsstörer wie die Panzerschiffe, deren Verlust daher auch leichter hinzunehmen war) eine wirkliche Chance im Atlantikkrieg haben würden. Für sie stellten Uboote in großen Zahlen Instrumente der Seemacht dar, durch die die Zufuhrwege ihrer Gegner abgeschnürt werden konnten.

Für die Urheber des Z-Plans waren die Uboote dagegen als Handelsstörer nur Teil eines weit aufwendigeren Aufbaues von Seemacht. Sie fürchteten, zu sehr auf eine einzige Waffe zu vertrauen, die durch neue U-Abwehrwaffen oder Ortungsmittel ausgeschaltet werden konnte – so wie dies schon einmal dem primitiveren Vorgänger des Ubootes in den Jahren 1917–1918 ergangen war. Man nahm an, daß die britische Reaktion auf einen plötzlichen Wandel in der Ubootbaupolitik mit Sicherheit durchaus feindlich sein würde – dies diente den Offizieren der Seekriegsleitung als bremsendes politisches Gegenargument. Ferner mußten sie Hitlers Vorliebe für Großkampfschiffe berücksichtigen. Er war von technischen Großleistungen und Machtsymbolen fasziniert und ging so weit, daß er eine Unmenge technischer Details aus den Schiffshandbüchern auswendig lernte, um dann mit seinem Wissen zu brillieren – zum großen Befremden von Raeder, der solche Einzelheiten für trivial hielt und sich statt dessen mit Hitler über Fragen der Gesamtstrategie unterhalten wollte. Unter diesen Umständen wäre jeder Versuch, den Schwerpunkt des Bauprogrammes auf Kosten von Großkampfschiffen auf die Uboote zu verlagern, von vornherein zum Scheitern verurteilt gewesen. Bis zum Frühjahr 1939 waren im Ubootbau zwei Haupttypen entwickelt worden: der mittlere Hochseetyp VII mit 770 t und der große Typ IX mit 1120 t für ozeanische Verwendung. Bei Manövern Ende 1938 und Anfang 1939 in der Ostsee und im Atlantik erfolgte die operative Führung aus Befehlsstellen an Land, und nur örtliche taktische Entscheidungen lagen in den Händen der dienstältesten Kommandanten in See. Diese Manöver waren sehr erfolgreich. Im Januar erklärte Dönitz, daß er 300 Uboote benötige, um seiner Taktik zu entscheidendem Erfolg zu verhelfen. Raeder glaubte noch immer, daß der Kriegsfall in naher Zukunft nicht eintreten würde. Im Sommer stimmte er jedoch der Heraufsetzung der Ubootzahl im Z-Plan auf 300 zu, nachdem er im Juli Augenzeuge der Ubootmanöver in der Ostsee gewesen war.

Dönitz war dennoch weit von einem völligen Sieg entfernt, denn sein strategisches Konzept erforderte 75 % mittlere Hochseeboote und für die restlichen 25 % fast ausschließlich Ozeanboote mit großem Fahrbereich. Ihm schwebten keine U-Kreuzer mit starker artilleristischer Bewaffnung, aber auch keine neuen kleinen Küsten-Uboote vor. Raeder erhöhte jedoch einfach die Gesamtzahl und behielt das ursprüngliche Verhältnis des Z-Planes bei, nämlich 15 % U-Kreuzer, 27 % große Ozeanboote, 42 % mittlere Hochseeboote und 16 % Küsten-Uboote.

Während Dönitz das Anwachsen der Stärke der Ubootwaffe durchsetzte, akzeptierte er gleichzeitig, daß Versuche zur Entwicklung eines wirklichen Unterseebootes mit hoher Geschwindigkeit (d. h. eines Bootes, das bevorzugt unter Wasser operieren sollte) mit Hilfe der Walter-Wasserstoff-Superoxyd-Turbine, nur geringe Priorität erhielt. Die Notwendigkeit, sofort den herkömmlichen Kriegsschiffbau zu verstärken und die vielfältigen Fragen, die die Entwicklung eines so völlig neuen Antriebes mit sich brachte, verhinderten seine beschleunigte Entwicklung. Zum gleichen Zeitpunkt wurde im Sommer auch ein anderer der strategischen Gedanken Dönitz', nämlich ständig einige Uboote außerhalb der Heimatgewässer zu stationieren, abgelehnt.

Die Planung wurde durch einen erneuten Zwist mit der Luftwaffe im Frühjahr 1939 weiter erschwert. Schon 1937 hatte Göring damit begonnen, Anspruch auf die operative Führung der Seefliegerverbände der Luftwaffe im Kriegsfall zu erheben. Im Januar 1939 konnte er eine Revision der Vereinbarungen von 1935 durchsetzen. Nach einer Reihe von Besprechungen unterzeichneten Raeder und Göring ein gemeinsames Protokoll, in dem die Schaffung der Stelle eines Generals der Luftwaffe beim Oberbefehlshaber der Kriegsmarine niedergelegt wurde. Die Luftwaffe übernahm das Minenlegen aus der Luft (unter Konsultation der Marine), den Luftangriff auf feindliche Schiffe in See, die Luftaufklärung für geplante Marineunternehmungen und die Bereitstellung von Flugzeugen bei Kampfhandlungen der Marine auf Anforderung. Aufgabe der Marine blieb die Aufklärung und die taktische Führung während Kampfhandlungen auf See. Die Luftwaffe sollte hierzu 9 Fernaufklärerstaffeln, 18 Mehrzweckstaffeln, 12 Trägerstaffeln und 2 Bordfliegerstaffeln (Katapultflugzeuge) bereitstellen. 13 Bombergruppen sollte die Luftwaffe für die Seekriegführung einsetzen. Alle Flugzeugtypen sollten nach den Marineanforderungen konstruiert werden. Damit war eine schwerwiegende Aufspaltung der Führungsverantwortung erfolgt – sie sollte um so schwerwiegender werden, je vielfältiger die Aufgaben der Luftwaffe im Verlauf des Krieges wurden.

Die außenpolitische Entwicklung scheint die Planungen der Marine zu diesem Zeitpunkt noch wenig beeinflußt zu haben. Hitlers aggressive Handlungen schienen durch Friedenserklärungen und diplomatische Maßnahmen ausgeglichen zu werden. Die Friedensworte zur Zeit des Stapellaufs der *Bismarck* im Februar 1939 kontrastierten merkwürdig zu der Besitznahme des Memelgebietes von Litauen im März, an der die Marine beteiligt war. Im April kündigte Hitler das Flottenabkommen mit England, ohne Raeder vorher zu Rate zu ziehen. Dieser sinnlose und provokatorische Akt wurde von vielen Führern der Marine als ein deutliches Anzeichen verstanden, daß der Krieg mit England unmittelbar bevorstand. Raeder jedoch wurde, obwohl überrascht und besorgt, wiederum von Hitler beruhigt, und das Bauprogramm blieb unverändert. Dem italienischen Einmarsch in Albanien folgte das britisch-türkische Abkommen über gegenseitige Hilfe, dem wiederum mit dem »Stahlpakt« begegnet wurde. Die Verhandlungen darüber enthielten Äußerungen, die zeigten, daß Italien für einen Krieg nicht vor 1942 gerüstet war.

Die kriegerische Rede Hitlers an seine Offiziere am 23. Mai wurde von Raeder wegen vieler innerer Widersprüche und der persönlichen Versicherungen Hitlers, England würde wegen des polnischen Korridors nicht zum Kriege schreiten, nicht ernst genommen. Während des Frühjahrs und Frühsommers mahnte Raeder ständig, daß England aus den europäischen Verwicklungen herausgehalten werden müsse, und Hitler fuhr fort, ihm dies zu versprechen. Bei seiner Rede an seine Offiziere vom 22. August schien Hitler einen weiteren Erfolg errungen zu haben: er kündigte den Abschluß des deutsch-sowjetischen Nichtangriffspakts an und erklärte den militärischen Führern, Polen wäre isoliert, und von England und Frankreich würde keine Einmischung erwartet. Raeder glaubte erneut, daß kein unmittelbarer Krieg bevorstände, wies jedoch Hitler darauf hin, daß England bei neuerlichen Krisen möglicherweise nicht klein beigeben würde.

Inzwischen liefen die üblichen Maßnahmen ab, um die Flotte in Kriegsbereitschaft zu versetzen und die Schiffe in See gehen zu lassen. Dies war nichts Neues.

Die ersten Gefechte

DER KRIEG GEGEN DIE KOALITION
VOM SEPTEMBER 1939 BIS ZUM APRIL 1940

Plötzlich war der Krieg da. Am 1. September drangen deutsche Truppen in Polen ein, und zwei Tage später erklärten England und Frankreich den Krieg. »Die Überwasserstreitkräfte ... können nur zeigen, daß sie mit Anstand zu sterben verstehen ...«, schrieb Groß-admiral Raeder[1], als alle seine Pläne und Hoffnungen zusammen-brachen. Diese düstere Prophezeiung sollte jedoch nicht die Grund-lage für das Handeln der Marine werden. Nachdem der erste Schock überwunden war, setzten Raeder und sein Stab alles dafür ein, sehr aktiv Krieg zu führen.

Die Organisation der Kriegsmarine bedurfte nur weniger Änderun-gen, um auf den Krieg umzuschalten. Unter Raeders Leitung be-arbeitete die Seekriegsleitung die strategische und operative Planung und hatte die direkte Führung der Handelsstörer und ihrer Nach-richten- und Nachschuborganisationen. Unterhalb dieser Organisa-tion des Oberkommandos waren die Marinegruppenkommandos Ost und West die operativen Führungsstellen, die die Marineopera-tionen leiteten und für Sicherung der Küstengewässer verantwort-lich waren. Da die meisten größeren Einheiten in der Nordsee ein-gesetzt waren, unterstand der Flottenchef der Gruppe West. Wäh-rend wichtiger Einsätze tendierte jedoch Raeder dazu, sich selbst stark einzuschalten, was zu einigen Überschneidungen von Kompe-tenzen und in deren Folge zu Reibungen führte, besonders zu Be-ginn des Krieges. Dönitz, der im Oktober zum Konteradmiral be-fördert worden war, war Befehlshaber der Unterseeboote und unterstand als solcher nur den direkten allgemeinen Weisungen der Seekriegsleitung. Der einzige größere Nachteil dieser Gliederung war, daß die Uboote besondere Funkschlüssel benutzten, so daß Überwasserstreitkräfte mit Ubooten in ihrer unmittelbaren Nähe nur über deren Befehlsstelle in Verbindung treten konnten.

Am ersten Tage der Kampfhandlungen gegen England trat Raeder mit seinem Stab zusammen, um die Planungen der Marine der neuen Situation anzupassen. Er entschied sich im Ergebnis für einen stark reduzierten Z-Plan. Die Panzerschiffe, von denen zwei bereits in See waren, sollten die alliierte Handelsschiffahrt angreifen, wäh-

---

[1] Gedanken des Oberbefehlshabers der Kriegsmarine zum Kriegsausbruch 3. September 1939, BA/MA, Sammlung Raeder 31. PG 31 762.

rend die beiden Schlachtschiffe in der Nordsee verbleiben und durch ihre Anwesenheit britische Schlachtkreuzer und Schlachtschiffe binden sollten, um damit die Bekämpfung der Handelsstörer zu erschweren. Die Luftwaffe und eine Minensperre in der Deutschen Bucht (der sog. »Westwall«) sollten die Alliierten von Vorstößen in die deutschen Küstengewässer der Nordsee und gegen die Handelswege im Skagerrak abhalten. Weiterhin wurden kurze Vorstöße in das Gebiet zwischen Norwegen und den Shetlandinseln und in die Island-Passagen in Erwägung gezogen, um die britische Flotte zur Teilung ihrer Kräfte zu zwingen.

Es wurde nicht erwartet, daß die Überwasserstreitkräfte die Überlegenheit auf See erlangten, nicht einmal durch Abnutzung des Gegners, wie es das Konzept im Ersten Weltkrieg gewesen war. Sie sollten vielmehr die gegnerischen Seewege unterbrechen und hier durch Überraschung und Kühnheit Erfolge gegen die, wie man vermutete, orthodoxen und konservativen Engländer erzielen. Angriffe gegen die schwachen Stellen des weltweiten Netzes der britischen Seeverbindungen sollten jedoch mit taktischer Vorsicht unternommen werden. Um die begrenzten deutschen Streitkräfte weitestmöglich zu erhalten, sollten die deutschen Kommandanten Gefechte vermeiden, wenn sie nicht absolut notwendig zur Fortsetzung der Hauptaufgabe, des Handelskrieges, waren.

Die Schlachtschiffe sollten nicht etwa deshalb in den Heimatgewässern verbleiben, um sie zu schonen. Sie konnten nur einfach nicht mit einiger sicherer Erfolgsaussicht in dem Schlüsselgebiet, den sogenannten »Western Approaches« westlich und südwestlich Englands, eingesetzt werden. Die 2000 sm Entfernung, die dazu durchlaufen werden mußten, stellten einen Teil des Problems dar: zunächst mußte weit nordwärts die Enge zwischen Norwegen und den Shetlands passiert werden, dann südwärts eine der Passagen beiderseits Islands. Die Größe der Entfernung machte die Schlachtschiffe von Versorgern im Atlantik abhängig, sollten sie für längere Zeit dort operieren können. Hielt man auch den Durchbruch in den Atlantik noch für möglich, so sah man doch nur geringe Chancen für eine Rückkehr, nachdem die britische Flotte alarmiert war. Da Deutschland keine Stützpunkte für Reparaturen an der Atlantikküste besaß, konnten schon relativ geringe Beschädigungen zum Verlust eines Schiffes führen. Aus diesen Gründen wurden offensive Vorstöße der Schlachtschiffe bis zu den Island-Passagen begrenzt – ein kühner Plan, wenn man bedenkt, daß die weit mächtigere, aber nur über einen kleinen Aktionsradius verfügende deutsche Hochseeflotte im Ersten Weltkrieg sich nie so weit aus den Heimatgewässern herausgewagt hatte.

Der eigentliche Zweck der Entsendung der Panzerschiffe mit ihrem großen Aktionsradius in weit entlegene Gebiete war nicht so sehr die Vernichtung feindlichen Handelsschiffraumes – diese war nur ein willkommenes Nebenergebnis. Die Hauptaufgabe bestand vielmehr in der Unterbrechung der britischen Schiffahrtswege durch indirekte Wirkung. Ein einziges Panzerschiff in See würde die Engländer und Franzosen dazu zwingen, Konvois von Schlachtschiffen begleiten zu lassen. Dieses wiederum machte zusätzlichen Geleitschutz durch Zerstörer notwendig. Der Mangel an beiden würde zu längeren Umlaufzeiten führen, da die Konvois größer werden mußten. Der normale Leistungsabfall durch das Konvoi-System, bedingt durch langsamere Geschwindigkeiten und zeitweilige Überlastung der Hafeneinrichtungen durch Überbelegung mit nachfolgendem Leerlauf, sollte sich mit der Notwendigkeit größerer Konvois multiplizieren. Gleichzeitig mußte ein Teil der Handelsschiffahrt überhaupt auf Geleitschutz verzichten und so zu einer leichten Beute aller Kriegsschiffe werden. In je mehr Seegebieten ein Handelsstörer erscheinen würde, desto größer mußte der ·Leistungsabfall der Schiffahrt werden.

Diese Strategie sah in Großbritannien den Hauptgegner des Seekrieges. Sie ging davon aus, daß durch Operationen zu Lande die grundsätzlichen Gegebenheiten nicht rasch verändert werden würden – ein Gedanke, der nicht von Hitler, wohl aber den meisten Armeeführern geteilt wurde. Die Marine war entschlossen, einen offensiven Krieg zu wagen und ihre Streitkräfte nicht für irgendwelche späteren, hypothetischen Aufgaben oder als wichtiges Druckmittel für Friedensverhandlungen zurückzuhalten. Mit sehr begrenzten Mitteln und in einer Situation, die sich ständig und oft grundsätzlich änderte, blieb nichts weiter übrig, als entsprechend den tatsächlichen Gegebenheiten des Augenblicks zu bauen, zu planen und zu handeln. Die Konsequenzen einer solchen Politik in einem langen Krieg waren offensichtlich. Während man zunächst noch Versuche machen konnte, kommende Materialknappheiten aufzufangen, ließ eine Ausweitung des Konflikts die Vorhersage über Materialzuweisungen so vage werden, daß eine Planung auf lange Sicht unmöglich wurde.

Die Schweren Einheiten mußten durch jede Waffe, die zum Einsatz gegen die feindliche Handelsschiffahrt geeignet war, ergänzt werden. Die Uboote wurden als Hauptwaffe auf lange Sicht anerkannt.

Da jedoch nur so wenige Boote zur Verfügung standen, mußten die Operationen durch Minenlegen aller Verbände, Luftangriffe und den Einsatz von Hilfskreuzern ebenso wie der Uboote begonnen werden. Dönitz hatte diese Situation kurz und bündig in einem Memorandum am ersten Tage des Krieges betont: »Mit 22 Booten und einem vorgesehenen Neuzugang von ein bis zwei Booten monatlich kann ich nichts Wirksames gegen England ausrichten.«[2] Uboote in größerer Zahl und ausgebildete Besatzungen würden erst in zwei Jahren zur Verfügung stehen – die Seekriegsleitung benötigte für diese zwei Jahre Lückenbüßer.

1939 bestand die deutsche Flotte aus den beiden kleinen Schlachtschiffen *Scharnhorst* und *Gneisenau,* den drei Panzerschiffen *Deutschland, Admiral Scheer* und *Admiral Graf Spee,* den beiden Schweren Kreuzern *Admiral Hipper* und *Blücher,* 6 Leichten Kreuzern, 34 Zerstörern und Torpedobooten und 57 Ubooten. Von den Ubooten konnten nur die 22 Hochseeboote in den »Western Approaches« eingesetzt werden. Die beiden schlagkräftigen Schlachtschiffe *Bismarck* und *Tirpitz* und ein weiterer Schwerer Kreuzer, *Prinz Eugen,* befanden sich noch im Bau, der noch geraume Zeit in Anspruch nehmen würde.

Dagegen besaß Großbritannien 15 Schlachtschiffe und Schlachtkreuzer, 6 Flugzeugträger und 59 Leichte und Schwere Kreuzer. Viele dieser Schiffe waren alt, und die meisten langsamer als ihre entsprechenden deutschen Gegner. Die französische Flotte bestand aus 7 Schlachtschiffen und Schlachtkreuzern, 2 Flugzeugträgern und 19 Leichten und Schweren Kreuzern. Es handelte sich um relativ neue Einheiten mit bemerkenswerter Geschwindigkeit, Bewaffnung und Nachrichtenmitteln. Gegen Angriffe von Ubooten und aus der Luft waren diese Schiffe jedoch wenig geschützt.

Kein deutsches Bauprogramm war in der Lage, mit der alliierten Seemacht und den dahinter stehenden industriellen Möglichkeiten gleichzuziehen. Angesichts dieser Tatsache ließ Raeder das Bauprogramm der Marine am ersten Kriegstag völlig umstellen. Nur die beiden fast fertigen Schlachtschiffe und der Kreuzer sollten noch fertiggestellt werden. Der Bau der beiden nach dem Z-Plan folgenden Schlachtschiffe wurde eingestellt, ebenso der Bau des fast fertigen und eines weiteren auf Stapel liegenden Flugzeugträgers. Das hieß, daß ein Ersatz von Verlusten nur von Zerstörergröße abwärts möglich war und man daher nicht viele Risiken eingehen durfte.

---

[2] Cajus Bekker, *Kampf und Untergang der Kriegsmarine,* S. 28. (Die »22 Boote« waren die vom Hochsee-Typ.)

Das einzig mögliche Bauprogramm war ein Ubootbauprogramm, das auf einen Umfang von 20–30 pro Monat beschleunigt werden sollte. Dönitz' Memorandum vom 1. September 1939 forderte 90 Boote im Einsatz im Nordatlantik, das hieß, daß insgesamt 300 Boote erforderlich waren. Material für zweihundert Boote war vorhanden. Im ersten Jahr konnte aber nur die Ablieferungszahl der Vorkriegszeit, 2 Boote pro Monat, erwartet werden. Der Typ VII C wurde als Grundtyp gewählt. Das Hauptamt Kriegsschiffbau hatte die zentrale Leitung des Ubootbaues und stellte sofort das Bauprogramm und die Werftverteilung zusammen. Im November wurden die ersten Bauaufträge vergeben. Da das Amt die Probleme der Baubeschleunigung und Materialzuteilung zu bewältigen hatte, befaßte es sich praktisch nicht mit Entwicklungsarbeiten.

Die Marinefliegerverbände bestanden zu diesem Zeitpunkt aus 14 Fernaufklärer- und Mehrzweckstaffeln und einer Bordfliegerstaffel von den 41 versprochenen Staffeln. Von 13 versprochenen Bombergruppen der Luftwaffe standen zum Einsatz über See nur 6 bereit. Da die Luftwaffe aber ihre eigenen Quadratkarten, Funkschlüssel und Funkfrequenzen benutzte, war ein Zusammenwirken von Schiffen und Flugzeugen schwierig. Was noch schlimmer war: bei der Umstellung der Flugzeugindustrie auf neue Flugzeugtypen blieben neue Marineflugzeuge ausgeklammert. Mit dieser Unterlassung scheint Göring einen weiteren Versuch zur Ausschaltung der Marineflieger beabsichtigt zu haben.

Die Marine forderte eine offensive Luftkriegführung mit Schwerpunkt auf dem Einsatz von Minen und Flugzeugtorpedos, die sie entwickelte. Göring sah jedoch in der Bombe die wirkungsvollste Waffe gegen Schiffe. Die Luftwaffe verfolgte allerdings auch dabei keine bestimmte Methode mit Konsequenz.

Als England und Frankreich am 3. September 1939 in den Krieg eintraten, um Polen zu Hilfe zu kommen, hatte die Kriegsmarine nur leichte Seestreitkräfte gegen Polen eingesetzt. Sechs polnische Uboote und drei Zerstörer entkamen aus dem deutschen Machtbereich, während die restlichen polnischen Schiffe ziemlich inaktiv blieben – mit der Ausnahme eines Minenlegers, der seine Minen auslegte, ohne sie scharfgemacht zu haben! Zwei über 35 Jahre alte deutsche Linienschiffe, die normalerweise als Schulschiffe dienten, und einige Minensucher unterstützten das Heer und sicherten die Ostseezugänge. Alle größeren Einheiten waren bereits in die Nordsee verlegt worden.

Eine Woche vor Kriegsausbruch, am 25. August, hatten alle deutschen Handelsschiffe im Ausland Instruktionen zur Heimkehr erhalten. Die Engländer waren mit den Handelsstörern beschäftigt, und Deutschland benutzte Murmansk als Bunkerstation für einige Schiffe, die den Atlantik im hohen Norden überquerten und dann im Schutz der neutralen norwegischen Hoheitsgewässer südwärts liefen. So gelangten ca. 100 Schiffe mit etwa 500 000 BRT nach Deutschland zurück, viele davon mit wertvoller Ladung. Einige Schiffe wurden beim Durchbruch abgefangen, die meisten davon aber von ihrer Besatzung versenkt. Über 300 Schiffe verblieben in neutralen Häfen.

Die Engländer verhängten, wie erwartet, mit Kriegsbeginn die Blockade. Nachdem sie zunächst eine umfangreiche Konterbandeliste aufgestellt hatten, dehnten sie ihre Kontrollen aus, bis Ende November 1939 alle deutschen Exporte, auch an Bord neutraler Schiffe, als Konterbande behandelt wurden. Neutrale Ladungen wurden in neutralen Häfen überprüft, um eine vollständige britische Überwachung des Handels zu erreichen. Die Kapitäne erhielten darüber entsprechende Zertifikate, so daß sie nicht in britische Häfen zur Untersuchung einlaufen mußten, was sie zusätzlich durch Minen und Luftangriffe gefährdet hätte. Die Blockade traf die deutsche Wirtschaft nicht im gleichen Maße wie im Ersten Weltkrieg, da der Handel mit Rußland und Osteuropa ungestört weiterlief und Vorratswirtschaft in großem Maße betrieben worden war. Das empfindliche Gebiet war die Eisenerzversorgung aus Norwegen und Schweden. Hier wurden pro Jahr 11 Millionen Tonnen Eisenerz zur Belieferung der deutschen Industrie verschifft – im Sommer über die Ostsee und im Winter durch die neutralen norwegischen Küstengewässer. Die Ostseewege waren so lange sicher, wie die Alliierten nicht die neutralen Länder Norwegen und Schweden besetzten. Der norwegische Küstenweg war jedoch Angriffen ausgesetzt, wenn die Engländer sich entschlossen, das Völkerrecht zu brechen. Aus dieser Situation sollten sich weitreichende Konsequenzen entwickeln.

Die Kriegsmarine erwartete, daß die britische Flotte auf die im Ersten Weltkrieg erprobten Abwehrmaßnahmen gegen die Ubootgefahr zurückgreifen würde, und dies geschah auch. Die britische Handelsschiffahrt wurde schon vor Kriegsausbruch den Weisungen der Admiralität unterstellt. Angriffe sollten über Funk gemeldet, Durchsuchung durch Ausweichmanöver umgangen werden. Gegen Uboote sollten Geschütze und Wasserbomben, falls vorhanden, eingesetzt oder Rammversuche gemacht werden. Für die schnellsten

Schiffe wurden Ausweichrouten festgelegt und die Schiffe armiert. Für die langsamere Schiffahrt wurden Konvois gebildet. Hierfür standen nur wenige Geleitfahrzeuge zur Verfügung, und die Leistungen der Schiffahrt wurden dadurch um 25–40 % reduziert. Geleitete Schiffe hatten jedoch eine größere Chance, ihr Ziel zu erreichen. Uboote konnte gegen sie ihre Artillerie nicht verwenden, und der begrenzte Torpedovorrat war bald erschöpft.

Ein britisches Gerät, von dem man in Deutschland nur wenig wußte, war das Asdic, ein Ubootortungsgerät, das mit horizontal abgestrahlten Schallwellen nach dem Prinzip des Echolotes arbeitete. Seine erfolgreiche Anwendung erforderte jedoch Geschick und Ausdauer. Zwei oder drei britische Geleitfahrzeuge waren gewöhnlich notwendig, um die Position eines Ubootes sicher festzustellen. Eines davon mußte dann über die festgestellte Position laufen und Wasserbomben werfen, und danach mußten sie alle den Asdic-Kontakt wiederherstellen, wenn die Turbulenzen nach der Bombenexplosion aufhörten. Gewöhnlich mußte dieses Verfahren wiederholt werden, oft über Stunden und Stunden.

Die Engländer besaßen zu wenige Geleitfahrzeuge, um viele derartige Gruppen bilden oder Angriffe über längere Zeit fortsetzen zu können. Am 26. September 1939 konnten sie jedoch verkünden, daß alle ihre Handelsschiffe in Kürze bewaffnet sein würden. Ferner bauten sie ein begrenztes und nicht sehr wirkungsvolles Luftüberwachungssystem auf, doch zwangen die Flugzeuge die Uboote meist nur zum zeitweiligen Tauchen. Die britischen Maßnahmen schufen für die Deutschen eine Situation, in der die Anwendung des Prisenrechts mehr und mehr schwierig wurde.

Auf Grund der geringen Zahl vorhandener hochseefähiger Uboote hatte die Kriegsmarine von Kriegsbeginn an ihre Schiffe zum Minenlegen herangezogen. Dies waren kombinierte Einsätze: Zerstörer und andere Überwasserstreitkräfte legten defensive Minensperren vor der deutschen Küste, während die Uboote britische Hafenansteuerungen verminten. Als später im Jahr die Nächte länger wurden, setzte man auch die Überwasserstreitkräfte in britischen Gewässern zum Minenlegen ein. Sie verwendeten Ankertauminen mit Berührungszündern und magnetische Grundminen in gemischten Sperren, während die Uboote nur den Grundminentyp verwendeten. Die Ankertaumine stand verankert in bestimmtem Abstand von der Wasseroberfläche und wurde durch direkte Berührung von einem Schiff gezündet. Das Verankerungskabel war der schwache Punkt dieser Konstruktion, denn es konnte von Minensuchgeräten erfaßt und zerschnitten werden, wodurch die Mine aufschwamm und abgeschossen werden konnte. Die Grundmine lag in flachen, küstennahen Gewässern auf dem Meeresboden und wurde auf elektromagnetischem Wege durch die Veränderung, die der Stahlrumpf eines Schiffes im Erdmagnetfeld bewirkte, gezündet. Die dadurch entstehende Druckwelle sollte den Kiel des Schiffes brechen. Dieser Minentyp war besonders erfolgreich, und man nahm in Deutschland an, daß dagegen sobald keine Abwehr entwickelt werde. Als Hitlers Hoffnungen auf eine Übereinkunft mit Frankreich schwanden, wurde dieses Land vom 23. September an in den Minenkrieg mit einbezogen. Raeder hatte auf Mineneinsätzen aus der Luft bestanden, auch wenn noch keine große Anzahl von Minen vorhanden war, und im November wurden widerstrebend einige Einsätze geflogen. Diesmal hatte die Luftwaffe recht: die Abwürfe aus der Luft konnten nicht genau erfolgen, und die Engländer bargen zwei Minen aus dem Watt an der Themse. Als Luftminen in großer Zahl 1940 verfügbar wurden, hatte man in England schon Räummethoden entwickelt.

Alles in allem war der Minenkrieg, der auch späterhin regelmäßig fortgesetzt wurde, in den ersten sechs Kriegsmonaten recht erfolgreich. Trotz der gleichgültigen Haltung der Luftwaffe und der geringen Kapazität der kleinen Uboote, die nur je 6–8 Minen laden konnten, verloren die Engländer 114 Handelsschiffe mit nahezu 400 000 BRT, dazu zwei Zerstörer und 15 Minensucher. Das Schlachtschiff *Nelson*, zwei Kreuzer und zwei Zerstörer wurden beschädigt. Der indirekte Erfolg war ebenfalls beträchtlich, denn England mußte viele potentielle Geleitfahrzeuge zum Minenräumen abziehen, und neutrale Schiffe wurden durch die Minengefahr in gewissem Umfang von Fahrten nach England abgeschreckt. Der Hafen Liverpool wurde aus diesem Grunde tatsächlich zeitweilig völlig geschlossen. Die deutschen Verluste bestanden hierbei aus 2 Ubooten, 2 Zerstörern, die irrtümlich von der eigenen Luftwaffe angegriffen und bombardiert wurden und danach in eine bisher unbekannte britische Minensperre gerieten, und Beschädigung zweier Leichter Kreuzer durch das britische Uboot *Salmon*, als sie eine offensive Minenunternehmung von fünf Zerstörern deckten. Diese Verluste wurden als erträglich betrachtet. Bei einer Auswertung der Unternehmungen zeigte sich die Seekriegsleitung lediglich von dem Beitrag der Luftwaffe unbefriedigt, die besonders in entfernteren Gebieten, die von Schiffen nicht leicht erreicht werden konnten, mehr zum Erfolg hätte beitragen können.

Alle verfügbaren Uboote waren vor Kriegsausbruch in See gegangen und wurden am 3. September von den Ereignissen über Funk in Kenntnis gesetzt. Kapitänleutnant Fritz-Ludwig Lemp auf U 30 fand, ebenso wie die übrigen 21 Ubootkommandanten im Atlantik, am ersten Kriegstag keinen Feind. Erst längere Zeit nach Sonnenuntergang erschien ein Schiff. Es fuhr abgeblendet auf Zick-Zack-Kursen außerhalb der normalen Schiffahrtswege. Lemp sprach es als britischen Hilfskreuzer an – d. h. als großes, bewaffnetes Handelsschiff im Einsatz als Überwachungs- oder Geleitfahrzeug – und fuhr einen Angriff. Erst nach dem ersten Torpedotreffer erkannte er die Wahrheit: Das getroffene Passagierschiff *Athenia*, mit mehr als 1400 Personen an Bord, sendete SOS. Vier Schiffe, darunter zwei Zerstörer, beantworteten den Ruf sofort, während U 30 schnell ablief, ohne den Angriff überhaupt zu melden, denn Lemp wollte die Funkstille nicht brechen. Das deutsche Passagierschiff *Bremen* stand nur wenige Fahrtstunden entfernt und nahm den Ruf ebenfalls auf. Es hätte dem Zwischenfall in gleicher Weise zum Opfer fallen oder aber zum Retter der Menschen auf der *Athenia* werden können. Die unerbittlichen Notwendigkeiten des Krieges zwangen es aber zur Beibehaltung seines Kurses und hielten es von dem Schauplatz fern. Dort versank am Morgen die *Athenia*, umgeben von Rettungsschiffen, mit steil gen Himmel ragendem Bug. Sie nahm 120 Männer, Frauen und Kinder mit sich in die Tiefe des Atlantiks.

»Eine Greueltat!« rief die alliierte Presse. »Ein Sabotageakt Churchills!« antwortete Dr. Goebbels, der behauptete, daß die Briten die *Athenia* versenkt hätten, um damit eine neue Reihe von Geschichten über »Deutschen Terror« wie die übertriebenen Greuelmärchen von der »Schändung Belgiens« im Ersten Weltkrieg einzuleiten. Raeder und Dönitz konnten zunächst gar nichts dazu sagen. Hitler reagierte mit dem Befehl, daß Passagierschiffe unter keinen Umständen mehr angegriffen werden durften.

U 30 kehrte später im September in seinen Stützpunkt zurück. Erst jetzt erfuhr Dönitz die Wahrheit – Goebbels konnte aber nicht mehr gebremst werden. Statt den Irrtum offen zuzugeben, fuhr er fort, die durchsichtige »Sabotage«-Version auszuposaunen. Mehr noch: um den Betrug zu decken, erhielt Dönitz den Befehl, die belastende Seite aus dem KTB von U 30 zu ersetzen, so daß keine der hiervon zu Auswertungszwecken zu fertigenden 8 Kopien die Tatsachen enthüllen würde.

Der *Athenia*-Zwischenfall wurde zum ersten Ereignis in einem

Krieg innerhalb des Krieges: Der Propagandakrieg der Meldungen und Dementis, Verdächtigungen und Gegenverdächtigungen, Maßnahmen und Repressalien. Entgegen der alliierten Annahme trat die deutsche Marine in den Krieg tatsächlich unter strikter Beachtung des Prisenrechts entsprechend dem Londoner Uboot-Protokoll von 1936 ein. Dieses Abkommen verpflichtete Uboote, im Handelskrieg völlig gleich wie Überwassereinheiten vorzugehen und Handelsschiffe zu stoppen und zu durchsuchen, bevor sie versenkt wurden, auch wenn diese zur Selbstverteidigung bewaffnet waren. Nur im Falle des Widerstandes konnte das Uboot von den Regeln abweichen, nach denen die Sicherheit von Besatzung und Passagieren sichergestellt werden mußte, wobei die Rettungsboote nur dann als ausreichend galten, wenn Land oder ein anderes Schiff in der Nähe waren.

Theoretisch hätten diese Abmachungen eine Zeit lang eingehalten werden können, hätte man auf britischer Seite darauf vertraut, daß sich Deutschland daran halten würde. Unter dem Druck des Krieges brachen diese Abmachungen jedoch schnell zusammen. Nach diesen Abmachungen hätten theoretisch die Briten ihre Handelsschiffe nicht einmal zu bewaffnen brauchen. Sie hätten weiterhin die Handelsschiffe einzeln und unbewaffnet über den Atlantik schicken können, sofern sie bereit waren, das Risiko einzugehen, daß einzelne Schiffe angehalten, durchsucht und – nachdem für die Sicherheit von Besatzung und Passagieren Vorsorge getroffen war – versenkt werden würden.

Natürlich mißtrauten die Engländer jedoch den Deutschen, besonders angesichts der Versenkung der *Athenia*. Weiterhin war das Risiko eines solchen Verhaltens unvertretbar hoch. Sie hatten die Bewaffnung der Handelsschiffe schon lange vor Ausbruch des Krieges geplant, ebenso den Gebrauch des Funks, nicht nur, um Hilfe für die Schiffbrüchigen, sondern auch, um britische Marineeinheiten herbeizurufen, die die Uboote angreifen sollten. Das Vorhandensein von Geschützen auf den britischen Handelsschiffen stellte die deutschen Ubootkommandanten vor die Entscheidung, ob sie diese als offensive oder defensive Bewaffnung ansehen sollten, d. h. zum Einsatz vor oder nach dem Angriff des Ubootes bestimmt. Das war eine Unterscheidung, die man unmöglich vom Turm eines verletzlichen Ubootes in bewegter See aus vornehmen konnte. Die Briten sahen die Benutzung des Funkgerätes als rein defensive Handlung an, die Ubootkommandanten betrachteten jedoch die Funkstille als lebensnotwendig für die Sicherheit ihres Bootes. Sie betrachteten funkende Handelsschiffe als kriegführend im Dienste des britischen Marine-Nachrichtendienstes – wie es tatsächlich auch der Fall war.

Nach Hitlers Verbot bezüglich der Passagierschiffe durften nur noch Kriegsschiffe, Handelsschiffe unter Überwasser- oder Luftgeleit und Widerstand jeder Art leistende Schiffe ohne Rücksicht auf die Sicherheit der Besatzung versenkt werden. Da Hitler noch immer hoffte, nach Ende des Polenfeldzuges zu einer politischen Übereinkunft mit England und Frankreich zu gelangen, hielt er die Uboote vom Angriff auf französische Schiffe zurück – obwohl eine entsprechende vorbeugende Maßnahme gegenüber der britischen Schiffahrt eigenartigerweise nicht getroffen wurde. Französische Schiffe durften nicht einmal angehalten werden, obwohl auch sie durch Funk Zerstörern Uboote meldeten, die ihre Nationalität prüften. Unter solchen Einschränkungen konnte man nicht erwarten, daß die 8 oder 9 Uboote, die Dönitz gleichzeitig auf Feindfahrt halten konnte, der alliierten Schiffahrt ernsthaften Schaden zufügen konnten.

Innerhalb von zwei Tagen nach Kriegsausbruch wurde es offensichtlich, daß das Ubootabkommen seinen Zweck nicht erfüllte. Am 5. September versuchte Kapitänleutnant Herbert Schultze mit U 48, den Frachter *Royal Sceptre* durch einen Schuß vor den Bug zu stoppen – lediglich mit dem Erfolg, daß dieser zu funken begann und zu entkommen suchte. Er stoppte das Schiff durch Einsatz seines 8,8 cm-Geschützes, und der größte Teil der Besatzung verließ das Schiff. Der Funker fuhr jedoch fort, SSS (= Submarine), das Notsignal bei einem Ubootangriff, zu senden. Um die Rettungsboote nicht mit Geschützfeuer zu treffen, versenkte Schultze das Schiff mit einem Torpedo. Der Funker setzte die SSS-Signale bis zum letzten Augenblick fort und ging mit seinem Schiff unter. Kurze Zeit später stoppte Schultze das britische Schiff *Browning* und wies es an, den Überlebenden der *Royal Sceptre* Hilfe zu leisten – zur größten Überraschung der Besatzung, die beim ersten Schuß des Ubootes bereits in die Boote gegangen war.

Immer wieder sendeten britische Handelsschiffe in der Folge den SSS-Ruf. In einem Fall gab Schultze selbst ein SSS: »... An Mr. Churchill. Ich habe den britischen Dampfer *Firby* versenkt ... Bitte Besatzung bergen[3].« Dies war kein Husarenstückchen – es gefährdete das Boot –, sondern der ehrliche Versuch, dem Geist der Prisenordnung gerecht zu werden.

Die Engländer waren jedoch nicht gewillt, den Widerstand aufzu-

---

[3] Wolfgang Frank, *Die Wölfe und der Admiral*, S. 29.

geben. Ein Frachter erwiderte das Feuer mit seinem Geschütz, ein anderer versuchte zu rammen. Dennoch versuchten die deutschen Kommandanten, weiterhin in Übereinstimmung mit dem Geist des Abkommens vorzugehen. Kapitänleutnant Heinrich Liebe rettete Überlebende aus dem brennenden Öl eines Tankers, obwohl auch dieser vorher gefunkt hatte. Er stattete sie mit den Schwimmwesten seiner eigenen Besatzung aus, bis er sie an ein neutrales Schiff abgeben konnte. Andere Ubootoffiziere behandelten Verwundete, halfen bei der Wiederaufrichtung gekenterter Rettungsboote und statteten die Überlebenden mit Nahrung, Wasser und Karten aus.

Angesichts der Erfahrungen der Uboote und der britischen Ankündigung, daß in Kürze alle britischen Handelsschiffe bewaffnet sein würden, konnte Raeder Hitler zur Lockerung einiger Einschränkungen für Uboote überreden. Schrittweise wurden Ende September und Anfang Oktober die vorgeschlagenen Änderungen gebilligt: alle Handelsschiffe, die ihre Funkanlage benutzten, durften ohne Warnung angegriffen werden; französische Schiffe verloren ihr Privileg; die Prisenordnung war in der Nordsee und späterhin auch in einem großen Gebiet westlich der Britischen Inseln nicht mehr anzuwenden; abgeblendet fahrende Schiffe vor den französischen und englischen Küsten wurden als Ziele freigegeben. Die Neutralen wurden vor Handlungen gewarnt, die als feindselig erscheinen könnten, ihre Durchsuchung im Gebiet um die Britischen Inseln jedoch wegen der Gefährdung durch britische Streitkräfte eingestellt. Passagierschiffe unter feindlichen Flaggen waren auch weiterhin vom Angriff ausgenommen.

Der Bedarf nach mehr Ubooten war ständig ein Punkt der Diskussionen. In nahezu jeder Lagebesprechung bei Hitler wurde der Ubootbau erwähnt. Raeder veranlaßte Hitler sogar zu einem Besuch in Wilhelmshaven und einer Besichtigung der Uboote und ihrer erfolgreichen Besatzungen. Es wurde der Vorschlag gemacht, Uboote im Ausland zu kaufen. Hitler weigerte sich jedoch, diese Frage gegenüber Rußland anzuschneiden, da sie von diesem als Anzeichen der Schwäche verstanden werden könnte. Italien und Japan verweigerten einen Verkauf. Russische und japanische Stützpunkte wurden jedoch für den Ubootkrieg angeboten und akzeptiert. Die russische Basis wurde von deutschen Ubooten niemals benutzt, eine japanische jedoch später in Betrieb genommen. Es wurden ferner Überlegungen über den Einsatz von Versorgern und Werkstattschiffen als schwimmende Stützpunkte in entlegenen Seegebieten angestellt.

Während der Unternehmungen in den ersten Kriegswochen unter den genannten Restriktionen konnten die Uboote ihre taktischen Möglichkeiten nicht voll ausschöpfen. Durch Nachtangriffe – die wirkungsvollsten für Uboote – wurden nur 3 % der alliierten Verluste verursacht. Aber auch die britischen Möglichkeiten waren beschränkt. In Erkenntnis der Schwäche ihrer Geleitstreitkräfte versuchten sie, vielen Einzelfahrern im Gebiet westlich der Britischen Inseln besonderen Geleitschutz zu geben – und boten damit den deutschen Ubootfahrern in den ersten Kriegswochen mehrere unerwartete Erfolgschancen.

Die erste Gelegenheit bot sich am 14. September für U 39 – und der Kommandant ergriff sie prompt. Ein Dreierfächer wurde auf den Flugzeugträger *Ark Royal* geschossen. Als alle drei Torpedos explodierten, verfiel die Besatzung von U 39 für einen Augenblick in Jubel, mußte sich dann aber auf die bittere Aufgabe einstellen, drei Zerstörern zu entkommen, die zu wiederholten Wasserbombenangriffen heranpreschten. Schon bald wurde U 39 beschädigt und mußte zum Auftauchen seine Tanks ausblasen. Von Gegnern umgeben, gab die Besatzung das Boot auf und stieg aus. Erst als das Boot gesunken und sie von einem britischen Zerstörer übernommen worden war, bemerkte sie, daß *Ark Royal* unbeschädigt weiterlief. Alle drei Torpedos waren achtern vorbeigegangen und im aufgewirbelten Kielwasser des Trägers explodiert. U 39 war das erste Boot, das im Kriege während einer Feindfahrt verloren ging.
Drei Tage später hatte Kapitänleutnant Otto Schuhart im Sehrohr ein Passagierschiff von 10 000 BRT in Sicht. Dann erschien ein Flugzeug vom Typ einer Trägermaschine hinter dem Schiff, das abdrehte, so daß Schuhart es weder identifizieren noch zum Schuß kommen konnte. Beim nächsten Blick nach dem Schiff einige Zeit später entdeckte er einen Flugzeugträger, der noch an der Kimm stand, aber auf ihn zukam. Schuhart gab die Suche nach dem Passagierschiff auf und wandte sich dem neuen Ziel zu. Weder die Geleitzerstörer noch das Flugzeug sichteten das nur kurzzeitig ausgefahrene Sehrohr oder den dunklen Schatten des Ubootes im Wasser, als Schuhart in Schußposition zu kommen suchte. Der Träger fuhr jedoch Zick-Zack-Kurse, und es vergingen zwei Stunden, in denen sich die Schiffe langsam näher kamen, ohne daß das Boot dabei in eine bessere Position gelangen konnte. Schließlich aber machte der Träger eine harte Kursänderung und zeigte die Breitseite. Schuhart schoß drei Torpedos, wobei er sich bei den wesentlichen Schußunter-

lagen auf Schätzungen verlassen mußte, da er direkt in die Sonne sah. Danach ging U 29 sofort auf große Tiefe und jedermann an Bord wartete gespannt auf Treffergeräusche. Zwei Explosionen wurden im Boot gehört. Ihnen folgten die Geräusche einer Reihe sekundärer Explosionen, als die eigene Munition des Trägers oder seine Kessel hochgingen.

Während Schuharts Besatzung die unvermeidliche Wasserbomben-verfolgung durchmachte (und überlebte), lief mit hoher Fahrt der neutrale Passagierdampfer *Veendam*, der Zeuge des Angriffs gewesen war, heran, um den Zerstörern und einem Frachter bei der Rettung von 682 Mann aus dem ölbedeckten Wasser zu helfen. Aber 518 Mann der Besatzung, darunter der Kommandant, starben, als die *Courageous* rasch nach Backbord kenterte, kurze Zeit kieloben schwamm und dann sank. Nur 15 Minuten waren seit den Torpedo-treffern vergangen, bis der Träger von der Wasseroberfläche verschwunden war.

Das Auffinden der beiden Flugzeugträger war durch glückliche Zu-fälle erfolgt. Die nächste Operation jedoch stellte die Verwirkli-chung eines Traumes dar, der schon 25 Jahre alt war: den König von England am Barte zu zupfen und seine Seemacht in ihrer Hauptbasis Scapa Flow anzugreifen, so wie Drake seinerzeit die Schiffe der Armada in der Bucht von Cadiz verbrannt hatte. Der wagemutige Kapitänleutnant Günther Prien wurde für diesen An-griff ausgewählt. (Ähnliche Versuche hatten im Ersten Weltkrieg zwei Uboote gekostet.)

Die große Bucht von Scapa Flow liegt zwischen einer Anzahl von vorgelagerten Inseln. Alle Durchfahrten zwischen den Inseln bis auf die Haupteinfahrt waren durch versenkte Schiffe gesperrt, und diese war durch Netzsperren verschlossen. Die Deutschen klärten die Bucht aus der Luft und durch ein Uboot auf, das durch starke Strö-mungen zufällig in die Nähe der Einfahrten geraten war. Eine der Durchfahrten schien nur unvollkommen blockiert zu sein, und es war eben dieser Holm-Sund, in den Prien mit U 47 in der Nacht vom 13. zum 14. Oktober über Wasser eindrang. Der Flutstrom schob das Boot bis zur engsten Stelle hinein, wo Blockadeschiffe und eine felsige Küste es gefährdeten. Rasche, entschlossene Manöver mit voller Maschinenkraft, die das Boot nach kurzem Festkommen wie-der freibekamen, brachten es durch die gefährliche Lücke – und U 47 war drin. Ein blendendes Nordlicht hatte Prien sein Einlaufen er-leichtert, war aber erloschen, bevor er nun mit dem vorsichtigen Absuchen der Bucht begann. Er stellte bald fest, daß das Gros der

Home Fleet an diesem Tag in See gegangen war, schoß aber drei Torpedos auf Ziele, die er für zwei Schlachtschiffe hielt. Nur ein Treffer wurde beobachtet, offenbar auf dem weiter entfernten Ziel – tatsächlich jedoch am Bug des einzigen anwesenden Schiffes –, und so drehte er ab und schoß noch den Hecktorpedo, wiederum ohne Erfolg.

Immer noch über Wasser in Englands größtem Flottenhafen, lief Prien nun von seinem Ziel ab, um zwei seiner Torpedorohre nachzuladen. Trotz der Explosion war es im Hafen noch immer merkwürdig ruhig – die Engländer nahmen an, daß es sich um eine innere Explosion gehandelt habe. Dann lief Prien wieder auf sein Ziel an, um es erneut mit drei Torpedos anzugreifen. Diesmal trafen alle. Zunächst stiegen Wassersäulen bei dem Schlachtschiff auf, dann wurde es von Flammensäulen explodierender Munition erleuchtet. Prien drehte ab und lief auf die Lücke zwischen einigen Blockschiffen und einer Außenmole zu. Durch hervorragendes Manövrieren gelang es dem Boot, den Schauplatz der größten Erniedrigung der Kaiserlichen Marine zu verlassen, nachdem wenigstens ein Teil der 20 Jahre alten Rechnung ausgeglichen war.

U 47 kehrte unbeschädigt in die Heimat zurück, während die Briten den Untergang der *Royal Oak* und den Tod von 833 Besatzungsangehörigen bekanntgaben. In Deutschland war Prien der Held des Tages. Raeder und Dönitz begrüßten das Boot beim Einlaufen. Die Besatzung wurde nach Berlin geflogen, wo Prien von Hitler das Ritterkreuz des Eisernen Kreuzes verliehen wurde. Hitler war sehr erfreut und würdigte die Bedeutung dieses Unternehmens für die Moral sehr. Die Marine wuchs beträchtlich in Hitlers Wertschätzung.

Zwei Tage nach Erhalt der Nachricht von Priens Angriff stimmte Hitler am 16. Oktober 1939 zu, daß künftig alle feindlichen Handelsschiffe ohne Warnung torpediert werden könnten, und daß nach vorheriger Bekanntmachung auch Passagierschiffe im Geleit versenkt werden dürften. Diese Schritte wurden als Gegenmaßnahmen auf die britischen Befehle und Handlungen bezeichnet, durch die Handelsschiffe zu einer Gefahr für die Uboote geworden waren. Einen Monat später fielen dann auf deutscher Seite alle Beschränkungen für Angriffe auf feindliche Passagierschiffe fort, da sie offenbar bewaffnet waren. Dieser nachherige Befehl wurde nicht öffentlich verkündet.

Nachdem nunmehr die gesamte feindliche Handelsschiffahrt für den warnungslosen Angriff freigegeben war, war der nächste Schritt, den

Verkehr neutraler Schiffahrt zu den Britischen Inseln zu beschränken. Die Neutralitätszone der panamerikanischen Republiken, die sich 300 Seemeilen in den Atlantik erstreckte, und die Kriegsgebieterklärung der USA, die Amerikanern das Befahren eines großen Gefahrengebiets im östlichen Atlantik untersagte, machte diese Aufgabe für Deutschland einfacher. Die Neutralitätszone wurde von Deutschland respektiert, und die amerikanische Bestimmung hielt diese wichtigste wie auch empfindlichste neutrale Macht vom Kampfgebiet fern. Die übrigen neutralen Mächte wurden nun davor gewarnt, die Kriegsgebiete um die Britischen Inseln zu benutzen.

Am 1. Dezember 1939 wurde das erste »Minenwarngebiet«, das die flachen Gewässer vor der englischen Küste umfaßte, verkündet.

In diesem Gebiet sollten die Uboote mit Torpedos alle Schiffe mit Ausnahme derer wohlwollender Neutraler ohne Warnung versenken. Versenkungserfolge würden Minentreffern zugeschrieben werden. Tatsächlich wurde durch diese Anordnung der uneingeschränkte Ubootkrieg in begrenzten Gebieten eingeführt. Raeder drängte im Dezember auf eine Verschärfung des Handelskrieges und Erklärung der »Blockade Englands« – Hitler wollte jedoch langsam vorgehen. Einige Länder, die Schiffe an England verchartert oder verkauft hatten, wurden jedoch das Opfer von Repressalien. Am 30. Dezember fiel die Entscheidung, daß Schiffe dieser Länder ohne Warnung angegriffen werden konnten. Der Beginn wurde mit griechischen Schiffen gemacht. Das Ausmaß der Angriffe sollte schrittweise erhöht und das neue Vorgehen in allgemeinen Formulierungen zusammen mit anderen Offensiven verkündet werden. Ein Befehl, an die Uboote, keine Überlebenden aufzunehmen, erging Ende 1939 wegen der Gefährdung der Boote, die in der Nähe britischer See- und Luftstützpunkte operierten. Diese Anweisung betraf nicht die weiter ab befindlichen Uboote. Das Uboot hatte seine eigenen Operationsgesetze entwickelt, die auf einem Abwägen der vermutlichen Vor- und Nachteile für beide Seiten und auf gegenseitigem Mißtrauen beruhten – so wie jedes neue Waffensystem in der Geschichte immer wieder neue Kriegsregeln mit sich gebracht hat.

Ermutigt durch Priens Erfolg und die Tatsache, daß die Britische Flotte während des Ausbaues der Sicherung von Scapa Flow kleinere, weniger sichere Stützpunkte benutzte, stellte Dönitz weiterhin einige Uboote zu Torpedo- und Mineneinsätzen gegen die britische Flotte ab, obwohl dies eine entsprechende Reduzierung des Handelskrieges bedeutete. Viele Gelegenheiten, die sich durch diese Abstellung ergaben, wurden jedoch durch Torpedoversager verpaßt. Die schlechtesten Erfahrungen machte U 56, das kühn eine starke Zerstörersicherung durchbrach, um 3 Torpedos auf das Schlachtschiff *Nelson* zu schießen. Das Auftreffen aller drei am Ziel wurde gehört – keiner jedoch explodierte.[4] Einige Wochen später wurde das Schlachtschiff *Barham* durch einen Torpedo von U 30 beschädigt. Eine deutsche Flotte, von der man sich keine großen Erfolge durch Abnützungstaktik gegenüber schweren feindlichen Seestreitkräften versprochen hatte, schlug sich überraschend gut. Aber dies war erst der Anfang.

Bei Ausbruch des Krieges befanden sich zwei Panzerschiffe – *Deutschland* und *Admiral Graf Spee* – bereits in See. Bei ihren Unternehmungen und denen der nachfolgenden großen und kleinen Handelsstörer sollten die Methoden zur Unterbrechung der Handelswege zu neuer Perfektion entwickelt werden. Die Funkbeobachtung und -entzifferung, die Deutschland ein sehr gutes Bild der alliierten Schiffsbewegungen gab, ermöglichten es ihm, den Handelsstörern häufig zusammenfassende Aufklärungserkenntnisse darüber zu geben. Alle Schiffahrtswege, Treffpunkte und dergleichen hatten Codenamen. Die Kommandanten der Handelsstörer hatten nur die Funksprüche der Seekriegsleitung zu empfangen und bei Wahl zwischen verschiedenen Möglichkeiten ihre Entscheidung durch ein Kurzsignal mitzuteilen. Der Funk wurde auch zur Täuschung des Gegners eingesetzt, indem sich die Panzerschiffe, Schlachtschiffe, Kreuzer, Hilfskreuzer und Uboote wechselseitig imitierten und manchmal auch als feindliche Schiffe ausgaben. In einigen Fällen wurden auch die Funkstationen aufgebrachter alliierter Schiffe benutzt. Die Tarnung der Hilfskreuzer wurde zu einer richtigen Kunst entwickelt, und selbst *Admiral Graf Spee* tarnte sich mit einem zusätzlichen Geschützturm und Schornstein. Für den taktischen Gebrauch besaßen die deutschen schweren Einheiten zusätzlich zu ausgezeichneten optischen Instrumenten ein Funkmeßgerät mit einer Reichweite von 18,5 Seemeilen.

Obwohl zum Einsatz in Übersee nur sehr wenige militärische Troßschiffe vorhanden waren, konnte man auf einen ausgezeichneten Ersatz zurückgreifen: den »Marinesonderdienst«. Diese geheime Versorgungs-Organisation war lange vor dem Kriege aufgebaut worden und arbeitete nur in neutralen Häfen. Sie bestand aus Angestellten

---

[4] Eigenartigerweise wird dieser Vorfall in der britischen offiziellen Seekriegsgeschichte, S. W. Roskill, *The War at Sea*, Vol. I, p. 82, nicht erwähnt. Das Datum war der 30. Oktober. Vgl. Karl Dönitz, *10 Jahre und 20 Tage*, S. 72.

deutscher Reedereien, die vor dem Kriege ihre Stichworte und ihre Instruktionen von den Nachrichtenoffizieren deutscher Kriegsschiffe bei Besuchen im Ausland erhalten hatten. Finanzielle und personelle Fragen wie auch die Korrespondenz wurden unter der Tarnung persönlicher Angelegenheiten abgewickelt. Der Zweck der Organisation war die Ausrüstung deutscher Handelsschiffe mit wichtigen Versorgungsgütern und ihre Entsendung in vereinbarte Bereitstellungsgebiete zur Versorgung von Handelsstörern. Mit sorgfältiger Vorbereitung konnten derartige Reisen für die örtlichen Behörden der neutralen Häfen durchaus als reguläre Handelsreisen erscheinen. Der MSD rüstete auch Blockadebrecher aus, die wertvolle Ladungen nach Europa brachten, und sorgte in einigen Fällen auch für das Betanken von Ubooten. Der Versorgungsdienst funktionierte bis 1941, weit in die letzte Zeit der Überwasser-Handelsstörer hinein, gut.

In Deutschland wurden zu Beginn des Krieges zusätzlich zu den wenigen eigens dafür gebauten Versorgern für Treibstoff und Trockenfracht Handelsschiffe als Versorger ausgerüstet. Die bewaffneten Versorger der Kriegsmarine operierten zusammen mit den großen Schiffen. Für *Admiral Graf Spee* und *Deutschland* zum Beispiel war je einer dieser Versorger, die *Altmark* und die *Westerwald,* in wenig befahrenen Seeräumen in der Nähe des Operationsgebietes aufgestellt. Die einzige wirkliche Schwierigkeit bestand in der Übergabe der Versorgungsgüter auf See. Das heutige »high-line«-Verfahren zwischen nebeneinander fahrenden Schiffen war noch nicht entwickelt worden. Trockengüter mußten mit Booten und Schlauchbooten übergeben werden, während der Treibstoff durch eine Schlauchverbindung über das Heck übergepumpt wurde. Diese Methoden waren zeitraubend und setzten die Schiffe, während sie kaum manövrierfähig und behindert waren, Angriffen aus. Da die Versorgung jedoch in entlegenen Seegebieten durchgeführt wurden, kam es dabei nur selten zu Störungen. Erbeutete Handelsschiffe, wie Tanker und Kühlschiffe, wurden als zusätzliche Versorger mit herangezogen.

Bei Kriegsausbruch waren nur *Deutschland* und *Admiral Graf Spee* zum Kreuzerkrieg in Übersee einsatzbereit und befanden sich bereits auf ihren Stationen. Die beiden kleinen Schlachtschiffe *Scharnhorst* und *Gneisenau*, das Panzerschiff *Admiral Scheer* und die beiden Schweren Kreuzer befanden sich entweder in Werftüberholung, oder im Ausbildungs- und Probefahrtverhältnis. Die beiden großen Schlachtschiffe waren noch nicht fertiggestellt und benötigten noch fast 2 Jahre hierfür.

Deutschland und *Admiral Graf Spee* warteten auf den Befehl zum

Beginn der Operationen. Der *Deutschland* war als Operationsgebiet der Nordatlantik, *Admiral Graf Spee* der Südatlantik und der Indische Ozean zugewiesen. Die Schiffe hatten Befehl, mit dem Beginn ihrer Operationen zu warten, da Hitler hoffte, nach Beendigung des Polenfeldzuges noch zu einer Übereinkunft mit England und Frankreich zu kommen, und diese Mächte nicht provozieren wollte.

Am 23. September 1939 fielen diese Beschränkungen. Die *Deutschland* kreuzte bis Mitte November und konnte dann die britische Bewachung durch Hilfskreuzer in der Dänemarkstraße, zwischen Island und Grönland, erfolgreich durchbrechen und heimkehren. Ihr Erfolg bestand aus nur 3 Schiffen, von denen sie 2 versenkt hatte. Das dritte, der amerikanische Frachter *City of Flint,* war mit einem deutschen Prisenkommando besetzt worden und sollte versuchen, über Murmansk und durch die norwegischen Hoheitsgewässer zwischen der Küste und den vorgelagerten Inseln Deutschland zu erreichen. Die Aufbringung der *City of Flint* hatte in den USA und anderen neutralen Staaten einen Sturm der Entrüstung zur Folge, aus dem die Engländer für sich durch einen allerdings vergeblichen Abfangversuch des Schiffes auf dem Wege nach Süden Kapital zu schlagen versuchten. Es waren dann aber die Norweger, die das Prisenkommando internierten und das Schiff mit seiner eigenen Besatzung entließen.

Hitler war sehr besorgt über einen möglichen Verlust der *Deutschland* gewesen, deren Name hohen Propagandawert besaß. Raeder hatte ihn aber davon überzeugen können, daß das Schiff auf See solange sicherer war, bis die Rückkehr in die Heimat im Schutz der langen Novembernächte erfolgen konnte. Das Schiff wurde dann in *Lützow,* nach dem Flaggschiff des Schlachtkreuzergeschwaders in der Skagerrakschlacht, umbenannt, so daß kein Schiff mit dem Namen *Deutschland* in Verlust geraten konnte. *Admiral Graf Spee,* noch im Südatlantik, sollte erst nach Beginn des neuen Jahres zurückkehren. Hitlers Wunsch, die *Deutschland* zurückzubeordern, zeigt eines der Hauptführungsprobleme, denen Raeder gegenüberstand: Hitlers Befürchtungen und seine daraus sich ergebende direkte Einflußnahme auf Operationen. Der Führer war so besorgt um die großen Schiffe, daß es ihm den Schlaf raubte, wenn sich eines von ihnen in See befand. Er äußerte zu Raeder, daß er »an Land ein Held, zur See aber ein Feigling« sei.[5] Anfang 1941, als *Admiral Scheer* im Indischen Ozean stand, plagte er zum Beispiel jeden Marineoffizier,

[5] David Woodward, *Die Tirpitz*, p. 135.

den er traf, mit Fragen nach dem Ergehen des Schiffes. Keines der großen Schiffe ging ohne seine Erlaubnis in See, und er beschäftigte sich zunehmend mehr mit taktischen Details. Schließlich gab er sogar Anweisungen für die Ubootverteilung, die zu den Ansichten von Raeder und Dönitz im Gegensatz standen. Seine übertriebene Vorsicht und seine Furcht vor Verlusten wurden offenbar von dem Prestigegewinn verursacht, den solche Verluste für die Engländer mit sich brachten, außerdem aber durch eine psychologisch bedingte Besonderheit: es war ihm unmöglich, sich mit dem Gedanken vertraut zu machen, daß seine großen und mächtigen Schiffe versenkt werden könnten. Er konnte sich keine Situation vorstellen, in der man sie hätte opfern müssen. So behinderten seine einschränkenden Befehle die Operationen in starkem Maße und machten in einigen Fällen ein entscheidendes Vorgehen unmöglich. Zur gleichen Zeit hielt er, offenbar ohne den inneren Widerspruch in seiner Denkweise zu bemerken, seine Meinung aufrecht, daß Kriegsschiffe gegen Kriegsschiffe und nicht gegen Handelsschiffe kämpfen sollten, und er stellte den Mut von Offizieren, die einem Gefecht auswichen, in Frage.

Die beiden kleinen Schlachtschiffe *Scharnhorst* und *Gneisenau* verblieben zunächst als »fleet-in-being« in der Nordsee, um schwere britische Einheiten zu binden, während die Handelsstörer in See waren. Vom 8.–10. Oktober 1939 unternahm die *Gneisenau* zusammen mit dem Leichten Kreuzer *Köln* und 9 Zerstörern einen Vorstoß gegen leichte britische Flottenstreitkräfte und Handelsschiffe vor Südnorwegen. Trotz des Zusammenwirkens mit 148 Flugzeugen kam es weder zu einer Gefechtsberührung zwischen Schiffen noch konnten die Luftstreitkräfte beider Seiten irgendwelche Erfolge erzielen.

Die beiden Schlachtschiffe trugen die Namen der beiden Panzerkreuzer des deutschen Ostasiengeschwaders von 1914. Auf seiner Fahrt über den Pazifik hatte dieses Kreuzergeschwader einen schwächeren britischen Verband in der Schlacht von Coronel vor der chilenischen Küste vernichtet und war dann seinerseits von einem überlegenen britischen Verband bei dem Versuch, die Falkland-Inseln im Südatlantik zu beschießen, vernichtet worden.

Die neuen *Scharnhorst* und *Gneisenau* gingen unter der Führung von Vizeadmiral Wilhelm Marschall am 21. November in See, um einen größeren Druck auf die Kräfteverteilung der britischen Flotte auszuüben. Der Hauptzweck war, eine große Zahl alliierter Flotteneinheiten im Nordatlantik zu binden. Von dieser Diversion sollte in erster Linie *Admiral Graf Spee* nutznießen. Dieses Schiff war nach

dem Admiral, der in der Falkland-Schlacht gefallen war, benannt
worden: Konteradmiral Maximilian Graf v. Spee, der in der gleichen Region des Südatlantik Kreuzerkrieg geführt hatte. Admiral
Raeder, der die Operationen aller dieser Schiffe leitete, hatte die
Geschichte des Kreuzerkrieges in Übersee im Admiralstabswerk über
den Ersten Weltkrieg bearbeitet und kannte den Wert weit verstreut
operierender Kräfte, durch die der Gegner gezwungen wurde,
weit stärkere Kräfte dünn über weite Gebiete der Ozeane aufzu-
splittern. Er selbst bevorzugte jedoch die massierte Macht einer
Schlachtflotte, deren Aufbau Hitlers Diplomatie verhindert hatte.

Scharnhorst und *Gneisenau* liefen zunächst weit nach Norden, dann
nach Westen, wobei ihnen schwere See stark zu schaffen machte. Am
Abend des 23. November, als sie in die Island-Faeroer-Enge vorstießen, waren die Schiffe noch immer unentdeckt. Die Ausgucks der
Scharnhorst sichteten ein großes Schiff, das die Aufforderung beizu-
drehen mit Feuereröffnung und Funksprüchen mit dem Ruf nach
Hilfe beantwortete und dann hinter einer Rauchwand zu entkommen suchte. Die *Scharnhorst* erhielt einen Treffer, doch setzten ihre
28 cm-Geschütze den Gegner schnell außer Gefecht. Das Schiff, ein
britischer Hilfskreuzer, stand bereits in hellen Flammen, als die Geschütze der *Gneisenau* in der frühen Dunkelheit ebenfalls in das
Feuer einfielen. 14 Minuten nach dem ersten Schuß lag das britische
Schiff gestoppt, und Männer der Besatzung baten durch Blinksignale
um Hilfe. *Scharnhorst* und *Gneisenau* brachten nun fast zwei Stunden mit der Bergung von Überlebenden des Hilfskreuzers *Rawalpindi* (16 697 BRT) zu – das einzige Mal im Zweiten Weltkrieg, daß
deutsche schwere Schiffe dies nach einem Gefecht tun konnten.

Als die *Rawalpindi* lichterloh in der Dunkelheit brannte, mußten
die Schlachtschiffe schließlich, da die Lage unklar war und außerdem ein Schatten recht achteraus gesichtet wurde (der sich als der
britische Leichte Kreuzer *Newcastle* herausstellen sollte), die Untergangsstelle verlassen. Beim Ablaufen mit hoher Fahrt kam das britische Schiff hinter einer Rauchwand bald aus Sicht. Marschall entschied, daß jedes weitere Vorstoßen nach Westen seine Schiffe unnötig der alarmierten britischen Home Fleet aussetzen würde und
wandte sich nach Nordosten, um den britischen Aufklärern auszuweichen. Er wartete fast zwei Tage in hohen nördlichen Breiten ab,
bis sich das Wetter wieder verschlechterte und er genug Aufklärungserkenntnisse über die britische Kräfteverteilung aus Berlin erhalten hatte. Sodann ging er in sehr schwerer See, die die vorderen
Türme und die Brücke immer wieder überflutete und weit größere

Schäden als der einzige Granattreffer der *Rawalpindi* anrichtete, auf Südkurs. Der Sturm verbarg seine Schiffe jedoch vor dem massierten Sucheinsatz der Engländer, und sie konnten vom Gegner unbemerkt heimkehren.

Raeder meinte zwar, daß die vorsichtige Durchführung des Vorstoßes das grundsätzliche Ziel des Unternehmens, die Zersplitterung und Bindung britischer Kräfte, erfüllt hatte, stimmte jedoch nicht mit Marschalls taktischen Entscheidungen überein, die *Newcastle* nicht anzugreifen, den Durchbruchsversuch nicht zu wiederholen und nach Treffen dieser Entscheidung gegen den Ausbruch in den Atlantik nicht sofort in die Heimat zurückzukehren. Marschall beharrte jedoch auf dem Grundsatz, daß schwere Einheiten ohne Geleit bei schlechten Sichtverhältnissen niemals leichte Einheiten mit Torpedobewaffnung angreifen sollten. In der übrigen Kritik Raeders sah er ungerechtfertigte Eingriffe in die Entscheidungsfreiheit eines Befehlshabers in See, der die jeweilige örtliche Lage am besten beurteilen konnte. Tatsächlich hatte auch Marschalls schnelles Ablaufen nach dem Sichten der *Newcastle* ihn wirklich vor einem Zusammentreffen mit der weit überlegenen britischen Home Fleet bewahrt.

Admiral Graf Spee setzte inzwischen die erfolgreiche Kaperfahrt im Südatlantik fort. Ihr Bordflugzeug hatte es ihr erlaubt, Anfang September einem britischen Schweren Kreuzer auszuweichen, und am selben Tag hatte sie noch ein weiteres Schiff gesichtet und ausmanövriert. Nachdem die Einschränkungen Hitlers am 23. September gefallen waren, versenkte sie ihr erstes Schiff nur eine Woche später vor der brasilianischen Küste bei Pernambuco. Da das Opfer vor der Versenkung noch ein Funksignal absetzen konnte, verlegte *Graf Spee* die Suche nun auf den britischen Handelsweg, der um das Kap der Guten Hoffnung herumführt, weit vor dem Golf von Guinea ausholt und dann bei Freetown an der Nase von Afrika vorbeiführt. Auf diesem Wege wurden im Oktober 4 Schiffe aufgebracht und versenkt. In diesem Monat entging der Versorger des Panzerschiffes, die *Altmark*, nur knapp den Flugzeugen der *Ark Royal:* die Signalgasten der *Altmark* konnten die Piloten davon überzeugen, daß sie ein amerikanisches Schiff vor sich hätten.

Auf Anraten der Seekriegsleitung führte Kapitän z. See Hans Langsdorff *Admiral Graf Spee* dann weit um das Kap in den Indischen Ozean, um weitere Diversion zu erzeugen. Dies hatte Erfolg, als er Mitte November einen kleinen Tanker vor der Südostküste Afrikas versenken konnte. Sodann kehrte das Schiff auf die Kap-

Panzerschiff *Deutschland*. Der Bau dieses revolutionierenden Handelsstörers mit einer Hauptartillerie von sechs 28 cm-Geschützen kennzeichnete die Rückkehr Deutschlands in den Kreis der Seemächte. Seine Kriegsverwendung verlief ohne besondere Höhepunkte. Nach einer kurzen Unternehmung im Nordatlantik wurde er in *Lützow* umbenannt. Schäden durch Torpedotreffer und Schwierigkeiten mit der Antriebsanlage machten eine Teilnahme bei den meisten Kampfhandlungen unmöglich. (Foto Drüppel)

Admiral Graf Spee in Montevideo. Ihre erfolgreiche Kaperfahrt wurde durch das Gefecht vor dem La Plata vorzeitig beendet. Das Schwesterschiff der *Deutschland* lief in den uruguayischen Hafen ein, um hier Reparaturen durchführen zu können, doch wurde ihm nur ein Aufenthalt von drei Tagen gestattet. (Imperial War Museum)

Großadmiral Erich Raeder, Chef der Marineleitung und Oberbefehlshaber der Kriegsmarine von 1928 bis 1943.

(Foto Drüppel)

Großadmiral Karl Dönitz, Führer und Befehlshaber der Uboote 1936 bis 1943, Oberbefehlshaber der Kriegsmarine 1943 bis 1945, letztes Staatsoberhaupt 1945. (Mit freundlicher Genehmigung von Großadmiral Karl Dönitz)

Der Flugzeugträger *Graf Zeppelin* nach dem Stapellauf am 8. 12. 1938 in Kiel. Symbol des Bestrebens, eine wirkliche ozeanische Marine zu schaffen, fiel dieser erste deutsche Flugzeugträger der Rivalität zwischen den Wehrmachtteilen und von Strategien und Prioritäten zum Opfer. Er trat niemals zur Flotte.

(Ferdinand Urbahns)

U 47 und *Scharnhorst.* Nach der Versenkung des Schlachtschiffes *Royal Oak* in Scapa Flow wird das Atlantik-Boot U 47 (im Vordergrund) durch die Besatzung des Schlachtschiffes *Scharnhorst* geehrt. *Scharnhorst* galt bis zu dem Gefecht mit dem Schlachtschiff *Duke of York* und einem gemischten Kreuzer/Zerstörerverband beim Nordkap im Dezember 1943 als »glückhaftes Schiff«.

(Ferdinand Urbahns)

Admiral Graf Spee nach der Selbstversenkung. Vor die Alternative gestellt, mit knapper Munition zu kämpfen oder Schiff und Besatzung internieren zu lassen, sprengte Kapitän z. See Hans Langsdorff sein Schiff. Wenige Tage später erschoß er sich. (Imperial War Museum)

Die *Ark Royal* beim Sinken im Mittelmeer. Das Schiff, dessen Flugzeuge die *Bismarck* manövrierunfähig gemacht hatten, wurde von einem Torpedo von U 81 getroffen. Beim Einbringen nach Gibraltar sank das Schiff nur 25 Seemeilen vom Hafen entfernt. (Imperial War Museum)

stadt-Freetown-Route zurück und konnte dort Mitte Dezember zwei weitere Prisen aufbringen. Beide Schiffe funkten das RRR-Signal (mit der Bedeutung: »Angriff durch Überwasserschiff«). In der Erkenntnis, daß diese Funksprüche den Erfolg des Vorstoßes der *Graf Spee* in den Indischen Ozean zunichte machten, ließ Langsdorff die Brücke des zweiten Schiffes mit seinen leichten Waffen unter Feuer nehmen, als es weiterhin sendete. 3 Besatzungsmitglieder wurden dabei verwundet – die ersten Verluste dieser ganzen Unternehmung. Um möglicher Verfolgung auszuweichen, traf *Graf Spee* nun mit der *Altmark* weit draußen im Atlantik zur Beölung und Ergänzung der Vorräte und Abgabe der Gefangenen zusammen, wie sie es schon bisher etwa alle zwei Wochen getan hatte.

Langsdorff wollte unbedingt vor seiner Rückkehr in die Heimat im Januar 1940 noch einen großen Erfolg erringen. Er hoffte, einen Konvoi vor der La-Plata-Mündung abzufangen, wo bedeutende Handelswege zusammentrafen. Der Angriff auf einen Geleitzug würde wahrscheinlich auch ein Gefecht mit einem oder mehreren Geleitfahrzeugen mit sich bringen. Da sich die Unternehmung aber dem Ende näherte, hielt Langsdorff es nicht mehr für so zwingend, Beschädigungen unbedingt vermeiden zu müssen. Er schien feindliche Kriegsschiffe nur wenig zu fürchten, sah aber einen schnellen Kreuzer als das größte Übel an, der an ihm Fühlung halten konnte, bis schwere Schiffe zusammengezogen worden waren. Um dem zu begegnen, entschloß er sich zu der eigenartigen Taktik, auf einen Gegner mit hoher Fahrt zuzuhalten. Seine Theorie war, daß er dabei die gegnerischen Schiffe außer Gefecht setzen konnte, bevor diese auf genügend hohe Fahrt gehen konnten, um aus Schußentfernung zu laufen und dann Jagd auf sein eigenes Schiff zu machen –, dessen ziemlich mäßige Höchstgeschwindigkeit von 28,5 kn durch Bewuchs der Außenhaut in den tropischen Gewässern auf 25 kn gesunken war. Diese Taktik gab einen der größten Vorteile der *Graf Spee* auf: die genau schießenden 28 cm-Geschütze, deren Reichweite die von Kreuzern übertraf. Dieser Vorzug mußte allerdings aufgewogen werden gegen den zu hohen Munitionsverbrauch beim Schießen auf große Entfernungen, der nicht aufgefüllt werden konnte.

Langsdorff's Vorhaben begann glücklich mit dem Aufbringen und Versenken eines weiteren Frachters am 7. Dezember. Dieses Schiff konnte vor der Versenkung keinen Funkspruch absetzen. Insgesamt verzeichnete jetzt die Erfolgsbilanz des Panzerschiffes 9 Schiffe mit 50 089 BRT – keines dieser Schiffe war als Prise behalten worden, Langsdorff war stolz darauf, daß es dabei keinen Toten gegeben hatte und alle Gefangenen gut behandelt worden waren. Sein Schiff befand sich in ausgezeichnetem Zustand, und der Geist an Bord war gut. Der einzige Nachteil bestand in einem gerissenen Motorblock seines Aufklärungsflugzeugs, das dadurch für einige Tage ausfiel.

Bei Dämmerungsbeginn des 13. Dezember konnten die Ausgucks auf *Graf Spee* nichts wahrnehmen. Bis 4 Minuten vor Sonnenaufgang hatte die Sichtweite auf 20 sm zugenommen, und die leichte Dünung und eine schwache Brise kündigten wieder einen schönen Tag an. In diesem Augenblick wurden zwei dünne Masten nahezu rechts voraus gesichtet, die rechtwinklig zum eigenen Kurs auswanderten. Bald danach wurden vier weitere Masten ausgemacht. Das große Entfernungsmeßgerät im Vormars richtete seine Optik zur Raumbildmessung und seine elektronischen Augen zur Funkmessung auf die Masten und ermittelten eine Entfernung von 17 Seemeilen. Es wurde Klarschiff zum Gefecht angeschlagen, die Fahrt vermehrt und die Gefechtsflagge gesetzt.

Innerhalb von Minuten wurde der Schwere Kreuzer *Exeter* identifiziert; die beiden ihn begleitenden Schiffe wurden als Zerstörer angesprochen. Langsdorff nahm an, daß es sich um den Geleitschutz eines Konvois handelte, der dahinter unter dem Horizont stand. *Admiral Graf Spee* hielt mit hoher Fahrt auf den Gegner zu, der mit abnehmender Entfernung deutlicher erkennbar wurde. Weitere Masten wurden jedoch am Horizont nicht sichtbar, und die wahre Lage wurde bald unangenehm klar. Langsdorff war in der Erwartung, daß sich die Engländer so verhalten würden, wie er es sich wünschte, mit seinem Schiff nicht auf einen Konvoi, sondern auf eine gegen ihn selbst angesetzte Jagdgruppe getroffen: die Schiffe, die er für Zerstörer gehalten hatte, waren in Wirklichkeit Leichte Kreuzer, jeder mit acht 15,2 cm-Geschützen. Commodore Henry Harwood, der Führer des britischen Verbandes, hatte über die Bedeutung des Schiffsverkehrs vor dem La Plata dieselben Überlegungen wie Langsdorff angestellt und seine wenigen Kräfte dort konzentriert, wobei er das Risiko einging, daß die Gebiete vor Rio de Janeiro und bei den Falkland-Inseln ungesichert blieben.

Langsdorff versuchte nicht, das Gefecht abzubrechen, sondern drehte nach backbord, um anstelle des geplanten Feuerüberfalles nun ein laufendes Gefecht zu führen. Die beiden Leichten Kreuzer liefen mit hoher Fahrt auf nahezu parallelem, langsam jedoch konvergierendem Kurs voraus, während *Exeter* auf Gegenkurs ging und den Abstand schneller verringerte. Die Hauptartillerie der *Admiral Graf*

Spee eröffnete das Feuer auf 10,5 Meilen. Die 20,3 cm-Geschütze der *Exeter* antworteten, nachdem sich die Entferung um eine weitere Meile verringert hatte. Das deutsche Feuer lag ausgezeichnet, deckte die *Exeter* mit der dritten Salve ein und erzielte vier Minuten später die ersten Treffer. Auch die dritte Salve der *Exeter* lag deckend bei *Graf Spee,* und auch *Ajax* und *Achilles* eröffneten sehr bald auf diese für ihre Artillerie sehr große Entfernung das Feuer. Langdorff war zunächst über den zweckmäßigen Einsatz seiner Artillerie unentschlossen und ließ den vorderen Drillingsturm der schweren Artillerie im ersten Gefechtsabschnitt Zielwechsel auf die Leichten Kreuzer machen, dann aber wieder auf *Exeter* schießen. Dies verringerte die Wirkung des Feuers des Panzerschiffs etwas. Bald wurde jedoch der zweite 20,3 cm-Turm der *Exeter* von einer 28 cm-Granate getroffen. Der Turm fiel aus, und die Brücke wurde von einem Hagel von Splittern durchsiebt, die bis auf drei Mann alle töteten oder verwundeten. Das Steuerhaus und alle Telefonanlagen des Schiffes wurden zerstört, und es wurde manöverierunfähig. Captain F. S. Bell gelang es, achtern wieder einen Schiffsführungsstand einzurichten, und er brachte unter Verwendung eines Bootskompasses und mit einer Kette von Befehlsübermittlern zur achteren Steuerstelle das Schiff wieder ins Gefecht.

Exeter schoß nun die Steuerbord-Torpedos. *Admiral Graf Spee* drehte jedoch auf Gegenkurs und legte eine Nebelwand, um einen möglichen Torpedoangriff der Leichten Kreuzer zu vereiteln, indem

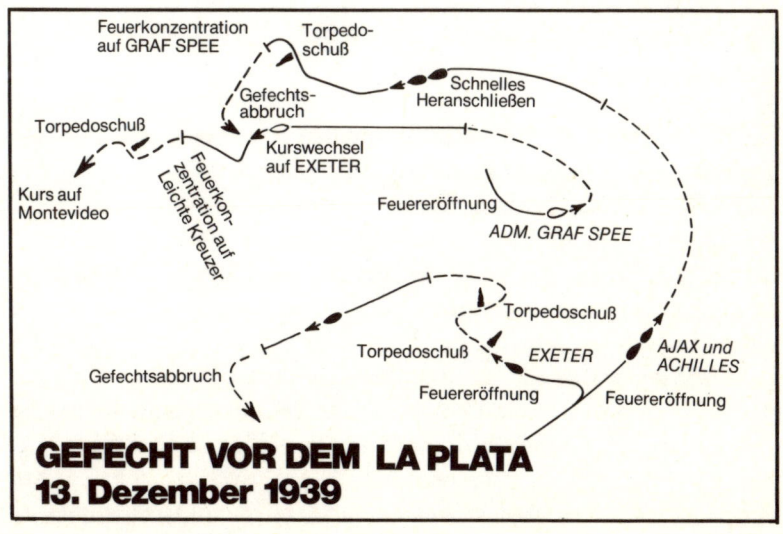

GEFECHT VOR DEM LA PLATA 13. Dezember 1939

sie sie achteraus nahm und auf Parallelkurs zu *Exeter* ging. Hierdurch manövrierte das Schiff die Steuerbord-Torpedos der *Exeter* aus. *Exeter* drehte nun, schoß die Backbord-Torpedos und ging dann wieder auf Parallelkurs zum Gegner, wobei sie wiederholt 28 cm-Treffer erhielt. Dadurch liefen vordere Abteilungen voll, und der Bug des Schiffes tauchte fast einen Meter tiefer. Außerdem bekam *Exeter* eine Schlagseite von 7° nach Steuerbord, und der vorderste 20,3 cm-Turm wurde außer Gefecht gesetzt. An verschiedenen Stellen des Schiffes wüteten Brände. Der achtere 20,3 cm-Zwillingsturm setzte jedoch in direktem Schießen das Feuer fort, wobei nach Ausfall der zentralen Feuerleitung mit den Visier- und Entfernungsmeßgeräten des Turmes geschossen wurde.

Inzwischen hatten die beiden Leichten Kreuzer achteraus von *Graf Spee* aufgedreht und suchten nun, von der anderen Seite heranzuschließen. Die *Ajax* war bereits zu Beginn des Gefechts mit Salven eingedeckt worden. Beide Schiffe drehten »in die Aufschläge hinein« – auf Naheinschläge zu und von Ferneinschlägen weg, um die deutsche Feuerleitung zu erschweren; dies hatte etwa 15 Minuten lang Erfolg. Dann wurde *Achilles* von einem Nahtreffer beschädigt, dessen Splitter in das Schiff einschlugen. Hierdurch entstanden in den Aufbauten überall Ausfälle, besonders am Artilleriezielgeber und auf der Brücke. Dadurch, daß das Bedienungspersonal an einigen Feuerleitgeräten fiel, gab der Richtungsweiser eine falsche Schußrichtung – die falsche Richtung wurde aber weiter automatisch an die einzelnen Turmbedienungen gegeben. Da kein Befehl zum turmweisen Schießen erging, wurde das Feuer von *Achilles* sehr ungenau, bis die Ausfälle ersetzt waren. Inzwischen verwechselte das Zielbeobachtungsflugzeug der *Ajax* die Aufschläge der *Ajax* mit denen der *Achilles*, wodurch die *Ajax* ihr Feuer nach falschen Beobachtungswerten verbesserte und ebenfalls immer mehr vom Ziel abkam. Langsdorff war jedoch zu sehr mit der *Exeter* beschäftigt, um dieses Durcheinander der Leichten Kreuzer ausnutzen zu können.

Nachdem die beiden Kreuzer das Problem ihrer Feuerleitung gelöst hatten, gab ihnen Harwood den Befehl, mit Höchstfahrt die Entfernung zum Gegner zu verringern. Das war ein gewagtes Manöver, da dadurch die Feuerkraft der Engländer zeitweilig stark herabgesetzt wurde; während des Anlaufens konnten die achteren Türme der Leichten Kreuzer nicht eingesetzt werden. Harwoods Rechnung ging jedoch auf. *Graf Spee* drehte von den beiden leichten Kreuzern hart ab und auf *Exeter* zu, die sich nach Ausfall des letzten Turmes aus dem Gefecht zu lösen suchte. Der achtere 28 cm-Turm von *Graf*

Spee feuerte nun auf die Leichten Kreuzer, der vordere auf *Exeter*. Ihre 15 cm-Mittelartillerie schoß auf jedes Ziel in Reichweite, jedoch ohne merkliche Wirkung.

Als Harwood die Gefahr, in der sich *Exeter* befand, sofort erkannte, befahl er eine Kursänderung der leichten Kreuzer, damit sie alle sechzehn 15,2 cm-Geschütze zum Tragen bringen konnten. Auf die geringe Entfernung von nur 5,5 Meilen überschütteten sie *Graf Spee* mit einem Geschoßhagel. Das zwang Langsdorff, wieder auf den alten Kurs zu gehen, von der *Exeter* abzulassen und sein ganzes Feuer auf *Ajax* und *Achilles* zu konzentrieren. *Ajax* schoß dann 4 Torpedos, die jedoch von *Graf Spee* erkannt und ausmanöveriert wurden. Schließlich zahlte *Ajax* den Preis für die geringe Gefechtsentfernung, als eine 28 cm-Granate in das Achterschiff einschlug und beide achteren Türme außer Gefecht setzte. Auch *Graf Spee* schoß Torpedos, die jedoch vom Flugzeug der *Ajax* ausgemacht und ebenfalls ausmanöveriert werden konnten. Nachdem die Gefechtsentfernung auf 4 Meilen abgenommen hatte, setzte *Graf Spee* sogar ihre 10,5 cm-Flak gegen die leichten Kreuzer ein. Rings um diese dünnwandigen Schiffe stiegen Wassersäulen auf, und nur ausgezeichnetes Manövrieren und großes Glück bewahrten sie vor ernsthaften Beschädigungen. Die starke Feuerkonzentration zwang Harwood, das Gefecht abzubrechen und unter Nebelschutz abzulaufen. Das Gefecht hatte knapp eine und eine halbe Stunde gedauert.

Graf Spee hatte 20 Treffer erhalten, hauptsächlich von 15,2 cm-Granaten. Viele dieser Treffer waren unwesentlich. 2 Granaten waren z. B. vom Panzer des achteren 28 cm-Turmes abgeprallt, andere nicht explodiert. Die bedeutungsvollsten Treffer waren die, die in den Aufbauten schwere Schäden angerichtet, 36 Mann getötet und 58 verwundet hatten, darunter Kapitän z. See Langsdorff, der zweimal von Splittern verletzt wurde und einmal durch eine Explosion für kurze Zeit das Bewußtsein verlor. Die Kombüse war zerstört, viele Geschütze der Mittelartillerie durch Schäden an den Munitionsaufzügen außer Gefecht, eines dieser Geschütze zerstört. Viele weitere Geräte waren beschädigt, und Deck und Bordwände hatten viele Löcher, darunter eines von über drei Quadratmeter Größe sowie kleinere in und unter der Wasserlinie.

Die Leichten Kreuzer blieben hinter *Graf Spee* zurück mit der Absicht, bis zum Einbruch der Dunkelheit Fühlung zu halten, um dann mit geringerer Gefahr für sie wieder heranzuschließen. Die schwer beschädigte *Exeter* lief langsam in Richtung der Falklandinseln ab. 53 Mann der Besatzung waren gefallen, viele verwundet. Der Kommandant der verfolgten *Graf Spee* stand vor einer schweren Entscheidung. Eine erste Besichtigung brachte ihn zu der Überzeugung, daß sein Schiff nicht ausreichend seetüchtig war, um einen Durchbruch nach Deutschland zu wagen. Von diesem Zeitpunkt an scheint im Mittelpunkt seiner Überlegungen und Handlungen fast ausschließlich die Sorge um seine Besatzung und sein Schiff gestanden zu haben. Er versäumte es dagegen, die taktische und strategische Situation zu überdenken. Langsdorff ließ sein Schiff Kurs auf Montevideo nehmen und verwarf ein Einlaufen in Buenos Aires, da er befürchtete, daß der Schlamm im flachen Fahrwasser des La Plata stromauf von Montevideo die Kühlwasserleitungen der Motoren verstopfen würde. Da Uruguay neutral war, nahm er an, daß sein Schiff interniert werden würde.

Während des restlichen Tages und bis in den Abend hinein hielten die drei Schiffe geraden Kurs auf den La Plata. *Graf Spee* feuerte gelegentlich, wenn sich eines der feindlichen Schiffe zu sehr näherte, legte auch einmal am Abend dabei eine Nebelwand. Langsdorff versuchte aber nicht, die Kreuzer abzuschütteln oder den Kurs zu ändern. Während der Verfolgung kreuzte das britische Handelsschiff *Shakespeare* den Kurs von *Graf Spee*. Die Besatzung sah sich den Mündungen von 28 cm-Geschützen gegenüber, verließ aber aus irgendeinem unerklärlichen Grund trotz Aufforderung nicht das Schiff. Langsdorff hatte beabsichtigt, es zu versenken und die Kreuzer durch Funkspruch aufgefordert, die Besatzung zu retten. Als die Besatzung jedoch an Bord blieb, gab er diese Idee auf. Er wollte keinen Zwischenfall herbeiführen, da er mit dem eigenen Schiff und seiner Besatzung in kurzer Zeit vom guten Willen einer neutralen Nation abhängig sein würde.

Auch die Briten hatten ihre Probleme. Während des Nachmittags war zunächst ein Schiff gesichtet worden, das man zunächst für einen deutschen Schweren Kreuzer hielt, der Harwoods Verband abfangen wollte. Es stellte sich jedoch nur als ein Handelsschiff mit einem schnittigen Schornstein heraus. Die Verfolgung wurde fortgesetzt. Harwood mußte darauf gefaßt sein, daß *Graf Spee* seewärts abdrehen oder durch ein Fahrwasser der La Plata-Mündung ein- und durch ein anderes nach Einbruch der Dunkelheit wieder auslaufen würde. In diesem Fall hätte sie den Kreuzern überhaupt entkommen oder aber doch bei einer Jagd mit hoher Fahrt den Treibstoffvorrat der Kreuzer mit ihrem geringeren Fahrbereich erschöpfen können. Sie hätte sich sogar auf die Suche nach der schwer beschädigten *Exeter* machen können. Harwood war sehr erleichtert, als *Admiral Graf Spee* um Mitternacht in Montevideo vor Anker ging. Seine Kreuzer nahmen vor dem Hafen Aufstellung und warteten auf Verstärkung und eine Gelegenheit zur Auffüllung ihrer Treibstoffbunker.

Die Zeit wurde für Langsdorff zum entscheidenden Faktor. Er mußte wenigstens so lange im Hafen bleiben, bis die Kombüse und die Lecks in der Bordwand ausgebessert waren. Andererseits durfte er aber den Engländern nicht genügend Zeit zum Heranziehen von Verstärkungen lassen. Seine Bitte um Zeit und Möglichkeit für Reparaturen leitete einen diplomatischen Streit über die Rechte von Kriegsschiffen kriegführender Nationen ein. Langsdorff erbat von der Regierung Uruguays zwei Wochen mit der Begründung, daß der nicht seetüchtige Zustand seines Schiffes dies rechtfertige. Die Engländer verlangten offiziell, daß *Graf Spee* entweder nur 24 Stunden für Reparaturen gewährt würden oder aber das Schiff auf Dauer des Krieges interniert werden müßte. Zur gleichen Zeit versuchten sie aber, Langsdorff im Hafen festzuhalten, indem sie ihren Handelsschiffen Anweisung zum Auslaufen erteilten, und zwar je einem täglich. Da nach dem Völkerrecht einem Handelsschiff, das einen neutralen Hafen verließ, vor einem feindlichen Kriegsschiff ein Vorsprung von 24 Stunden gewährt werden mußte, hofften die Engländer, mit dieser Taktik Zeit zum Heranziehen von Verstärkungen zu gewinnen. Mit diesen gegensätzlichen Forderungen konfrontiert, entschied sich die Regierung Uruguays zu einem Kompromiß, indem sie dem Panzerschiff einen Aufenthalt von 3 Tagen, beginnend mit dem Abend nach dem Einlaufen, gewährte, nachdem eine Untersuchung des Schiffes beendet worden war.

Langsdorff erhielt bald Meldungen über britische schwere Einheiten vor der La Plata-Mündung. Am 15. Dezember – dem zweiten Tage seines Aufenthalts – besagte eine Nachricht aus Buenos Aires, daß ein Beobachter in einem Privatflugzeug 4 feindliche Kreuzer vor der Flußmündung ausgemacht habe. Langsdorffs Artillerieoffizier behauptete, den Schlachtkreuzer *Renown*, den Flugzeugträger *Ark Royal* und mehrere Zerstörer durch den Zielgeber der *Graf Spee* ausgemacht zu haben. Diese Aussage half ständig umlaufende (von den Engländern lancierte) Gerüchte zu bestätigen, daß das Eintreffen von Verstärkungen unmittelbar bevorstände.

Am selben Tag hatte Langsdorff die traurige Pflicht, seine Besatzung zur Beisetzung ihrer gefallenen Kameraden zu führen. Dieser Zeremonie wohnten auch die früheren britischen Gefangenen der *Graf Spee* und viele sympathisierende Uruguayer bei. An ihrem Ende erwiesen alle Deutschen den nationalsozialistischen Gruß – mit Ausnahme von einem – Langsdorff entbot seinen Toten angesichts der Fotografen der Weltpresse den alten militärischen Gruß der Marine. Zwei Tage vor Ablauf der von Uruguay gesetzten Frist bat Langsdorff die Seekriegsleitung um Anweisungen. Er meldete, daß schwere britische Schiffe vor dem Hafen stünden und daß er trotz des Risikos eines Verschlammens seiner Kühlleitungen versuchen wolle, nach Buenos Aires zu gehen. Falls sich dies als undurchführbar herausstellen sollte, erbat er Entscheidung, ob er sein Schiff versenken oder aber es internieren lassen sollte. Obwohl Raeder und sein Stab nicht glaubten, daß die britischen Verstärkungen schon eingetroffen sein konnten, gaben sie ihre Beurteilung der Lage nicht an Langsdorff weiter, da sie annahmen, daß der Kommandant am Orte die Situation am besten beurteilen könnte. Sie stimmten Langsdorffs Plan nach Buenos Aires zu gehen, zu, verwarfen aber die Alternative der Internierung.

Am nächsten Tage war es den Deutschen in Montevideo nicht möglich, ein Flugzeug zu mieten, um sich einen Überblick über die britischen Maßnahmen zu verschaffen. Um 18.15 nahmen die Engländer Langsdorff die Entscheidungsfreiheit, indem sie ein weiteres Handelsschiff auslaufen ließen. Nunmehr stand ihm nicht mehr die ganze Nacht und der Tag für ein überraschendes Ausbrechen zur Verfügung, sondern er mußte zwischen 18.15 und 20.00 – dem Ende seines legalen Aufenthalts – am nächsten Abend auslaufen, und die Engländer konnten sich hierauf vollkommen einstellen. An diesem Abend hielt er zunächst eine Beratung mit seinen Offizieren, dann mit Beamten der deutschen Botschaft ab. Ein Ausbruch aus der Flußmündung im Kampf kam wegen des flachen Wassers nicht in Frage. Würde *Graf Spee* bei einem Gefecht mit den Engländern durch Trefferwirkung einen auch nur wenig größeren Tiefgang bekommen, mußte sie auflaufen und konnte dann weder den Kampf fortsetzen noch sich selbst sprengen, da die Munitionsvorräte durch das Gefecht weitgehend verbraucht sein würden. Der Gedanke an eine Verlegung nach Buenos Aires wurde ebenfalls fallengelassen. Selbst wenn sie das flache Fahrwasser hätte passieren können, hätte die Länge des Weges zurück auf See einen späteren Ausbruchsversuch nur noch schwieriger gemacht – die Zeit arbeitete für die Engländer.

Frühzeitig am nächsten Nachmittag ging eine definitive Nachricht ein, daß *Ark Royal* und *Renown* in Rio de Janeiro eingelaufen seien. Nach Langsdorffs Ansicht veränderte dies die Situation jedoch auch nicht. Es waren die frisch beölten Kreuzer vor dem La Plata, die – in welcher Zahl auch immer – die Initiative behielten. Er nahm an, daß sie entweder in der Mündung des La Plata angreifen oder aber an *Admiral Graf Spee* bis zum Eintreffen der schnellen schweren britischen Schiffe nur Fühlung halten würden.

Am 17. Dezember verließ *Graf Spee* den Hafen von Montevideo um 18.15 unter der Gefechtsflagge. Ihr folgte der deutsche Frachter *Tacoma*. Die Menschenmenge an der Küste und die Zuhörer an den Radios in aller Welt warteten gespannt, während drei britische Kreuzer in die Mündung einliefen. Außerhalb der Drei-Meilen-Zone stießen einige kleine Schiffe aus Argentinien zu den beiden deutschen Schiffen. *Graf Spee* nahm die Fahrt wieder auf und stoppte dann erneut. Gerade bei Sonnenuntergang sahen die Zuschauer aus der Ferne einen Explosionsblitz über dem dunklen Rumpf, dem zwei Detonationen folgten. Eine Qualmsäule stieg auf, die mehrmals von weiteren Explosionen beleuchtet wurde, und Feuer breitete sich über das ganze Schiff aus.

Sir Henry Harwood, KCB, gerade geadelt und zum Konteradmiral befördert, führte *Ajax, Achilles* und seine einzige Verstärkung, den schweren Kreuzer *Cumberland*, an dem brennenden Wrack vorbei. Kapitän z. S. Langsdorff brachte seine Besatzung auf den kleinen Schiffen nach Buenos Aires. Er rief seine Männer zusammen und sprach zu ihnen ein letztes Mal, beendete seine Rede mit dem alten militärischen Gruß und ging mit seinen höheren Offizieren davon. Später am Abend entfaltete er die Kriegsflagge der Kaiserlichen Marine, unter der er in der Skagerrakschlacht gekämpft hatte, und erschoß sich.

Langsdorff hatte eine hervorragende Unternehmung durchgeführt, aber eine schlechte Schlacht geschlagen. Den Handelskrieg hatte er mit großem Geschick geführt. Die Entscheidungen jedoch, britische Kriegsschiffe anzugreifen, ihnen im Gefecht das Herankommen auf nahe Entfernung zu gestatten und schließlich die *Exeter* noch entkommen zu lassen, waren sämtlich Fehler. Seine Sorgen um Schiff und Besatzung waren sehr menschlich, jedoch auch sehr kurzsichtig, denn sie verleiteten ihn dazu, den Briten eine Verfolgung zu erlauben, während er in »die Falle von Montevideo« lief, wie er es selbst in seinem letzten Brief nennt.[6]

Admiral Graf Spee's Untergang ist ein klassisches Beispiel für die Probleme eines Kreuzerkrieges in Übersee. Unter normalen Um-

[6] Dudley Pope, *Graf Spee*, p. 236.

ständen wäre eine Werft in der Lage gewesen, derart relativ geringfügige Schäden innerhalb kurzer Zeit zu reparieren und das Schiff wieder mit Munition auszurüsten. In Übersee führten jedoch Gefechtsschäden, die die wasserdichte Unterteilung in schwerem Wetter in Frage stellten, das Fehlen sicherer Informationen über die Kräfte des Gegners und unzureichende Munitionsvorräte sowohl für ein Gefecht als auch für eine Selbstversenkung nach einem erfolglosen Gefecht in der flachen La-Plata-Mündung zur Aufgabe des Schiffes nach einem taktischen Sieg.

Der Verlust von *Admiral Graf Spee* verschärfte die Differenzen, die Raeder mit Hitler über taktische Fragen hatte. Schon vor dem Gefecht vor dem La Plata hatte Raeder erwogen, die Panzerschiffe erst nach Eintritt Italiens in den Krieg und dem dadurch bedingten Abzug alliierter Kräfte wieder auslaufen zu lassen. Hitler billigte jedoch die gesamten Überlegungen zur Verwendung der Panzerschiffe nicht und war der Meinung, sie sollten nicht zum Handelskrieg, sondern zu Entscheidungsgefechten gegen feindliche Kriegsschiffe eingesetzt werden. Er wünschte den Ruhm des Schlachtensieges. Raeder war jedoch gegensätzlicher Meinung und der Ansicht, *Admiral Graf Spee* hätte sich überhaupt nicht in ein Gefecht einlassen dürfen.

Die Kreuzerkrieg-Strategie war sicher erfolgreich in dem Sinne, daß die Engländer dadurch zur Aufsplitterung ihrer Seestreitkräfte und Umleitung ihres Handelsverkehrs gezwungen wurden. Zusätzlich zu den Funksprüchen, die von tapferen Funkern während des Feuers der Angriffe von Handelsstörern abgegeben wurden, kam es zu einer Vielzahl von Falschmeldungen über Schwere Einheiten, Hilfskreuzer und Uboote, die von der englischen und französischen Führung ausgesondert werden mußten. Der Schutz von Konvois war nur in wenigen Gebieten möglich, und die Zahl der zur Verfügung stehenden Schiffe war für eine Überwachung der vielen Brennpunkte viel zu gering. Das Problem wurde dadurch weiter erschwert, daß die Handelsstörer im Regelfall kampfkräftiger als die einzelnen Wachfahrzeuge waren. Anfang Oktober hatte die britische Admiralität aus 4 Schlachtschiffen und Schlachtkreuzern, 13 Leichten und Schweren Kreuzern und 5 Flugzeugträgern neun Jagdgruppen gebildet, die die Handelsstörer stellen sollten. Auf den Hauptgeleitweg zwischen Halifax, Neuschottland und den britischen Inseln waren 4 Schlachtschiffe und Schlachtkreuzer, 2 leichte Kreuzer und ein Flugzeugträger angesetzt. In den anderen Gebieten mußten Umleitungen festgelegt werden. Das war ein gewaltiger

Erfolg, gemessen an dem Einsatz von nur zwei Handelsstörern von Kreuzergröße.

Nachdem Deutschland Polen besiegt hatte, wurde der Krieg an der Westfront zum »Scheinkrieg« – es kam zu einem Winter monotonen Wartens im sich gegenüberliegenden Westwall und der Maginot-linie. Dies galt aber nicht für den Seekrieg. Hier waren die Versenkungserfolge, gemessen an der geringen Zahl der in See befind-lichen Uboote, sogar außerordentlich hoch. Selbst wenn sie bei An-wesenheit britischer Geleitstreitkräfte zum Tauchen gezwungen wurden, stellte sich die Gefährdung durch das Asdic-Gerät als nicht so groß heraus, wie man das in England erwartet hatte. Zwar ließen sich damit die Entfernungen und Peilungen getauchter Uboote er-mitteln, nicht jedoch ihre Tiefe. Die Ubootkommandanten hatten ferner durch Zufall festgestellt, daß sie mit ihren Booten über 120 m tief tauchen und damit den Wasserbombenteppichen entgehen oder außerhalb der Asdic-Reichweite, die eine halbe bis ³/4 Seemeile be-trug, manövrieren konnten. Weil die Uboote gewöhnlich einzeln dicht vor den britischen Küsten operierten, waren geführte Angriffe, in denen sie massiert auf Konvois angesetzt wurden, selten möglich, da die verstreuten Boote nicht schnell genug zu Rudeln zusammen-gezogen werden konnten. Der erste derartige Angriff – ein Versuch, um die Erfolgsmöglichkeit des Verfahrens derart geführter Opera-tionen zu überprüfen –, fand am 17. Oktober 1939 mit drei Booten statt. Sie versenkten zusammen drei Handelsschiffe. Dieser Versuch und einige weitere zeigten, daß die Methode wirkungsvoll ange-wendet werden konnte, sobald genügend Boote zur Verfügung standen, um die Konvois auf See aufzuspüren.
Eine taktische Führung in See stellte sich als überflüssig und sogar als oft hinderlich heraus, da dazu ein Boot aufgetaucht und weit vom Konvoi abgesetzt bleiben mußte, um ungestört von den Geleit-fahrzeugen funken zu können. Dort konnte aber sein Kommandant kein besseres Lagebild gewinnen als Dönitz' Stab an Land. Außer-dem bot übermäßiger Funkverkehr der Uboote den Engländern wertvolle Informationen über die Verteilung der Uboote. Wurde das Führungs-Uboot zum Tauchen gezwungen, ging die gesamte Führung der Operation verloren – ein Ausfall, der für Befehls-stellen an Land nicht eintrat. Zu Beginn des Jahres 1940 hatte Dönitz die gesamte Leitung des Ubootkrieges übernommen: die Übermittlung von Informationen, die Änderung von Aufstellungen und die Bestimmung von Fühlunghalterbooten. Nachdem einmal

die Fühlung mit einem Konvoi hergestellt war, konnte jeder Kommandant nach eigenem Ermessen vorgehen. Eine gewisse Tendenz zu übermäßigem Eingreifen in die Operationen hörte auf, als das Vertrauen der Ubootführung zu den Kommandanten in See auf Grund der gemachten Erfahrungen größer wurde.

Raeders Besprechungen bei Hitler hatten ein ständiges Thema: die Ubootflotte mußte verstärkt werden. Obwohl jeder Versenkungserfolg einen neuen Beweis für Raeders Ansicht darstellte, wollte Hitler, der um das Schicksal des Ruhrgebietes besorgt war, dem Ubootbau erst nach Lösung der Landkriegsfragen höhere Priorität geben. Er war noch immer der Meinung, daß eine Entscheidung im Landkrieg England zum Ausscheiden aus dem Kriege veranlassen würde. Die Materiallage war sehr angespannt, und so wurde im März 1940 das Bauziel von 30 Ubooten pro Monat sogar zeitweilig auf 25 Boote gesenkt.

Das Ubootbauprogramm litt unter Hitlers Tendenz, Kompromisse zwischen verschiedenen Planungen zu machen, wodurch keine von ihnen mit der größtmöglichen Wirksamkeit durchgeführt wurde. Zunächst mußte der Kampf in Polen, und danach die Westfront im Auge behalten werden. Für letztere geschah dies aber 1939 so halbherzig, daß sogar die Panzerproduktion, gemessen an der Industriekapazität Deutschlands, nur lächerlich niedrige Zahlen erreichte. Die begrenzten Rohstoffquellen Deutschlands waren hierbei nur eine der Ursachen – denn eine Erschließung aller vorhandenen Rohstoffquellen und Einschränkung der nicht kriegswichtigen Produktion wurden zu Beginn des Krieges keineswegs mit allem Nachdruck durchgeführt. Hätte das deutsche Oberkommando einen totalen Krieg gegen England geplant, hätte es, bildlich gesprochen, auf jeder Wiese an jedem Fluß, der dafür tief genug war, Uboote bauen lassen – so wie die Amerikaner vor langer Zeit 1812 am Ufer buchstäblich jeder bewaldeten Bucht am Atlantik aus grünem Holz Kaperfahrzeuge zum Einsatz gegen die britische Handelsflotte gebaut hatten.

Die ersten Monate des Jahres 1940 waren für die schweren Überwassereinheiten eine ruhige Zeit. Sowohl die deutschen als auch die britischen Marinestäbe konzentrierten sich darauf, aus der *Graf Spee*-Unternehmung die Konsequenzen zu ziehen. Im Februar 1940 langte ihr Versorger, die *Altmark*, mit 299 britischen Gefangenen in norwegischen Gewässern an, nachdem sie die Bewachung zwischen Island und den Faeroern durchbrochen hatte. Sie befand sich in neutralen Gewässern schon weit südlich von Bergen, als ein britischer

Kreuzer und Zerstörer gesichtet wurden. Zwei Zerstörer machten sich bereit, das Schiff zu entern. Der Kapitän der *Altmark* weigerte sich jedoch, zu stoppen, und konnte mit norwegischer Hilfe in einen nahegelegenen Fjord einlaufen und dort ankern. Der britische Zerstörer *Cossack* folgte ihr, erhielt aber von den Norwegern die Auskunft, daß die *Altmark* nicht bewaffnet und zum Befahren neutraler Gewässer berechtigt sei. *Cossack* zog sich daraufhin zurück, um neue Befehle zu erbitten.

In der gleichen Nacht erschien *Cossack* wieder. Der Kommandant, Captain Philip Vian, verlangte von den Norwegern, daß die *Altmark* gemeinsam nach Bergen zu einer erneuten Inspektion zurückzuleiten sei. Die Norweger weigerten sich, dies zu tun. Plötzlich nahm *Cossack* Kurs auf die *Altmark*. Das deutsche Schiff versuchte, den anlaufenden Zerstörer mit seinem Heck auf Land zu drücken. Das britische Schiff drehte jedoch schneller und ging längsseits. Ein britisches Enterkommando sprang wie die Matrosen in Nelsons Zeiten an Deck des deutschen Schiffes. Es folgte ein kurzer Kampf, in dem sieben deutsche Seeleute fielen. Mit dem Ruf: »Die Marine ist da!« befreiten dann Vians Männer die 299 Gefangenen. Diese Tat machte Vian zum Helden und gab der Popularität Winston Churchills, des Ersten Lords der Admiralität, der das Entern des deutschen Schiffes befohlen hatte, enormen Auftrieb. Vians Entdeckung, daß die *Altmark* mit Maschinengewehren bewaffnet war, machte die Propaganda von Goebbels über die britische Verletzung neutraler Gewässer wirkungslos und schwächte die Haltung Norwegens, da nun Zweifel entstanden, in welchem Maße die Norweger ihre Neutralität gegen beide kriegführenden Parteien verteidigen würden.

Dieser eine kurze Augenblick des Triumphs änderte jedoch die Gesamtlage Englands in keiner Weise. Die britische Flotte mußte mit beschränkten Kräften die Bewachung einer langen Blockadelinie aufrechterhalten. Im Februar 1940 unternahmen die deutschen Schlachtschiffe *Scharnhorst* und *Gneisenau*, der Schwere Kreuzer *Admiral Hipper* mit Zerstörersicherung einen Vorstoß in das Gebiet vor Bergen, trafen jedoch auf keinen Gegner, da die Engländer von einem ihrer Bomber alarmiert worden waren. Doch auch Einheiten der britischen Flotte konnten den deutschen Verband nicht abfangen. Die Aktivität der Überwasserstreitkräfte band weiterhin die britischen Streitkräfte, denn sie mußten sowohl ständig Schiffe in See als auch einsatzbereite Verbände in den Stützpunkten bereithalten, um den deutschen Flottenbewegungen zu begegnen – eine

Aufteilung, die große Anforderungen an die britischen Kräfte stellte. Britische Flugzeuge konnten auf Grund ihrer ungenügenden Leistungsfähigkeit zu diesem Zeitpunkt weder Fernaufklärung noch Bombeneinsätze in größerem Umfang übernehmen.

Trotz der ergangenen Anweisungen und Anforderungen unternahm die deutsche Luftwaffe wenig zur Unterstützung des Seekrieges. Gelegentliche Einsätze gegen die britische Schiffahrt und Stützpunkte brachten geringe Erfolge und hatten die Erklärung der Luftwaffe zur Folge, daß ihre Mitwirkung wenig Wert habe und nur dann erfolgen würde, wenn es der Luftwaffe notwendig erschiene. Göring verminderte die Zuteilung von Marineflugzeugen während des Herbstes 1939 weiter, und selbst die Luftaufklärung über See wurde durch den Mangel an modernen Maschinen beeinträchtigt. Angriffe vor Südengland wurden wegen hoher Verluste eingestellt. Die Aufklärung der Luftwaffe, die diese Aufgabe der Marine ersetzen sollte, stellte sich als so ergebnislos heraus, daß sie praktisch nutzlos war. Trotz offensichtlicher Mängel befahlen Göring und Hitler im Frühjahr 1940 die Einstellung aller langfristigen Entwicklungsarbeiten an Waffen, Ortungsgeräten und anderen Rüstungsprojekten in der Annahme, daß sie für einen Einfluß auf den Kriegsverlauf nicht mehr rechtzeitig abgeschlossen werden könnten.

Zu Flugzeugträgern hatte Raeder nie eine feste, eindeutige Position bezogen. Anfangs, im Oktober 1939, hatte er die Meinung vertreten, daß ein Flugzeugträger für die Nordsee zu verwundbar und von zu geringem Nutzen sei, da dort auch an Land stationierte Flugzeuge operieren könnten. Später stellte er Überlegungen über Operationen eines Flugzeugträgers zusammen mit Kreuzern im Atlantik an. Die Zeitdauer von Anweisungen bis zur Bauausführung war immer groß und der Mangel an Flugzeugen ein Problem. Das Projekt siechte dahin.

Das Problem von Verzögerungen betraf auch die Hilfskreuzer. Ihre Ausrüstung wurde erst nach Kriegsausbruch in Angriff genommen, und nur wenige konnten daher im ersten Kriegsjahr auslaufen. Kleine, unverdächtige Schiffe wurden für diesen Zweck verwendet. Deutschland besaß etwa 250 Schiffe mit einer Tonnage zwischen 5000 und 10 000 BRT. Aber nur wenige hiervon eigneten sich auf Grund ihres Fahrbereichs, ihrer Geschwindigkeit oder von Mängeln ihrer Maschinenanlagen zum Umbau. Als der Umbau bei Kriegsausbruch begann, gab es hierfür nur relativ wenige Planungsvorbereitungen. Ein Großteil der Arbeiten mußte von den späteren Kommandanten selbst geleitet werden. Von größtem Wert für einen

Hilfskreuzer waren die Einrichtungen zur Änderung der Tarnung und (von weniger Bedeutung) die Bewaffnung, die gewöhnlich aus sechs 15 cm-Geschützen, Torpedorohren, Flak und einem Aufklärungsflugzeug bestand. Sie konnten damit, ebenso wie die Panzerschiffe, den Schiffen, die zur Jagd auf sie angesetzt wurden, gefährlich werden. Der Ausbruch in ihre Operationsgebiete stellte zunächst kein großes Problem dar. Die Benutzung russischer und japanischer Häfen war aber im Gespräch, ebenso Abkommen über Benutzung der Nordostpassage (des »sibirischen Seeweges«) durch Hilfskreuzer getroffen. Keine dieser Planungen kam jedoch bis kurz vor dem Norwegenunternehmen im Frühjahr 1940 zur Durchführung.

Das offensive Minenlegen der deutschen Zerstörer hatte wegen des Kürzerwerdens der Nächte im März 1940 eingestellt werden müssen, doch in diesem Fall übernahm einmal die Luftwaffe wirkungsvoll diese Aufgabe. Mehr als 1000 Flugzeugminen wurden von April bis Juni im Zusammenhang mit der Frühjahrsoffensive des Heeres geworfen, und zum erstenmal wurden wirkungsvolle Bombenangriffe gegen die Schiffahrt geflogen. Die englischen und französischen Verluste stiegen rapide an.

Vom März 1940 an nahm die Norwegenoperation die gesamten Kräfte der Kriegsmarine in Anspruch. Dem stimmten Hitler und das OKW zu, und der Anteil der Marine bei der Frühjahrsoffensive an der Westfront wurde auf Einsätze von Ubooten und S-Booten zur Unterstützung der Landfront beschränkt. Der Wert der belgischen und niederländischen Küste für Marinestützpunkte wurde wegen der Nähe der britischen Inseln und der Sperrung des Ärmelkanals als gering angesehen. Nachdem mehr und mehr neutrale Staaten in den Krieg einbezogen wurden, erwartete man davon einen indirekten Nutzen für die Marine, da damit die meisten der Probleme im Zusammenhang mit der Untersuchung auf Konterbande gegenstandslos wurden, denen die Kommandanten der Uboote und der übrigen Schiffe, die den Druck auf den Handel neutraler Staaten mit England aufrechterhalten sollten, gegenüberstanden. Die Eroberung französischer Atlantikstützpunkte würde, das wurde erkannt, das gesamte strategische Bild grundsätzlich wandeln; jedoch wurden auf diese scheinbar in weiter Ferne liegende Möglichkeit keine ernsthaften Gedanken verwendet. Die höchsten Offiziere des Heeres äußerten die Ansicht, daß die Besetzung der niederländischen Küste eine langwierige, aufwendige Operation darstellen würde, und daß ein Gewinnen der französischen Küste erst nach zwei Jahren hartnäckigen Kampfes möglich sein könnte.

Norwegen

Auf seiten Deutschlands führten die Lehren, die aus dem Ersten Weltkrieg hinsichtlich der Bedeutung seiner nördlichen Seeflanke gezogen wurden, zu einem der verwegensten Unternehmen, das je von einer an Zahl unterlegenen Seemacht unternommen wurde.

Am 10. Oktober 1939 erwähnte Raeder in einer Besprechung mit Hitler zum ersten Mal, daß es wünschenswert wäre, Drontheim als Marinebasis zu besitzen. Diese Besprechungen fanden in unregelmäßigen Abständen von zwei Wochen bis zu einem Monat statt und ergänzten die Berichte des ständigen Vertreters der Marine im Führerhauptquartier. Es nahmen an ihnen außer Raeder, Hitler und Hitlers Marineadjutant die Spitzen des OKW und fallweise andere Personen teil, die an den besprochenen Problemen interessiert waren.

Schon lange bevor Drontheim Hitler gegenüber zum ersten Mal erwähnt wurde, hatte die Marine ganz klare Vorstellungen von der strategischen Bedeutung Norwegens. Wie im Ersten Weltkrieg würde sehr wahrscheinlich eine britische Minensperre quer durch die Nordsee gelegt und abermals in die norwegischen Hoheitsgewässer verlängert werden – ob nun mit oder gegen den Willen der norwegischen Regierung. Das würde den Ausmarsch der Uboote gefährden, Vorstöße der Überwasserstreitkräfte sowie der Handelsschiffahrt durch die norwegischen Küstengewässer unmöglich machen und die Verschiffung von Eisenerz, das im Winter auf dem Schienenweg von Schweden nach Narvik transportiert und dort umgeschlagen wurde, ernstlich gefährden. Ein britischer Zugriff auf Nordnorwegen und Schweden würde die Erzversorgung gänzlich lahmlegen. Eine britische Besetzung Südnorwegens hätte die Ostsee und Norddeutschland bedroht, die deutsche Schiffahrt und die Ubootausbildung gefährdet und ganz Norddeutschland Luftangriffen ausgesetzt. Damit würde eine zweite Front geschaffen, die möglicherweise Großbritannien den entscheidenden Vorteil in diesem Krieg bringen könnte.

Eine Basis in Norwegen hätte nicht nur Deutschlands Verteidigung abgestützt, sondern einer Marine, die wenig Aussicht hatte, französische Stützpunkte in Besitz zu nehmen, auch andere Vorteile gebracht. Vor Norwegen aus konnten die deutsche Marine und Luft-

Ein britischer Flottenverband vor Gibraltar. Der Flugzeugträger *Ark Royal* zusammen mit einem Schlachtschiff der *Queen Elizabeth*-Klasse aus dem Ersten Weltkrieg und dem ebenso alten Schlachtkreuzer *Renown* passieren die britische Festung. Die Gibraltar-Flotte trug während des Krieges die Hauptlast der Sicherung Maltas.   (Imperial War Museum)

Kapitänleutnant Otto Kretschmer. Als erfolgreichster Uboot-Kommandant des Zweiten Weltkrieges versenkte er einen Zerstörer und 266 629 BRT an Handelsschiffraum, bevor er in Gefangenschaft geriet, als sein Boot vom britischen Zerstörer *Walker* vernichtet wurde. (Mit freundlicher Genehmigung von Großadmiral Karl Dönitz)

Das Trosschiff *Altmark*. Unter Tarnung als norwegischer Tanker konnte das Schiff ein Zusammentreffen mit britischen Einheiten auf See vermeiden. Bei der Rückkehr nach Deutschland mit 299 Gefangenen von den Schiffen, die von *Admiral Graf Spee* aufgebracht worden waren, wurde es in norwegischen Hoheitsgewässern von der Besatzung des britischen Zerstörers *Cossack* geentert; die Gefangenen wurden befreit.

(Foto Drüppel)

Scharnhorst im Eismeer. Von der Dänemarkstraße bis zum Nordkap und zum Weißen Meer war hauptsächl. das Wetter bestimmend für den Ablauf der Operationen. (Imperial War Museum)

Der Hilfskreuzer *Atlantis*. Obwohl äußerlich nicht erkennbar, verdeckte der Rumpf sechs 15 cm-Geschütze, Torpedorohre, Minen, Flak und Bordflugzeuge. Seine sehr erfolgreiche Kaperfahrt von 622 Tagen auf allen Ozeanen wurde durch ein zufälliges Zusammentreffen mit dem britischen Schweren Kreuzer *Devonshire* beendet. (Foto Drüppel)

Das Schlachtschiff *Barham* fliegt in die Luft. Drei Torpedos von U 331 führten zu Bränden und nachfolgenden Explosionen auf diesem Veteranen der Alexandria-Flotte. Nach fünf Minuten wurde das Schiff, während es noch Fahrt machte, durch diese Eplosion von Munitionskammern zerrissen.

(Imperial War Museum)

waffe Englands Verbindungswege und England selbst bedrohen. Ferner konnte damit Großbritannien von der Holz- und Erzzufuhr aus ganz Skandinavien abgeschnitten werden.

Verläßliche Berichte aus vielen neutralen Quellen (einschließlich solcher aus Norwegen selbst) bezeugten das britische Interesse an Norwegen. Die Risiken eines deutschen Unternehmens unter den Augen der britischen Flotte waren jedoch sehr groß. Man stellte in Rechnung, daß eine deutsche Besetzung Norwegens ein schwieriges Problem seiner späteren Verteidigung mit sich bringen würde. In dieser Anfangszeit des Krieges wünschte Hitler, daß diese Fragen nur theoretisch untersucht werden sollten.

Der russische Angriff auf Finnland am 30. November 1939 veränderte die Situation beträchtlich. Nach der Verurteilung des Überfalles durch den Völkerbund begannen die Alliierten mit der Entsendung von Nachschub für Finnland über Norwegen. Da der Zugang zum südöstlichen Teil Finnlands durch Deutschland und die UdSSR verschlossen war, blieb den Alliierten als einziger Weg für die beabsichtigte umfangreiche Hilfe nur der Weg durch das nördliche Norwegen und Schweden. Da mit einer solchen Aktion die Rechte dieser neutralen Nationen in jedem Falle angetastet würden, schlossen die militärischen Planer Deutschlands, daß die Alliierten Nutzen aus der Gelegenheit ziehen würden, die Quellen von Deutschlands Eisenerz gleichzeitig zu besetzen. Beide Seiten erwogen die Möglichkeiten, doch keine konnte vor Beginn des Frühlings etwas unternehmen.

Anfang Dezember, unmittelbar nach dem Beginn des Russisch-Finnischen Krieges, wurde den Gedanken der Marine durch den Besuch des Führers der kleinen nationalsozialistischen Partei Norwegens, Vidkun Quisling, Nachdruck verliehen. Quisling und sein Begleiter, Viljam Hagelin, nahmen zunächst Verbindung mit dem nationalsozialistischen Rassentheoretiker, Alfred Rosenberg, auf, der sie in Verbindung mit Raeder brachte. Ihr Gedanke war, einen Aufstand in Norwegen zu inszenieren. Als Vorwand sollte hierbei dienen, daß die Legislative ihre eigene Wahlperiode verlängert hatte. Sie meinten, daß in Deutschland ausgebildete Norweger mit einiger deutscher Unterstützung die Aktion mit Erfolg durchführen könnten. Sie betonten die Wahrscheinlichkeit eines britischen Einfalls in Norwegen, wobei dieser mit der Einwilligung des größten Teils der norwegischen Bevölkerung, in der zu dieser Zeit große Furcht vor Rußland bestand, rechnen konnte. Während Raeder einwilligte, ein Treffen mit Hitler herbeizuführen, sprach er sich gegen den Gedanken eines deutschen Eingreifens Mitte Januar aus, da keine Operation so rasch vorbereitet werden konnte.

In einer Konferenz mit Hitler am 12. Dezember 1939 beleuchtete Raeder alle Vor- und Nachteile eines Angriffs auf Norwegen. Während er Hitler darauf hinwies, daß Quislings Motive kaum einzuschätzen wären, schlug er vor, daß das OKW mit der Ausarbeitung von zwei Plänen beauftragt würde: den einen zur Durchführung einer Operation zur Unterstützung eines Aufstandes von Quisling, den anderen für eine direkte militärische Okkupation. Nachdem Hitler dreimal mit Quisling zusammengetroffen war, befahl er dem OKW, mit den Planungen entsprechend den Vorschlägen Raeders zu beginnen. Die Marine bearbeitete ihren Anteil der Operationsstudie, während als ständiger Vertreter im OKW Kapitän z. See Theodor Krancke an der Gesamtplanung mitarbeitete.

In seiner nächsten Besprechung mit Hitler am 30. Dezember betonte Raeder nachdrücklich die Wahrscheinlichkeit einer britischen Operation und die Möglichkeit, daß die norwegische Bevölkerung einem deutschen Überraschungsangriff kaum Widerstand entgegensetzen würde. Später in der gleichen Besprechung erwähnte er die Überlegenheit der britischen Überwasserstreitkräfte in der Nordsee und die Vorbereitungen der Marine zur Entsendung von Ubooten, der *Lützow* (der ehemaligen *Deutschland*) und von Hilfskreuzern in den Atlantik. Dies waren Faktoren, die die Form des Norwegenunternehmens beeinflussen sollten.

Der Januar und die erste Hälfte des Februar vergingen mit der Ausarbeitung der Pläne und dem Sammeln von Informationen über den Raum Norwegen in Hinblick auf einen Krieg. Der Bedarf an Eisenerz wurde festgestellt und die Wahrscheinlichkeit eines britischen Eingreifens abgeschätzt. Die Vercharterung von 90 Prozent der norwegischen Tankertonnage an England wurde festgestellt.

Am 13. Januar, als die Marine einen Entwurf der vorbereitenden Planung des OKW erhielt, war Raeder davon überzeugt, daß England die baldige Besetzung Norwegens beabsichtigte. Einige Angehörige der Seekriegsleitung meinten jedoch, daß dies England angesichts der deutschen Luft- und Seemacht ein Unternehmen mit zu hohem Risiko bedeuten würde, besonders, da Deutschland ihm mit einem Einmarsch in Dänemark, Schweden und dem südlichen Norwegen begegnen konnte. Die Engländer würden damit, so wurde argumentiert, auch einen Krieg mit der UdSSR riskieren. Später änderten die Angehörigen der Seekriegsleitung ihre Ansichten über die britischen Absichten. Jedoch war die taktische Prognose über

Englands Möglichkeiten, einen Norwegenfeldzug durchzustehen, bemerkenswert zutreffend.

Hitlers nächste Besprechung mit Raeder hatte zwar keinen direkten Bezug auf das Norwegenunternehmen, sondern behandelte die Planung von Hochseeoperationen und eine Auswertung der bisher durch die britische Flotte erlittenen Verluste. Beides waren jedoch bedeutsame Überlegungen von großem indirekten Einfluß auf den Befehl zur Ausarbeitung der endgültigen, detaillierten Planung, der am nächsten Tag, dem 27. Januar, erging. Hitler wurde mehr und mehr von der Unausweichlichkeit eines Unternehmens gegen Norwegen überzeugt, obwohl sein Mangel an Vertrautheit mit einem derartigen kombinierten Unternehmen der drei Wehrmachtteile ihn zögern ließ. Der *Altmark*-Zwischenfall vom 16. Februar wurde als eindeutige Warnung eingeschätzt, daß England die norwegische Neutralität nicht respektieren und die Norweger sie auch nicht verteidigen würden.

Am 21. Februar wurde der Oberbefehlshaber für das Unternehmen bestimmt. In einer zwei Tage später abgehaltenen Besprechung brachte Raeder seine Überzeugung zum Ausdruck, daß eine Neutralität noch immer der wünschenswerteste Zustand war. Man konnte nicht zulassen, daß Norwegen in britische Hände fiel, doch warf die Verteidigung der norwegischen Küste und die Sicherung des Küstenverkehrs, nachdem sie einmal in deutscher Hand waren, derartige Probleme auf, daß dies allein Grund genug war, mit einer Operation so lange zu warten, bis sie lebensnotwendig wurde.

Die Norwegen-Direktive, die Hitler am 1. März 1940 erließ, übernahm die Begründung der Marine, daß eine deutsche Besetzung notwendig wäre, da eine britische Operation unmittelbar bevorstünde. Unter dem Kommando des Heeresgenerals Nikolaus von Falkenhorst wurde die Operation geplant als Überraschungszug kleiner Truppenverbände, die über See und in der Luft überführt werden und von der Luftwaffe und Marine gedeckt werden sollten. Die Kommandogewalt für das Unternehmen war, wie in der gesamten nationalsozialistischen Epoche, zu kompliziert, zersplittert und unübersichtlich. Wer mit den sorgfältig organisierten vereinigten Oberkommandos solcher Operationen wie etwa der der alliierten Invasion in der Normandie vertraut ist, dem muß es scheinen, als hätten die drei deutschen Wehrmachtteile jeweils ihren eigenen Krieg geführt, was die von Galgenhumor getragene Redensart, daß der Zweite Weltkrieg von der Preußischen Armee, der Kaiserlichen Marine und der nationalsozialistischen Luftwaffe ausgefochten würde, bestätigt.[1] Für die Norwegenoperation gab es keinen völlig integrierten Stab der drei Wehrmachtteile, obwohl der Führungsstab des OKW unter Generaloberst Alfred Jodl die Oberleitung hatte. Die Marinegruppenkommandos Ost und West hatten den Befehl über die eingesetzten Schiffe, wobei Raeders Seekriegsleitung ständige Verbindung hielt und jederzeit zum Eingreifen bereit war. Das Oberkommando der Luftwaffe in Berlin hatte den Befehl über die Flugzeuge. General Falkenhorst, dem ein besonderer, aus den drei Wehrmachtteilen gebildeter Stab zugeteilt war, führte die Heeresstreitkräfte und hatte den taktischen Befehl über die Luftstreitkräfte in der Kampfzone. Nur ausgezeichnete persönliche Zusammenarbeit auf der mittleren und unteren Kommandoebene gaben der Operation eine Erfolgschance.

Die Luftwaffe sollte Fallschirmjäger über Südnorwegen entsenden, um die Flugplätze von Oslo und Stavanger zu besetzen, über die dann weitere Truppen auf dem Luftweg zugeführt werden sollten. Ein Luftschirm aus Bombern und Jagdfliegern sollte die Engländer angreifen und die Norweger einschüchtern. Kreuzer und kleinere Schiffe verschiedener Typen sollten an vier Plätzen im südlichen Norwegen zwischen Oslo und Bergen Truppen landen, wobei sie an den Küstenbefestigungen vorbei unmittelbar in die Häfen einlaufen sollten.

Der gewagteste Teil der Operation bestand in den vorgesehenen Angriffen auf Narvik und Drontheim in Nordnorwegen durch Truppen auf einem Kreuzer und 14 Zerstörern, die von den beiden Schlachtschiffen unterstützt werden sollten. Weiterhin war vorgesehen, daß die *Lützow* die britische Flotte durch einen Durchbruch zum Handelskrieg in den Atlantik ablenken sollte. Die nördlichen Landungsgruppen sollten nach Ausschiffung der Truppen noch am selben Tag wieder auslaufen. Verstärkungen sollten auf dem Landwege später herangeführt werden. Die Nachschubschiffe für diese Verbände sollten einige Tage vor den Kriegsschiffen nach Norwegen auslaufen, so daß mit ihrem Eintreffen etwa zur gleichen Zeit zu rechnen war. Sie sollten unter der Tarnung als reguläre Handelsschiffe im Küstenverkehr fahren. Uboote sollten zur Aufklärung und Störung britischer Gegenaktionen eingesetzt werden, nachdem

---

[1] Hitlers häufig geäußerte Ansicht war: »Ich habe ein reaktionäres Heer, eine christliche Marine und eine nationalsozialistische Luftwaffe.« (Manchmal sagte er »Kaiserliche« für »christliche«, was sich offenbar auf den förmlich-korrekten und religiösen Raeder bezog.) Alfred Jodl in *IMT,* Vol. XV, p. 294; zitiert bei Walter Ansel, *Hitler confronts England,* p. 14.

die deutschen Truppentransporte in die Fjorde eingelaufen waren. Die Verstärkungen sollten am ersten, dritten und fünften Tag nur nach Oslo gehen, dann über Land weiter vorrücken und dabei den Widerstand überall brechen.

Da die Operation von Stürmen und schlechter Sicht abhängig war und man den Engländern zuvorkommen wollte, wurde ihr am 3. März Vorrang vor dem Angriff auf die Niederlande eingeräumt. Am nächsten Tag ergingen die Befehle, die Vorbereitungen abzuschließen, so daß die Operation vom 10. März an mit viertägiger Frist durchgeführt werden konnte. Am 5. März traf Jodl mit den drei Oberbefehlshabern zu einer abschließenden Beratung zusammen. Merkwürdigerweise war dies das erste Mal, daß Göring hinzugezogen wurde, obwohl Offiziere der Luftwaffe schon lange an den Vorbereitungen beteiligt waren.

Als die nächste Konferenz zwischen Raeder und Hitler am 9. März stattfand, befand sich die Unternehmung im Stadium letzter Detailerörterungen. Die Schwierigkeit des Durchbruchs bei der Rückkehr von den Häfen im Norden, nachdem die Truppen angelandet waren, wurden erörtert, und Raeder betonte die Notwendigkeit stärkster Luftsicherung für die rückkehrenden Kriegsschiffe. Er forderte auch die Zustimmung der Luftwaffe zu einer Verminung von Scapa Flow durch Flugzeuge. Raeder stellte zur Debatte, daß man den Russen eine Besetzung Tromsös in Nord-Norwegen gestatten könnte. Hitler lehnte dies jedoch ab, und es wurde beschlossen, die Stadt später über Land von Heerestruppen besetzen zu lassen.

Auch die britischen Planungen machten rasche Fortschritte. Am 10. März gab Chamberlain öffentlich ein Hilfsversprechen für Finnland ab. Zwei Tage später jedoch schloß Finnland Frieden mit der UdSSR – das einzige, was angesichts einer hoffnungslosen militärischen Situation zu tun übrig blieb. Die deutsche Marineführung hegte einige Hoffnung, daß der Frieden eine britische Operation gegen Norwegen abwenden könnte – Nachrichten und britische Aktionen gegen die deutsche Schiffahrt in norwegischen Küstengewässern bewiesen jedoch das Gegenteil.

Am 26. März brachte Raeder wieder die Frage nach einer baldigen Ausführung der Besetzung auf und stellte heraus, daß die Engländer, auch wenn sie nicht sofort handeln würden, doch den Erznachschub bedrohen und möglicherweise einen Zwischenfall als Vorwand für ihren eigenen Einmarsch in Norwegen inszenieren würden. Das Wetter und der Stand der Vorbereitungen waren günstig für Deutschland, und Hitler stimmte zu, daß die Zeit zum Zuschlagen gekommen sei; er setzte aber noch kein genaues Datum fest. Drei Tage später wurden weitere Einzelheiten erörtert, der genaue Zeitpunkt jedoch wiederum nicht festgelegt, da der außergewöhnlich strenge Winter eine schwierige, noch andauernde Eissituation in den Ostseezugängen hervorgerufen hatte. Der Große Belt, das Hauptfahrwasser zwischen den dänischen Inseln, war erst in der ersten Aprilwoche wieder offen. Zu diesem Zeitpunkt wünschte Hitler eine Änderung der Planung. Verbände der Marine sollten nach seinem Wunsche in Narvik und Drontheim zur Unterstützung des Heeres verbleiben. Bezüglich Narvik konnte Raeder ihn jedoch davon abbringen und ihn überzeugen, daß der Flottenverband unausweichlich mit der überlegenen britischen Flotte zusammentreffen und von ihr vernichtet werden würde. Die Frage eines Unterstützungsverbandes in Drontheim blieb offen. Eine Auseinandersetzung mit der Luftwaffe, die eine Verminung von Scapa Flow zur Behinderung der britischen Flottenbewegungen unterlassen hatte, überschattete ebenfalls diese Besprechung.

Am 2. April wurde das Datum für den Einmarsch endgültig auf den 9. April festgelegt. Am nächsten Tage begannen die Bewegungen der Ausfuhrstaffel und der Tankerstaffel unter Tarnung normalen Handelsverkehrs unter der norwegischen Küste. Außenminister Joachim von Ribbentrop wurde zu diesem Zeitpunkt erstmalig von der bevorstehenden Aktion in Kenntnis gesetzt.

Von diesem Zeitpunkt an lösten jeweils die offensiven Handlungen der einen Seite Reaktionen auf der anderen aus – auf beiden Seiten waren gleiche Operationen in Gang, aber die Deutschen hatten einen Vorsprung von nur einem Tag vor den Engländern! Die Engländer waren ferner dadurch behindert, daß es ihnen wichtig war, den Schein von Legalität aufrechtzuerhalten. Sie hofften, daß ihren Landungen kein Widerstand geleistet werden würde, während man auf deutscher Seite in die Unterstützung durch die Gruppe Quisling nicht mehr viel Hoffnung setzte und bei der Durchführung auf rücksichtslose Ausnutzung des Überraschungseffekts baute.

Am Abend des 6. April liefen die schweren Deckungseinheiten und die zur Besetzung des nördlichen Norwegen bestimmten Verbände aus. Es waren die beiden kleinen Schlachtschiffe, der Schwere Kreuzer *Admiral Hipper* und 14 Zerstörer. Zehn Zerstörer sollten 2000 Mann in Narvik landen, der Kreuzer in Begleitung von vier Zerstörern mit 1700 Mann nach Drontheim gehen. Die Schlachtschiffe standen zeitweilig unter dem Kommando von Vizeadmiral Günther Lütjens, der den erkrankten Flottenchef, Admiral Marschall, vertrat. Sie sollten zunächst als Deckung eingesetzt werden und sich dann nach Norden absetzen, um die schweren britischen Einheiten von der norwegischen Küste abzuziehen. Auch die *Lützow* war ursprünglich zur Eingliederung in diese Gruppe vorgesehen gewesen. Auf Grund von Maschinenstörungen wurde sie jedoch einer der südlichen Landungsgruppen zugeteilt. Ein Hilfskreuzer, *Orion*, lief ebenfalls aus, um im Nordatlantik Verwirrung zu schaffen.

Die anderen Gruppen, die für das südliche Norwegen (und einige dänische Häfen) bestimmt waren, liefen später aus. Zu ihnen gehörten *Lützow*, der Schwere Kreuzer *Blücher*, Leichte Kreuzer und viele kleinere Einheiten.

Der deutsche Hauptverband wurde am Tage nach dem Auslaufen von feindlichen Flugzeugen gesichtet und erfolglos angegriffen. Damit schien er das unbedingt notwendige Überraschungsmoment verloren zu haben – wenn man auch hoffte, daß der Zweck des Auslaufens den Engländern, die ständig ein Ausbrechen deutscher Einheiten zum Einsatz gegen die Konvoiwege im Nordatlantik befürchteten, noch entgangen sein könnte.

Früh am nächsten Morgen (am 8. April, einen Tag vor der Landung) stieß der britische Zerstörer *Glowworm*, der den Anschluß an einen britischen Verband, der mit der Verminung norwegischer Küstengewässer beauftragt war, verloren hatte, auf einen deutschen Zerstörer der Gruppe *Hipper* vor Drontheim, meldete ihn und griff bei schwerem Wetter an. Die *Hipper* mit ihren 20,3 cm-Geschützen ging schnell zum Nahgefecht über und versuchte *Glowworm* zu rammen. Als Lieutenant Commander Gerard B. Roope sah, daß sein Schiff zusammengeschossen wurde und die Vernichtung unausweichlich war, rammte er seinerseits mit seinem kleinen Schiff die *Hipper*, riß die Außenhaut auf 35 m auf und erreichte, daß 528 t Wasser in den Kreuzer eindrangen. Er wurde hierfür mit dem Victoria-Kreuz ausgezeichnet. Während *Glowworm* danach vom Kurs abfiel, sank er.

Die *Hipper*-Gruppe setzte ihre Fahrt nach Drontheim fort, wobei *Hipper* eine Schlagseite von 4° nach Steuerbord hatte, alle lebenswichtigen Einrichtungen jedoch voll funktionsfähig blieben.

Früh am selben Morgen verkündeten die Engländer den Abschluß der Verminung der norwegischen Küstengewässer. Sie zogen einen Zerstörerverband, der die Minenaktion vor Narvik gedeckt hatte, ab, um die Suche nach *Scharnhorst* und *Gneisenau*, die Kurs in den

Atlantik zu nehmen schienen, zu verstärken. Wenige Stunden später wurde der deutsche Truppentransporter *Rio de Janeiro* vor der süd-norwegischen Küste von dem polnischen Uboot *Orzel* versenkt. Dieses Boot war dem deutschen Angriff im vorangegangenen September entkommen und operierte nun von England aus. Von einigen geretteten deutschen Soldaten erfuhren die Norweger, daß sie auf dem Wege nach Bergen waren, um es gegen eine alliierte Invasion zu schützen. Unverständlicherweise schlugen die Norweger daraufhin jedoch keinen Alarm, und den Engländern entging diese wichtige Information.

Am Morgen des nächsten Tages, dem 9. April, standen *Scharnhorst* und *Gneisenau* alleine im Sturm vor Narvik. Bei einer plötzlichen Verbesserung der Sichtverhältnisse wurde der Schlachtkreuzer *Renown* ausgemacht, der auf 9 Seemeilen das Feuer mit seinen 38,1 cm-Geschützen eröffnete, wenn gelegentliche Lücken zwischen den Schneeböen es zuließen. Einige Minuten später antworteten auch die deutschen Schiffe mit ihren 28 cm-Geschützen. Es entwickelte sich ein kurzes Gefecht von 10 Minuten, bevor die deutschen Schiffe auf Höchstfahrt gingen und ihrem älteren Verfolger langsam da-vonliefen. Das Wetter war so stürmisch, daß keiner der neun engli-schen Zerstörer, die die *Renown* begleiteten, in den Kampf ein-greifen konnte. Lütjens hatte sich entschlossen, seinem Befehl, die britischen Verbände nach Nordwesten und damit von der norwegi-schen Küste abzuziehen, zu folgen, statt sich auf den Kampf gegen ein Schiff mit so schweren Geschützen einzulassen. Bevor die *Re-nown* jedoch im Dunst achteraus verschwand, erhielt *Gneisenau* drei 38 cm-Treffer. Durch einen fiel ihr Vormars-Artillerieleitstand, durch einen anderen 11,4 cm-Treffer der vordere Turm aus. Die deutschen Schiffe hatten nur zwei unwesentliche Treffer auf der *Renown* erzielt. Da die Rolle der Schlachtschiffe, britische schwere Einheiten abzuziehen, aber erfüllt war, mußte man die Beschädigun-gen der *Gneisenau* als geringen Preis für diesen Erfolg werten.

Die zehn Zerstörer unter Kommodore Paul Friedrich Bonte waren während der Dunkelheit in den Vestfjord eingelaufen, ohne auf Gegenwehr zu stoßen. In der Dämmerung versenkten sie zwei nor-wegische Küstenpanzer, die der formellen Aufforderung zur Kapi-tulation nicht Folge leisten wollten. Die Zerstörer landeten die ein-geschifften Truppen in Narvik. Bonte wollte so schnell wie möglich wieder auslaufen; einer der beiden vorgesehenen Tanker war jedoch versenkt worden und nur einer eingetroffen, so daß das Beölen nur sehr langsam vonstatten ging.

In Drontheim verwirrten *Hipper* und die begleitenden vier Zerstörer die Besatzung der norwegischen Küstenbatterien, indem sie sie auf Englisch anmorsten. Nur die innerste Batterie eröffnete das Feuer, wurde aber von *Hipper* schnell zum Schweigen gebracht. In der Stadt bot sich kein Widerstand, und so konnten die Batterien von der Landseite aus genommen und zum Schutz gegen einen möglichen britischen Gegenangriff mit deutschen Truppen besetzt werden.

In Bergen beschädigten die Küstenbatterien das deutsche Artillerieschulschiff *Bremse* und den Leichten Kreuzer *Königsberg,* doch wurde die Stadt schnell genommen. Ebenso wurde Egersund ohne Schwierigkeiten von See aus und Stavanger durch Luftlandetruppen besetzt. Hierbei versenkte der norwegische Zerstörer *Aeger* den Dampfer *Roda* der Ausfuhrstaffel und wurde seinerseits von deutschen Sturzkampfbombern vernichtet, die von einem Flugplatz starteten, der von deutschen Fallschirmjägern genommen worden war. Durch Nebel, der das deutsche Einlaufen verzögerte, war eine Überraschung in Stavanger nicht möglich. Die Seestreitkräfte konnten die Küstenbatterien jedoch in einem dritten Anlauf passieren, nachdem die Stellungen von der Luftwaffe außer Gefecht gesetzt waren.

Die Verteidigungsanlagen Oslos waren die stärksten und brachten dem deutschen Verband auch die größten Verluste bei. An der engsten Stelle des Oslo-Fjordes, weit vor der Stadt, konnten die wachsamen Artilleristen eine Anzahl von Treffern auf dem Schweren Kreuzer *Blücher* erzielen und ihn dann mit zwei Torpedos aus einer Landbatterie versenken. Es war das einzige große Schiff, das an diesem Tag verloren ging (– hier wiederholte sich das Schicksal eines früheren Trägers dieses Namens, des Panzerkreuzers *Blücher,* der als einziges Schiff beim Gefecht bei der Doggerbank 1915 sank). Die übrigen Schiffe landeten ihre Truppen weiter außen im Fjord, um die Befestigungen von hinten zu nehmen, die gleichzeitig von der Luftwaffe bombardiert wurden, während Fallschirmjäger den Flugplatz besetzten. Durch die Verzögerung konnten König und Regierung unter Mitnahme der Goldreserven entkommen.

Innerhalb von Stunden wurde klar, daß die Besetzung ein glänzender Erfolg war – trotz des Verlustes der meisten Tanker und Versorger, die die Zerstörer in den nördlichen Häfen für die Rückkehr neu ausrüsten und beölen sollten. Diese Verluste wurden vor allem durch viele englische Uboote hervorgerufen. Dänemark wurde mit Unterstützung der Marine am selben Morgen überrannt, und im westlichen Eingang zum Skagerrak wurden zum Schutz Minensperren gelegt.

Die schwierigste Aufgabe sollte der Marine aber noch bevorstehen. Die Schiffe mußten aus den Häfen der Westküste in die Heimat zurückgeführt werden, bevor sie von einer alarmierten britischen Flotte eingeschlossen und vernichtet werden konnten. Einige Schiffe traten diese Fahrt an diesem Abend an. Es gelang aber dem britischen Uboot *Truant,* den Leichten Kreuzer *Karlsruhe* auf dem Marsch von Kristiansand nach Süden abzufangen. Ein Torpedotreffer beschädigte die *Karlsruhe* so schwer, daß sie aufgeben und von den Begleitfahrzeugen versenkt werden mußte. Der Leichte Kreuzer *Königsberg* konnte seine Schäden nicht schnell genug reparieren, so daß britische Sturzkampfbomber ihn am nächsten Tag noch an einer Pier in Bergen vorfanden. Sie trafen ihn mit drei Bomben, wodurch das Schiff das zweifelhafte Merkmal erhielt, als erstes größeres Kriegsschiff in der Geschichte von feindlichen Flugzeugen versenkt zu werden. Die deutsche Luftwaffe revanchierte sich durch Versenkung des britischen Leichten Kreuzers *Curlew* im weiteren Verlauf des Unternehmens.

Die Zufahrt nach Narvik, der Ofotfjord, ist ein langer, schmaler Wasserweg zwischen steilen Ufern, der vom Vestfjord weit ins Land hineinführt. In unregelmäßigen Abständen zweigen hiervon, meist hinter felsigen Halbinseln verborgen, kleinere Fjorde ab. Die Stadt Narvik liegt an der Küste eines dieser kleineren Fjorde nahe dem östlichen Ende des Ofotfjordes. Fünf der deutschen Zerstörer, die durch den Treibstoffmangel noch festgehalten waren, wurden in der Morgendämmerung durch einen schneidigen Torpedo- und Artillerieangriff von Captain B. A. W. Warburton-Lee mit drei englischen Zerstörern in Narvik überrascht. Innerhalb eines heftigen Gefechtes von wenigen Minuten wurden Kommodore Bonte getötet, zwei seiner Zerstörer versenkt und die drei übrigen beschädigt. Die Engländer liefen in den Hauptfjord zurück, kehrten dann aber mit zwei weiteren Zerstörern zurück und versenkten sechs Handelsschiffe. Danach liefen sie in Richtung auf die offene See ab.

Der kühne Angriff brachte Captain Warburton-Lee das Victoriakreuz ein, das er jedoch niemals sehen sollte. Im Augenblick seines Sieges wurden die britischen Schiffe von drei deutschen Zerstörern, die plötzlich aus einem Seitenfjord erschienen, überrascht, und zwei weitere aus einem anderen Seitenfjord voraus schnitten ihnen den Rückzugsweg ab. In einem kurzen und heftigen laufenden Gefecht fiel Captain Warburton-Lee, und zwei seiner Zerstörer sanken. Die drei anderen entkamen, einer davon schwer beschädigt, doch die deutschen Schiffe setzten die Verfolgung nicht fort. Bei ihrem Weg aus dem Fjord sichteten die Engländer noch den einlaufenden deutschen Nachschubdampfer *Rauenfels,* der in die Luft flog, als sie ihn unter Feuer nahmen. Er hatte den größten Teil des Munitionsnachschubs für den Landungsverband geladen.

Später am selben Tage liefen *Köln* aus Bergen, *Hipper* und ein Zerstörer aus Drontheim und *Lützow* aus Oslo aus. Auch die Schlachtschiffe weit im Nordwesten gingen auf Heimatkurs – sie hatten ihre Aufgabe, die Einheiten der britischen Flotte von der norwegischen Küste abzuziehen, höchst wirkungsvoll erfüllt. In dem vorherrschend schlechten Wetter entgingen alle der britischen Home Fleet, *Hipper* allerdings nur sehr knapp. Anderthalb Tage später, am 12. April, stieß er zu den Schlachtschiffen. Die *Köln* kehrte wenige Stunden nach ihnen nach Deutschland zurück. Nur *Lützow* hatte auf dem sichersten, da kürzesten Wege kein Glück. Das Uboot *Spearfish,* das wagemutig im Eingang des Kattegats operierte, beschädigte das Schiff durch einen Torpedotreffer am Heck so schwer, daß es eingeschleppt werden und für ein Jahr in die Werft gehen mußte. Die kleineren Einheiten kehrten später gruppenweise unter geringen Verlusten nach Deutschland zurück.

Die noch verbliebenen acht Zerstörer wurden durch ihre Schäden und Treibstoffmangel weiter in Narvik festgehalten. Sie mußten drei Tage warten, bis das zweite Gefecht bei Narvik stattfand. In diesem wurden sie nur von den Ubooten, die Dönitz vor der norwegischen Küste aufgestellt hatte, unterstützt. Am 13. April lief das britische Schlachtschiff *Warspite,* von neun Zerstörern und seinem Aufklärungsflugzeug gesichert, in den Vestfjord gegen die Stadt ein. Ein deutsches Uboot, das in Sehrohrtiefe das Schlachtschiff anzugreifen versuchte, lief dabei auf einen Felsen, durchbrach die Wasseroberfläche und konnte gerade noch verhindern, vom Angreifer zum Angegriffenen zu werden. Der Beobachter des Flugzeugs meldete einen Zerstörer in einem Hinterhalt hinter einer Felsnase des Fjords und sichtete danach beim weiteren Flug fjordeinwärts ein weiteres Uboot in einem Seitenfjord, griff es mit Bomben an und versenkte es.

Die britischen Zerstörer drangen, nachdem sie den als Sperrbatterie liegenden Zerstörer versenkt hatten, weiter in den Fjord ein, um die noch kampfbereiten 6 deutschen Zerstörer anzugreifen. Das ungleiche Gefecht wurde mit dem deckenden Feuer der 38 cm-Geschütze der *Warspite* schnell zu Ende gebracht. Nur einer der deutschen Zerstörer wurde im Hauptfjord versenkt – die anderen unnachsichtig bis in die Seitenfjorde verfolgt und vernichtet. Am Abend existierte keiner der zehn Zerstörer mehr, die nur vier Tage zuvor die Besatzungstruppen für Narvik gelandet hatten. 2100 Überlebende der Schiffsbesatzungen stießen zu den 2000 Gebirgsjägern in der Stadt und bereiteten sich darauf vor, dem erwarteten britischen Gegenangriff Widerstand zu leisten, obwohl sie unter großem Munitionsmangel litten und die Fahrzeuge, die sich an Bord eines von einem britischen Zerstörer aufgebrachten Nachschubdampfers befunden hatten, fehlten. Die Verluste der Engländer bei diesem Gefecht: zwei schwer beschädigte Zerstörer.

Raeder besprach die Situation mit Hitler, während das zweite Gefecht in Narvik gerade im Gange war. Man erwartete, daß das Auftreten einiger Hilfskreuzer im Atlantik den Ausfall der *Lützow* teilweise ausgleichen konnte. Es wurde ferner erwartet, daß Operationen dieser Schiffe die Engländer abziehen und sie an einem Gegenangriff mit voller Stärke hindern würde. Auch die Verwendung von Ubooten zur Versorgung von Narvik und zum Angriff auf die britischen Einheiten wurden diskutiert.

30 Uboote – alle, die einschließlich der Schulflottille verfügbar waren –, standen entweder vor Norwegen oder vor den britischen Häfen. Dönitz verlegte sie so, wie die jeweilige Situation es erforderte. Man hatte gehofft, daß eine derartige Ubootkonzentration wesentliche Erfolge bringen würde, doch hatten die Boote auch mit Schwierigkeiten zu kämpfen. Zweimal hatten sie versäumt, den britischen Verband auf dem Marsch nach Narvik anzugreifen oder auch nur zu melden. Wenn auch das schlechte Wetter bei diesem Fehlschlag eine Rolle gespielt hatte, bestätigte dies doch wiederum, daß der niedrige Turm eines Ubootes eine denkbar ungünstige Beobachtungsplattform darstellt. Als der britische Gegenangriff anlief, fanden die Uboote jedoch viele Ziele.

Zwei hervorragende Ubootkommandanten, die bereits beide mit dem Ritterkreuz des Eisernen Kreuzes ausgezeichnet worden waren, standen auf ausgezeichneten Positionen. Kapitänleutnant Herbert Schultze mit U 48 stieß gegen Mittag des 11. April auf einen schweren Kreuzer und schoß einen Torpedo-Dreierfächer. Weit jenseits des Zieles hörte er die Explosion eines der Torpedos, und auch die anderen hatten das Ziel verfehlt. Am Abend sichtete er einen weiteren Schweren Kreuzer. Wiederum schoß er drei Torpedos, die jedoch alle vor dem Ziel explodierten. Dies war der schlimmste einer Reihe ähnlicher Berichte, die Dönitz erreichten und beunruhigten. Er befahl seinen Kommandanten, bei den meisten Zielen von Magnet- auf Aufschlagzündung überzugehen. Wenige Tage später traf Schultze auf den *Warspite*-Verband, als er nach Vernichtung der deutschen Zerstörer in Narvik den Vestfjord verließ. Das erneute Versagen der Torpedos rettete zwei Zerstörer und die *Warspite* selbst.

Einen Tag später war die Reihe an Günther Prien, dessen Boot, U 47, den »Stier von Scapa Flow« als Abzeichen am Turm trug, das an die Versenkung der *Royal Oak* erinnerte. Prien traf auf einen Verband britischer Schiffe, der in überlappenden Reihen in einem Fjord nordwestlich Narvik vor Anker lag und Truppen für einen Angriff auf die Stadt ausschiffte. Prien unternahm nach Einbruch der Dunkelheit einen sorgfältig vorbereiteten Unterwasserangriff, wobei er auf dem ruhigen Ankerplatz zwei Kreuzer und zwei Transporter als Ziele für seine ersten 4 Torpedos ausgewählt hatte. Es geschah nichts! Prien lief ab und ließ die Torpedorohre nachladen. Er kehrte zurück und fuhr einen Überwasserangriff mit vier Torpedos. Diesmal gab es eine Explosion: ein Torpedo hatte Kursversager und war an einer Felswand des Fjords detoniert. Wütend ließ Prien abdrehen, um die offene See zu gewinnen – und lief dabei auf Grund, während die britischen Geleitfahrzeuge achteraus mit der Ubootjagd begannen. Indem er beide Maschinen voll rückwärts gehen, die Tanks im Vorschiff ausblasen und die Besatzung ständig auf dem Achterdeck hin und her von einer Seite zur anderen laufen ließ, gelang es schließlich, das Boot freizubekommen. Trotz britischer Wasserbombenangriffe gelang es Prien schließlich, den Fjord nach See zu verlassen.

Verzweifelt zog Dönitz die Uboote aus den Fjorden ab und berief eine Konferenz mit dem Torpedoinspekteur ein. Am 17. April gab er den Ubooten den Befehl, wieder die magnetische Zündung, ausgenommen in engen Fahrwassern, anzuwenden, und rief alle Boote vor der südnorwegischen Küste zurück. Zwei Tage später traf Prien auf die *Warspite* und schoß 2 Torpedos. Der einzige Effekt war, daß ein Torpedo am Ende der Laufstrecke detonierte, eine Menge Zerstörer alarmierte und sehr heftige Wasserbombenangriffe auf das Uboot auslöste. Am nächsten Tag sichtete er einen Geleitzug in günstiger Position, unternahm jedoch keinen Angriff mehr, um Boot und Besatzung nicht einem erneuten Risiko auszusetzen. Nach seiner Rückkehr meldete er Dönitz, daß man ihm »nicht noch einmal zumuten könne, mit einem Holzgewehr zu kämpfen«.[2]

[2] Karl Dönitz, *10 Jahre und 20 Tage*, S. 90.

Das bittere Ergebnis des Norwegenfeldzuges bestand im Verlust von 4 Ubooten, während nur ein britischer Transporter versenkt worden war. 14 Angriffe auf Kreuzer, 10 auf Zerstörer und 15 auf Transporter waren Fehlschläge. Das Schlachtschiff *Warspite* entging allein 4 Angriffen. Die Durchführung von 6 Versorgungsfahrten nach Drontheim stellte wahrscheinlich den wichtigsten Beitrag der Uboote zu einem Unternehmen dar, in dem sie größte Erfolge hätte erringen können, wären ihre Waffen zuverlässig gewesen.

Vom 14. April an begannen die Engländer und ihre Verbündeten mit der Landung von Truppen beiderseits von Drontheim und bei Narvik. Sie eroberten letztere Stadt und drängten die deutschen Truppen ins Hinterland ab. Deutsche Luftangriffe hemmten den Vormarsch der britischen Landstreitkräfte und störten die sie unterstützenden britischen Flotteneinheiten, wobei ein Leichter Kreuzer, verschiedene Zerstörer und kleinere Einheiten versenkt und eine Reihe von Schiffen bis zur Größe von Schweren Kreuzern beschädigt wurden. Der Aufbau des deutschen Nachschubs über Oslo und die Zuführung von Verstärkungen gingen schnell vor sich, und die Bereitstellung von Landstreitkräften in Südnorwegen zum Vormarsch nach Norden wurde von den Alliierten zu keiner Zeit ernsthaft beeinträchtigt. Britische Uboote versenkten eine Anzahl deutscher Schiffe, besonders in den ersten Tagen des Unternehmens, und verloren in der ersten Woche 2 Boote. Ein drittes, das Minen-Uboot *Seal* von 2150 ts, wurde im Kattegat durch eine deutsche Mine manöverierunfähig. Es tauchte unter Schwierigkeiten auf und wurde von deutschen Flugzeugen zur Übergabe gezwungen und später von Ujägern eingebracht, da das Boot nicht mit Sprengladungen zur Selbstversenkung ausgerüstet worden war.

Die britischen Gegenzüge hatten für Hitler einige unruhige Tage und für Raeder einige Sorgen gebracht. Am 22. April wurden verschiedene Überlegungen angestellt: Nachschub für die Truppen in Nordnorwegen mit Hilfe von Ubooten, Ansatz der schweren Flotteneinheiten zum Angriff auf die britischen Verstärkungen, und schließlich bestand Reader nachdrücklich auf der Verminung von Scapa Flow aus der Luft. Göring war ihm jedoch zuvorgekommen, indem er Hitler berichtet hatte, daß seine Piloten zu unerfahren seien, um diese durchzuführen.

Am 26. April wurden die meisten Uboote zum Handelskrieg freigegeben, nachdem sie wegen der Torpedoversager vorzeitig von Norwegen abgezogen worden waren. Die passive Verteidigung von

Norwegen mit Hilfe von Minen, Küstenartillerie und Ubootnetzen wurde im Anschluß an einen erfolglosen Vorstoß französischer Überwasserstreitkräfte in das Skagerrak erwogen. Das Problem der Verteidigung Norwegens sollte Hitler während des ganzen restlichen Krieges nicht wieder loslassen. Hitler dachte auch an die Verwendung einiger großer Transporter zur Überführung von Truppen nach Drontheim. Raeder konnte ihn aber von einem derartig gefährlichen Vorhaben abbringen.

In dieser Zeit machten die beiden Hilfskreuzer *Atlantis* und *Orion* ihr Auftreten zum ersten Mal spürbar bemerkbar. Durch einen Funkspruch, in denen sich einer von ihnen als ein britisches Handelsschiff ausgab, das von einem deutschen Panzerschiff angegriffen würde, durch das Legen von Minen und die Versenkung feindlicher Handelsschiffe hofften sie, einige britische Einheiten abziehen zu können.

Mitte Mai waren die Reparaturen der beschädigten *Admiral Hipper* und der *Gneisenau* so weit fortgeschritten, daß man mit ihrer Einsatzbereitschaft Anfang Juni rechnen konnte. Ein Unternehmen zur Entlastung der Truppen bei Narvik wurde geplant, bei dem zunächst der nahe gelegene britische Stützpunkt in Harstad beschossen und danach ein Vorstoß gegen die britischen Nachschubwege nach Narvik noch weiter nördlich unternommen werden sollte. Gleichzeitig sollte damit der britische Druck auf die deutschen Nachschubwege nach Südnorwegen verringert werden. Im Schutz dieses Unternehmens sollte gleichzeitig ein Geleit mit Verstärkung für die Front nördlich Drontheims auslaufen.

Inzwischen hatten die deutschen Heeresverbände, die mit Unterstützung der Luftwaffe von Oslo aus nordwärts vorstießen, ohne daß sich das deutsche Oberkommando dessen bewußt war, den Landkrieg bereits entschieden. Die Gefahr eines deutschen Angriffs von der Ostsee durch Schweden, der Bedarf an alliierten Truppen an der Westfront und die Forderung nach Schiffen im Mittelmeer angesichts eines kriegsbereiten Italiens beschleunigten den britischen Rückzug am 3. Mai aus dem Raum Drontheim und am 8. Juni aus Narvik, das sie zerstört hatten.

Der deutsche Flottenverband, bestehend aus den beiden Schlachtschiffen *Scharnhorst* und *Gneisenau*, dem Schweren Kreuzer *Admiral Hipper*, 4 Zerstörern und dem Troßschiff *Dithmarschen*, lief am 4. Juni unter Führung des kürzlich beförderten Admirals Wilhelm Marschall aus. Nachdem er vier Tage lang nach Norden marschiert war, stieß er mitten in die britischen Bewegungen zur Räumung

Narviks. Am 7. Juni erhielt Marschall durch Luftaufklärung Meldungen über 5 feindliche Verbände. Am nächsten Morgen, als sich der deutsche Verband der Breite von Narvik näherte, wurde ein britischer Tanker in Ballast mit einem begleitenden Trawler gesichtet und schnell versenkt. Kurze Zeit später stieß er auf einen leeren Truppentransporter und ein Lazarettschiff. Letzteres wurde nicht aufgehalten und setzte auch seinerseits keinen Funkspruch ab; der Transporter, die Orama mit 19 840 BRT, aber wurde versenkt. Zu diesem Zeitpunkt griff die Gruppe West mit dem Befehl ein, den Angriff auf die Konvois *Admiral Hipper* und den Zerstörern zu überlassen. Die Schlachtschiffe sollten dagegen feindliche Flottenstreitkräfte und andere Schiffe angreifen und die Depots im Gebiet von Harstad bei Narvik beschießen. Marschall ignorierte diesen Befehl, denn die Luftaufklärung hatte ihm keine Unterlagen erbracht, an Hand derer ihm die Lage dieser Depots bekannt gewesen wäre. Die einzige sichere Information, die er hatte, war, daß der Hafen zur Zeit ohne nennenswerte Belegung wäre. So entließ er die Zerstörer und den Kreuzer zum Beölen nach Drontheim. Damit wurden sie für seine zweite Aufgabe wieder verfügbar – den Angriff auf britische Flotteneinheiten, die die Küstenstraße, den Versorgungsweg der deutschen Heerestruppen zu unterbrechen drohten.

Marschall blieb mit *Gneisenau* und *Scharnhorst* weit draußen in See und suchte nach Zielen (besonders Flugzeugträgern), die sich nach den Angaben seines Funkbeobachtungsdienstes in diesem Gebiet befinden mußten. Nur drei Stunden, nachdem er seinen Verband an diesem ereignisreichen 8. Juni geteilt hatte, wurde Rauch am Horizont gesichtet. Es war einer der seltenen strahlend klaren Tage mit nahezu unbegrenzter Sicht. So dauerte es nur Minuten, bis der Flugzeugträger *Glorious* und zwei Begleitzerstörer ausgemacht waren. Mit hoher Fahrt zum Angriff anlaufend eröffnete *Scharnhorst* das Feuer auf die außergewöhnlich große Entfernung von 14 Seemeilen. Aus Gründen, die nie zu klären sein werden, befanden sich auf dem Träger keine Flugzeuge startbereit an Deck. Die deutsche Artillerie traf das Flugdeck sehr bald, von dem große Teile wie der »Deckel einer Büchse«, wie Marschall es bezeichnete, aufgerissen wurden. Die Zerstörer *Ardent* und *Acasta* liefen mit Höchstfahrt zum Angriff auf ihre weit überlegenen Gegner an, um den hilflosen Träger zu schützen. Sie legten eine Rauchwand und setzten ihre Torpedos und 12 cm-Geschütze auf größte Entfernung ein, aber ihr tapferer Angriff konnte nur ein Todesritt sein. Die *Glorious* wurde in Brand geschossen, und ihre eigenen Treibstoff-, Bomben- und Munitionsvorräte verschlimmerten noch die Zerstörung. Als sie stoppte, verließ die Besatzung das Schiff. *Ardent* wurde von 28 cm-Granaten eingedeckt und sank schnell. Danach kenterte die *Glorious* und sank. *Acasta* feuerte die letzten Torpedos. Man konnte ihre Blasenbahnen nicht erkennen, und so schätzte der Kommandant der *Scharnhorst* eine von ihnen falsch ein. Er ging für drei Minuten auf Ausweichkurs und drehte dann – zu früh – wieder auf den Gegner zu. Während der britische Zerstörer von schweren Granaten beider Schlachtschiffe zusammengeschossen wurde, erhielt *Scharnhorst* in Höhe des achteren Turms einen Torpedotreffer, der schwere Schäden verursachte. Admiral Marschall, der deutsche Überwasserstreitkräfte zu ihrem erfolgreichsten Gefecht seit der Schlacht von Coronel 1914 geführt hatte, mußte am frühen Abend mit seinem Verband Kurs auf Drontheim nehmen und die Schiffbrüchigen ihrem Schicksal überlassen.

Der Torpedotreffer der *Acasta* hat möglicherweise einen Konvoi mit 14 000 Mann Truppen und nur schwachem Geleit gerettet, der 100 sm nördlich genau auf dem Kurs des deutschen Verbandes stand. Durch den Torpedo wurden aber auch jede Gedanken der Deutschen an eine Rettung der Überlebenden ausgeschaltet, denn man nahm an, es handele sich um den Treffer eines Ubootes. Der deutsche Funkstördienst war so erfolgreich, und die Überlebenden so unglücklich, daß keiner von ihnen in den nächsten $2^1/2$ Tagen aufgefunden wurde – dann konnten nur noch 46 Mann gerettet werden. Nur der Kreuzer *Devoushire* hatte einen stark verstümmelten Funkspruch der *Glorious* aufgenommen, durfte ihn jedoch nicht weitergeben, da der norwegische König an Bord war und das Schiff nur 100 sm vom Gefechtsfeld entfernt war.

Die Royal Air Force griff die Schiffe 3 Tage später in Drontheim an, jedoch ohne Ergebnis. Die Home Fleet, die infolge falscher Alarmierungen aus dem Island/Faeroer-Gebiet und der dringenden Anforderungen für die Räumung Dünkirchens weit zerstreut war, konnte erst fünf Tage später einen Gegenschlag führen. Die Bomber der *Ark Royal* flogen gegen schwere Flak- und Jägerschutz einen Angriff auf die Schiffe in Drontheim, erzielten aber nur einen Blindgänger-Treffer auf der *Scharnhorst*, für den die Briten mit 8 Abschüssen zahlen mußten. Am 20. Juni unternahmen *Gneisenau* und *Admiral Hipper* einen Scheinvorstoß in Richtung Island, um die Rückführung der beschädigten *Scharnhorst* nach Süden zu decken. Das Unternehmen endete rasch durch einen Torpedotreffer, den das Uboot *Clyde* im Vorschiff der *Gneisenau* erzielte, und der die Schiffe zur Rückkehr nach Drontheim zwang. Schließlich erreichten alle Schiffe Deutschland, wo nun die Mehrzahl der deutschen schweren Einheiten zu größeren Reparaturen lag. Damit endete das Norwegenunternehmen – nicht jedoch seine Auswirkungen. Die Seekriegsleitung kritisierte Admiral Marschall, weil er sich nicht an den vorgesehenen Operationsplan gehalten hatte. Marshall verfocht gegenüber Raeder die Ansicht, daß ein Seebefehlshaber Entscheidungsfreiheit in seinen Entschlüssen haben müsse und daß er die Befehle der Gruppe West für eine Einmischung in dessen Operationen hielte. Diese Auseinandersetzungen führten schließlich zum gesundheitlichen Zusammenbruch Marschalls und seiner Bitte nach einem längeren Erholungsurlaub. Zwei Jahre später wurde er zum Oberbefehlshaber der Gruppe West ernannt, worin er eine Rechtfertigung seiner früheren Gedanken sah.

Marschall war der zweite Flottenchef, der das Amt binnen wenig mehr als eines halben Jahres verließ. Sein Vorgänger, Admiral Hermann Boehm, hatte sich gleichfalls mit Raeder über die Rolle der Gruppenkommandos und die Verwendung schwerer Schiffe zur Deckung der offensiven Minenunternehmen der Zerstörer in den ersten zwei Monaten des Krieges entzweit. Auch er erhielt später als Admiral Norwegen einen Posten großer Verantwortlichkeit. Der nächste Flottenchef nach Marschall – Vizeadmiral Günther Lutjens – mußte sich verpflichtet fühlen, Befehle so wörtlich wie möglich auszuführen. Dies trug schließlich zur größten Tragödie der deutschen Marine mit bei.

Während das Norwegenunternehmen noch im Gange war, verlangte Dönitz eine Untersuchung der Torpedoversager, was schließlich zu einigen Kriegsgerichtsverfahren führte. Die mechanischen Ursachen der Versager wurden nacheinander beseitigt. Die Ursache für das Versagen des Tiefenapparates wurde jedoch erst im Februar 1942 erkannt, und eine zuverlässige Magnetzündung wurde erst im Dezember desselben Jahres geliefert. Bis dahin schlossen verbesserte Aufschlagzünder die Lücke. Da aber Aufschlagtreffer an der Seitenwand eines Schiffes eine geringere Zerstörungswirkung als Explosionen unter dem Kiel hatten, benötigte man mehr Torpedos, um Schiffe zu versenken. So wurden viele Schiffe nur noch beschädigt, und viele Uboote mußten ihre Feindfahrten vorzeitig abbrechen, wenn sie sich verschossen hatten.

Der Wert Norwegens als Operationsbasis gegen England war infolge der unerwarteten Besetzung Frankreichs nicht so groß wie man angenommen hatte. Die Häfen der Biscaya und Flugplätze an der

Kanalküste lagen weit günstiger. Der Zugang zum Atlantik und den französischen Häfen wäre jedoch ohne die Stützpunkte an der norwegischen Küste weitaus schwieriger gewesen. Diesen Stützpunkten fehlte eine hinreichende Ausrüstung, und alle militärischen Einrichtungen wurden hier von einem englisch-norwegischen Spionagenetz genau überwacht. Der Weg durch die Islandpassagen war für Überwassereinheiten gefährlich, wenn auch kürzer und weniger gefährlich als der alte Weg zunächst zwischen Norwegen und den Shetlandinseln hindurch und dann durch die Islandpassagen. Island war inzwischen von den Engländern besetzt worden.

Die Haltung Rußlands war die wohlwollender Neutralität. Sobald es von dem Norwegenunternehmen hörte, äußerte es Verständnis gegenüber Deutschland, daß es seine Flanken gegen die Alliierten sicherte. Ein Jahr später sollte man dort allerdings die neuen deutschen Stützpunkte in einem ganz anderen Licht betrachten.

Der Eisenerznachschub war zeitweilig unterbrochen, wurde aber später wieder in Gang gebracht. Unter ökonomischem Gesichtspunkt glichen sich Gewinne und Verluste etwa aus: der Zugang zum schwedischen Eisenerz war gesichert und der Handel zwischen Skandinavien und England unterbrochen.

Die Kriegsschiffverluste der Alliierten – ein Flugzeugträger, zwei Kreuzer, neun Zerstörer, sechs Uboote und kleinere Einheiten, ferner die Beschädigung von vier Kreuzern, acht Zerstörern und einigen weiteren Einheiten – war schwer, aber keineswegs einschneidend. Wären die deutschen Torpedos wirksam gewesen, wären weitaus mehr britische Schiffe versenkt oder beschädigt worden.

Die Verluste der deutschen Flotte waren schwer, jedoch von vornherein einkalkuliert gewesen. Ein Schwerer Kreuzer, zwei Leichte Kreuzer, zehn moderne Zerstörer, vier Uboote und einige kleinere Schiffe waren gesunken, die beiden Schlachtschiffe, ein Panzerschiff, ein Schwerer Kreuzer und einige weitere Einheiten am Ende des Unternehmens beschädigt. Die Verzögerung, bis die schweren Einheiten wieder einsatzbereit waren, war bedauerlich, zumal sie britische Kräfte zum Einsatz im Mittelmeer freistellte. Die einzigen Einbußen aber, die der Seekrieg gegen England erfuhr, bestanden im Verlust des neuen Schweren Kreuzers *Blücher* (dessen Fahrbereich aber ohnehin relativ gering war) und der vier Uboote. Alle übrigen Verluste betrafen zwar wertvolle Schiffe, deren Aktionsradius jedoch für einen Einsatz im Atlantik zu klein war, und die deshalb die strategische Situation nicht nennenswert hätten beeinflussen können. Der einzige Fehlschlag für Deutschland lag auf politischem Gebiet.

Der norwegische König und die Regierung entkamen, und während die Deutschen die einzelnen Feldverbände des norwegischen Heeres zur Kapitulation zwingen konnten, waren sie niemals in der Lage, die Unterstützung des norwegischen Volkes für ihre Herrschaft zu gewinnen.

Alles in allem stellte das Norwegenunternehmen jedoch einen brillianten militärischen Erfolg dar.

Das Unternehmen »Seelöwe«
DIE ZÖGERNDEN SIEGER – JUNI 1940 – SEPTEMBER 1940

Am 10. Mai 1940 wurde der bisherige »Sitzkrieg« an der Westfront auf den Abfallhaufen der Geschichte geworfen. Die deutschen Panzer bahnten sich, um den Scheinkrieg zu beenden, einen Weg durch Luxemburg und die Ardennen und trieben einen 80 km breiten Keil zwischen die französische Armee in der Maginotlinie und die britische Armee im Norden. Innerhalb weniger Tage wurde die Maginotlinie zu einem verhöhnten Denkmal französischen Defätismus; den britischen Kolonnen, die in die Falle der hafenlosen Küste getrieben wurden, tönten noch die prahlerischen Strophen des Liedes »We Will Hang Out Our Washing on the Siegfried-Line« in den Ohren, während ihr Marsch nun von dem nervenzerreißenden Heulen der Stukas und dem Rasseln der Panzerketten, das südwärts an ihnen vorbei vordrang, begleitet wurde. Der Vorstoß der deutschen Armee bewältigte innerhalb von 11 Tagen mehr als 300 km bis zur Küste. Dann wandten sich die Deutschen nach Norden, um die britische Armee zu vernichten.

Da die Kriegsmarine noch in Norwegen verwickelt war, wurde die Bekämpfung der Räumung Dünkirchens vom 27. Mai bis zum 5. Juni fast ausschließlich eine Aufgabe der Luftwaffe, wenn auch die Schnellboote einige Zerstörer und andere Einheiten versenkten. Die deutschen Küsten-Uboote, die hier in engen Gewässern voller britischer Geleitfahrzeuge operieren mußten, erreichten wenig, obwohl sie zu diesem Zeitpunkt in den Küstengewässern jedes Schiff ohne Beachtung der Prisenordnung versenken durften. Falls dadurch diplomatische Verwicklungen entstehen sollten, konnte man den Untergang stets Minen zuschreiben. Die alliierte Evakuierungsaktion war ein ausgezeichnetes Beispiel dafür, was ein entschlossener Einsatz von Seemacht auch angesichts einer gegnerischen Luftwaffe zustande bringen konnte. Auch wenn man zugibt, daß die Einsatzbedingungen für Luftangriffe nicht ideal waren, so war es doch nur die englische und französische Bereitschaft, Verluste hinzunehmen, die diese Operation durchführbar machte.

Die niederländische Flotte war, wie erwartet, nach England ausgewichen, und blieb der Königin im Exil loyal ergeben. Die niederländischen Stützpunkte wurden bald für leichte deutsche Seestreitkräfte beschränkt nutzbar gemacht.

Die französische Flotte zog sich zunächst aus den Kanal-, dann auch aus den Atlantikstützpunkten zurück. Nordafrika blieb für die meisten Einheiten das schließliche Bestimmungsgebiet. Den Deutschen wurden keine Kriegsschiffe hinterlassen. Motorisierte deutsche Marinekommandos folgten dem Heer, um so viele Schiffe wie möglich sicherzustellen, aber diese Kommandoeinheiten waren zu klein, um selbständig handeln zu können. Der völlig unerwartet schnelle Vormarsch machte offenbar die Planung irgendwelcher Überraschungsunternehmen zur Wegnahme französischer Schiffe, bevor sie auslaufen oder sich selbst versenken konnten, unmöglich. Welchen Wert die Heerführer auf derartige Unternehmungen gelegt hätten, ist zweifelhaft, da die Zusammenarbeit zwischen den Wehrmachtteilen wie gewöhnlich schlecht war. Während des französischen Rückzuges lief das wertvollste Schiff, das entkommen konnte, das noch unfertige Schlachtschiff *Jean Bart,* nur Stunden vor dem deutschen Einmarsch in St. Nazaire aus, obwohl man es durch einige Bomber leicht daran hätte hindern können, da seine Flak noch nicht einsatzfähig war.

Hitler hatte seinen größten Sieg errungen und der Marine die größte Möglichkeit geboten, einen Hochseekrieg gegen den allein noch übrigen Gegner Deutschlands zu führen. Zunächst mußte jedoch eine lange Serie von alternativen Möglichkeiten erwogen und um eine einheitliche Strategie gerungen werden – nicht auf dem hohen Atlantik, sondern zwischen den Anschauungen so gegensätzlicher Persönlichkeiten wie Raeder, Hitler, Göring und Generaloberst Franz Halder, dem Generalstabschef des Heeres.

Schon im November 1939 hatte Raeder die Notwendigkeit einer Invasion Englands vorausgesehen, sollte die geplante Offensive des Heeres die Kanalküste erreichen. Er hatte angeordnet, daß sich die Operationsabteilung mit diesem scheinbar akademischen Problem beschäftigen sollte. Die Studie war an Heer und Luftwaffe gegeben worden, nachdem eine gewisse Erfolgschance festgestellt worden war. Die Lufwaffe stand ihr jedoch sehr negativ gegenüber, und die Forderungen des Heeres waren zu groß. Weder Hitler noch das OKW wurde von diesen tastenden Vorstößen in Kenntnis gesetzt, denn ein schnelles Niederwerfen Frankreichs erschien ganz unwahrscheinlich. Weder zu diesem noch zu irgend einem anderen Zeitpunkt scheint sich jemand an hoher Stelle mit ganzer Kraft für die Operation »Seelöwe« – die projektierte Invasion Englands – eingesetzt zu haben, und doch zwangen die möglichen Auswirkungen ihres Erfolges dazu, sich mit ihr zu befassen.

Ende Mai 1940, als das deutsche Heer die Kanalküste erreichte, hatte

Hitler über den nächsten Schritt im Kampf gegen England noch nicht ernsthaft nachgedacht. Bei einer Besprechung am 21. Mai 1940 zeigte Hitler wenig Interesse, als Raeder die Studie der Operationsabteilung erstmalig vorlegte. Raeder hatte pflichtgemäß die neuen strategischen Möglichkeiten aufgezeigt; nach dieser Abfuhr veranlaßte er nur noch wenig zu einer Fortsetzung dieser Planung.

Der bevorstehende Zusammenbruch Frankreichs bewirkte keinen merkbaren Wandel der Situation. Die Stärke des Heeres wurde um $1/5$ reduziert, und kein anderer Wehrmachtteil außer der Marine schien ernsthafte Erwägungen über »Seelöwe« anzustellen. Die Erfassung der Schiffsbestände durch die Marine, das Sammeln von Informationen und ähnliche Stabsarbeiten stellten keineswegs Vorbereitungen unter Einsatz aller Kräfte dar. Es waren nur einleitende Vorbereitungen für eine mögliche spätere Weisung. Die französische Bitte um Waffenstillstandsverhandlungen, der Churchills herausfordernde »finest hour«-Rede folgte, machten ebenfalls noch keinen nachhaltigen Eindruck auf Hitler. Raeder erläuterte die Fortsetzung der »Seelöwe«-Planung der Marine am 20. Juni, doch Hitler trug nichts zur Diskussion bei. Raeder betonte die Notwendigkeit der Luftüberlegenheit, doch wurden vorangegangene Konsultationen mit dem Stabe der Luftwaffe nicht erwähnt. Der Generalstab des Heeres betrachtete die Operation als nahezu unmöglich und hatte nichts dazu getan. Ein Anzeichen dafür, was Hitler zu dieser Zeit bewegte, war schließlich eine Reise mit Kameraden des 1. Weltkrieges an die Westfront. Er besuchte Paris, wo er die Vorbereitung einer Siegesparade anordnete, und verbrachte die letzte Woche des Juni und die erste des Juli im Schwarzwald, weit entfernt von seinem Hauptquartier. Am 6. Juli hielt er einen triumphalen Einzug in Berlin, zog sich aber sehr bald wieder nach Berchtesgaden zurück, wo er wenig für die Weiterführung des Krieges tat. Er schien ihn tatsächlich als beendet anzusehen.

In der ersten Juliwoche begannen das Heer und das OKW von der Möglichkeit des »Seelöwe« Notiz zu nehmen. Wochen waren bereits vertan, als am 1. Juli Gespräche zwischen Heer und Marine über technische Probleme begannen. Diese Gespräche kamen der Anordnung des OKW an alle Wehrmachtteile, die Durchführbarkeit von »Seelöwe« zu prüfen, um einen Tag zuvor. Die Weisung setzte die Luftüberlegenheit als entscheidend voraus und teilte die Hauptaufgaben von dieser Annahme ausgehend zu. Das Heer sollte nur die Möglichkeit zur Unterstützung der Überführung durch Küstenartillerie prüfen und Material über die britischen Abwehrmöglich-

keiten beschaffen. Die Luftwaffe sollte die Möglichkeit, die Luftüberlegenheit zu erringen, und das Maß einer solchen Überlegenheit
abschätzen, ferner den Wert von Luftlandungen. Die Marine, der
schwächste der drei Wehrmachtteile, sollte geeignete Landeplätze
und die britischen Küstenbefestigungen erkunden, die Anzahl ihrer
einsatzfähigen Schiffe ermitteln und die besten Überführungswege
für den Angriff von fünfundzwanzig bis vierzig vollmotorisierten
Divisionen auf breiter Front über See feststellen. Schon auf den
ersten Blick erschien dies als eine sehr schwierige Aufgabe, denn zu
diesem Zeitpunkt besaß Deutschland praktisch kein einziges der
schweren Kriegsschiffe, die für den Schutz der Aberhunderte von
kleinen Schiffen und Fahrzeugen, die die Invasionsflotte bilden würden, unentbehrlich waren.

Am 3. Juli verliehen die Engländer ihrer Entschlossenheit, den
Kampf fortzusetzen, durch ihren Angriff auf die nach Oran in
Nordafrika ausgewichenen französischen Kriegsschiffe Nachdruck.
Die Engländer richteten sich offenbar auf einen langen Krieg ein
und vernichteten alle Kriegsschiffe, die in Hitlers Machtbereich kommen könnten. Der Angriff wurde trotz der französischen Versicherung durchgeführt, daß die Schiffe niemals an Deutschland ausge-
liefert werden würden. Die britische Entscheidung zum Angriff auf
einen früheren Verbündeten stellte eine ernste Warnung dar, daß
»Seelöwe« nicht länger ein akademisches Problem war.

Innerhalb einer Woche nach Erlaß der Weisung des OKW machte
die Marine die beiden anderen Wehrmachtteile darauf aufmerksam,
daß für die operativen Möglichkeiten einige Grenzen gesetzt seien.
Indem sie »Seelöwe« hauptsächlich als Transportproblem definierte,
stellte die Operationsabteilung fest, daß für ein großangelegtes Landungsunternehmen nur der Raum vor Dover geeignet sei, da es unbedingt gegen Luft- und Seeangriffe abgeschirmt werden müsse.
Heer und Luftwaffe wurden aufgefordert, ihre operativen Absichten darzulegen, doch wurden die Einschränkungen durch geographi-
sche Gegebenheiten besonders betont. Es waren bereits besorgnis-
erregende Tatsachen festgestellt worden, die vom Mangel an Auf-
klärungserkenntnissen bis zum Zweifel am Wert eines Beschusses
mit Fernkampfgeschützen über den Kanal hinweg reichten.

Göring war in einem Gespräch mit dem Generalstabschef des Heeres,
Halder, am 11. Juli zuversichtlich, daß er die Royal Air Force innerhalb von einem Monat oder noch weniger vernichten könne. Raeder,
dem der schwierigste Teil des Projekts übertragen worden war,
zeigte in einem Gespräch mit Hitler am selben Tag jedoch viel we-

niger Optimismus. Er befürwortete eine Intensivierung des Uboot- und Luftkrieges im Zusammenhang mit dem Vorschlag einer Erklärung der »Belagerung Englands« durch Hitler. Er schlug ferner vor, die englische Bevölkerung die ganze Last des Krieges spüren zu lassen, indem der Import und damit das Leben der ganzen Nation durch Luftangriffe auf Hafenstädte wie Liverpool und London und Verminung der Themse unterbrochen werden sollten. Damit glaubte er die Engländer zu Friedensverhandlungen zwingen zu können. »Seelöwe« sah er als letztes Mittel an und als eines, das er nicht empfehlen könnte. Unbedingte Voraussetzungen hierfür wären vollkommene Luftüberlegenheit und ein minenfreier Weg über den Kanal, flankiert von dichten Minensperren. Die Vorbereitungen hierfür stellten schwere Anforderungen an die deutsche Wirtschaft, besonders an die Binnenschiffahrt. Hitler schien mit Raeder übereinzustimmen, erwähnte sein Lieblingsthema, die schwere Artillerie, und ging zu anderen Punkten über. Er schien vom Wert einer Operation »Seelöwe« noch nicht überzeugt zu sein.

Hitler erörterte das Problem Großbritannien mit den Heerführern zwei Tage später, hob die unverändert hartnäckige britische Ablehnung eines Friedensschlusses hervor und fragte sie nach ihrer Meinung. Ausgehend von den Empfehlungen des Heeres, erließ das OKW am 15. Juli die Weisung, alle Vorbereitungen zur Durchführung der Operation »Seelöwe« zu jedem Termin nach dem 15. August zu treffen. Die Führerweisung 16 vom 16. Juli überraschte die Marine und konfrontierte sie mit unerwarteten Problemen hinsichtlich der Terminierung und des Umfanges der Operation. Während die Weisung 16 klar den Einfluß der Vorstellungen des Heeres zeigte, ging sie noch von einer Einschränkung aus: die Ausschaltung Englands als Operationsbasis gegen Deutschland durch eine Invasion sollte nur durchgeführt werden, »falls notwendig«. »Seelöwe« sollte als Überraschungsunternehmen auf breiter Front zwischen Ramsgate und der Lyme Bay (300 km) durchgeführt werden. Die Luftwaffe sollte hierbei die Artillerie ersetzen, die Marine die Pioniere. Die Vernichtung der RAF wurde vorausgesetzt, so daß das Räumen von Minen und das Auslegen der flankierenden Minensperren vonstatten gehen konnten, während schwere Artillerie das Unternehmen abschirmen sollte. Die Italiener sollten einen großen Teil der britischen Flotte im Mittelmeer binden, und die Einheiten der Home Fleet in der Nordsee sollten bombardiert und torpediert werden. Andere Fragen, die erwähnt wurden, waren die vorherige Besetzung der Isle of Wight oder der Küste Cornwalls, und der Einsatz von Fallschirmjägern als erste Angriffs- oder spätere Welle. Der Gedanke einer vorausgehenden Teilbesetzung wurde später nicht wieder erwähnt, doch der Umfang des Unternehmens machte Raeder Sorgen, zumal das Heer plötzlich begonnen hatte, dieses Unternehmen sehr zu befürworten und es lediglich als einen Flußübergang in größerem Maßstabe anzusehen.

Drei Tage später – am gleichen Tage, an dem Hitler in einer Rede vor dem Reichstag ein vages »Friedensangebot« an England machte – übersandte Raeder dem OKW eine Denkschrift, in dem er alle Probleme des Unternehmens vom Gesichtspunkt der Marine darlegte. Die strittigen Punkte des Memorandums wurden in wechselnden Formen bis zum Herbst gründlich erörtert. Zunächst prüfte Raeder die natürlichen Bedingungen. Schäden und begrenzte Kapazitäten der Häfen und Wasserwege, unbestimmte Wettervorhersage, starke Strömungen und extreme Gezeitenunterschiede stellten große Gefahren für Landungsfahrzeuge dar, die gegen offene Küsten eingesetzt würden. Danach wurden die britischen Verteidigungsmaßnahmen bewertet. Nicht alle britischen Minen konnten geräumt werden, und deutsche Minen konnten wahrscheinlich eine zu allem entschlossene britische Flotte nicht aufhalten, die trotz der deutschen Flotte die erste Landungswelle von ihrem Nachschub abschneiden konnte. Es wurde auch die Fähigkeit der Luftwaffe, die Luft von der RAF vollständig freizuhalten und die britischen Verteidigungsanlagen ohne Unterstützung durch schwere Schiffsartillerie ernsthaft zu beschädigen, in Frage gestellt.

Trotz dieser großen Schwierigkeiten erklärte Raeder, daß eine endgültige Beurteilung erst dann erfolgen könne, wenn das Transportproblem in jeder Hinsicht kritisch untersucht worden wäre. Weitere Stellungnahmen der Seekriegsleitung schätzten die Bereitschaft der Engländer sehr hoch ein, ein Landungsunternehmen durch Einsatz ihrer Luft-, See- und Landstreitkräfte, deren Überraschung nicht gelingen würde, zum Zusammenbruch zu bringen.

Trotz des neuerlichen Optimismus des Heeres und des OKW, die bereits die Einzeloperationen planten, die in England ablaufen sollten, war Hitler vom Wert des Unternehmens »Seelöwe« noch nicht überzeugt. In einer Besprechung am 21. Juli mit Raeder, dem Oberbefehlshaber des Heeres, Generalfeldmarschall Walter von Brauchitsch, und dem Generalstabschef der Luftwaffe, General Hans Jeschonnek, vertrat Hitler die Ansicht, daß England keine Aussicht habe, irgendwo Verbündete zu finden und ein Ende des Krieges,

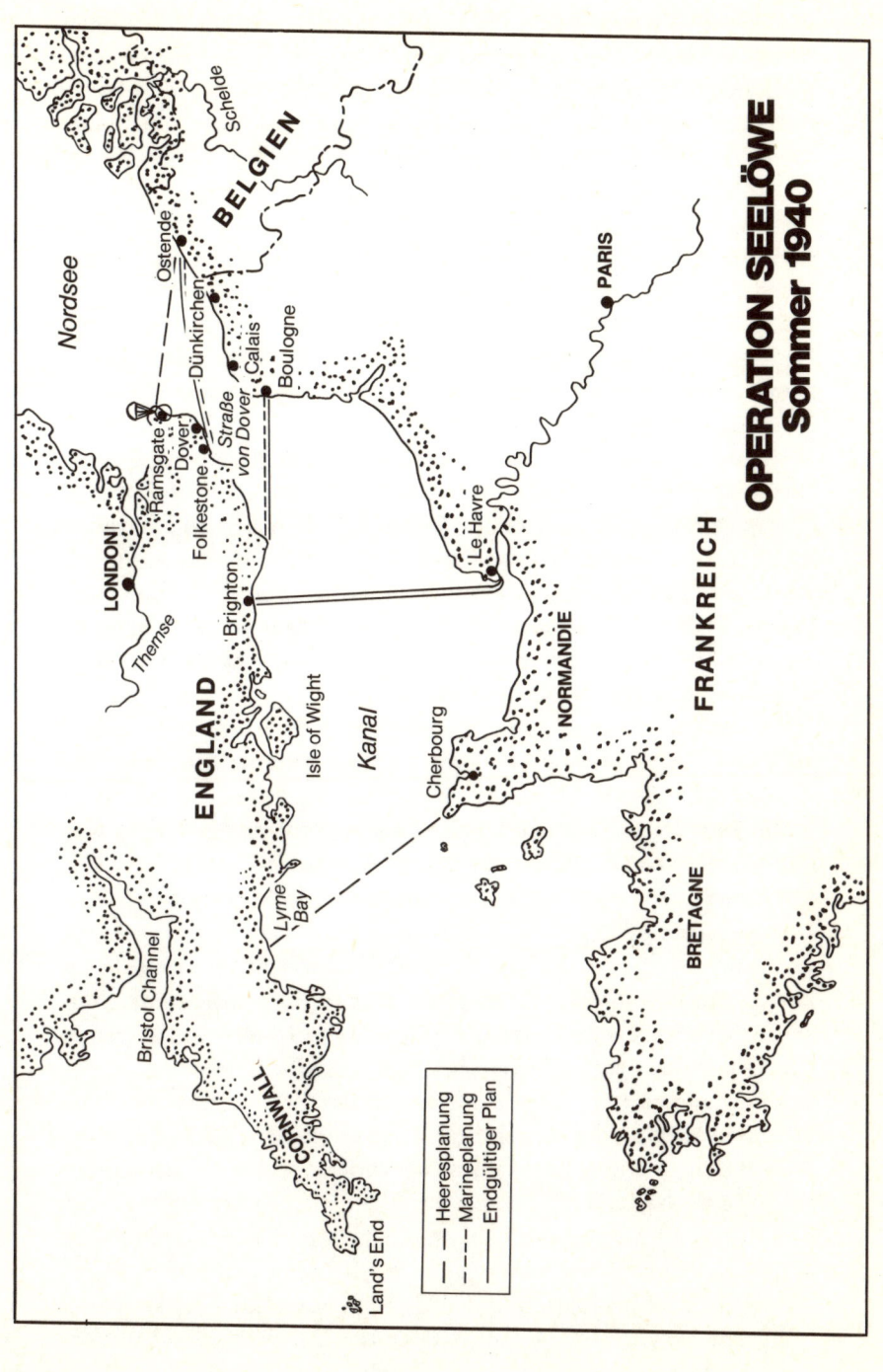

OPERATION SEELÖWE
Sommer 1940

Nordsee

Schelde

BELGIEN

Ostende

Dünkirchen

Straße von Dover

Calais

Boulogne

PARIS

Ramsgate
Dover
Folkestone

LONDON

Le Havre

Themse

Brighton

ENGLAND

NORMANDIE

FRANKREICH

Isle of Wight

Kanal

Cherbourg

Lyme Bay

BRETAGNE

Bristol Channel

CORNWALL

Land's End

— — Heeresplanung
- - - - Marineplanung
————— Endgültiger Plan

wenn auch wünschenswert, so doch nicht notwendig wäre. Hitler sprach vom Unternehmen »Seelöwe« als einer sehr gewagten Operation gegen einen entschlossenen Feind und erwähnte die Probleme, die Raeder hervorgehoben hatte, blieb jedoch trotz der damit verbundenen Schwierigkeiten dabei, daß die Invasion mit vierzig Divisionen durchgeführt werden müsse, falls sie befohlen würde. Wegen des schlechten Herbstwetters im Kanal setzte er als letzten Tag für die allgemeinen Vorbereitungen den 1. September fest, den 15. September für den Abschluß der Luftschlacht, das Auslegen der Minensperren und das Instellunggehen der Artillerie. Einige Fragen zur Bereitschaft der Marine und der Stichtage wurden angeschnitten. Hitlers Feststellung, daß eine Unmöglichkeit, die Vorbereitungen bis zum 1. September abzuschließen, die Erwägung anderer Pläne erfordern würde, schloß die Besprechung ab.

Während des ganzen Zeitraums der Vorbereitungen für die Operation »Seelöwe« kam Hitlers seltsame Haßliebe zu Großbritannien klar zum Ausdruck. Er verstand nichts von Seemacht und fürchtete ihre Stärke. Aus diesem Grunde, und da er eine Wesensverwandtschaft zwischen Deutschen und Engländern empfand, wollte er mit ihnen zu einer Allianz kommen. Zur gleichen Zeit lockte ihn aber die Aussicht auf einen weiteren triumphalen Erfolg – besonders, wenn er ihn mit geringem Risiko erlangen konnte.

Während des restlichen Juli und der ersten Augusttage nahmen einzelne Probleme konkretere Form an. Die Minimalforderung des Heeres von 100 000 Mann für die 1. Welle und deren Verschiffung wurde berechnet. Über den Umfang der nachfolgenden Wellen war noch immer keine Entscheidung getroffen worden.

Seit Dünkirchen hatte die Luftwaffe nur wenige Angriffe gegen England geflogen. Häufige kleine Einsätze hatten dazu beigetragen, die Flugzeugbesatzungen Erfahrungen in Nachteinsätzen sammeln zu lassen. Ein neues Navigationssystem war erprobt worden, das mit Hilfe sich kreuzender Funkleitstrahlen das Auffinden von Zielen in der Dunkelheit ermöglichte, aber die Angriffe hatten nur wenig Schäden angerichtet. Die Engländer hatten Zeit gehabt, die RAF aufzubauen. Nur der Angriff auf Geleite vor der Küste hatte die RAF bisher in ernsthafte Kämpfe verwickelt, wobei sie den Kürzeren gezogen hatte, da die deutschen Flugplätze in der Nähe waren und für die Flugzeuge der RAF die Zeit fehlte, um sich sammeln zu können. Aber auch die Einsätze an der Küste waren nur in einem kleinen Rahmen erfolgt, und die Verluste auf beiden Seiten waren nicht sehr schwer. Am 24. Juli standen der Luftwaffe drei Luftflotten mit 3500 Flugzeugen zur Verfügung. Jagdflugzeuge begannen nun in großer Zahl in Südostengland einzufliegen und hofften, die RAF zum Kampf herausfordern und durch die damit bedingte Abnutzung bald vernichten zu können. Die Engländer hielten ihre Jagdflugzeuge jedoch zurück, und die deutschen Flugzeuge mit ihrer geringen Reichweite konnten sie nicht auf ihren Flugplätzen aufsuchen. Als Bomber zusammen mit den Jägern eingesetzt wurden, kam es zwar zu einigen Luftschlachten, doch die Ergebnisse waren für die deutsche Luftwaffe in keiner Weise zufriedenstellend.

Während der nächsten Wochen liefen die Vorbereitungen der Marine entsprechend der Führerweisung 16 weiter, doch beschränkte man sich auf die Anforderung von 13 Divisionen (260 000 Mann) anstelle von vierzig. Die Forderungen des Heeres nach Landung auf breiter Front und die nur für eine schmale Landungszone ausreichende Kapazität der Marine waren noch nicht in Einklang gebracht, ebenso die Heeresforderung, die Landung innerhalb von zwei bis drei Tagen durchzuführen, während die Marine dafür 10 Tage ansetzen mußte. Raeder glaubte, daß die grundsätzlichen Voraussetzungen bis Ende August zu schaffen seien, falls »Seelöwe« den Vorrang vor allen anderen Aufgaben erhielte und in der Vorbereitungszeit die Luftüberlegenheit errungen werden könnte.

Das Weiterlaufen der Vorbereitungen bedeutete jedoch nicht, daß Raeder das Unternehmen nun guthieß. Er hatte ihm immer bedenklich gegenüber gestanden, und bei einer Besprechung mit Hitler am 31. Juli trug er schließlich seine nachdrücklichste Stellungnahme vom Gesichtspunkt der Marine vor. Indem er als frühesten Zeitpunkt den 15. September annahm, ging er noch einmal alle Probleme durch, wobei er nachdrücklich die exponierte Lage der Transporter und die Notwendigkeit eines schmalen Landungsabschnittes hervorhob. Dann empfahl er, die Invasion um 8 Monate aufzuschieben – bis zum Mai 1941! Hitler bestand noch darauf, daß der Versuch gemacht werden sollte, das Unternehmen für den 15. September vorzubereiten, und stellte die endgültige Entscheidung zurück, um zunächst das Ergebnis einer Woche heftiger Luftangriffe auf England abzuwarten, deren Beginn am 30. Juli für den 5. August angesetzt war. Er setzte diese Besprechung mit einer umfangreichen Anweisung fort, die auf den 15. September als Stichtag Nachdruck legte, aber auch bestimmte, daß die Vorbereitungen über diesen Zeitpunkt hinaus fortzusetzen seien, falls ein Aufschub notwendig werden sollte, und zwar solange, wie sie die Wirtschaft nicht beeinträchtigten.

Die entscheidende Luftschlacht begann ziemlich ruhig mit dem Abwurf von Flugblättern in mehreren Nächten. Diese Flugblätter enthielten die englische Übersetzung von Hitlers Rede mit dem »Friedensangebot«, und die Tatsache, daß er sie abwerfen ließ, zeigt, daß er noch immer die Hoffnung besaß, England würde nachgeben. Britische Angriffe auf die Minensucher und die Versammlung von Schiffen zur Invasion schienen Hitlers Ansicht nicht zu beeinflussen. Andererseits machte ein Angebot des schwedischen Königs, als Vermittler zu fungieren, das in England keine Reaktionen auslöste, auch auf Hitler keinen erkennbaren Eindruck.

Der »Adlertag«, der zunächst auf Grund der Wetterlage aufgeschoben werden mußte, war schließlich der 15. August. An diesem Tage starteten 1790 Flugzeuge zum Angriff auf England. In den folgenden zwei Wochen traf Görings »Adlerangriff« die unterschiedlichsten Ziele mit insgesamt 2669 Maschinen. Küstenstädte und die Schiffahrt, Industriezentren (besonders Flugzeugfabriken), Jagdflugplätze in Küstennähe und Radarstationen waren die Ziele der Angriffe. Die Ergebnisse waren ungewiß, die Angriffsobjekte wechselten von Tag zu Tag und spiegelten eine grundsätzliche Unsicherheit über den Zweck wider. Der Großeinsatz vom 15. August kostete die Deutschen 76 Maschinen und richtete nur relativ geringfügige Schäden an, da die RAF vier von fünf großen Angriffen empfindlich störte. Die britischen Jäger waren gegen die Bomber sehr erfolgreich, so daß in den nächsten Tagen das Verhältnis von Bombern zu Jägern in den deutschen Verbänden auf weniger als 1:4 gesenkt wurde. Die verletzlichen Stukas wurden aus dem Angriff zurückgezogen. Die Deutschen hatten zeitweilig die taktische Beweglichkeit verloren, da sie nun die eigenen Bomber schützen mußten statt die britischen Jäger angreifen zu können.

Inzwischen wurde im strategischen Bereich die entscheidende Auseinandersetzung ausgetragen. Das wichtigste Zusammentreffen fand am 7. August zwischen den Stabschefs von Heer und Marine, Generaloberst Halder und Vizeadmiral Otto Schniewind, statt. Der Vertreter der Marine betonte die Vorzüge der Kanalüberquerung auf schmaler Front und stellte fest, daß eine Konzentration von Minensuchern, defensiven Minensperren, Flugzeugen, Küstenartillerie und der Invasionsflotte absolut erforderlich sei. Halder zog den Vergleich, eine derartige Konzentration würde bedeuten, seine Truppen durch eine Wurstmaschine zu drehen. Denn im gut zu verteidigenden Gebiet um Dover würden seine Panzer praktisch keine Möglichkeit zur Überraschung, zur Entfaltung oder zur Umgehung haben. Generalfeldmarschall v. Brauchitsch, der Oberbefehlshaber des Heeres, untermauerte Halders Standpunkt mit einem Memorandum, das wiederum im OKW unterstützt wurde, wo Jodl immer noch hoffte, daß die Engländer von der Luftwaffe niedergehalten werden könnten.

In der Besprechung mit Hitler am 13. August forderte Raeder eine Entscheidung. Der Führer sagte diese Entscheidung nach einer Besprechung mit den Führern des Heeres und einer Auswertung der Ergebnisse der Luftangriffe zu. Hitler stimmte Raeder wiederum zu und nannte »Seelöwe« einen letzten Ausweg – der den Engländern einen großen Sieg zukommen lassen würde, falls er fehlschlüge.

Innerhalb der nächsten Woche wurde schließlich ein Kompromiß erarbeitet. Wenn er auch keine Seite befriedigte, trug er doch wenigstens den durch den vorhandenen Schiffsraum gesetzten Grenzen Rechnung. Die Landung in der Lyme Bay wurde aufgegeben, die östlich von Brighton auf ein Ablenkungsmanöver reduziert, bei dem nur 4000–5000 Mann eingesetzt werden sollten. In ähnlichem Umfang sollte eine Landung bei Ramsgate von Fallschirmjägern durchgeführt werden. Die Hauptlandung wurde auf eine schmale Angriffsfront reduziert und sollte von 6 Infanteriedivisionen innerhalb von 6 Tagen durchgeführt werden, denen als 2. Welle binnen 10 Tagen sechs weitere Divisionen folgen sollten. Die Truppen sollten größtenteils in Prähmen überführt werden, von denen 1722 zur Verfügung standen, die von 471 Schleppern geschleppt werden sollten. Außerdem sollten noch 1161 Motorboote und 155 kleine Transporter zwischen 3000 und 5000 BRT eingesetzt werden. Diese Schiffe sollten vor allem von der Luftwaffe gesichert werden, zusätzlich von 13 Küstengeschützen mit Kalibern zwischen 28 und 38 cm, 6800 Minen und 27 Küstenmotorschiffen, die als Artillerieträger mit 7,6 und 4 cm-Geschützen ausgerüstet waren. Als Ablenkung sollten vier große, leere Transporter und vier große Kriegsschiffe zum Schein gegen die Nordostküste Englands vorstoßen, während *Admiral Hipper* und *Admiral Scheer* in das Island-Faeroer-Gebiet und ggf. in den Atlantik auslaufen sollten.

Der Aufwand war enorm und offenbarte dennoch eine erschreckende Schwäche. Der ersten Welle der Truppen wurden kleine, ungepanzerte Pionier-Sturmboote zugeteilt, die von Minensuchern oder ähnlichen kleinen Fahrzeugen zu Wasser gebracht werden konnten. Die großen Binnenkähne wurden tatkräftig aus ganz Westeuropa zusammengezogen, erhielten eine Bugrampe und einen

Bodenbelag aus Beton und wurden dann über die Flüsse und Kanäle den Absprunghäfen für die Invasion von Boulogne bis Ostende zugeführt. Besondere Landungsfahrzeuge waren von jedem der drei Wehrmachtteile entwickelt worden (trotz der nominellen Federführung der Marine), doch von einer Massenproduktion noch zu weit entfernt, um für diese Planungen in Betracht zu kommen. Die Binnenschiffe waren zum Transport von tauchfähigen Panzern, Pferden, Ausrüstung und einem großen Teil der Truppen unentbehrlich. Sie sollten paarweise von Schleppern über den Kanal gebracht werden, wobei mit einer Geschwindigkeit von 5 kn gerechnet wurde. Die Zahl der eingesetzten Kähne war so groß, daß bei einigen der Gruppen mit einer Länge von 12 sm gerechnet wurde – ohne daß dabei Reserve für Nachzügler, Gezeiten, Strömungen, den Einfluß des Windes und die Abwehr des Gegners einberechnet war. Nach dem Sammeln vor den Häfen im deutschen Machtbereich wurde die Zeit der Überfahrt bis auf 15 Stunden geschätzt. Bei Annäherung an die feindliche Küste sollten die Prähme in eine Linie formiert und je ein Motorkahn und ein Schleppkahn miteinander gekoppelt werden. Dann sollten die schwerfälligen Paare auf den Strand zulaufen und landen.

Heeres- und Marineeinheiten arbeiteten in den Häfen mit Begeisterung zusammen, doch waren die praktischen Übungsmöglichkeiten sehr gering – und dies bei einem Unternehmen, bei dem alles von Können und Zusammenarbeit abhing. Die kleinen Transporter waren weitaus manövrierfähiger als die Prähme, doch wurde für ihre Entladung eine Zeit von 36 Stunden veranschlagt. Die Überfahrt auf der linken Flanke von Le Havre nach Brighton sollte von 300 kleinen Fahrzeugen mit einer Durchschnittsgeschwindigkeit von 7 kn ausgeführt werden – eine Aufgabe, die als »Himmelfahrtskommando« am treffendsten gekennzeichnet wird.

Nach ziemlich zuverlässigen Schätzungen des deutschen Nachrichtendienstes warteten auf diese gewaltige Ansammlung deutscher Fahrzeuge drei oder vier Leichte Kreuzer und zwanzig Zerstörer, die sich von beiden Seiten auf sie stürzen sollten. Diese britischen Schiffe würden nach kurzer Zeit von weiteren Zerstörern, Leichten und Schweren Kreuzern, Schlachtkreuzern, Schlachtschiffen, Flugzeugträgern und Hunderten von Motortorpedobooten und anderen kleinen Fahrzeugen unterstützt werden. Alles erinnerte stark an 1588, als Justin von Nassau seine Flotte in der Mündung der Schelde verborgen hielt, um sich auf die Spanier zu stürzen, sobald sie sich nach England einschiffen würden. So wie der spanische Befehlshaber, der Herzog von Parma, der Verlockung nicht erlegen war, so sah auch Raeder den Einsatz der Truppen unter schrecklichen Aussichten, ganz gleich, welche Wirkung seine Uboote, Minen und leichten Überwassersreitkräfte erzielen konnten. Im Gegensatz zum Herzog von Parma konnte er aber die Befehle seines Souveräns nicht ignorieren. Er blieb jedoch dabei, zur Vorsicht zu mahnen.

Die Vorbereitungen für die Invasion wurden auch Mitte August noch fortgeführt. Eine Blockadeerklärung wurde herausgegeben, die ein großes Operationsgebiet der Uboote rund um die Britischen Inseln festlegte. Dover wurde zum ersten Mal von schweren Batterien über den Kanal hinweg beschossen. Die englischsprachigen Sendungen des deutschen Rundfunks, als britische Untergrundbewegung getarnt, versuchten Defätismus zu erzeugen, und Fallschirmpuppen wurden zum gleichen Zweck über England abgeworfen. Ungeachtet dessen versuchte Hitler, dieser Situation auszuweichen. Ohne Wissen Raeders war ein Angriffsplan auf Rußland in Vorbereitung, und Hitler äußerte einigen neuernannten Feldmarschällen gegenüber, daß er sich weigere, alles in England aufs Spiel zu setzen, da er der Meinung sei, es auch ohne Invasion besiegen zu können. Die Invasion würde jedoch durchgeführt werden, wenn sich günstige Bedingungen hierfür bieten würden. Hitlers genaue Einstellung zu den einzelnen Zeitpunkten ist schwer mit Sicherheit zu ermitteln, doch scheint er stets jede Alternative zur Invasion begrüßt zu haben.

Die letzte Augustwoche sah die Vorbereitungen in vollem Gange, und sogar die Luftwaffe konzentrierte sich jetzt auf ein, möglicherweise entscheidendes, Ziel. Vom 24. August an konzentrierten Görings Flieger ihre Angriffe auf die »Gehirne« der britischen Jagdfliegerführung, die Abschnittszentralen, in denen die Informationen von Radarstationen und anderen Aufklärungsquellen einliefen und von denen aus die Einsatzbefehle an die einzelnen Jagdfliegerverbände gegeben wurden. Diese Stationen ermöglichten es der RAF, den deutschen massierten Angriffen jeweils durch Konzentration ihrer Jagdflugzeuge zu begegnen. Nach Ausfall einiger dieser Stationen mußten die britischen Maschinen unter ungünstigen Bedingungen kämpfen, so daß ihre Verluste etwa auf die gleiche Höhe der Deutschen anstiegen und die RAF sich einer möglicherweise tödlichen Abnutzung gegenübersah.

Zum Monatsende begannen planmäßige größere deutsche Schiffsbewegungen zum Kanal. Die Schiffe wurden auf dem Marsch und in den Häfen von britischen Luft- und Seestreitkräften angegriffen, und durch Schäden an den Binnenschiffahrtswegen traten einige

Verzögerungen ein. Insgesamt etwa 10 Prozent der beteiligten Schiffe wurden versenkt oder beschädigt.

Die letzten Befehle für das Heer ergingen zur gleichen Zeit, während die Enttäuschung im OKH über die Aussicht wuchs, daß ein schmaler Verteidigungsstreifen mit unzureichenden Kräften und geringen Verstärkungen angegriffen werden sollte. Die Kompromisse, die wegen der Schwäche der Marine notwendig geworden waren, hatten die Einstellung des Heeres weitgehend verändert. Am 3. September bestimmte das OKW in einer Weisung den 21. September als frühestmöglichen Termin für die Invasion und legte die Frist für das Anlaufen der notwendigen Bewegungen auf 10 Tage vorher fest.

Nachdem der Zeitpunkt für die Entscheidung so nahe gerückt war, erklärte Hitler in einer öffentlichen Rede, daß er als Vergeltung für zwei kleinere Angriffe der RAF auf Berlin alle größeren Städte in England ausradieren würde. Er erklärte ferner, daß er den Engländern, die an einer Invasion zweifelten, nur die Antwort geben könne: »Er wird kommen«. Tatsächlich wußte Hitler aber, daß seine Luftwaffe nur eines durchführen konnte – entweder die Unterstützung einer Invasion oder den Angriff auf die Städte. Und er hatte seine Entscheidung bereits getroffen.

London erlebte seinen ersten massierten Luftangriff durch 625 Bomber am 7. September. Es begann ein britischer Abwehrkampf, der bald die Bewunderung der ganzen Welt erregen sollte. Der Beginn dieses »Blitzkrieges« stellte gleichzeitig das Ende für das Unternehmen »Seelöwe« dar. Die Angriffe auf London sollten ursprünglich nur eine eintägige Vorbereitung für »Seelöwe« darstellen, einen Versuch, die britische Führung durch Terrorangriffe in Verwirrung zu bringen. Jetzt wurden sie im Ergebnis ein Ersatz für das Unternehmen »Seelöwe«.

Bereits am Tage vor Beginn des Blitzkrieges hatte Raeder seinen Stab davon unterrichtet, daß Hitler England ohne Landung zu bezwingen hoffe. Die Marine führte die Vorbereitungen für das Invasionsunternehmen weiter und ging damit so weit, die Auslegung der flankierenden Minensperren und das Räumen der britischen zu beginnen. Jedoch lassen Aufzeichnungen z. B. über die Verwendung des Schiffsraumes im Falle eines Abblasens des Unternehmens und Bemerkungen über den Luftkrieg darauf schließen, daß auch Raeder auf eine britische Kapitulation hoffte. Vielleicht war er aber auch nur ganz einfach dankbar dafür, daß sich eine Alternative zu dem so offenbar gewagten Seelöweunternehmen ergeben hatte.

Innerhalb der folgenden Tage gingen weitere pessimistische Meldungen ein. Das Flugwetter war außergewöhnlich schlecht, und es wurde offenkundig, daß die Luftwaffe die Luftherrschaft über Südostengland nicht hatte erringen können.

Am 11. September schob Hitler die endgültige Entscheidung um drei Tage hinaus. Am 13. erklärte er dann einer Gruppe von Generalen, daß das Risiko des Seelöweunternehmens unnötig geworden wäre, da die Gesamtsituation für Deutschland sehr günstig sei. Das machte das Memorandum, das Raeder für die Besprechung mit Hitler am 14. September vorbereitet hatte, im wesentlichen unnötig. In ihm betonte Raeder noch einmal die Risiken und befürwortete eine Fortsetzung der Luftangriffe und der Invasionsvorbereitungen – letzteres, um den Druck auf England aufrecht zu erhalten. Noch während der Besprechung stimmte Hitler Raeder zu. Die Methoden zur Aufrechterhaltung eines ständigen Druckes auf England wurden besprochen, und die Entscheidung wurde noch einmal, diesmal auf den 17. September, verschoben.

Nach schweren Verlusten der Luftwaffe am 15. September entschloß sich Hitler, die Operation auf unbestimmte Zeit aufzuschieben. Die Besprechung am 17. September 1940 stellte das Ende ernsthafter Überlegungen für eine Invasion Großbritanniens dar.

Der Abbruch der Vorbereitungen begann zwei Tage später mit dem Abzug von Schiffsraum, um die Verluste durch britische Angriffe zu verringern. Obwohl eine Anzahl von Transportern für andere Aufgaben abgegeben wurde, stellte dies nicht ihre endgültige Verlegung dar. Mitte Oktober wurde der Auflösung der Invasionsflotte zugestimmt, doch sollte sie so unauffällig wie möglich vonstatten gehen. Die Planung für eine mögliche Wiederaufnahme der Invasionsvorbereitungen im Frühjahr 1941 wurde fortgesetzt.

Das Unternehmen »Seelöwe« war gestorben. Obwohl die äußerlichen Vorbereitungen offiziell noch bis zum Februar 1942 fortgesetzt wurden, wußten alle Verantwortlichen, daß es so war. Die Zerstörung von London durch den »Blitzkrieg« wurde nun nur noch zu einem Produkt einer undurchführbaren Luftmachttheorie und des falschen Gedankens, die britische Zivilbevölkerung würde durch Elend zum Aufgeben gezwungen werden.

Sicherlich spiegelt die Operation »Seelöwe« nicht Raeders Ansichten über Seemacht wider. Das Unternehmen konnte weder durch Überraschung noch durch den Zusammenprall zweier Seemächte erfolgreich durchgeführt werden. Das Norwegenunternehmen konnte hier nicht wiederholt werden, und die deutsche Flotte war auch nicht stark genug, um durch einen Sieg über die britische Flotte den Weg freimachen zu können. Für den Binnenländer Hitler stellten die psychologischen Konsequenzen eines möglichen Fehlschlages wahrscheinlich noch mehr als die naturgegebenen Faktoren die stärkste Abschreckung dar.

Der Gedanke an ein Unternehmen wie »Seelöwe« war so naheliegend, daß er erwogen werden mußte. Nachdem er untersucht worden war, wurde er verworfen, um ein Blutbad unter den Truppen während ihrer Überfahrt über den Kanal zu vermeiden. Das deutsche Lied »Denn wir fahren gegen Engeland . . .«, erfuhr so das gleiche Schicksal wie das britische Lied über die »Siegfried-line« als eine schmerzliche Erinnerung an die zuschanden gewordenen Hoffnungen des Jahres 1940.

Gesamtstrategie

DAS MITTELMEER – JUNI 1940 – NOVEMBER 1942

Der Rückzug der Engländer aus Dünkirchen und der unmittelbar bevorstehende Zusammenbruch Frankreichs bewogen Mussolini, mit seinem nicht kriegsbereiten Land am 10. Juni 1940 in den Krieg einzutreten, um an der Beute teilzuhaben. Die deutschen Panzer wandten sich von der Kanalküste südwärts und drangen tief in Frankreich ein, besetzten Paris, und zwangen die Franzosen zur Unterzeichnung eines Waffenstillstandes am 25. Juni – im selben Eisenbahnwagen in Compiègne, in dem die Deutschen 1918 gedemütigt worden waren.

Der französische Waffenstillstand wandelte den Seekrieg vollkommen um. An Stelle einer Situation, in der die deutsche und die italienische Flotte jeweils ein kleines, von weit überlegenen feindlichen Flotten beengtes Seegebiet verteidigen mußten, sahen sich die beiden Flotten nun in einer merklich verbesserten Position. Wenn sie auch weiterhin an Zahl unterlegen waren, konnten sie doch nun die Engländer von weit besser und näher an deren lebenswichtigen Verbindungen gelegenen Stützpunkten aus mit der Hoffnung auf mindestens örtliche Erfolge herausfordern. Umgekehrt hatten die Engländer die Nutzung wertvoller Stützpunkte verloren, wodurch die Entfernungen zwischen Häfen größer geworden und keine Angriffe von Stützpunkten, die nahe an denen ihrer Gegner lagen, mehr möglich waren. Dieser Wechsel war von besonderer Bedeutung in den Fällen der Stützpunkte in Frankreich und Französisch-Nordafrika, die bisher gegen Italien genutzt werden konnten, derer in Frankreich und Französisch-Westafrika, die vorher von britischen Konvois und Flotteneinheiten genutzt worden waren, und der französischen Atlantikhäfen, die neuerdings deutschen Schiffen und Ubooten zur Verfügung standen.

Für den weiteren Seekrieg sollten die Fragen, wie sich die französischen Kolonien in Nord- und Westafrika und, in zweiter Linie, die französische Flotte verhalten würden, von größter Bedeutung sein. Dieses waren vor allem politische Probleme, und ihre Lösung mußte in den komplizierten und heiklen Beziehungen zwischen den französischen, deutschen und italienischen Machthabern gefunden werden – wobei britische Schritte immer wieder die Pläne des einen oder aller über den Haufen warfen. Eine Woche vor Abschluß des Waffenstillstandes hatte Raeder Hitler einen Vorschlag unterbreitet, die deutsche Flotte durch mäßige Eingliederung französischer Flotteneinheiten zu verstärken. Hitler hatte diesen Gedanken jedoch sofort zurückgewiesen in dem Glauben, daß die Andeutung die französische Flotte nur in britische Häfen treiben würde. Grundsätzlich glaubte Raeder, das Problem mit subtileren Methoden angehen zu können, und deshalb wurde der Gedanke an eine Beschlagnahme französischer Schiffe nicht wieder angeschnitten. Raeder und die Seekriegsleitung hofften, daß es möglich sein würde, mit der französischen Flotte nach Abschluß des Waffenstillstandes zu einer gewissen Zusammenarbeit zu kommen, wenn dem Vichy-Regime politische Konzessionen gemacht würden. Hitlers Einstellung war, daß der Krieg praktisch vorüber sei. Er war besorgt, daß Konzessionen an Frankreich von Mussolini zurückgewiesen werden würden. So verlangte er weder von den Franzosen eine Unterstützung noch versprach er einen großzügigen Friedensvertrag.

Mussolini hatte eine widerstrebende Nation in einen anscheinend entschiedenen Krieg geführt, indem er Frankreich am 10. Juni angriff. Mit besserem strategischem Weitblick, als Hitler ihn zu dieser Zeit besaß, forderte er von Deutschland Tunesien, einige Häfen in Algerien und Korsika. Da er aber in seinem Fünfzehn-Tage-Krieg nichts zu ihrer Besetzung unternommen hatte, überließ ihm Hitler im Waffenstillstandsabkommen nichts. Die französische Flotte und ihre Stützpunkte im Mittelmeer und Westafrika wurden neutralisiert, und Hitler versprach, daß Deutschland weder jetzt noch in Zukunft Anspruch auf die Kriegsschiffe erheben werde. Dieses Versprechen erleichterte die Beziehungen zwischen der deutschen und der französischen Marine und machte es für die deutsche Marine viel leichter, eine Möglichkeit zur Benutzung der Werften an der Atlantikküste und ihrer Facharbeiter-Belegschaften zu finden.

Der Oberbefehlshaber der französischen Marine, Admiral Jean François Darlan, hatte strikte Befehle erlassen, daß keine Einheit seiner Flotte in irgendwelche fremden Hände fallen durfte. Hitlers öffentlich zur Schau getragene Sorge um die französische Ehre war wahrscheinlich ein Ergebnis der Tatsache, daß er die französischen Schiffe nicht hatte in seinen Besitz bringen können, und daß es ihm nicht gelungen war, das strategische Potential einer französischen Kooperation zu gewinnen. Der Gedanke, daß eine Nation ihre Flotte ausliefern könnte, war für Raeder, der der Versenkung der Kaiserlichen Flotte 1919 zugestimmt und zwanzig Jahre später dem Kommandanten der *Admiral Graf Spee* die Anweisung erteilt hatte, die Selbstversenkung der Internierung vorzuziehen, unvorstellbar.

126

Der Mißerfolg Deutschlands, aus der französischen Kapitulation den größtmöglichen Nutzen zu ziehen, wurde etwas durch Italiens Kriegseintritt ausgeglichen. Zunächst befand sich die italienische Flotte, die einen Krieg nicht vor frühestens 1942 erwartet hatte, entgegen den Verlautbarungen Mussolinis in der strategischen Defensive. Das italienische Oberkommando trat in den Krieg ohne Operationspläne oder eine Gesamtstrategie ein, und Mussolini erklärte seinen Ratgebern, daß er »einen Parallelkrieg, nicht mit oder für Deutschland, sondern nur für Italien an der Seite Deutschlands« führen werde.[1] Die Führer der Marine erklärten Mussolini, daß sie gegen England und Frankreich nichts ausrichten, sondern nur damit rechnen könnten, die Flotte und die Luftwaffe zu verlieren. Tatsächlich stellten sich als Hauptaufgabe für die italienische Flotte die Geleitdienste nach Libyien heraus, einem Gebiet, von dem man in den Vorkriegsplanungen der Marine angenommen hatte, es könne sich selbst erhalten. Zusätzlich dazu führte die Flotte Angriffe auf britische Geleite und Malta aus.

Bis zur französischen Kapitulation war es zu verschiedenen Zusammenstößen zwischen französischen und italienischen See- und Luftstreitkräften gekommen, doch hatten sie die Situation nicht nennenswert verändert. Nach der Kapitulation konnten nun strategische Überlegungen in weiterem Rahmen angestellt werden, darunter die eines Angriffs auf die britisch besetzte Insel Malta. Das italienische Oberkommando stimmte jedoch dem Plan der Marine zur Wegnahme der Insel nicht zu. Man rechnete mit einem nur kurzen Krieg, und die italienische Luftwaffe versprach die Neutralisierung des nur schwach verteidigten Stützpunktes. Italienisch-Ostafrika wurde für den Fall eines länger dauernden Krieges abgeschrieben, denn dorthin bestanden keinerlei Verbindungen.

So standen die Dinge Ende Juni 1940. Die Italiener wünschten keine deutsche Hilfe aus Furcht vor einem deutschen Führungsanspruch, und zwischen beiden Mächten bestand keine wirkliche Zusammenarbeit. Italien litt unter seiner eigenen Aufsplitterung der Verantwortlichkeiten – die den Verhältnissen in Deutschland sehr stark, wenn auch nicht absichtlich, nahekam. Für die Vielzahl der Probleme Italiens im Mittelmeer hatte das OKW wenig Verständnis, Interesse und Sympathien. Hitler betrachtete gewöhnlich den italienischen Kriegsschauplatz als unwichtig trotz der Vorstellungen der Marine. Beide Seiten entsandten akkreditierte Beobachter von

---

[1] Friedrich Ruge, *Der Seekrieg 1939–1945*, S. 105–107.

GRÖNLAND

Dänemarkstraße

Reykjavik

KANADA

Halifax

USA

Kap Hatteras

Nordatlantik

Azoren

Golf von Mexiko

Kanar

DEUTSCHE SEEKRIEGS-STRATEGIE Sommer 1940

Karibische See

Martinique

Aruba
Curacao

Trinidad

Kapverdische In.

PANAMA-KANAL

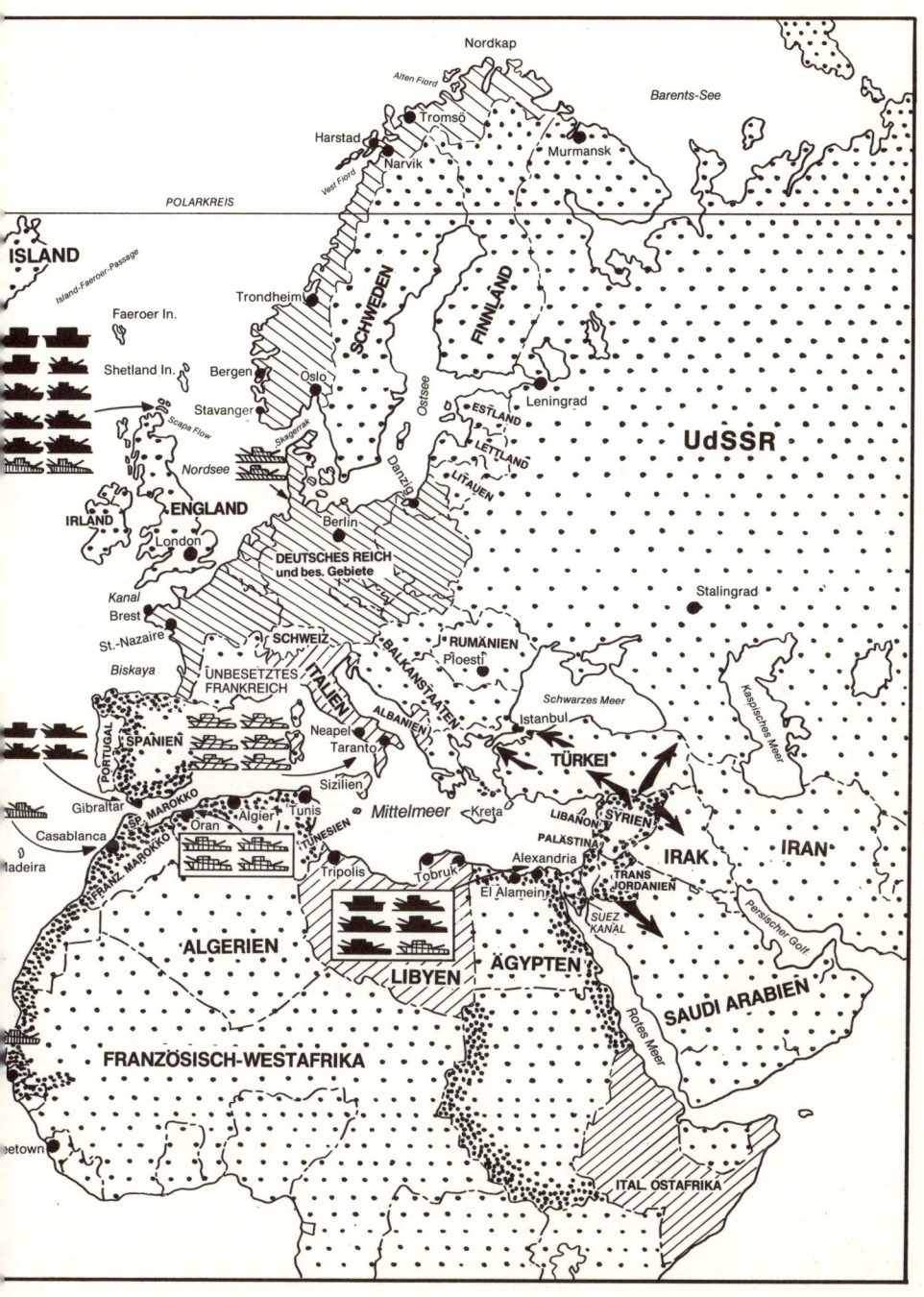

hohem Range in das andere Hauptquartier, doch hatten diese wenig Einfluß.

Die Aussichten für eine Zusammenarbeit waren augenscheinlich nicht gut. Doch besaßen die Italiener sechs einsatzbereite oder in Umrüstung befindliche Schlachtschiffe, neunzehn Kreuzer (weitere befanden sich im Bau), und eine große Zahl von Zerstörern. Wenn auch unzulänglich im Nachtkampf, im Torpedoschießen, in Unterwasser-Schallortung und Flugabwehr, ohne Radar und mit fast fehlender Unterstützung durch die Luftwaffe, waren diese Schiffe doch schnell und konnten gut schießen. Die Lage Italiens im mittleren Mittelmeer zwang Großbritannien zur Teilung seiner Mittelmeerflotte und bot den Italienern viele ungewöhnliche Möglichkeiten. Diese mußten bei allen deutschen Planungen mit erwogen werden. In dieser neuen strategischen Gesamtlage entwickelten Raeder und seine Operationsabteilung sehr bald ihren zweiten großen strategischen Plan, den Mittelmeerplan. (Der erste war der Z-Plan.) Sie erkannten, daß die beiden britischen Schlüsselpositionen im Mittelmeer – Gibraltar und Suez –, verwundbar waren. Durch eine Wegnahme dieser beiden Stützpunkte würde Deutschland die Engländer aus dem Mittelmeer vertreiben, der italienischen Flotte den Weg in den Atlantik und Indischen Ozean öffnen und den Sieg über England beschleunigen, da dadurch der größtmögliche Kräfteeinsatz gegen die überseeischen Verbindungswege Englands möglich werden würde.

Ein Angriff auf das Mittelmeer würde deutsche Truppenbewegungen durch Frankreich, Spanien und wahrscheinlich Französisch-Nord- und Westafrika einschließen. Sobald Gibraltar genommen war und die französische und spanische Regierung auf eine Zusammenarbeit mit Hitler angewiesen waren, würden den deutschen und italienischen Über- und Unterwasserstreitkräften Stützpunkte in Spanien und Französisch-Westafrika, wie etwa Dakar, zur Verfügung stehen. Von dort aus konnten sie die britischen Handelswege im Südatlantik und im Indischen Ozean empfindlich bedrohen. Infolge der Inbesitznahme der Häfen an der Biscaya reichte die deutsche Seemacht bereits in den Atlantik hinaus. Diese Häfen boten Stützpunkte für deutsche Überwassereinheiten und Uboote und eine italienische Ubootgruppe. Sie lagen jedoch nahe an den britischen Heimathäfen und waren daher einer Überwachung und, später, auch Ausschaltung ausgesetzt.

Die vorgesehenen südlichen Stützpunkte lagen außerhalb wirksamer britischer Reichweite – eine Tatsache, die besonders für Überwassereinheiten bedeutsam war, die durch Luftangriffe im Hafen verwundbar waren. Ein weiterer Vorteil würde Deutschland dabei zufallen: der Gewinn weiterer Reparaturwerften würde die Kapazität der deutschen Werften für Neubauten, besonders von Ubooten, freisetzen. Die atlantische Phase des Plans würde dann eine große Zahl von Möglichkeiten mit geringen Risiken eröffnen. Sogar eine Besetzung der Kanarischen Inseln wurde als sicher durchführbar angesehen, und zwar durch Verstärkung der spanischen Garnisonen durch deutsche See- und Luftstreitkräfte, sobald Spanien zum Kriegseintritt bewogen war. Diese Inseln würden, zusammen mit Flugplätzen im kontinentalen Europa und Afrika, eine ausgezeichnete Möglichkeit zur Anlage von Luftstützpunkten für eine Zusammenarbeit mit Handelsstörern und Ubooten gegen die britische Handelsschiffahrt bieten.

Inzwischen sollte nach diesem Plan im östlichen Mittelmeer der Suezkanal genommen und Truppenbewegungen durch Palästina und das französische Mandatsgebiet Syrien in Marsch gesetzt werden. Damit sollten die Türkei und die Dardanellen wie auch der Balkan von der Reichweite britischer Hilfe abgeschnitten – und damit in den deutschen Machtbereich gebracht – werden. Italienisch-Ostafrika wäre damit erhalten geblieben, seine Häfen für die italienische Flotte verfügbar geworden, und der britische Indien-Handel hätte aus einer neuen Richtung bedroht werden können. Noch weiter östlich wären die lebenswichtigen britischen Ölversorgungsgebiete im Nahen Osten für einen Zugriff offen gewesen. Auch Rußlands empfindliche Ölgebiete an der Grenze von Georgien und seine lange Schwarzmeerküste konnten von hier aus beliebig unter Druck gesetzt werden, so wie seine nördlichen Flanken exponiert an der Ostsee und am Weißen Meer lagen.

Für die deutschen Marinestrategen lag die Anziehung eines Mittelmeerfeldzuges nicht nur in den Operationszielen, sondern auch im Haushalten mit den Mitteln. Im Westen wären politische Zugeständnisse etwa in den afrikanischen Kolonialfragen und ein Einsatz kleiner Heeres- und Luftwaffeneinheiten unter kurzer Teilnahme der Marine notwendig. Die wichtigste Schlacht – der Angriff auf die britischen Versorgungslinien im Atlantik – konnte aber mit nahezu unverminderter Stärke fortgesetzt werden. Kreuzerkrieg deutscher schwerer Einheiten hätte im Gegenteil Unternehmen im Mittelmeer noch dadurch unterstützt, daß er die britische Gibraltar- und die Home-Fleet auf sich zog und eine Verstärkung der britischen Flotte in Alexandrien verhinderte. Im östlichen Teil würden keine deutschen Marineeinheiten benötigt, nur eine kleine Zahl von Panzerdivisionen und Luftwaffen-Gruppen in Verbindung mit der italienischen Marine, Luftwaffe und Armee.

Der Mittelmeerplan der deutschen Marine ging von der Lösung einiger schwieriger internationaler politischer Probleme aus. Man kann sich aber kaum vorstellen, daß sich Männer wie der spanische faschistische Diktator, Generalissimo Francisco Franco, oder der französische Admiral Darlan einem Druck, hinter dem die überwältigende Stärke der deutschen Armee und der deutschen Luftwaffe stand, lange hätten widersetzen können. Die deutsche Position war so günstig, daß Hitler nur der Zusammenarbeit mit einem dieser beiden Männer bedurfte. Einer konnte gegen den anderen ausgespielt werden. Eine Besetzung von Gibraltar, Spanisch-Marokko und den Kanarischen Inseln hätte die französischen Kolonien in Nordafrika bedroht und den Zugang zum Mittelmeer verschlossen. Alternativ hätte eine Besetzung der französischen Territorien und Wegnahme Maltas Gibraltar und Spanisch-Marokko bedroht und das mittlere Mittelmeer abgeriegelt. Nach Ansichten der Marine war die Lösung dieser politischen Probleme jedenfalls Sache Hitlers, nicht Raeders. Dem zaghaften Riesen Rußland sollten, wenn Deutschland die Dardanellen besetzte, Zugeständnisse im Raum Irans, Afghanistans und des nordwestlichen Indien gemacht werden.

Die Verteidigung dieses riesigen neuen Gebietes mußte sich auf das Mittelmeer stützen, abgesichert durch die unangreifbare Sahara im Süden, die durch wenige schwer befestigte Häfen an der zerklüfteten, unzugänglichen Westküste Afrikas begrenzt war. Im Norden sollte ein »Atlantikwall« durch eine bewegliche Streitmacht, die den Vorteil der »inneren Linie« in Westeuropa ausnutzte, besetzt werden. Das »Mare Nostrum« Mussolinis sollte zu einem militärischen und wirtschaftlichen Verbindungsweg der Achsenmächte und der mittlere Atlantik zu einer gefährlichen, stützpunktlosen Wüste für Großbritannien werden.

Wenn Joseph Stalin weiterhin einem Krieg abgeneigt blieb – die Verteidigung ausgenommen – und alle Hilfsquellen Westeuropas auf die britischen Inseln und ihre Versorgungswege konzentriert wurden, waren die Aussichten, Großbritannien zur Kapitulation zu zwingen, recht gut, besonders wenn Hitlers Forderungen sich dabei in Grenzen hielten. Es muß bezweifelt werden, ob es selbst Churchill gelungen wäre, die Engländer durch einen langanhaltenden Krieg zu führen, wenn England von allem Nachschub bis zum Aushungern abgeschnitten worden wäre. Die Vereinigten Staaten der Jahre 1940/41 waren, unabhängig von allen politischen Entscheidungen, die gefällt wurden, nicht zu einer so schnellen Mobilisierung ausreichender Kräfte in der Lage, daß sie die Lage Englands entscheidend hätten ändern können.

Hitler ordnete praktische Vorbereitungen an, um die Planung bereits im Juli 1940 in die Tat umsetzen zu können. In welchem Grade er sie sich aber wirklich zueigen machte, ist nicht klar. Er widersprach ihr niemals klar, doch selbst als er die Befehle gab, gingen seine eigentlichen Ambitionen doch in andere Richtungen. Er hatte bereits ein Auge auf Rußland geworfen. Er erwog auch einige völlig unmögliche Pläne, wie z. B. die Besetzung Islands – was zeigt, wie gering sein Verständnis für die Möglichkeiten der Marine war. Während die Deutschen hinsichtlich des Mittelmeers noch zögerten, handelten die Engländer. Die französische Flotte war in ihren Augen zu gefährlich, um sie ungeachtet der Bedingungen des Waffenstillstandes und der französischen Versicherungen unberührt lassen zu können. Am 3. Juli 1940 wurden alle französischen Schiffe, die sich in Häfen der britischen Inseln befanden, von den Briten beschlagnahmt und ihrer Flotte eingegliedert. Der französische Verband in Alexandria wurde durch ein Gentlemen's agreement zwischen den beiden dortigen Admiralen neutralisiert – jedoch erst, nachdem sich die Franzosen beim Erwachen am 4. Juli den drohenden Rohrmündungen der britischen Flotte gegenübergesehen hatten. Dem Verband in Oran, der aus zwei alten Schlachtschiffen, zwei neuen Schlachtkreuzern, sechs Großzerstörern und einem Seeflugzeugtender bestand, wurde von einem britischen Verband aus zwei Schlachtschiffen, einem Schlachtkreuzer, einem Flugzeugträger, zwei Kreuzern und elf Zerstörern ein Ultimatum gestellt. Die Franzosen wurden vor die Wahl gestellt, entweder zur britischen Flotte überzugehen und den Krieg gegen Deutschland fortzusetzen, nach den Vereinigten Staaten, einem britischen Hafen oder Westindien auszulaufen, ihre Schiffe zu versenken oder sich den Briten im Gefecht zu stellen. Nur sechs Stunden wurden ihnen für diese Entscheidung gelassen, da französische Einheiten aus nahegelegenen Häfen eingreifen oder die Schiffe in Oran Dampf aufmachen und einen Ausbruchversuch unternehmen konnten.

Die Diplomatie beider Seiten war schlecht – das Ultimatum wurde abgelehnt und die Franzosen machten sich klar zum Gefecht. Die Engländer vollzogen daraufhin widerstrebend eine militärische Vollstreckung. Das alte Schlachtschiff *Bretagne* wurde, bevor es auslaufen konnte, in Brand geschossen, kenterte und sank mit 977 Mann der Besatzung innerhalb von 11 Minuten.

Durch vier 38 cm-Treffer wurde der neue Schlachtkreuzer *Dunkerque* schwer beschädigt und mußte nur Minuten nach dem Ankerlichten wieder vor Anker gehen. Die alte *Provence* wurde auf Strand gesetzt, um ihr Sinken zu vermeiden. Von den schweren Schiffen kam nur die neue und schnelle *Strasbourg* in Begleitung von fünf Zerstörern aus dem Hafen heraus und konnte der Verfolgung der Engländer erfolgreich entkommen. Einem sechsten Zerstörer wurde das Heck durch Detonation der eigenen Wasserbomben, die durch einen britischen Artillerietreffer ausgelöst wurde, abgerissen. Drei Tage später kehrten die Engländer zurück und erzielten einen Flugzeug-Torpedotreffer auf ein Geleitfahrzeug, das bei der *Dunkerque* längsseits lag. Durch die Detonation der Wasserbomben dieses kleinen Fahrzeugs wurde der Schlachtkreuzer schwer beschädigt. Zwei Tage danach wurde das unfertige Schlachtschiff *Richelieu* in Dakar von Trägerflugzeugen torpediert. Die *Strasbourg* war inzwischen in Toulon eingelaufen, das in der unbesetzten, sog. freien Zone Frankreichs lag. Dieser Schlachtkreuzer wurde bald der Mittelpunkt einer Ansammlung von Kreuzern und Zerstörern aus verschiedenen nordafrikanischen Häfen. Nach einer vorläufigen Reparatur kam später auch die *Dunkerque* dazu.

Deutschland gestattete sofort, daß die französische Flotte in kriegsbereitem Zustand blieb und nicht abgerüstet wurde. Dieser Zeitpunkt französischer Demoralisierung und Verwirrung hätte die Gelegenheit zu dramatischen politschen Schritten Deutschlands geboten, besonders wenn man sich an die erschütterten und erbitterten französischen Flottenbefehlshaber gewendet hätte. Doch nichts dergleichen geschah. Hitler, der sich in seine ruhige Bergzuflucht zurückgezogen hatte und auf ein Verhandlungsangebot der Engländer wartete, versäumte wie gewöhnlich, Überlegungen für die fernere Zukunft anzustellen. Auf der anderen Seite hatten die Engländer ihr traditionelles Interesse am Mittelmeer und ihre Entschlossenheit bekundet, dort selbst auf die Gefahr eines Verlustes der Home Fleet zu bleiben. Wie in den Zeiten von Pitt und Nelson hatten sie ihren Willen gezeigt, Risiken einzugehen, und vertrauten darauf, daß ihre Seemacht elastisch genug war, Streitkräfte kurzfristig jeweils dorthin verlegen zu können, wo Verluste auszugleichen waren. Trotz Mangels an Ausrüstung und Stützpunkten waren die Engländer bereit, die Initiative zu ergreifen und Ausfälle, wenn nötig, durch Streitkräfte von außerhalb des Mittelmeeres aufzufüllen.

Während Einheiten der italienischen und der britischen Flotte in mehreren Gefechten aufeinander trafen, die das Kräfteverhältnis nicht veränderten, traf das deutsche Oberkommando Vorkehrungen zur Konsolidierung der Verhältnisse im Mittelmeer in verschiedener Richtung. Am 15. Juli wurde die Vichy-Regierung um die Zustimmung zur Benutzung von Stützpunkten in Nordafrika gebeten, verweigerte dies jedoch. Hitler übte auf Frankreich keinen Druck aus. Die Deutschen boten Mussolini Unterstützung für einen Angriff auf den Suezkanal an, doch glaubte dieser, daß Deutschland mit den beiden angebotenen Panzerdivisionen die Führung in »seinem« Krieg erlangen würde. Auch der Angriff auf Gibraltar durch Spanien wurde geplant.

Im August erreichte die italienische Flotte ihre größte Stärke mit fünf einsatzbereiten Schlachtschiffen, von denen zwei zu den neuesten und besten der Welt zählten. Die Engländer bauten ihre Verbände ebenfalls auf und verstärkten die Flotte in Alexandrien auf vier Schlachtschiffe, zwei Flugzeugträger und kleinere Einheiten. Beide Seiten machten sich bereit für einen Entscheidungskampf im Mittelmeer.

Anfang September wurden die deutschen Pläne für Gibraltar, Suez und die Kanarischen Inseln wiederum zwischen Raeder und Hitler erörtert. Die Entscheidung über eine Erlaubnis für französische Schiffe, nach Westafrika zu gehen, um dies gegen frei-französische und britische Angriffe zu verteidigen, machten die Planungen dringend. Am 23. erfolgte der erwartete Angriff gegen Dakar. Die Franzosen schlugen ihn jedoch in dreitägigem Kampf ab, wobei sie zwei Uboote und einen Großzerstörer verloren, während auf englischer Seite einige Schiffe beschädigt und vier Trägerflugzeuge abgeschossen wurden.

Am Tag darauf unternahm Raeder seinen stärksten Versuch, die Vorzüge einer Konzentration aller Kräfte auf England, besonders im Mittelmeer, gegenüber einem Angriff auf Rußland darzulegen. Er bestand auf einem Unternehmen gegen Gibraltar, die Kanarischen Inseln mit Unterstützung der Luftwaffe und gegen den Suezkanal durch die Italiener mit deutscher Unterstützung. Er bezeichnete das Mittelmeer als den Angelpunkt des Britischen Empire und Italien als das Hauptziel der Engländer, auch wenn dies die Italiener noch nicht bemerkt hätten. Er betonte die Notwendigkeit für schnelle Entschlüsse wegen möglichen amerikanischen Eingreifens und zeigte die Vorteile auf, die ein in deutscher Hand befindliches Mittelmeer für Unternehmen gegen die Türkei und den Indischen

Ozean wie auch für die Versorgung Südeuropas bieten würde. Raeder verlangte nachdrückliche Bemühungen, um die französischen Stützpunkte in Nord- und Westafrika zu benutzen, bevor die Engländer hier ihre Vorteile ausnutzen würden. Hitler schien zuzustimmen. Er zweifelte bereits an einer Hilfe Francos, wollte jedoch versuchen, sie und die Hilfe Frankreichs als Gegenleistung für Zugeständnisse in der Frage der Kolonien zu erlangen. Er war ferner an den portugiesischen Azoren und Kapverdischen Inseln interessiert, doch Raeder versuchte, ihn hiervon abzubringen.

Mitte Oktober kamen, nachdem die Operation »Seelöwe« nicht mehr im Spiel war, die Mittelmeerplanungen gut voran. Deutsche Marineeinheiten standen zur Verstärkung der spanischen Streitkräfte auf den Kanarischen Inseln bereit, bevor die Luftwaffe auf den Inseln Stützpunkte besetzen und Spanien in den Krieg eintreten würde. Am 23. Oktober trat jedoch der erste scharfe Rückschlag in dieser Planung ein: Franco, der zunächst zur Teilnahme bereit geschienen hatte, machte in einer Besprechung mit Hitler einen Rückzieher und weigerte sich, Spanien in den Krieg eintreten zu lassen, bevor nicht Deutschland eine klare Überlegenheit über Großbritannien durch die Besetzung von Suez oder eine Invasion der Britischen Inseln gezeigt habe. Wie bei seinen Verhandlungen mit Frankreich akzeptierte Hitler auch die Weigerung Francos, obwohl er seine Einwilligung hätte erzwingen können.

Fünf Tage später marschierten die Italiener in Griechenland ein, obwohl die italienische Marineführung abgeraten hatte, und ohne seinen Bundesgenossen zu unterrichten. Dies führte zu einer enormen Verzettelung der italienischen Kräfte und einer entscheidenden Schwächung der für die Eroberung Ägyptens bereitgestellten Kräfte. Außerdem gewährten die Griechen den Engländern nun Stützpunkte auf Kreta, dem griechischen Festland und in der Aegaeis, die Malta ergänzten und die stark ausgedehnten italienischen Geleitwege bedrohten. Im Ergebnis entstand eine Front auf dem Balkan, die die Aussichten auf die Niederwerfung Englands verringerte, und die vollkommen unnötig gewesen wäre, hätte man den Suezkanal genommen.

Noch Anfang November lehnten die Italiener weiterhin deutsche Panzerdivisionen ab, doch die Luftwaffe hatte schon einen Verband von über 400 Maschinen in Marsch gesetzt. Jodl im OKW war nach einer Besprechung mit Schniewind vom OKM zu der Überzeugung gekommen, daß die Engländer in Griechenland zu einer Bedrohung für die rumänischen Ölfelder geworden waren, die für die deutsche

Das Schlachtschiff *Bismarck* mit 38 cm-Geschützen, hier beim Einlaufen in einen norwegischen Fjord vom begleitenden Schweren Kreuzer *Prinz Eugen* aus aufgenommen. (Imperial War Museum)

Admiral Scheer. Als erfolgreichstes der Panzerschiffe führte Scheer eine 161tägige Kaperfahrt durch, eine der klassischen Kriegsunternehmungen. Es wurde auch in den norwegischen Gewässern und in der Ostsee verwendet. Bei einem Luftangriff wurde das Schiff in einem Hafenbecken in Kiel am 9. 4. 1945 versenkt; der gekenterte Rumpf wurde später beim Zuschütten des Hafenbeckens begraben. (Foto Drüppel)

Die *Gneisenau,* eines der beiden Schlachtschiffe mit 28 cm-Geschützen, das eine lange Zeit des Krieges erfolgreich zusammen mit seinem Schwesterschiff, der *Scharnhorst,* operierte: gegen die englische Blockadelinie im Norden, beim Norwegenunternehmen, im atlantischen Handelskrieg und schließlich bei dem die britische Verteidigung überraschenden Kanaldurchbruch. Es wurde durch einen britischen Bombenangriff außer Gefecht gesetzt, während *Scharnhorst* in der Folgezeit noch an den Angriffen gegen die Murmansk-Geleite teilnahm. (Ferdinand Urbahns)

Die britische Luftwaffe entdeckt die *Bismarck*. Diese Luftaufnahme ließ das
Schlachtschiff in norwegischen Gewässern klar erkennen und machte die britische
Flotte auf sein bevorstehendes Auslaufen aufmerksam.

(Imperial War Mumseum)

Bismarck feuert auf *Prince of Wales*. Ein Fotograf auf *Prinz Eugen* nahm das Schlachtschiff kurz nach seinem Triumph über *Hood* auf. Der gewaltige Rumpf hebt sich gegen das eigene Mündungfeuer ab. (Foto Drüppel)

Der Schwere Kreuzer *Prinz Eugen*. Als »glückhaftes Schiff« überlebte er das *Bismarck*-Unternehmen, den Kanaldurchbruch 1942, einen Torpedotreffer, eine Kollision und den Kampf in der Ostsee – um erst einem amerikanischen Atombombenversuch als Ziel zum Opfer zu fallen. (Ferdinand Urbahns)

Bismarck im Feuer. Mit blockierten Rudern und zerstörter Feuerleitanlage setzt das lahmgeschossene Schlachtschiff seine Fahrt inmitten der Granateinschläge britischer Schlachtschiffe fort. Hier eine Aufnahme von einem der Schiffe der Home Fleet. (Imperial War Museum)

Wirtschaft lebensnotwendig waren. Ein Vorstoß durch die Türkei und Palästina über das französische Syrien, um den Suezkanal zu besetzen und die Engländer abzuschneiden, wurde als zu schwierig betrachtet. Jodl betonte nochmals Hitlers Entschlossenheit, Gibraltar in einer kombinierten Operation von Heer, Luftwaffe und Kriegsmarine mit spanischer Unterstützung zu nehmen, und sein Interesse an den Kanarischen und Kapverdischen Inseln. Er versicherte Schniewind, daß Frankreich mitmachen würde und erkundigte sich, ob Portugal nicht für die Marine von Nutzen sein könnte. Während man im OKW noch versuchte, die Marine zu beruhigen, kam der nächste Rückschlag. Am 11. November 1940 startete kurz nach Sonnenuntergang von dem britischen Flugzeugträger *Illustrious* ein kleiner Verband von 20 Maschinen, darunter elf langsame, torpedotragende Doppeldecker, während die übrigen Flugzeuge Bomben und Leuchtbomben trugen, gegen die italienische Schlachtflotte im Hafen von Tarent. Die Flugzeuge stürzten sich von verschiedenen Seiten in die Abwehr hinein, manövrierten Sperrballons und Abwehrfeuer aus und setzten gegen die Großkampfschiffe an, die sich als Silhouetten gegen das Licht der an Fallschirmen niedergehenden Leuchtbomben abhoben. Sechs Torpedos trafen ihr Ziel – ein unglaublich hoher Trefferprozentsatz – und richteten sehr schwere Schäden an. Ein einzelner Torpedo, der die alte *Cavour* traf, versenkte sie auf flachem Wasser. Sie fiel für den Rest des Krieges aus. Die alte *Duilio*, die ebenfalls durch einen einzigen Torpedo getroffen wurde, benötigte sechs Monate zur Reparatur, während die neue *Littorio* drei Treffer überstand und ohne weitere Schäden von einem Grundgänger mit Magnetzünder, der im Schlamm unter dem Kiel steckte, freigeschleppt werden konnte. Auch dieses Schiff fiel für über drei Monate aus. Die restlichen Schlachtschiffe wurden nach Neapel zurückgezogen, womit der östliche Zentralbereich des Mittelmeeres von schweren italienischen Einheiten geräumt war. Dieser großartige taktische und strategische Sieg wurde bei zwei abgeschossenen britischen Flugzeugen errungen. Ein Flieger wurde getötet, drei gerieten in Gefangenschaft.

Am 14. November sprachen Hitler und Raeder in ähnlicher Weise wie Jodl und Schniewind über die Lage. Die wirkliche Gefahr für die ganzen Mittelmeeroperationen wurde aber von Raeder klar angesprochen, als er vor einem Angriff auf Rußland warnte – ein Land, das Hitler bereits seit einiger Zeit anzugreifen gedachte. Raeder hatte außerdem erhebliche Schwierigkeiten, sich auf Hitlers Tendenz einzustellen, die bedeutete, die Kräfte auf gewagte Unternehmen zu zersplittern. Zu diesem Zeitpunkt stellten die portugiesischen Azoren ein solches Objekt dar. Hitler wollte sie als Luftstützpunkte gegen Großbritannien und ggf. die USA gewinnen. Raeder zeigte die Schwierigkeiten auf, die die Besetzung und Verteidigung dieser Inseln mit sich brächten, und machte die politischen Probleme deutlich, die ihre Wegnahme von einem Neutralen bedeuteten. Hitler meinte, die Engländer würden sie besetzen, ob Portugal nun neutral wäre oder nicht. Raeder zog ein neutrales Portugal vor und bezeichnete die übrigen Inseln, die Kapverdischen Inseln und Madeira, für beide Seiten als gleich nutzlos. Raeder kam auf das Thema Gibraltar bei seinem nächsten Zusammentreffen mit Hitler am 3. Dezember zurück. Zu diesem Zeitpunkt interessierte dieser sich jedoch für das nahezu unmögliche Vorhaben, in Irland Flugplätze für die Luftwaffe zu gewinnen.

Inzwischen planten die Engländer, die Initiative in Afrika zu ergreifen. Am 9. Dezember begann Generalmajor Richard O'Connor eine Offensive mit 36 000 Mann – die am 7. Februar 1941 mit der Vernichtung der 200 000 Mann starken italienischen Armee und der Besetzung des gesamten östlichen Libyens enden sollte.

Der Todesstoß für Raeders strategische Planung kam dann von Hitler selbst. Am 11. Dezember wurde die Planung für die Operation Spanien-Gibraltar-Kanarische Inseln durch eine Weisung des OKW eingestellt, da sich die »politischen Bedingungen« geändert hätten. Am 18. Dezember wurde durch die Führerweisung 21 (mit dem Decknamen »Barbarossa«) die Vorbereitung eines Angriffs auf Rußland noch vor dem Ende des Krieges mit England befohlen. Rußland sollte in einem kurzen Feldzug überrannt werden, während die Marine mit einiger Unterstützung der Luftwaffe den Kampf gegen England fortführen sollte. Raeder protestierte gegen einen Angriff auf Rußland zum letzten Mal am 27. Dezember 1940. Er brachte noch einmal alle strategischen Gedanken der vergangenen Monate vor, doch Hitler bestand darauf, daß Rußland schnell ausgeschaltet werden mußte. Die Führerweisung 21 beendete tatsächlich jede Hoffnung, einen Ein-Fronten-Krieg im Mittelmeer und auf den Seewegen im Atlantik führen und gewinnen zu können. In den nächsten Monaten mußte der Krieg an der Südfront als Stellungskrieg geführt werden, damit Italien weiter im Kriege gehalten werden und das Einbringen seines Potentials nach Ende des Rußlandfeldzuges etwa Ende 1941 möglich bleiben konnte. Der Mittelmeerplan konnte jedoch nicht einfach aufgeschoben werden. Nachdem er einmal zurückgestellt war, wurde er wertlos, denn der Rußlandfeldzug veränderte das Kräfteverhältnis so weitgehend, daß Deutschland nie mehr die Möglichkeit zu einem Wiederaufgreifen des Mittelmeerplanes erlangen sollte.

Im Sommer und Herbst 1940 erwog die Marine die Möglichkeit einer Ausdehnung des Seekrieges weiter nach dem Orient. Wiederum ging Hitler vorsichtig vor, wie es auch die Japaner taten. Nachdem versuchsweise ein Militärbündnis von den Japanern im Juni 1940 angeboten worden war, dauerte es noch bis zum September, bis ein Verteidigungsbündnis für 10 Jahre unterzeichnet wurde. Es war ganz offensichtlich gegen die USA, nicht gegen Großbritannien gerichtet. Raeder bestand darauf, daß die deutsche Strategie einen japanischen Angriff auf Singapur erfordere, um britische militärische Kräfte im Fernen Osten zu binden. Außerdem würde dadurch der gesamte britische Handel im Indischen Ozean bedroht. Hitler schien dieser Gedanke zu gefallen. Der Russisch-Japanische Nichtangriffspakt von 1941 schien Hitler gerade die Möglichkeit für Japan zu bieten, in Singapur zuzuschlagen; einen Monat später mußte jedoch die Situation in Japan als »unübersichtlich« bezeichnet werden. Tatsächlich war sie dies immer, denn keine Seite vertraute der anderen grundsätzliche Geheimnisse an, noch setzte sie die andere von größeren Operationen vorher in Kenntnis. Beide kämpften nur für die Durchsetzung der eigenen Ziele – die für die andere gelegentlich nützlich sein konnten. Der großartige Traum, den Indischen Ozean in eine deutsch-japanische Zange nehmen zu können, existierte nur im Geiste deutscher Planer.

Die Indik-Strategie der Seekriegsleitung hätte sich für Deutschland in weit größerem Ausmaß auswirken können, als es zunächst den Anschein hat. Die Mittelmeerplanung mit ihren Folgeerscheinungen für die Ölgebiete des Mittleren Ostens hätte den Blick der Japaner nach Westen richten können, indem sie unter Umgehung der Philippinen die loyale niederländische Regierung im Indischen Ozean und die Vichy-französische Regierung in Indochina zur Bereitstellung der Stützpunkte und der wirtschaftlichen Hilfsquellen gezwungen hätten, die Japan benötigte, um nach Singapur, dem Schlüssel zum Indischen Ozean, zu gelangen. 1940 und Anfang 1941 war Japan noch nicht auf weitere Schritte festgelegt, während Roosevelt sich einer äußerst starken »America First«-Haltung gegenübersah, die ein Eingreifen Amerikas unwahrscheinlich machte. Doch nichts von alledem setzte Hitlers Vorstellungen in Bewegung.

Im Frühjahr 1941 begann der Balkanfeldzug, der sich als Folge des Versagens Italiens in Griechenland ergab, und der ein Vorspiel zum Rußlandfeldzug war. Die deutsche Armee besetzte den ganzen Balkan einschließlich des griechischen Festlandes. Hitler betrachtete den Feldzug lediglich als eine Fesselungsoperation, um Italien im Kriege zu halten und die Flanke der Ostfront gegen britische Störaktionen zu sichern. Er glaubte sogar, Nordafrika ohne nachhaltige Folgen aufgeben zu können – obwohl deutsche Panzertruppen unter Generalleutnant Erwin Rommel schließlich im Februar in die Wüste entsandt worden waren.

Raeder dagegen sah in Rommels geplanter Nordafrika-Offensive und dem deutschen Feldzug in Griechenland Möglichkeiten, seine Hoffnungen bezüglich des Mittelmeerraumes wenigstens teilweise verwirklichen zu können. Daher befürwortete er die Besetzung ganz Griechenlands, Maßnahmen der italienischen Marine, um den Nachschub der Engländer nach Griechenland zu unterbinden, Unterstützung eines Aufstandes im Irak und eine Operation zur Wegnahme Maltas. Raeder legte nachdrücklich seine Ansichten persönlich dem italienischen Oberbefehlshaber der Marine, Admiral Arturo Riccardi, im Februar dar und befürwortete trotz der italienischen Bedenken eine offensive Verwendung ihrer Flotte. Weiterer Druck, der auf noch höherer Ebene ausgeübt wurde, führte schließlich zu einer Weisung des italienischen Oberkommandos an die Marine, die deutschen Landoperationen durch Unterbindung des britischen Nachschubs von Alexandrien nach Griechenland zu unterstützen. Die wichtigste italienische Unternehmung war ein Vorstoß des Schlachtschiffes *Vittorio Veneto* mit Unterstützung von 8 Kreuzern und 13 Zerstörern gegen Kreta vom 26. bis 30. März. Dem Verbandschef war eine starke Luftsicherung und Luftaufklärung zugesagt worden. Dies schloß zum ersten Mal die direkte Mitwirkung des deutschen Fliegerkorps X ein. Die Italiener büßten das Überraschungsmoment am Nachmittag des zweiten Tages ein, als der Verband von einem britischen Fernaufklärer gesichtet wurde. Am nächsten Tag starteten zwei der italienischen Schiffe, obwohl jegliche Sicherung durch die eigene Luftwaffe fehlte, ihre kleinen Bordflugzeuge zur Aufklärung und kamen dadurch bald mit einem britischen Kreuzer/Zerstörer-Verband südlich Kreta in Gefechtsberührung. Das unentschiedene Gefecht auf große Entfernung wurde abgebrochen, als britische Träger-Torpedoflugzeuge einen vergeblichen Angriff auf die *Vittorio Veneto* flogen. Es war kein britisches Geleit gesichtet worden, und mindestens ein Teil der britischen Flotte aus Alexandrien stand offenbar in der Nähe. So wurde der Vorstoß abgebrochen.

Während des ganzen Nachmittags wurde der italienische Rückzug von Angriffen britischer Flugzeuge mit Bomben und Torpedos gestört, während nichts von der versprochenen gewaltigen deutschen und italienischen Luftunterstützung zu sehen war. In der Mitte des Nachmittags lenkte ein Sturzbomberangriff die Aufmerksamkeit der italienischen Flakbedienungen der *Vittorio Veneto* so lange auf sich, daß 3 Torpedoflugzeuge auf nächste Entfernung herankommen konnten. Ein Torpedo zerstörte die Backbordschrauben, und 4000 t Wasser brachen in das Schiff ein, das mehr als 400 sm von einem Hafen entfernt stoppen mußte. Ein wirkungsvoller Schiffssicherungsdienst setzte die Italiener nach einiger Zeit in die Lage, die Steuerbordmaschinen wieder in Gang zu bekommen und schließlich das Schlachtschiff auf mehr als 20 kn Fahrt zu bringen. Die begleitenden Zerstörer und Kreuzer bildeten eine dichte Sicherung um das Schiff.

Nach Sonnenuntergang flogen 10 britische Torpedoflugzeuge einen Angriff von 20 Minuten in das massierte Abwehrfeuer, Nebelwände und die blendenden Scheinwerfer hinein, bei dem der Kreuzer *Pola* manöverierunfähig liegenblieb. Das Schlachtschiff setzte mit seinem Geleit den Rückmarsch fort, aber zwei Schwere Kreuzer und vier Zerstörer kehrten zurück, um dem beschädigten Kreuzer zu helfen. Als diese möglichen Retter die *Pola* erreichten, erfaßten britische Zerstörer sie mit ihren Scheinwerfern; drei britische Schlachtschiffe schossen die Kreuzer *Zara* und *Fiume* innerhalb von 3 Minuten mit 38 cm-Granaten auf $1^1/_2$ sm Entfernung zusammen. Die britischen Zerstörer, von der Mittelartillerie der Schlachtschiffe unterstützt, vernichteten in einem kurzen Nahgefecht zwei italienische Zerstörer. Auch die *Pola* wurde von den britischen Zerstörern noch vor Sonnenaufgang versenkt, die die noch an Bord befindlichen Besatzungsmitglieder geborgen hatten. Die Verluste der Engländer betrugen bei dieser ganzen Operation ein Flugzeug mit Besatzung, auf seiten der Italiener 3000 tote Seeleute.

Das blutige Ende des Gefechtes bei Kap Matapan bestätigte die Italiener in ihrer Abneigung, offensiv nach Osten vorzustoßen. Aus weiterer Sicht lag der Fehler jedoch nicht in dem deutschen Beharren auf solchen Unternehmen, sondern in der typischen, unglaublich verzettelten Kommandostruktur, die eine Koordinierung nahezu unmöglich machte. Vier selbständige Kommandostellen waren beteiligt: die italienische Marine, die italienische Luftwaffe, das deutsche Fliegerkorps X, und die Luftwaffe des italienischen Gouverneurs des Dodekanes. Niemand – nicht einmal Hitler oder Mussolini – hätte allen vieren Befehle erteilen können!

Trotz aller Enttäuschungen fuhr Raeder fort, die Wichtigkeit Nordafrikas Hitler gegenüber herauszustellen und ebenso auf die Gefahr aufmerksam zu machen, daß die Engländer, möglicherweise mit Hilfe der französischen Flotte, die Italiener in die Defensive drängen würden. Hitler zeigte jedoch nach wie vor wenig Interesse am Mittelmeer.

Zu größeren Hoffnungen berechtigten Hitlers Verhandlungen mit Admiral Darlan im Mai, die Deutschland eine begrenzte Benutzung Syriens, des Libanon, Tunesiens und Dakars ermöglichen sollten. Auf die Dauer kam jedoch bei diesen Gesprächen nichts heraus. Wenn man die Politik der Vichy-Regierung als Ganzes betrachtet, ist es wahrscheinlich, daß diese Verhandlungen auch niemals zu etwas führen sollten. Anfang Juni kam England deutschen Unternehmungen durch die Besetzung Syriens und des Libanon zuvor – ein Unternehmen, dem sich die Franzosen nicht ernsthaft widersetzen konnten, ohne in einen Krieg gegen England einzutreten, was sie aber nicht wünschten.

Inzwischen hatte das Afrikakorps den Wüstenkrieg in dramatischer Weise gewendet.[2] Mit seinem Angriff am 31. März trieb Rommel den Hauptteil der britischen Armee nach Osten aus Lybien heraus. Nur die eingeschlossene Festung Tobruk hielt mit dem Rücken gegen die See aus. Die Engländer hatten den Gewinn ihres früheren Sieges wieder verloren, als eine große Zahl von bewährten Einheiten nach Griechenland abgezogen wurde. Nur Treibstoffmangel und Tobruk, das ständig wiederholten deutschen Angriffen standhielt, ließen Rommel nicht tief nach Ägypten hinein vorstoßen.

In Europa überrannte die deutsche Armee inzwischen innerhalb von drei Wochen die gesamte Balkan-Halbinsel einschließlich Griechenland. Die restlichen britischen Truppen zogen sich nach Kreta und Alexandrien zurück, nachdem sie 12 000 Mann bei der Verteidigung Griechenlands verloren hatten. Während der Räumung hatten ihre Schiffe erheblich unter Luftangriffen zu leiden. Die deutsche Luftwaffe schlug die Besetzung Kretas vor, um dort einen Luftstützpunkt einzurichten und den Engländern gleichzeitig die Benutzung der Insel zu Angriffen gegen die rumänischen Ölfelder und die Ägäis

---

[2] Tatsächlich handelte es sich um einen gemischten italienisch-deutschen Verband, doch überwogen die deutschen Divisionen und die Persönlichkeit ihres Befehlshabers so stark, daß hier nur vom Afrika-Korps gesprochen wird, als ob es rein deutsch gewesen wäre.

unmöglich zu machen. Der Führungsstab des OKW stimmte dagegen mit der Marine überein und erklärte, Malta sei wichtiger als Kreta. Hitlers Gedanken waren jedoch nach Osten gerichtet, und er fürchtete besonders jede Bedrohung der Ölfelder von Ploesti. So entschied er sich für Kreta.

Die am 20. Mai beginnende Luftlandung wurde zu einer zwölftägigen erbitterten Schlacht, die vornehmlich von nur leicht bewaffneten Truppen ausgefochten wurde. Die Engländer hatten die meisten schweren Waffen in Griechenland verloren, und die Deutschen konnten Verstärkungen über See infolge der zähen Abwehr durch die britische Seeverteidigung nicht heranführen. Zwei kleine deutsche Geleite mußten unter Verlusten umkehren, doch auch die britische Alexandria-Flotte erlitt bei der Verteidigung und späteren Räumung der Insel durch die deutsche Luftwaffe schwere Verluste. Am Ende des kurzen Unternehmens hatten die Engländer drei Kreuzer und sechs Zerstörer durch Versenkung verloren, zwei Schlachtschiffe, ein Flugzeugträger, sechs Kreuzer und sieben Zerstörer waren beschädigt. Außerdem waren viele Transporter versenkt oder aufgegeben worden. Die Lehre von Dünkirchen – daß Seestreitkräfte unter massiertem gegnerischen Lufteinsatz nur mit großen Verlusten operieren konnten – wurde bei Kreta bestätigt. Auf der Gegenseite wurde die Elite der Fallschirmjäger und Luftlandetruppen der Luftwaffe bei dem Unternehmen gegen Kreta so schwer mitgenommen, daß Kreta ihren letzten Einsatz als selbständiger Angriffsverband darstellte.

Der Pyrrhussieg der deutschen Luftwaffe verschaffte den Achsenmächten eine Position, die den Weg zwischen Alexandria und Malta flankierte. Italienische Flottenoperationen zur Vernichtung eines großen Teils der sich zurückziehenden britischen Streitkräfte auf See wurden jedoch wegen vordringlicher Aufgaben in der Meerenge von Sizilien und wegen fehlender Zusammenarbeit mit der deutschen Luftwaffe nie eingeleitet. Die italienische Flotte versagte auch beim Abfangen eines lebenswichtigen Konvois, den die Engländer durch das Mittelmeer mit Nachschub zur Stabilisierung der Front in Ägypten entsandten. Ironischerweise sollte die harterkämpfte Position auf Kreta den Deutschen wegen der unzureichenden Versorgung durch Griechenland keine offensiven Vorteile bieten. Flugbenzin und Flugzeuge waren als Folge davon immer knapp. Auch die relative Nähe von Ploesti bedeutete keine Hilfe: das Erdöl mußte zur Raffinierung zunächst nach Italien und dann zurück nach Kreta verschifft werden. 1941 litt Italien jedoch bereits unter einem starken Treibstoff- und Tankermangel, so daß Kreta stets ein isolierter Stützpunkt blieb.

Auf allen Planungen und Operationen der ersten Monate des Jahres 1941 lastete bereits das Gespenst des größten Hasardspiels der modernen Militärgeschichte – der bevorstehende Krieg mit Rußland. Ende Mai wurden alle größeren Operationen im östlichen Mittelmeer einschließlich des Angriffs auf den Suezkanal bis zur Beendigung des Rußlandfeldzuges aufgeschoben. Sein erfolgreicher Abschluß wurde für den Herbst desselben Jahres erwartet! Mit diesen Befehlen brachen alle erfolgversprechenden Unternehmungen zusammen. Das Fliegerkorps X, das zur Unterstützung des Balkanfeldzuges verlegt worden war, kehrte bei seinem Abschluß nicht mehr nach Sizilien zurück. Der Kampf im Mittelmeer entartete zu einer Serie von verbissenen Gefechten, in denen alle Waffen vom Schlachtschiff bis zum Kampfschwimmer eingesetzt wurden und die schwere Verluste auf allen Seiten forderten. Die Italiener versuchten Nordafrika zu verstärken; die Engländer in Malta versuchten, die Nachschublinien des Afrikakorps zu unterbrechen, und die Engländer in Alexandrien und Gibraltar versuchten, Malta immer wieder zu verstärken – dies sollte der gefährlichste Geleitweg aller Zeiten werden.

Die Schiffe jedes Konvois, der in den nächsten anderthalb Jahren nach Malta lief, hatten vom Augenblick des Auslaufens aus Gibraltar bis zum Einlaufen in Malta ein ständiges Spießrutenlaufen vor sich. Uboote lagen auf dem ganzen Wege in Wartestellung; Flugzeuge griffen von Sardinien und Sizilien aus an; Schnellboote griffen nachts während der Durchfahrt durch die Meerenge von Sizilien an. Hier und vor Malta lagen Minensperren, und außerdem konnten Einheiten der italienischen Flotte bis zur Größe von Schlachtschiffen angreifen, was manchmal auch geschah. Die selteneren Konvois von Alexandria nach Malta wurden in ähnlicher Weise angegriffen.

Die Ergebnisse waren für die Engländer oft katastrophal. In einem erreichten nur zwei Versorgungsschiffe, eines davon beschädigt, Malta – sechzehn waren ausgelaufen. Fünf wurden versenkt, und neun mußten umkehren. Sechs britische Kriegsschiffe gingen verloren gegenüber einem italienischen. Beschädigt wurden sechzehn britische Kriegsschiffe und drei Handelsschiffe, verglichen mit zwei italienischen.

Immer und immer wieder wurde der Versuch unternommen: von drei Schiffen, die aus Alexandria ausliefen, wurden zwei versenkt und das dritte so beschädigt, daß es umkehren mußte. Von vier Schiffen erreichte eines beschädigt Malta, wobei neun Kriegsschiffe beschädigt wurden. Wenn britische Frachter Malta erreichten, wurden sie oft durch Luftangriffe versenkt, bevor sie entladen werden konnten. Dagegen fügten die Alliierten in den Zeitabschnitten, in denen Malta nicht völlig neutralisiert war, weil die deutschen Flugzeuge zu anderen Kriegsschauplätzen abgezogen waren, den italienischen Geleiten nach Nordafrika ähnlich schwere Verluste zu.

Die Situation wurde weiter dadurch kompliziert, daß die Italiener durch einen ständig zunehmenden Treibstoffmangel stark behindert wurden, der ihren Nachschub im Sommer 1941 monatlich auf die Hälfte sinken ließ. Da die Anforderungen der Ostfront ständig stiegen, konnten die Lieferungen Deutschlands schließlich nicht einmal mehr diese 50-Prozent-Zahl für Italien erreichen. Rommel, der durch die Anforderungen der Ostfront und die britischen Angriffe auf seine Versorgungslinien unter zunehmendem Mangel an Nachschub und Flugzeugen litt und sich einer ständig wachsenden Stärke der Engländer gegenübersah, mußte zurückgehen.

Bevor der Zweifrontenkrieg begann, gab es noch einen weiteren Versuch, mit England zu Verhandlungen zu kommen. Der Stellvertreter des Führers, Rudolf Hess, sprang am 10. Mai über Großbritannien mit dem Fallschirm ab. Das war aber nur eine Hoffnung von Hess selber, die vergebens war. Hitler versuchte, die Oberbefehlshaber der drei Wehrmachtteile und das OKW durch eine Rede am 14. Juni von der Notwendigkeit des Angriffs auf Rußland zu überzeugen. Raeder behielt jedoch seine Skepsis bei. Er war sicher, daß Rußland Deutschland nicht angreifen würde, und er erkannte, daß der Verlust der russischen Rohstofflieferungen, der Stützpunkte und Seewege im Eismeer ebenso wie die russische Bedrohung der Schiffahrt und der Ausbildungsgebiete der Marine in der Ostsee insgesamt die Erfolgsmöglichkeiten der deutschen Kriegsmarine gegen die britischen Zufuhrwege stark herabsetzen würden. Er sah den Handelskrieg weiterhin als entscheidend an und wünschte den Abschluß von Friedensverträgen mit Frankreich und Norwegen und eine Zusammenarbeit mit Rußland als den besten Weg, die deutsche Handlungsfreiheit zu wahren. Es ergab sich keine weitere Gelegenheit, Hitler auf die Torheit eines Zweifrontenkrieges erneut hinzuweisen, – so befolgte Raeder die Befehle. Auch die Marine hatte an Leningrad als See- und Werfthafen ein Interesse.

Der Anteil der Marine an den Rußlandoperationen war sehr gering, denn ihr Hauptgegner sollte weiterhin England bleiben, und die

Leistungsfähigkeit der russischen Marine wurde zu Recht als sehr gering eingeschätzt. Leichte Streitkräfte reichten aus, um die russische Ostseeflotte so lange zu binden, bis sie durch Minensperren auf Dauer in ihren Häfen im Finnischen Meerbusen eingeschlossen war. Nachschub über See wurde nicht eingesetzt, um den Vormarsch des Heeres zu beschleunigen. Im Norden wurde ein Vorstoß des Heeres auf Murmansk von leichten Streitkräften der Marine unterstützt, kam aber nicht sehr weit. Späterhin unterstützten leichte Verbände im Schwarzen Meer das Heer.

Vielleicht hätte eine Unterstützung durch die Marine auf der ganzen Linie den Rußlandfeldzug 1941 beeinflussen können, doch ist zu bezweifeln, daß diese ihn hätte entscheidend verändern können, da Leningrad das einzige größere Angriffsziel nahe dem Meer war und die entscheidenden Schlachten im Inneren Rußlands geschlagen wurden. Überall wurde die russische Marine zur Unterstützung des Heeres verwendet, bewies jedoch überhaupt keine Angriffskraft und konnte während des ganzen Krieges nie mehr als die Bedeutung eines lästigen Störfaktors erreichen. Hitler hatte einmal Furcht vor der russischen Ostseeflotte und ordnete im September 1941 die Entsendung eines Verbandes an, um ihren Ausbruch nach Schweden zu verhindern. Doch geschah nichts. Dies war das letzte Mal bis zum Ende des Jahres 1944, daß in der Ostsee der Einsatz größerer Flotteneinheiten notwendig wurde.

Hitlers »rascher Vernichtungskrieg« begann am 22. Juni 1941 und rollte von Sieg zu Sieg durch die russische Ebene. Zu Hunderttausenden ergaben sich die russischen Truppen. Stadt um Stadt und Gebiet um Gebiet wurde von den einmarschierenden Truppen erobert. Leningrad wurde belagert, und deutsche Truppen drangen bis in die Vororte von Moskau vor – die ersten Angreifer, die es seit der Grande Armée Napoleons im Jahre 1812 erreichten. Dann fror der Vormarsch in den ersten Tagen des Dezember ein. Mit diesem Anhalten wurde jede Hoffnung auf eine baldige erneute Konzentration Deutschlands auf England und den Mittelmeerraum zunichte gemacht.

Während der Sommermonate war die Position der Achsenmächte im Mittelmeerraum stetig schlechter geworden, da die Rußlandfront in zunehmenden Maße die Kräfte der deutschen Kriegsmaschine absorbierte. Am kritischsten wirkte sich der Mangel an deutschen Flugzeugen aus, die Malta niederhalten und den Einsatz von Schiffen und Flugzeugen von dieser Inselfestung gegen die italienischen Nachschubrouten nach Afrika verhindern konnten. Die Situation wurde so verzweifelt, daß sechs deutsche Uboote Ende September auf Hitlers Befehl in das Mittelmeer entsandt wurden. Anfang November wurden vier weitere in den Kampf geworfen, und im Dezember wurden alle Atlantikboote auf das Seegebiet westlich Gibraltar und das Mittelmeer selbst aufgeteilt.

Die plötzliche Umgruppierung der Uboote stellte eine tiefgreifende Änderung der Strategie dar. Von der einer Beurteilung der Kriegführung im Mittelmeer als nur einer Ergänzung des Handelskrieges im Nordatlantik schien Raeder nun dazu überzugehen, den Krieg im Mittelmeer als Selbstzweck anzusehen. Ein grundlegender strategischer Fehler wurde in dem Augenblick begangen, als Uboote zur Unterstützung des Krieges im Mittelmeer entsandt wurden, statt daß sie von hier Unterstützung erhielten. Sieg im Atlantik hätte den Sieg im ganzen westlichen und südlichen Europa garantiert – ein Sieg im Mittelmeer wäre aber auf diesen zwar wichtigen, aber in sich abgeschlossenen Schauplatz beschränkt gewesen.

Der Einsatz der ersten Uboote brachte für die deutschen Aussichten im Mittelmeer eine überraschende Wende. U 81 unter Kapitänleutnant Friedrich Guggenberger war über Wasser durch die Meerenge von Gibraltar durchgebrochen und verbrachte den Freitag, den 13. November – den ersten Tag östlich von Gibraltar – mit dem Ausmanövrieren von Flugzeugen und Zerstörern, als der Kommandant von Dönitz Befehl erhielt, nach einem britischen Flottenverband, der von Osten her Kurs auf Gibraltar hatte, zu suchen. Früh am Nachmittag kamen zunächst mehrere Flugzeuge, dann ein Schlachtschiff und schließlich zwei Flugzeugträger, der ganze Verband von sechs Zerstörern gesichert, in Sicht, die genau auf U 81 zuhielten. Guggenberger fuhr sein Seerohr nur für ganz kurze Augenblicke aus, um Fahrt, Entfernung und Lage des Gegners zu schätzen, während er gleichzeitig die Zerstörer im Auge behielt. Die schweren Einheiten drehten plötzlich hart beim Zick-Zack; ein Zerstörer auf Kollisionskurs drehte plötzlich ab, und Guggenberger löste einen ganzen Torpedoviererfächer. Danach ging das Uboot im Schnelltauchen auf 110 m Tiefe, als von der gespannten Besatzung die dumpfen Schläge zweier Explosionen wahrgenommen wurden. Nach drei Stunden und 130 Wasserbomben entkam U 81 den britischen Zerstörern.

Tatsächlich hatte nur einer der Torpedos den Flugzeugträger *Ark Royal* getroffen, der aber schwere Schlagseite erhielt und nach Gibraltar geschleppt werden mußte. Stunden später geriet das Schiff in

Brand und sank früh am nächsten Morgen, nur 25 Seemeilen vom rettenden Hafen entfernt. *Ark Royal,* die den Namen des britischen Flaggschiffs im Kampf gegen die spanische Armada trug, war der berühmteste und aktivste Flugzeugträger der britischen Marine gewesen. Sie war bereits einmal im ersten Kriegsmonat ohne Erfolg von einem Uboot angegriffen worden, und die deutsche Propaganda hatte sie seither bereits unzählige Male »versenkt«. Ihr Ende leitete eine weitere sehr schwierige Phase für die Engländer im Mittelmeer ein.

Bei schwachem Seegang, der gerade stark genug war, um sein Seerohr zu verdecken, stieß Oberleutnant z. S. Hans Dietrich Freiherr von Tiesenhausen mit U 331 am schönen Nachmittag des 25. November von vorne auf die Alexandriaflotte, und zwar so überraschend, daß die Linie der Schlachtschiffe beinahe passiert hatte, ehe das Boot schießen konnte. Vier Torpedos liefen auf das zweite Schlachtschiff zu, aber beim Schuß war das Boot so aus dem Trimm gekommen, daß sein Turm mitten im britischen Verband die Oberfläche durchbrach, beinahe vor dem Rammsteven des dritten Schlachtschiffs. Nach 45 Sekunden an der Oberfläche sackte das Boot außer Kontrolle bis auf 250 m Tiefe durch – eine Tiefe, in der es durch den Wasserdruck eigentlich hätte zerstört werden müssen –, bevor das Boot wieder in Gleichgewicht gebracht und langsam auf eine weniger gefährliche Tiefe eingesteuert werden konnte. Den britischen Zerstörern konnte das Boot dann glücklich entkommen. Hoch über ihm war das Schlachtschiff *Barham,* ein ehrwürdiger Veteran der Skagerrakschlacht, von drei Torpedos getroffen worden. Den Treffern folgten sekundäre Explosionen, die binnen fünf Minuten eine Munitionskammer erreichten. Das Schiff wurde zerrissen und sank mit 862 Mann der Besatzung.

Drei Wochen später verlor die Alexandriaflotte den Kreuzer *Galatea* durch Torpedos von U 557. Danach war die Reihe an den Italienern. In der Nacht zum 18. Dezember tauchte ein Uboot vor dem Hafen von Alexandria auf und setzte drei langsame elektrische Torpedos aus, die je 2 Torpedoreiter trugen, die wie in eisernen Sätteln auf den Torpedos saßen. Die Männer hielten ihre »maiale« (= »Schweine«) in einer Tiefe, daß ihre Köpfe gerade über Wasser blieben und sie durch die Hafensperren steuern konnten. Danach tauchten sie unter die Zielobjekte. Eine Mannschaft klinkte ihren Sprengkopf von 250 kg unter dem Schlachtschiff *Valiant* aus, eine andere befestigte ihre Sprengladung an dem Schlachtschiff *Queen Elizabeth,* und die dritte griff einen Marinetanker an, in der Hoffnung, daß das bei der Explosion auslaufende Öl Feuer fangen würde.

Alle sechs Torpedoreiter wurden gefangengenommen – zwei von ihnen so schnell, daß sie zwei Stunden in einem der untersten Räume der *Valiant* zubrachten. Dann setzte einer der beiden italienischen Gefangenen den britischen Kommandanten davon in Kenntnis, daß sein Schiff in Kürze explodieren würde, verweigerte aber die Aussage, auf welche Weise. Er wurde wieder in den gleichen Raum gebracht, bis die Explosion erfolgte – beide Gefangene blieben aber unverletzt. Innerhalb von Minuten erfolgten auch die Explosionen auf den beiden anderen Schiffen. Damit existierten keine Schlachtschiffe der Alexandriaflotte mehr (obwohl keines der Schiffe sank), denn beide mußten durch den Suezkanal aus dem Mittelmeer abgezogen werden, um zu umfangreichen Reparaturarbeiten in die Werft zu gehen.

Zum gleichen Zeitpunkt, da die Torpedoreiter ihre Sprengladungen in Alexandria anbrachten, ereilte das Schicksal auch den aus Kreuzern und Zerstörern bestehenden Verband in Malta. Er hatte mit großem Erfolg die Nachschubgeleite für das Afrikakorps angegriffen – innerhalb einer Nacht verlor er jedoch einen Kreuzer und einen Zerstörer, und zwei Kreuzer wurden in der gleichen Minensperre beschädigt, so daß auch dieser Verband als Kampfeinheit ausgelöscht war.

Nachdem Hitler überzeugt worden war, daß die Krise im Mittelmeer einer dringenden Lösung bedurfte, hatte er neben der Verlegung von Ubooten auch die Entsendung von Luftwaffeneinheiten befohlen. Die Luftflotte 2 begann im Januar 1942 mit Einsätzen von Sizilien, die bald eine vernichtende Wirkung auf Malta hatten. Die Wendung zum Erfolg der Achse im Mittelmeer wurde dadurch gekrönt, daß die Engländer auf Grund der Bedrohungen durch die Japaner im Pazifik gezwungen waren, das Schlachtschiff *Prince of Wales* und den Schlachtkreuzer *Repulse* in die malayischen Gewässer zu verlegen. Die Versenkung der *Ark Royal* und eine Grundberührung des neuen Trägers *Indomitable* während einer Übungsfahrt im Karibischen Meer im November hatten die Engländer ihrer geplanten Luftsicherung beraubt. Der Beginn eines neuen Krieges in Pearl Harbour – wovon Deutschland in gleicher Weise wie Großbritannien und die USA überrascht wurde –, führte dazu, daß die beiden Großkampfschiffe, von vier Zerstörern gesichert, gegen eine japanische Invasionsflotte vor der Ostküste der malayischen Halbinsel ausliefen, um zu versuchen, britische Besitzungen zu schützen.

Beide Schiffe wurden prompt bei einem Angriff japanischer, landgestützter Flugzeugverbände versenkt. Daraufhin entsandte England fünf langsame, alte Schlachtschiffe und einen Flugzeugträger in den Indischen Ozean. Obwohl die Zusammenarbeit zwischen Deutschland und Japan auf die Abstellung hoher Offiziere als Beobachter in den Oberkommandos beschränkt blieb, hatten die japanischen Operationen für die Strategie in Europa die erwünschte Wirkung. Eine japanische Operation gegen Madagaskar, auf die die strategischen Planer der deutschen Marine hofften, fand jedoch nie statt. Nach der verheerenden Niederlage der Japaner bei Midway im Juni 1942 wurde offensichtlich, daß es nie zu einer Vereinigung der Streitkräfte im Mittleren Osten kommen würde.

Inzwischen hoffte Raeder immer noch auf eine Zusammenarbeit mit Darlan in diesem Raum, wenn auch mehrere Versuche bei ihm kein Ergebnis erbrachten.

Für sich gesehen, war die Lage im Mittelmeerraum nunmehr jedoch wiederum sehr günstig. Malta und die britische Flotte in Alexandria waren sehr schwach, und der Nachschub für Rommels Verbände lief wieder mit geringen Verlusten. Am 21. Februar 1942 begann Rommel einen Vorstoß gegen Ägypten, der die ihm entgegenstehenden englischen Verbände vor sich her trieb. Malta sollte in einer gemeinsamen deutsch-italienischen Unternehmung besetzt werden, sobald Rommel so weit vorgedrungen war, daß den Engländern kein Eingreifen in die Operation mehr möglich war. Zum ersten Mal stimmten alle beteiligten Stellen dieser Unternehmung zu, und während des Februar und März wurde Malta trotz verzweifelter britischer Bemühungen zur Versorgung der Festung, bei denen sie schwere Verluste erlitten, erfolgreich blockiert.

Der Plan wurde durch seinen eigenen Anfangserfolg zu Fall gebracht. Der Kampf gegen Malta begann so erfolgreich, daß Teile der Luftflotte 2 an die Ostfront, wo die Offensive gegen Stalingrad vorbereitet wurde, entlassen wurden. Rommels Vormarsch in Afrika kam so ungestüm voran, daß er Hitler überredete, die verbliebene Luftunterstützung zeitweilig von Sizilien nach Ägypten zu verlegen. Nachdem weitere Erfolge errungen wurden, entschied Hitler, daß der Fall von Suez Malta abschneiden würde. Er fürchtete das nochmalige Risiko für seine Luftlandeverbände nach den Verlusten, die sie beim Kretaunternehmen erlitten hatten, und so war ihm jede Alternative zu einem Angriff auf Malta sehr willkommen. Er träumte überdies davon, daß Rommel über Suez hinaus vorstoßen und eventuell sogar die Verbindung mit dem im Gange befindlichen Kaukasusvorstoß an der Ostfront herstellen könnte. Die Luftflotte 2 blieb zwischen Afrika und Rußland aufgeteilt.

Als Ende Juni die Luftgefahr für Malta nachgelassen hatte, verstärkten die Engländer die Insel mit Flugzeugen aller Typen: zweimotorige Bomber, Torpedoflugzeuge, einmotorige Bomber, Jagdflugzeuge, Nachtaufklärer mit Radar und Beleuchter. Während die Afrikaarmee der Fata Morgana der Pyramiden über Wüstenstrecken, die kein Ende nahmen, nachjagte, schlugen die britischen RAF-Verbände von Malta aus gegen Rommels Nachschubgeleite zu, von denen er abhängig war.

Rommel wurde am 1. Juli vor El Alamein zum Stillstand gebracht – nur etwa 100 km von Alexandria entfernt. Mussolini, der nach Afrika gekommen war und ein weißes Pferd für seinen Einzug in Kairo hatte einfliegen lassen, wurde bald ungeduldig und kehrte nach Rom zurück. Der Stillstand wurde zunächst als vorübergehend angesehen. Je länger Rommel jedoch warten mußte, desto geringer wurden seine Chancen, da die Bereitstellung britischer Streitkräfte schneller als seine eigene erfolgte, während er vom langen Nachschubweg über das Mittelmeer und dann über 1000 Wüstenmeilen abhing, einem Weg, der auf Bahn und Straße höchst verwundbar war. Während des Juli und August nahm die Heftigkeit der italienischen Konvoi-Schlachten abermals zu. Ein lähmender Brennstoffmangel verurteilte die italienischen schweren Einheiten zur Untätigkeit, während die Engländer selbst Schiffe der Home Fleet einsetzten, um eine Wende zu erzwingen. Im Oktober betrugen die italienischen Verluste 44 % der eingesetzten Nachschubtonnage. Umgekehrt erlitten die Engländer bei ihrem einzigen größeren Versuch zur Versorgung Maltas während des Sommers eine ihrer größten taktischen Niederlagen durch die Versenkung eines Flugzeugträgers, zweier Kreuzer, eines Zerstörers und von neun Handelsschiffen. Außerdem wurden drei Kriegsschiffe beschädigt. Nur drei unbeschädigte und zwei beschädigte Handelsschiffe erreichten Malta, aber sie hielten die Festung am Leben. Die Italiener verloren 2 Uboote, zwei Kreuzer wurden beschädigt.

Als der Herbst kam, verschlechterte sich die Versorgungssituation der Afrikaarmee ständig. Malta mochte an der Grenze des Hungertodes stehen – es hungerte doch ebenso auch Rommel aus. Deutschlands letzte Chance im Mittelmeer verbrannte in den Fackeln sinkender Tanker und Versorger der Achsenmächte.

Der Herbst 1942 brachte dann die Wende gegen Deutschland. Nachdem Rommels verspätete August/September-Offensive zusammengebrochen war, ging die britische Wüstenarmee ihrerseits zum Angriff über und schlug seine Streitkräfte im Oktober und November in der dritten Schlacht von El Alamein entscheidend. Im November begann die Vernichtungsschlacht von Stalingrad. Im Seekrieg hatte die deutsche Flotte ihre Vorstöße in den Atlantik eingestellt und den strategischen Rückzug in die nördlichen Gewässer angetreten, während sich die noch erfolgreichen Uboote einer ständig stärker werdenden Abwehr gegenübersahen. Das deutsche Oberkommando sah dem nächsten Rückschlag entgegen.

Obwohl man sich um Französisch-Nordafrika schon längere Zeit Sorgen gemacht hatte, war niemand wirklich sicher, wann und wo die Alliierten bei der Beweglichkeit, die sie als Seemächte besaßen, zuschlagen würden. Die Marine-Operationsabteilung glaubte nur teilweise an Französisch-Nordafrika als Zielgebiet, und zwar wegen der Bedrohung durch die französische Flotte, sie vermutete vielmehr, daß ein Schlag gegen Tripolis erfolgen würde, um das Afrikakorps abzuschneiden. Die amerikanischen und britischen Landungen in Casablanca, Oran und Algier am 8. November 1942 kamen daher nach Zeit und Ort völlig überraschend. Der deutsche bzw. italienische Widerstand war gering, und die Franzosen stellten nach äußerst verwickelten Verhandlungen nach drei Tagen das Feuer ein.

Die deutsche Regierung hatte um die französische Zustimmung ersucht, Deutschland an der Verteidigung von Französisch-Nordafrika gegen die alliierte Invasion zu beteiligen. Hitlers Beauftragte waren jedoch abgewiesen worden. Die Deutschen zwangen den französischen Premierminister Pierre Laval jedoch bald zur Zustimmung zu ihrem Einmarsch in Tunesien, wo ihre Landung einer alliierten Unternehmung nur knapp zuvorkam. Tunesien wurde die strategische Schlüsselposition der deutschen Verteidigung des Mittelmeeres. Sobald die Deutschen es verloren, war das Mittelmeer frei für eine kurze alliierte Konvoiroute durch den Persischen Golf nach Rußland und in den Mittleren Osten. Der Schiffsraum, der hierbei frei wurde, sollte ausreichen, den Alliierten Angriffe an jeder Stelle Südeuropas zu ermöglichen. So entschlossen sich die Deutschen, diese Position zu halten, und es entbrannten erneute Kämpfe um die Konvois in der Straße von Sizilien. Die Italiener waren dabei den alliierten Seemächten unterlegen, die einen ständig wachsenden Prozentsatz des Schiffsraumes der Achsenmächte versenkten – im März und April 1943 schließlich je 41 %. Die italienischen Seeleute, die

Ein Uboot vom Typ IX C. U 534 war ein Fernfahrtboot vom Standard-Typ mit
6 Torpedorohren, einem 10,5 cm-Geschütz und Flak verschiedener Art.
(Ferdinand Urbahns)

Gesamtansicht von U 537, eines anderen Bootes vom Typ IX C. Es hatte das
ungewöhnliche Schicksal, in der Java-See von einem amerikanischen Uboot torpediert zu werden.   (Ferdinand Urbahns)

Brückenwache auf einem Uboot. Winterwetter trug besonders zur Beanspruchung der Ubootbesatzungen bei und erschwerte den Ausguck und den Angriff erheblich – das gleiche galt aber auch für die Geleitfahrzeuge ihrer Gegner.
(Mit freundlicher Genehmigung von Großadmiral Karl Dönitz)

Winter im Atlantik. Ein Uboot beim Abreiten schwerer See im Januar 1942.
(Mit freundlicher Genehmigung von Großadmiral Karl Dönitz)

Ein Flammenmeer bei Nacht. Der Tanker *Ocana* wurde ein Opfer von U 552. Kapitänleutnant Erich Topp, der Kommandant des Bootes, lag unter den erfolgreichsten Ubootfahrern an dritter Stelle. Szenen wie diese waren Anfang 1942 vor der Ostküste der Vereinigten Staaten nichts Ungewöhnliches.

(Foto Drüppel)

Das Schlachtschiff *Tirpitz*. Das Schwesterschiff der *Bismarck* verbrachte fast seine gesamte Lebenszeit auf norwegischen Hafenliegeplätzen und lief nur kurz zu Angriffen gegen die Murmansk-Geleite und einmal zu einer Beschießung Spitzbergens aus.

(Foto Drüppel)

Das Opfer eines Ubootes zerbricht in zwei Teile. Ein Mann von U 552 beobachtet das Sinken des britischen Motorschiffes *Beacon Orange*.   (Foto Drüppel)

die Nachschubgüter auf Handels- und sogar an Deck von Kriegsschiffen überführen mußten, nannten diese Fahrten »Todesfahrten«. Sobald die Alliierten gesicherte Brückenköpfe in Nordafrika aufgebaut hatten, entschloß sich Hitler, in die bis dahin unbesetzte französische Zone einzumarschieren, um die französische Mittelmeerküste gegen eine alliierte Invasion oder, was er für wahrscheinlicher hielt, ein französisches Doppelspiel zu sichern. Der Waffenstillstand blieb jedoch nominell in Kraft. Der Oberbefehlshaber der französischen Marine, Admiral Paul Auphan, bat Raeder, daß die Lage der französischen Flotte respektiert würde: sie stand loyal zu Pétain und lief nicht aus. Raeder antwortete, daß Toulon ohne deutsches Eingreifen von der französischen Marine verteidigt werden solle, und daß er auf eine künftige Zusammenarbeit zwischen den beiden Marinen bei gemeinsamen Aufgaben hoffe. Hinsichtlich dieser Zusammenarbeit gaben die Franzosen zur Antwort, daß ihre Flotte und ihr Stützpunkt gegen jeden verteidigt werden würde, daß sie jedoch auf keiner der beiden Seiten an Feindseligkeiten teilnehmen würden.

Trotz dieser Übereinkunft und in dem Wissen, daß es praktisch unmöglich war, diese Flotte wegzunehmen, ordnete Hitler jedoch ihre Besetzung an – worauf die Flotte sich selbst versenkte. Die Seeherrschaft im Mittelmeer war damit unwiderruflich auf die Alliierten übergegangen; denn weder die dezimierte italienische Flotte noch die verbleibenden deutschen Uboote konnten den riesigen alliierten Flotten ernstlichen Schaden zufügen. Selbst ein letzter Versuch Raeders, Hitler zu einer Wiederherstellung des Kräftegleichgewichts durch einen Vorstoß auf Gibraltar über Land durch Spanien zu bewegen, hatte keine Aussicht auf Verwirklichung, denn hierzu fehlten die Kräfte.

Von diesem Zeitpunkt an konnte die deutsche Kriegsmarine wenig mehr tun als dem Heer den Rat zu geben, zunächst Tunesien und späterhin Sizilien zu halten, damit anfangs die Straße von Sizilien versperrt blieb und späterhin nicht Italien und der Balkan preisgegeben wurden. Die Marine konnte, meist mit ziemlicher Genauigkeit, den Ort vermuten, wo die nächste Landung erfolgen würde. Die Beweglichkeit der alliierten Seestreitkräfte zwang die Deutschen jedoch, ihre Verteidigungskräfte auf alle möglichen Invasionsstellen zu verteilen. Daher konnten sie an keiner Stelle genügend Truppen konzentrieren, um die aufeinander folgenden Invasionsverbände ins Meer zurückzuwerfen. Eine erneute Erörterung über die Möglichkeit von Flankenangriffen gegen die alliierten Vorstöße durch

Spanien und Portugal war infolge Fehlens der Mittel hierfür sinn-los, ebenso Gedanken an eine Luftlandung in Gibraltar, Alexandria und Suez.

Trotz der Gewißheit, daß hohen Verlusten geringe Erfolge gegen-überstehen würden, wurden einige weitere Uboote in das Mittel-meer entsandt. Mit dem Verlust des letzten dieser Boote im Herbst 1944 senkte sich der Vorhang über einem Kriegsschauplatz, der in den siegreichen Jahren 1940/1941 für Deutschland so viel verspro-chen hatte.

Die Überwasserstreitkräfte

Die französische Niederlage im Juni 1940 kündete für die deutsche Marine goldene Zeiten an, in denen großartige Schiffe in kühnen Durchbrüchen die Islandpassagen bezwingen und ihre schweren Geschütze über alle Weltmeere widerhallen würden. Welche anderen Pläne auch in Aussicht genommen sein mochten, der Leitgedanke war stets, daß Großbritannien auf den Meeren bekämpft, seine Seewege unterbrochen und das Empire und seine befreundeten Nationen von der europäischen Inselfestung getrennt werden müßten.

Mit dem Fall von Frankreich verfügte die deutsche Marine erstmals in ihrer Geschichte über Positionen am Atlantik. Früher hatten deutsche Überwasser-Handelsstörer die britische Blockade, die alle ihre Zugänge zum Atlantik versperrte, durchbrechen und dann ohne Häfen oder Stützpunkte auf See operieren müssen, während sie versuchten, einem großen Aufgebot dort eingesetzter alliierter Jagdgruppen zu entgehen. Nachdem Frankreich gefallen und Italien in den Krieg eingetreten war, war alles, was zur Bedrohung der deutschen Angreifer auf den Seehandel blieb, eine dünne britische Bewachungslinie von den Shetlands bis Grönland, die ihren Rückhalt in der langsamen Home Fleet und noch langsameren Konvoisicherungen hatte. Sobald die deutschen Schiffe die hohe See erreicht hatten, konnte ihnen nur noch zufällig oder durch einen Seeunfall etwas zustoßen.

Die Handelstörer liefen nun nacheinander einzeln aus deutschen Häfen aus. Ihre Tanker und Versorger wurden von Frankreich aus in Marsch gesetzt, und ihre Prisen wurden dorthin dirigiert, um mit ihrer Ladung zur Stärkung des deutschen Kriegspotentials beizutragen. Zerstörer und Torpedoboote, deren Treibstoffvorräte zu gering waren, als daß sie weit draußen in See hätten operieren können, sorgten für Geleitschutz durch die Biscaya, den gefährlichsten Teil einer Fahrt im Atlantik.

Jeder deutsche Handelsstörer hatte drei Aufgaben: er sollte feindliche Schiffe, in Ballast oder mit Ladung, durch Artillerie, Torpedos, Minen oder Sprengladungen versenken, wo immer er sie antraf; er sollte die Verbände der britischen Marine aufsplittern, die Schiffe und ihre Maschinenanlagen sich abnutzen lassen und die Leistungsfähigkeit der Besatzungen durch Dauerbeanspruchung herabsetzen; und er sollte schließlich die Verkehrspläne der Handelsschiffahrt durcheinanderbringen. Solange sich deutsche schwere Einheiten in See befanden, wurden die Fahrpläne der britischen Konvois durchbrochen mit dem Ergebnis, daß sich in den Häfen unbeförderte Güter in unsagbaren Mengen stapelten, die an anderen Orten dringend benötigt wurden. Die dadurch verlorenen Transporttage konnten nicht wieder aufgeholt werden.

Kriegs- und Handelsschiffe waren aber nicht die einzigen, auf die sich das auswirkte: jedes britische Flugzeug, daß über den Ozeanen flog, bedeutete eines weniger für den Einsatz über Europa. Die Gesamtstrategie Großbritanniens wurde hier direkt berührt. Wenn immer deutsche Flotteneinheiten im Atlantik oder in den französischen Häfen waren, stand die britische Gibraltarflotte zwischen ihnen und der italienischen Flotte – sie konnte nicht entscheidend im Mittelmeer eingreifen, denn es war zu befürchten, daß sie im Atlantik benötigt werden würde. In einer solchen Zeit wurde das Afrikakorps im Winter 1940/41 nach Tripolis überführt.

Als erste liefen die bewaffneten Hilfskreuzer aus. Düstere Schiffe, die gewöhnlich grau, braun oder schwarz ohne das geringste Streifchen Weiß, das nachts besser zu sehen gewesen wäre, gemalt waren – waren sie gut geeignet, unter der jeweils am geeignetsten erscheinenden Flagge als harmlose Handelsschiffe dahinzuschippern. Nur ein ausfallender Bug mochte einen Hinweis auf übernormale Geschwindigkeit geben – sonst unterschieden sich die Schiffe äußerlich nicht von hunderten anderer Handelsschiffe unter britischer oder neutraler Flagge. Hinter stählernen Klappforten waren jedoch sechs 15 cm-Geschütze und zwischen zwei und sechs Torpedorohre verborgen. Tarnaufbauten verbargen leichtere Geschütze, Scheinwerfer, Entfernungsmesser und Nebelgeräte. Einige Laderäume waren zur Aufnahme von Gefangenen, andere als Unterkünfte für die Besatzung, Minenräume, Flugzeughallen, Munitionskammern, Hilfsmaschinenräume, Kühlräume, Trockenlagerräume und Zusatz-Brennstoffbunker hergerichtet. Die Schiffe, deren Größe zwischen 3287 und 8736 BRT lag, waren für die Besatzungen von bis zu 400 Mann, die damit rechnen mußten, über ein Jahr lang ununterbrochen auf dem Hilfskreuzer zu leben, mit allen Einrichtungen wie Kombüsen, Bäckerei, Wäscherei, Schiffslazarett bis zu Einzelheiten wie Schuhmacherei und Friseurstube ausgestattet.

Der erste der Hilfskreuzer, die *Atlantis*, lief am letzten Märztag 1940 aus Deutschland aus. Ihm folgten bis Anfang Juli fünf weitere und dann noch einer im Dezember. Das Ziel der *Atlantis* war der Südatlantik, und bald standen Handelsstörer in jedem Ozean.

Komet, dessen Name zu hellen Nordpolarnächten zu passen schien, erreichte den Pazifik durch die Nordost-Passage dank dem deutsch-russischen Pakt. Die Eisbrecher *Lenin* und *Stalin* öffneten einen Teil des langen Weges für das Schiff unter deutscher Flagge, und die Regierung Stalins erhielt für diese Hilfeleistung von der Hitlers den Gegenwert von etwa 300 000 Dollar. Alle übrigen Schiffe brachen durch die Dänemarkstraße, einige entgingen beim Ausmarsch nur knapp britischen Ubooten vor der norwegischen Küste.

Das zweite auslaufende Schiff, *Orion*, begann die Erfolgsserie der Hilfskreuzer mit einer Versenkung im Atlantik und einem falschen Funkspruch über einen »Angriff durch ein Panzerschiff vom Typ Deutschland«, um die Engländer während des Norwegenunternehmens zu täuschen. Sodann nahm es Kurs auf den Indischen Ozean. Die Operationsabteilung dirigierte die Hilfskreuzer mit Geschick von Seegebiet zu Seegebiet, versorgte sie mit Informationen bis hin zu Einzelheiten über das Auslaufen einzelner feindlicher Schiffe und koordinierte alle Bewegungen der Hilfskreuzer mit denen der Versorger, Blockadebrecher, Prisenschiffe, Uboote und schweren Überwassereinheiten zu komplizierten und ständig wechselnden Unternehmungen. Auf Anforderung wurden sogar einzelne Ersatzteile für die Schiffe nachgesandt. In einem Fall wurden im Indischen Ozean fünf deutsche Schiffe zu einem Treffen zusammengeführt: Der Hilfskreuzer *Atlantis*, *Admiral Scheer*, ein Blockadebrecher und zwei Prisen. In einem anderen Fall trafen sechs deutsche Schiffe zusammen, die größte deutsche Marinekonzentration in Übersee seit der Schlacht bei den Falklandinseln 1914.

Nach der ersten Versenkung durch *Orion* stellten sich bald weitere Erfolge ein und rissen über anderthalb Jahre nicht mehr ab. Die Kommandanten begannen ihre Operationen in der traditionellen Weise: sie schlossen an das feindliche Handelschiff heran, feuerten einen Schuß vor den Bug und entsandten ein Prisenkommando, das die Besatzung von Bord gehen ließ und das Schiff dann als Prise übernahm oder versenkte. Sehr bald wurde die Anwendung dieses Vorgehens unmöglich. Die Schiffe drehten beim Sichten jeder verdächtigen Mastspitze ab und funkten häufig QQQ (Q-ship = getarnter Handelsstörer) oder RRR (raider = Handelsstörer). In gewisser Weise waren derartige Funksprüche sogar willkommen, denn sie förderten zwei Aufgaben der Handelsstörer, die Aufsplitterung der britischen Seestreitkräfte und die Unterbrechung des Schiffsverkehrs. Besonders willkommen waren Funksprüche, wenn sie irrtümlich, verstümmelt oder vom Hilfskreuzer teilweise gestört abgesetzt wurden. Ein RRR-Ruf z. B., der nur die Länge, nicht aber die Breite angab, konnte zur Umleitung der Schiffahrt im gesamten östlichen Indik zwingen. In einigen Fällen benutzten die Hilfskreuzer auch die Funkeinrichtungen aufgebrachter Schiffe, um die vorher abgegebenen Hilferufe zu widerrufen.

Der Argwohn der Handelsschiffskapitäne zwang dazu, mehr und mehr Angriffe in der Dunkelheit oder bei schlechten Sichtverhältnissen zu führen, und das bedeutete oft lange Verfolgungen. Aber auch Überraschungsangriffe bei Nacht bedeuteten nicht, daß leichte Beute gemacht werden konnte. Unerschrockene Kapitäne und Funker gaben RRR-Signale auch dann, wenn ihre Schiffe plötzlich überraschend von Scheinwerfern oder Leuchtgranaten angestrahlt wurden und Warnungsschüsse aus dem Dunkel aufblitzten. Einige Schiffe versuchten auch, das Feuer mit ihren alten Geschützen zu erwidern, wohl wissend, daß ein einziger glücklicher Treffer einen Hilfskreuzer außer Gefecht setzen konnte. Doch meist war Widerstand gegen eine Breitseite von vier 15 cm-Geschützen nutzlos. Nichtsdestoweniger führte dieser Widerstand zu einem weiteren Wechsel in der Taktik. Die Hilfskreuzerkommandanten begannen nun ihre Gefechte mit Breitseiten, mit denen die Funkeinrichtungen des Feindes sofort zerstört werden sollten. Es war unausbleiblich, daß damit die Zahl der Verluste stark anstieg, und daß die aufgebrachten Schiffe so beschädigt wurden, daß sie versenkt werden mußten.

Es war eine Ironie, daß der erste, der weltweiten Schimpf hinnehmen mußte, einer der anständigsten Kommandanten war, Kapitän zur See Bernhard Rogge von der *Atlantis*. In einer hellen Mondnacht sichtete er im April 1941 ein abgeblendetes Schiff auf Zickzack-Kurs, das er als Typ britischer Truppentransporter erkannte. Er nahm an, daß es wie andere dieses Typs zum Hilfskreuzer umgebaut worden sein könnte. In der Dämmerung schloß *Atlantis* heran und eröffnete Feuer, bei dem sie schnell sechs Treffer erzielte, den Funkraum zerstörte und Maschine und Wasserlinie traf. Das Schiff stoppte. Erst jetzt wurde die Identität klar. Es war der neutrale Ägypter *Zamzam*, vormals britischer Truppentransporter, jetzt aber mit 202 Passagieren, davon 109 Frauen und Kinder, besetzt, von denen 140 Amerikaner waren. Die Lage wurde noch erschwert, da 150 der Passagiere Missionare waren und andere dem britisch-amerikanischen Lazarettkorps angehörten. Von den 107 Mann Besatzung waren die meisten in den Booten und hatten die Passagiere ihrem Schicksal überlassen.

166

Die *Atlantis* rettete alle aus dem Wasser, von den Booten und von dem sinkenden Schiff. Es hatte keinen Toten gegeben, ein Umstand, den die christlichen Missionare und die Moslems unter der Besatzung unterschiedlichen Ursachen zuschrieben. Dankbar gab Rogge seine unwillkommenen Passagiere an den Versorger *Dresden* ab, der sie nach Frankreich brachte. Das Gespenst der *Lusitania* lag über dieser Fahrt. Die verantwortlichen Marineoffiziere waren voller Sorge, welche Wirkung eine Versenkung der *Dresden* durch die Engländer auf die Weltöffentlichkeit haben würde. Was würden deutsche Erklärungen über das Verhalten der *Zamzam*, das dem eines Schiffes eines Kriegführenden glich, und ihre Konterbande (darunter Schmieröl und Stahl für England) gegen den Tod so vieler Zivilpersonen ausrichten?

Zum Glück für alle Beteiligten erreichte die *Dresden* unversehrt Frankreich. Einer der Passagiere, der Herausgeber von *Fortune*, schrieb einen Artikel für das Magazin *Life*, der, wenn auch im Ton etwas hetzerisch, doch die Tatsachen korrekt schilderte. Mit diesem Bericht wurde ein Foto der *Atlantis* veröffentlicht, das ein Fotograf von *Life*, der sich ebenfalls an Bord der *Zamzam* befunden hatte, aufgenommen hatte. Er hatte es geschafft, diesen Film vor der deutschen Besatzung zu verstecken.

Ein anderer Kommandant, dessen Artilleriefeuer ein weltweites Echo auslöste, war Kapitän z. See Hellmuth von Ruckteschell vom *Widder*, und später von *Michel*. Sein Hang, auf Schiffe auch nach ihrem Stoppen zu feuern, und die Tatsache, daß er die Überlebenden von Schiffen, die hunderte von Seemeilen von einer Küste versenkt wurden, nicht aufnahm, führten nach dem Kriege zu seiner Verurteilung wegen der Begehung von Kriegsverbrechen und einer zehnjährigen Gefängnisstrafe. Er starb in der Haft als einer der beiden deutschen Kommandanten, die von ihren Feinden verurteilt wurden.

Die Artillerie war zwar die Hauptwaffe der Hilfskreuzer, keineswegs jedoch ihre einzige. Sie waren auch mit Über- und Unterwasser-Torpedorohren ausgerüstet, kamen aber selten bis auf Reichweite an die Handelsschiffe heran, um Torpedos einsetzen zu können. Sie wurden jedoch häufig dazu verwendet, nutzlose Prisen schnell zu versenken. Die Flugzeuge waren bei den seltenen Gelegenheiten, da man sie überhaupt einsetzen konnte, von unschätzbarem Wert. Keiner der Hilfskreuzer besaß ein Katapult, und so war ein Start nur bei ruhiger See möglich. Die Flugzeuge litten auch unter häufigen Ausfällen. Die meisten der Kommandanten setzten ihr Flugzeug im wesentlichen zur Aufklärung ein, wenn auch einige ihnen Anweisung gaben, die Antennen der Handelsschiffe mit Draggen abzureißen und die Aufbauten mit Bomben und Bordwaffenbeschuß zu belegen. Kapitän z. See Felix Krüder vom *Pinguin* machte den waghalsigsten Gebrauch von seinem Flugzeug bei einem Nachtangriff auf einen Tanker. Das Flugzeug riß hierbei die Antennen zwischen seinen Masten ab, beschoß es, und warf eine Aufforderung zum Stoppen in Englisch auf Deck ab. Das Schiff stoppte, und als *Pinguin* herankam, fand er das Flugzeug auf dem Wasser vor. Seine Besatzung paßte auf den Tanker auf, der auf ihre Anweisung hin seine Fahrtlaternen gesetzt hatte. Krüder erbeutete in dieser Nacht drei Schiffe, von denen die beiden anderen *Pinguin* einfach in den Weg liefen.

Die meisten Hilfskreuzer waren auch mit einer großen Zahl von Minen ausgerüstet. Diese hatten, da sie in so weit auseinander liegenden Teilen der Welt wie vor dem Kap der Guten Hoffnung und Auckland (Neuseeland) geworfen wurden, meist einen doppelten Erfolg: sie vernichteten Schiffe und führten zu einer Verwirrung der Schiffahrt. Eine Anzahl von Prisen wurden als Hilfsminenleger ausgerüstet, darunter ein Tanker, der deshalb dazu ausersehen wurde, weil man sicher war, daß niemand in einem Tanker einen Minenleger vermuten würde.

Zwei Hilfskreuzer hatten je ein leichtes Schnellboot mit einer Spitzengeschwindigkeit von 42 kn an Bord. Das Boot von *Michel* fuhr vier Einsätze, drei davon mit Erfolg. Hierbei wurde, um Überraschung zu erzielen, folgende Methode angewendet: Das Boot wurde nach Einbruch der Dunkelheit ausgesetzt, lief dann weit voraus in den Kurs des Handelsschiffes und wartete dort mit gestoppten Motoren, bis das Ziel auf Torpedoschußweite herangekommen war. Der einzige vergebliche Angriff fand bei Tage statt. Hier konnte die wachsame Besatzung des Schiffes die Torpedos ausmanövrieren und so hohe Fahrt herausholen, daß es *Michel* davonlaufen konnte.

Eine Methode, das von einem Hilfskreuzer abgesuchte Gebiet auszuweiten, bestand darin, Aufklärungslinien zu bilden, an der ein oder zwei Hilfskreuzer und ein oder mehrere Prisen oder Versorger beteiligt waren. *Komet* vergrößerte die Störwirkung der Hilfskreuzer dadurch, daß er auf den Gedanken der Hilfskreuzerkommandanten des Ersten Weltkrieges zurückgriff, Küsteneinrichtungen zu beschießen. Er griff die Phosphatinsel Nauru nördlich der Salomonen an. Die Granaten vernichteten eine Phosphatpier, Öltanks und andere Einrichtungen, nachdem der Funker des Schiffes die Funkstation an Land gemahnt hatte, Funkstille zu halten und die Bevölkerung zur Räumung der Zielgebiete aufzufordern, damit es keine Verluste gebe. Ein anderer Weg, die Abwehrprobleme für die Engländer zu vergrößern, war die Beölung und Ergänzung der Ausrüstung von Ubooten, so daß deren Seeausdauer vergrößert wurde und sie in Gebieten operieren konnten, die normalerweise außerhalb ihres Aktionsradius' lagen. In einem Fall nahm ein Hilfskreuzer zu diesem Zweck sogar einmal ein Uboot in Schlepp. Auch einige italienische Uboote, die bei der britischen Besetzung aus Italienisch-Ostafrika entkommen waren, wurden mit Treibstoff versorgt und konnten so ihre Fahrt nach Frankreich durchführen.

Einige wenige Prisen waren besonders wertvoll, und so wurden alle Bemühungen unternommen, sie wohlbehalten nach Frankreich zu überführen. Die bei weitem wichtigsten waren zwei norwegische Walfangmutterschiffe, ihr Tanker und elf Walfangboote, die alle innerhalb von zwei Tagen von dem recht passend benannten *Pinguin* in der Antarktis aufgebracht wurden. Die Funker von *Pinguin* hatten den Funksprechverkehr der Walfangflotte abgehört und damit den Weg des Hilfskreuzers zu seiner Beute durch das Treibeis gefunden. Das war das erfolgreichste Ergebnis des Funkabhördienstes. Mit Ausnahme eines Fangbootes wurden alle nach Frankreich entlassen. Nur zwei der Walfangboote wurden auf dieser Reise abgefangen und versenkten sich. Die drei großen Schiffe führten der deutschen Wirtschaft insgesamt 20 000 t begierig erwartetes Walöl zu, woran in Deutschland großer Mangel herrschte. In einem anderen Falle wurde der Kommandant des *Thor* getadelt, weil er ein aufgebrachtes Walfangmutterschiff mit 17 662 t Öl versenkte. Er hatte die Aufgabe, dieses Schiff durch die Blockade zu bringen, für zu schwierig erachtet.

Andere Prisen waren für die Handelsstörer selbst von Nutzen. Das Kühlschiff *Duquesa* mit Kohlenfeuerung, das 3500 t Gefrierfleisch und 15 Millionen Eier an Bord hatte, wurde von *Admiral Scheer* aufgebracht. Es wurde zu einem Versorgungspunkt im Südatlantik entsandt, wo es eine große Zahl dankbarer Schiffe mit Verpflegung versorgte. Nachdem die Kohlenvorräte des Schiffes erschöpft waren, wurde es von einem anderen Versorger in Schlepp genommen, während die Prisenbesatzung alle eigenen hölzernen Teile verfeuerte, um die Kühleinrichtung, solange es irgend möglich war, in Betrieb zu halten. Einer der Hilfskreuzer hatte zwar ein Kohlenschiff mit Ladung aufgebracht, es aber als nutzlos versenkt, da es keine Kenntnis von der Zwangslage der *Duquesa* hatte. So mußte das Kühlschiff schließlich versenkt werden. Erbeutete Tanker verlängerten die Unternehmungen vieler Hilfskreuzer, während Prisen und Versorger als Gefangenenschiffe dienten.

Die Gefangenen stellten auf Grund ihrer großen Zahl ein besonderes Problem dar, denn es war nicht ratsam, sie in neutralen Häfen an Land zu setzen, da sie ja die Hilfskreuzer kannten und die Anonymität die beste Waffe dieser Schiffe darstellte. Die Verpflegung der Gefangenen war ein ärgerliches Problem, da unter ihnen von der europäischen alten Dame mit Spezialdiät bis zu vegetarischen Hindus und Moslems aus Malaya alles vertreten war. Auf einigen Schiffen wurde aus der Kapitänskombüse so etwas wie die Küche des Völkerbundes. Hinsichtlich der Gefangenen wurde nie eine einheitliche Lösung gefunden, obwohl man sich bemühte, so viele wie möglich in deutschem Gewahrsam zu halten. Dem größten Problem sah sich Kapitän z. See Otto Kähler mit dem sehr kleinen *Thor* gegenüber, als er ein Schiff mit 500 Passagieren und der Besatzung angriff. Ein britisches Kriegsschiff funkte, daß es dem sinkenden Schiff zu Hilfe komme. So ließ Kähler die Leute zurück und überließ dieses Problem den Engländern.

Die Versorgung wurde durch die Benutzung japanischer Stützpunkte erleichtert, und zwar zunächst durch die Versorger, später die Hilfskreuzer selbst. Bis zum Ende des Jahres 1941, dem Zeitpunkt, an dem die ersten sieben Hilfskreuzer ihre Fahrten beendet hatten, waren zu ihrer Versorgung 36 Versorger und Blockadebrecher und 22 Prisen eingesetzt worden. Die meisten dieser Schiffe mußten sich schließlich selbst versenken, wurden versenkt oder von den Engländern aufgebracht, unter letzteren ein Schiff mit dem *KTB* (Kriegstagebuch) des *Pinguin* an Bord. Andererseits konnten auch die deutschen Schiffe auf vielen Prisen Geheimpapiere erbeuten und wiederholt in den Funk-Code der Handelsschiffahrt einbrechen, wodurch sie äußerst wertvolle Informationen über den britischen Schiffsverkehr erhielten.

Die Möglichkeiten der Schiffe, ihr Äußeres zur Tarnung zu verändern und Reparaturen selbst auszuführen, waren bemerkenswert. Masten, Schornsteine und Aufbauten wurden beträchtlich verändert und selbst Kleinigkeiten wie die, daß sich »weibliche« Passagiere an Deck zeigten, wurden zwecks Glaubwürdigkeit sorgfältig beachtet. Die Schiffe wurden auf hoher See gekrängt, indem Treibstoff von Backbord nach Steuerbord und umgekehrt übergepumpt wurde, so daß die Besatzung den Bewuchs entfernen und den Schiffsboden malen und reparieren konnte. Unterwasserreparaturen wurden durch Taucher ausgeführt, wie etwa die Auswechslung einer Kiel-platte auf der *Atlantis,* die bei einer Grundberührung beschädigt worden war. Verschiedene Schiffe liefen unbewohnte Inseln, vor-zugsweise in südlichen Breiten, an. Rogge verschaffte dem größten Teil seiner *Atlantis*-Besatzung sogar einen kurzen Landurlaub auf dem palmenbestandenen Korallen-Atoll Vanavana, einer Insel im Südpazifik, die gerade wie aus einem Roman zu sein schien. Das Weihnachtsfest konnte seine Besatzung an Land auf einer anderen Insel feiern, wobei als Höhepunkt die Geschenke für jeden der Be-satzung aus den Ladungen der aufgebrachten Schiffe stammten.

Die Aufrechterhaltung der Moral fand besondere Beachtung auf diesen langen Reisen, und es wurden viele Methoden angewendet, um den eintönigen Tagesablauf aufzulockern. Besondere Ereignisse wie etwa die »Äquatortaufe« wurden mit ihren üblichen Feierlich-keiten begangen, ebenso Feiertage, die Erdumrundung oder einjäh-rige Dauer der Reise, ein Zeitraum, den mehr als die Hälfte der Hilfskreuzer erreichten. Filme, Musik und Laientheater halfen, die Last der Arbeit, der ständigen Übungen und Anspannung zu erleich-tern. *Kormoran* übernahm zu diesem Zweck von einer Prise zur Unterhaltung ein Klavier, während auf *Stier* ein Basar mit Verstei-gerung stattfand, der einen Erlös von 3000,– DM für wohltätige Zwecke erbrachte. *Kormoran* besaß sogar ein kleines Schwimm-becken. Einige Kommandanten führten umschichtig einen »Urlaub an Bord« ein, bei dem die Männer von jedem Dienst befreit waren, den Alarmfall ausgenommen.

Langsam begannen jedoch die Probleme die Hilfskreuzer einzu-holen. Auf einigen von ihnen mit alten Dampfturbinen kam es zu wiederholten Maschinenstörungen, oder der Treibstoff ging infolge ihres hohen Verbrauches aus. Die Dieselmotoren, mit denen die mei-sten Schiffe ausgestattet waren, hatten zwar einen weit niedrigeren Verbrauch, trotzdem hatten viele Kommandanten Treibstoffsorgen. Einige Schiffe trieben für Tage oder Wochen und warteten auf einen Tanker. Maschinenstörungen, das Außerbetriebsetzen eines Kessels zur Brennstoffersparnis oder der immer stärker werdende Boden-bewuchs setzte die Geschwindigkeit einiger Schiffe so weit herab, daß sie schließlich die schnellsten und wertvollsten Handelsschiffe nicht mehr einholen konnten.

Die Engländer gingen mit Ausdauer und aktiv gegen die Hilfskreu-zer vor, von denen einige nur mit viel Glück der Vernichtung ent-gingen. *Orion* wurde von einem Aufklärer angeflogen und inspi-ziert, der sich aber durch die Tarnung täuschen ließ. Bei einer anderen

Gelegenheit sichtete das Aufklärungsflugzeug dieses Schiffes einen feindlichen Kreuzer so rechtzeitig, daß der Hilfskreuzer ausweichen konnte. Die *Atlantis* traf in einer mondhellen Nacht auf ein Schlachtschiff der *Nelson*-Klasse und einen Flugzeugträger, konnte aber durch allmähliche Kursänderung ungesehen entkommen. *Thor* kam in die übelste Klemme, als er vor Südafrika von dem britischen Leichten Kreuzer *Durban* gesichtet und angemorst wurde. Er gab sich als ein britisches Schiff aus und der Kreuzer ließ ihn passieren. Am nächsten Tag geschah das Gleiche noch einmal mit dem Hilfskreuzer *Cheshire!* Die Engländer besaßen in den ersten Kriegsjahren keine sichere Methode des Schifferkennungsdienstes, was derartige Irrtümer mit erklärt.

Außer britischen Schiffen und Flugzeugen gab es für die Hilfskreuzer noch viele andere Gefahren. *Atlantis* wurde beinahe von einem brennenden Schiff gerammt und fast von einem eigenen Torpedo, der wegen klemmenden Ruders zum Kreisläufer wurde und eben vor dem Bug durchging, torpediert. Sie hatte wie viele andere Schiffe Hurricans abzureiten. Eines der Opfer des *Pinguin* traf den Hilfskreuzer mit einer Granate direkt über dem Minenraum – doch hatte ein Geschützführer in der Aufregung vergessen, den Zünder in die Granate einzusetzen!

Schließlich nahm jedoch auch das Glück der Hilfskreuzer ein Ende, und es war *Thor* mit nur 3862 BRT, der seinem Namen alle Ehre machten sollte, als sich seine Tarnung als unzureichend erwies. Am 28. Juli 1940 stieß das Schiff an einem hellen, klaren Morgen mit ausgezeichneter Sicht vor der brasilianischen Küste auf ein großes Schiff, anscheinend ein Passagierschiff. Der Hilfskreuzer drehte zunächst auf das Schiff zu, um es zu untersuchen, drehte dann aber ab, als der Fremde seinerseits auf ihn zudrehte. Eine Jagd begann, bei der *Thor* zunächst einen Vorsprung von 10 sm hatte, den der Hilfskreuzer *Alcantara* (22 209 BRT) jedoch stetig verringerte. Als die Entfernung auf 7 sm abgenommen hatte, nahm Kapitän z. See Kähler das unausweichliche Gefecht an. *Thor* enttarnte, drehte auf die *Alcantara* zu, setzte die Kriegsflagge und eröffnete das Feuer. Die Sonne stand hinter dem deutschen Hilfskreuzer, was das Feuer der *Alcantara* sehr erschwerte, während *Thor* mit rascher Salvenfolge der vier Geschütze seiner Breitseite bald Treffer erzielte. Die Zudampfleitung wurde zerrissen, und das britische Schiff verlor Fahrt, obwohl es auch das deutsche Schiff zweimal traf. Kähler drehte ab und nebelte sich ein, stieß dann noch einmal für einige weitere Salven aus dem Nebel hervor und brach schließlich im

Schutze des Nebels das Gefecht ab. Er hatte drei Tote und 4 Verwundete an Bord. Er ließ die *Alcantara* bewegungslos, aber noch nutzlos feuernd, hinter sich zurück. Ein beschädigtes Schiff liegenzulassen, war hart für Kähler, doch das Risiko, dabei einen lähmenden Treffer zu erhalten, war zu groß.

Vier Monate später traf *Thor* auf den Ersatz der *Alcantara,* als plötzlich aus einer vier Seemeilen entfernten Nebelbank ein britischer Hilfskreuzer herausstieß. Wieder versuchte Kähler ein schnelles Ablaufen und hoffte, diesmal im Nebel untertauchen zu können, den er durch Qualmen verstärkte. Doch wiederum war der gegnerische Hilfskreuzer zu schnell. Unter schnellen Manövern auf Entfernungen von weniger als 4 sm schoß *Thor* zwei Torpedos, die ihr Ziel verfehlten. Doch wurde der Gegner, die *Carnarvon Castle,* immer wieder von Salven getroffen, die z. T. in nur sechs Sekunden Salventakt folgten. Nach einem einstündigen Gefecht waren die Geschütze von *Thor* so heiß, daß sie klemmten, und die Munition wurde knapp. Doch war er noch immer unbeschädigt. Plötzlich drehte die *Carnarvon Castle* brennend und mit Schlagseite ab. Kähler ließ sie laufen. Der durchlöcherte Rumpf der *Carnarvon Castle* wurde dann wie aus Ironie in Montevideo provisorisch mit Platten gedichtet, die man aus dem Wrack von *Admiral Graf Spee* geborgen hatte.

Thor setzte seine Fahrt fort. Er konnte seine Munitionsvorräte ergänzen und auf die Wege der Handelsschiffahrt zurückkehren. Fünf Monate nach dem Gefecht mit der *Carnarvon Castle* versuchte er, aus einer Entfernung von etwa 5 sm ein anderes großes Handelsschiff durch einen Schuß vor den Bug zu stoppen. In diesem Augenblick wurde die Identität des Gegners erkannt. Wiederum handelte es sich um einen großen Hilfskreuzer. Wieder schlug die Artillerie der *Thor* schwer zu, traf mit der ersten Salve und setzte die *Voltaire* innerhalb von drei Minuten in Brand. Das Feuer breitete sich schnell aus, aber sie feuerte noch. Schließlich klemmte ihr Ruder und sie lief im Kreise, wobei sie weiterhin getroffen wurde, selbst aber keine Treffer erzielte. Eine Stunde nach Beginn des Gefechts setzte die *Voltaire* die weiße Flagge, und Kähler ging so nahe, wie er es wagen durfte, an das brennende Schiff heran und rettete 197 Überlebende, darunter den Kommandanten, aus dem Wasser. Die *Voltaire* sank innerhalb einer Stunde.

Thor war der einzige Hilfskreuzer, der mit britischen Hilfskreuzern ins Gefecht kam. Seine überlegene Artillerie, seine vergleichsweise geringe Größe gegenüber den hochbordigen, umgebauten Passagierschiffen und eine gute Portion Glück verhalfen ihm zu den drei überwältigenden Siegen.

Doch nicht alle Hilfskreuzer konnten so großes Glück haben. Der erfolgreichste von allen, die *Atlantis,* die 22 Schiffe mit 145 697 BRT versenkte, lag am 22. November 1941 gestoppt im Südatlantik. In 622 Seetagen hatte sie 102 000 sm zurückgelegt. In einer Maschine wurden die Kolben gezogen, U 126 wurde über Heck beölt, und der Kommandant des Uboots saß mit Kapitän z. See Rogge beim gemütlichen Frühstück, als die Alarmglocken schrillten. In weiter Entfernung war der Schwere Kreuzer *Devonshire* in Sicht, auf dem das Katapultieren seines Bordflugzeuges erkannt wurde. Das Uboot tauchte, und der Hilfskreuzer begann ein Rätselspiel mit dem Flugzeug und dem Kreuzer in der Hoffnung, daß das Uboot zum Schuß kommen könnte. Der Erste Wachoffizier des Ubootes hielt sich in der Nähe der *Atlantis* und hoffte, daß der Kreuzer herankommen würde. Der Kreuzer hielt sich jedoch weit entfernt, während der Pilot des Bordflugzeuges das Informationsmaterial über Hilfskreuzer, darunter das Foto des *Life*-Fotografen von der *Zamzam,* mit dem Schiff verglich. Der Kreuzerkommandant zögerte mehr als eine Stunde, bat über Funk um Informationen und prüfte sie zusammen mit seinem Piloten.

Nachdem schließlich sichergestellt war, daß die *Atlantis* nicht das Schiff war, für das sie sich ausgab, eröffnete die *Devonshire* auf 10 sm Entfernung das Feuer mit ihren 20,3 cm-Geschützen. Trotz einer Rauchwand war ein Entkommen unmöglich. Als die ersten Treffer in sein Schiff einschlugen, gab Rogge den Befehl zu seinem Verlassen. Der Kreuzer drehte ab, als die *Atlantis* sank. Nahezu ihre ganze Besatzung hatte sich jedoch retten können. Das Uboot tauchte auf und verteilte die Überlebenden auf drei Gruppen: eine an Deck des Ubootes, eine unter Deck und eine in den Booten des Schiffes. Die Gruppen wurden in regelmäßigen Abständen gegeneinander ausgewechselt, bis die Überlebenden schließlich zwei Tage später von dem Versorger *Python* übernommen wurden.

Wenige Tage später wurde die *Python* inmitten von Ubooten von einem Schwesterschiff der *Devonshire,* der *Dorsetshire,* überrascht. Die Uboote tauchten, und eins griff ohne Erfolg an, so daß die *Python,* um Verluste zu vermeiden, versenkt wurde, als der Kreuzer das Feuer eröffnete. Die Besatzung der *Atlantis* war wieder in den Booten, diesmal für eine Woche. Die Uboote organisierten wiederum eine Rettungsaktion, und Dönitz entsandte weitere Boote zur Hilfe. Alle kehrten unbeschädigt heim, obwohl eines von ihnen unterwegs einen Wasserbombenangriff über sich ergehen lassen mußte. Rogge erhielt das Eichenlaub zum Ritterkreuz, als die wieder vereinte Besatzung der *Atlantis* in Berlin von Hitler empfangen wurde.

Pinguin wurde am Tage, nachdem sein 28. Opfer einen Funkspruch hatte absetzen können, im Indischen Ozean vom Bordflugzeug des Schweren Kreuzers *Cornwall* ausgemacht. Der Pilot wurde durch die Tarnung beinahe getäuscht, fand es jedoch seltsam, daß niemand an Deck kam, um dem Flugzeug zuzuwinken. Auch der Kreuzerkommandant war durch die Tarnung verwirrt, hielt auf das Schiff zu und feuerte einen Warnschuß. Der Hilfskreuzer wartete, bis sich die Entfernung verringerte, enttarnte dann und eröffnete das Feuer, wobei er einen Treffer erzielte, der das Ruder des Kreuzers zeitweilig ausfallen ließ. *Pinguin* erhielt jedoch bald einen Treffer in die Minenlast und flog nach 11 Minuten in die Luft. Nur 60 Deutsche und 22 Gefangene überlebten. Kapitän z. See Felix Krüder war nicht darunter.

Auch *Kormoran* traf auf einen Kreuzer. Er stand vor der australischen Küste, als er den Leichten Kreuzer *Sydney* sichtete, der direkt auf ihn zulief. Dieser führte den Traditionsnamen des Kreuzers, der den berühmtesten Handelsstörer des Ersten Weltkrieges, den kleinen Kreuzer *Emden*, im gleichen Teil des Indischen Ozeans vernichtet hatte. Kapitän z. See Theodor Detmers versuchte abzudrehen, mußte aber bald auf die Signale des herankommenden Kreuzers antworten. Der Hilfskreuzer gab sich als ein niederländisches Schiff aus, und der Kreuzer wurde anscheinend durch den absichtlich zögernd abgegebenen Signalverkehr getäuscht, drehte an der Steuerbordseite von *Kormoran* auf und machte sich nach Ansicht seiner Besatzung zu einer routinemäßigen Handelsschiffskontrolle bereit. Detmers sah sich den Mündungen von acht 15 cm-Geschützen und vier Torpedorohren gegenüber, bemerkte aber, daß die leichten Geschütze des Kreuzers nicht besetzt waren und daß einige Besatzungsmitglieder an der Reeling lehnten. Er befahl, einen QQQ-Funkspruch abzusetzen und ließ weitere unklare Flaggensignale als Antwort auf die ständigen Morsesprüche des Kreuzers setzen. Schließlich verlangte die *Sydney* das geheime Rufzeichen des Schiffes.

Damit war das Spiel aus, doch war der Kreuzer querab auf weniger als eine halbe Seemeile herangekommen und hatte die Fahrt vermindert. Detmers gab seine Kommandos. Die Kriegsflagge stieg am Mast empor, und das Schiff enttarnte. Innerhalb von sechs Sekunden wurde das friedliche Handelsschiff zum gefährlichen Hilfskreuzer. Ein erster, dann drei weitere Schüsse wurden abgegeben und vernichteten Brücke und Feuerleitanlage der *Sydney,* deren Antwortsalve weit lag. Detmers konnte beobachten, wie die Torpedobedienungen und andere Männer auf den Kreuzeraufbauten von seiner pausenlos feuernden Flak fielen. Auf eine so geringe Entfernung konnte kein Schuß sein Ziel verfehlen. Zwei Torpedos wurden auf den Kreuzer geschossen. Einer davon traf den Bug und hob ihn im gleichen Augenblick förmlich aus dem Wasser, als ein Artillerietreffer die Decke des zweiten Turms abriß und beide vorderen Türme außer Gefecht setzte. Der Salventakt der Artillerie von *Kormoran* lag zwischen 4 und 5 Sekunden. Das Bordflugzeug des Kreuzers geriet in Brand, der achtere Turm wurde außer Gefecht gesetzt, und an vielen Stellen des verlassenen Decks flackerte Feuer auf. Nur noch der dritte Turm erwiderte mit beiden Rohren das Feuer und erzielte schwere Treffer. Der Maschinenraum von *Kormoran* wurde getroffen und geriet in Brand.

Die *Sydney* drehte nun zu, als ob sie rammen wolle, verlor aber an Fahrt und passierte hinter dem Heck, während die Geschütze des Hilfskreuzers sie weiterhin von den Aufbauten bis zur Wasserlinie mit Treffern eindeckten. Die letzten Geschütze des Kreuzers schwiegen, und für kurze Zeit auch einige des Hilfskreuzers, bis sie von den Bedienungen mit Feuerlöschschläuchen gekühlt worden waren. Dann fielen die Maschinen des *Kormoran* aus, doch setzte er das Gefecht fort, bis etwa 500 15 cm-Granaten verschossen waren. Der Kreuzer feuerte schließlich noch vier Torpedos, von denen jedoch der nächste noch 100 m hinter dem Heck des Hilfskreuzers durchging. Darauf ließ Detmers noch einen Torpedo auf das brennende Wrack schießen, der jedoch das Ziel verfehlte. Dann lief der Kreuzer langsam in die sinkende Dämmerung ab.

Noch mehr als zwei Stunden lang konnte die Besatzung von *Kormoran* in der Entfernung die Brände auf der *Sydney* sehen. Dann schien es ein plötzliches Aufblitzen zu geben, danach blieb es dunkel. Das Schiff wurde nie wieder gesehen. Auf *Kormoran* stellte sich heraus, daß die Feuerlöscheinrichtung durch einen Treffer zerstört worden war. Daher konnte sich der Brand im Maschinenraum weiter ausbreiten, dessen ganze Bedienung fiel. Die Besatzung verließ das Schiff, kurz bevor das Feuer den Minenraum erreichte und es in die Luft flog. Die Überlebenden wurden innerhalb der nächsten Tage von ihren Gegnern gerettet, 315 der 400 Besatzungsmitglieder des *Kormoran.* Von den 644 Mann der *Sydney* wurde aber keiner geborgen. Während der Gefangenschaft wurde Detmers das Ritterkreuz des Eisernen Kreuzes verliehen.

176

Nacheinander konnten *Orion, Komet, Widder* und *Thor* sicher die Heimat erreichen, bis sich Mitte November 1941 kein Hilfskreuzer mehr in See befand. Ende dieses Monats lief *Thor* zur zweiten Reise aus, und zwar durch den Kanal, da man annahm, daß die Island-Passagen durch Kreuzer mit Radarausrüstung zu stark bewacht wären. Der *Thor* folgte im März 1942 *Michel* und im Mai *Stier,* die sich beide den Weg durch den Kanal unter starker Sicherung erkämpfen mußten. Der Durchbruch von *Stier* kostete zwei deutsche Torpedoboote mit ungefähr zweihundert Toten. Im Oktober versuchte *Komet* zu einer zweiten Reise auszulaufen, wurde aber im Kanal von britischen Zerstörern und Schnellbooten versenkt. Im Februar 1943 versuchte die *Coronel* das Spießrutenlaufen, mußte jedoch beschädigt umkehren. Zwei weitere Hilfskreuzer kamen nicht mehr zum Auslaufen.

Thor führte eine lange, erfolgreiche Reise durch, die mit einer Überholung in Yokohama endete. Hier traf er mit den Versorgern *Uckermark* (der berühmten, jetzt umbenannten *Altmark)* und *Leuthen* zusammen. Genau ein Jahr nach dem Auslaufen aus Deutschland wurden *Thor* und die beiden Versorger durch ein Explosionsunglück und Brand vernichtet.

Die Erfolge des *Stier* beliefen sich in fünf Monaten auf nur drei Schiffe. Bei schlechtem Wetter lag er gestoppt auf einem Treffpunkt, als in einer Entfernung von etwas mehr als 2 sm plötzlich ein großes Schiff aus dem Nebel herauskam. Der Kommandant des *Stier* ging auf Höchstfahrt und griff das Handelsschiff sofort an, das mit seinem alten 10 cm-Geschütz antwortete. Ebenso wie im Gefecht zwischen *Kormoran* und *Sydney* begann auch hier ein klassischer David-Goliath-Kampf. Das amerikanische Liberty-Schiff *Stephen Hopkins,* dessen Namen an den ersten zusammengewürfelten Verband im amerikanischen Unabhängigkeitskrieg erinnerte, setzte sich mit seinem Einzelgeschütz in hervorragender Weise gegen die schweren Breitseiten des *Stier* zur Wehr. Die geringe Entfernung – nahezu für direkten Schuß – ließ die Überlegenheit des *Stier* in seiner Feuerleitanlage unwirksam werden, der binnen kurzem um sein Leben kämpfen mußte. Ein Treffer zerstörte die Ruderanlage; der nächste die Maschinenölleitung. Innerhalb der nächsten 10 Minuten erhielt der Hilfskreuzer weitere 13 Treffer, nach denen das Schiff gestoppt dalag und starke Brände auf ihm wüteten. Auch die *Stephen Hopkins* machte keine Fahrt mehr und sank langsam. Nahezu eine Stunde lagen die beiden schwerbeschädigten Schiffe in gegenseitiger Sicht, bis die *Stephen Hopkins* sank und danach der

Hilfskreuzer in die Luft flog. Der Kommandant des *Stier* erwies dem amerikanischen Schiff die Ehre, daß er annahm, gegen einen Hilfskreuzer gekämpft zu haben. Der Versorger des *Stier* hatte die Überlebenden der Besatzung vor der Explosion übernommen. Die Überlebenden des Liberty-Schiffes hatten jedoch eine Bootsreise von 31 Tagen bis zur brasilianischen Küste vor sich, die nur 15 Mann der ursprünglich 75köpfigen Besatzung überstanden. Erstaunlicherweise hatte es auf dem *Stier* nur 3 Tote, jedoch 33 Verwundete gegeben.

Der Hilfskreuzer *Michel* führte seine Unternehmung immer weiter fort. Zu Beginn des Jahres 1943 war er der einzige, der noch in See war und Spuren seines Wirkens während des Sommers und bis in den Herbst hinein hinterließ. Er konnte durch die Blockade nicht mehr heimkehren. Am 18. Oktober stand er nur 60 sm vor seinem neuen Stützpunkt Yokohama, als er bei Nacht von dem amerikanischen Uboot *Tarpon* angegriffen wurde. Nachdem er zwei Torpedotreffer erhalten hatte, versuchte er, das Uboot zu rammen, wurde aber von diesem in zwei weiteren Anläufen versenkt. Die Tage der deutschen Hilfskreuzer waren vorbei.

Die Fahrten der neun Schiffe waren vorüber, es blieb aber ihr Ergebnis, das weiterhin zählte: 129 Schiffe mit über 800 000 BRT,[1] was fast einer Jahresablieferung der britischen Werften an Neubauten entsprach. In dieser Zahl waren noch nicht die Versenkungserfolge der Hilfskreuzer durch Minen und indirekte Schädigungen des britischen Seehandels sowie die Zuführung wertvoller Prisen für die deutsche Kriegswirtschaft enthalten.

Während des Sommers und Herbstes 1940, als die Erfolge der Hilfskreuzer den höchsten Stand erreichten, erschienen die Aussichten für eine ozeanische Kriegführung als so günstig, daß die Fertigstellung des Flugzeugträgers und Ausstattung eines Kreuzers mit einem Flugdeck befohlen wurde.

Luftwaffenangriffe gegen die feindliche Schiffahrt fanden auf Grund der Operation »Seelöwe« nur in begrenztem Umfang statt. Raeder drängte jedoch ständig zu Angriffen auf Schiffe und Häfen. Im September 1940 wurde eine neue Flugzeugmine in großen Stückzahlen verfügbar, und Raeder drängte auf ihren Einsatz. Wenige

---

[1] Alle Statistiken nach David Woodward, *The Secret Raiders*, der sich seinerseits weitgehend auf Captain S. W. Roskill, D.S.C., R.N., *The War at Sea*, Vol. I, pp. 604–608, und Vol. II, p. 481, stützt. Deutsche Quellen, die die Versenkungen durch Minen den gesamten direkten Erfolgen der Schiffe hinzurechnen, kommen für *Pinguin* zu einer etwas größeren Erfolgssumme als für *Atlantis*.

Wochen später versicherte ihm Hitler, daß die Minen in großer Zahl geworfen werden würden. Nur einen Monat später trug Raeder erneut den Wunsch nach verstärktem Flugzeugmineneinsatz und Bombardierung britischer Werften vor, besonders solcher für den Bau von Geleitfahrzeugen.

Ende Oktober 1940 war das erste schwere Schiff für eine ozeanische Unternehmung bereit. *Admiral Scheer* war nach dem Chef der Kaiserlichen Hochseeflotte in der Skagerrakschlacht, Vizeadmiral Reinhard Scheer, benannt. Seit Beginn des Krieges war er vollständig umgebaut worden. Dabei war der vierkante Gefechtsmast, der das Schiff genau so wie das Schwesterschiff *Admiral Graf Spee* gekennzeichnet hatte, durch einen unauffälligeren, schlanken, runden Gefechtsmast ersetzt worden.

Anfang November durchbrach *Admiral Scheer* unbemerkt die Dänemarkstraße zwischen Island und Grönland bei so schwerem Wetter, daß trotz aller Vorsichtsmaßregeln zwei Mann der Besatzung über Bord gespült wurden. Drei Tage später sichtete das Bordflugzeug des Schiffes einen Geleitzug, dessen Auslaufen der Operationsabteilung der Marine bekannt geworden war, und von dem sie den Kommandanten des *Scheer*, Kapitän z. See Theodor Krancke, unterrichtet hatte. Als er sein Schiff an das Geleit heranführte, wurde er kurzfristig von einem kleinen Einzelfahrer abgelenkt, der jedoch schnell durch einen Warnschuß gestoppt werden konnte und zum Glück für *Scheer* auch kein RRR-Signal abgab. Die Besatzung erhielt den Befehl, in die Boote zu gehen und wurde übernommen, das Schiff wurde versenkt. Dann lief Scheer mit hoher Fahrt auf den Konvoi zu.

Spät am Nachmittag konnten aus dem Artilleriestand im Vormars die Mastspitzen ausgemacht werden. Dann erschienen die Reihen der Handelsschiffe langsam über der Kimm. An der Spitze konnte kein Kriegsschiff ausgemacht werden, obwohl von gespannten Ausgucks jede Schiffsilhouette darauf geprüft wurde. Dann löste sich ein einzelnes Handelsschiff aus dem Verband in Richtung *Scheer* und legte eine Rauchwand, um die anderen Schiffe zu schützen, und feuerte rote Raketen ab. Auf britischer Wellenlänge wurde eine Meldung über Raider-Angriff abgegeben. Hinter diesem mutigen Schiff löste sich der Konvoi von 37 Schiffen auf, und die Schiffe zerstreuten sich. *Scheer* lief auf den Gegner zu, bei dem es sich offenbar um einen bewaffneten Hilfskreuzer handelte. In einer Entfernung von 10 sm drehte er bei, um alle sechs 28 cm-Geschütze zum Tragen zu bringen und eröffnete das Feuer. Die 15 cm-Mittelartillerie erhielt gleichzeitig als Ziel einen Tanker zugewiesen. Krancke hielt die Entfernung bei, während er den Hilfskreuzer regelrecht zusammenschießen ließ. Er zog es vor, zu einem so frühen Zeitpunkt der Unternehmung lieber Zeit und Munition dranzusetzen, als eine Beschädigung zu riskieren.

Das feindliche Schiff war die *Jervis Bay* unter der Führung von Captain E. S. F. Fegen, R. N. Er hielt sein Schiff, solange Ruder und Maschinen noch klar waren, zwischen *Scheer* und dem Konvoi, obwohl ihm der erste Treffer der Scheer ein Bein abgerissen und das andere zerschmettert hatte. Der Schiffsarzt band den Stumpf ab, und Fegen behielt das Kommando. Brücke und Geschütze mittschiffs waren bald zerstört. So schleppte sich Fegen zum Heckgeschütz, um dort das Feuer zu leiten, bis es von dem gnadenlosen Feuer ausgeschaltet wurde. Das ihm posthum verliehene Victoria-Kreuz konnte seine Tapferkeit nur unvollkommen würdigen.

Das Opfer von Captain Fegen und 200 Mann seiner Besatzung hatte Krancke zum Einsatz seiner gesamten Artillerie gegen die *Jervis Bay* gezwungen und dem Konvoi einen unschätzbaren Gewinn von 22 Minuten gebracht. Als das letzte Geschütz des Hilfskreuzers schwieg und er tiefer und tiefer sank, sah Krancke die Schiffe des Konvois in der sinkenden Dunkelheit hinter Rauchwänden verschwinden. Die Mittelartillerie von *Scheer* hatte einen Tanker in Brand geschossen. Seine Geschütze schossen sich nun schnell auf andere Ziele ein, die kurz in der Dunkelheit erkennbar wurden. Für über zwei Stunden fuhr *Scheer* zwischen den zerstreuten Schiffen herum. Mit dem Funkmeßgerät wurden die Ziele erfaßt und dann mit Scheinwerfern oder Leuchtgranaten beleuchtet, bis sie von den schweren Geschützen vernichtet waren. Feuer breitete sich an Deck vieler Schiffe aus, und Explosionen erreichten den Handelsstörer, wenn seine Ziele in Flammen aufgingen. Hier und da leistete eine Geschützbedienung kurzen Widerstand, ohne daß es half. Eines der Schiffe, das auf seiner Ladung schwamm, nachdem die Bordwand aufgerissen war, mußte durch einen Torpedoschuß versenkt werden. Dann war das dreistündige Gemetzel vorüber. Außer der *Jervis Bay* waren noch 5 Handelsschiffe versenkt und drei beschädigt worden. Eines von ihnen war der Tanker *San Demetrio,* der brennend von seiner Besatzung verlassen worden war. Ein Teil der Besatzung konnte am nächsten Tag wieder an Bord gehen, den Brand löschen und das Schiff ohne Kompaß und andere Navigationsmittel nach England einbringen.

Für *Scheer* war es nun Zeit, sich abzusetzen. Ein Drittel der

Munition der schweren und die Hälfte der Mittelartillerie waren verschossen. Britische Flotteneinheiten würden sich nun bald in dem Gebiet zusammenziehen, und Krancke wollte die Dunkelheit ausnutzen, um einen möglichst großen Vorsprung vor den Verfolgern zu gewinnen. Dank der Abwehr der *Jervis Bay* war der Erfolg von *Scheer* nicht so groß geworden, wie er hätte sein können. Dennoch wurde das gesamte britische Konvoi-System für 12 Tage durcheinandergebracht, und an 7 dieser 12 Tage kam kein Geleit in Großbritannien an. Infolge dieses Angriffs wurden von nun an größeren Geleiten Schlachtschiffe zur Deckung beigegeben.

Scheer führte die Unternehmung über 161 Tage weiter, wobei er mit einem reibungslos funktionierenden Versorgungssystem schließlich bis in den Indischen Ozean kam. Die Erfahrungen stimmten im allgemeinen mit denen der Hilfskreuzer überein, nur war hier die Wirkung in der Unterbrechung der Seewege weitaus größer. Die Methoden der Handelsstörer wurden um einen weiteren Trick vermehrt. Angestrichen wie britische Kriegsschiffe wurde auf feindliche Schiffe zugehalten, wobei zwei Rohre des vorderen Turms erhöht, eines abgesenkt gefahren wurden, so daß der Eindruck von Zwillingstürmen typischer britischer Kreuzer erweckt wurde. Die Kapitäne der Handelsschiffe waren so an Untersuchungen durch Kreuzer bei Tage gewöhnt, daß einer von ihnen nicht einmal beachtete, daß *Scheer* ein Schiff in seiner Nähe aufbrachte. Erst als kurze Zeit später die deutsche Flagge am Mast emporstieg und die Geschütze sich auf sein Schiff richteten, erkannte er seinen Irrtum.

Am 21. Februar 1941 versuchte Krancke ein widerspenstiges Schiff zu stoppen, das die amerikanische Flagge auf die Bordwand gemalt hatte. Schließlich ließ er das Signal setzen: »Stoppen Sie sofort und zwingen Sie mich nicht, Waffengewalt anzuwenden! Ihr Verhalten ist sehr verdächtig!« und erhielt die Antwort »Das Ihrige auch. Sie verhalten sich wie ein Deutscher«[2]. Dann setzte das Schiff den RRR-Notruf ab. Die Farbe der falschen Flagge des »Neutralen« war noch naß, als Krancks Enterkommando das Seefallreep hinaufkletterte, das britische Decksleute widerwillig ausgebracht hatten.

Bei einer anderen Gelegenheit wurde ein neutrales griechisches Schiff gestoppt, das »Rotkreuzmaterial« aus New York geladen hatte. Eine sorgfältige Durchsuchung ergab, daß jede Kiste unter einer dünnen Tarnschicht aus Baumwolle Waffen enthielt, und das Schiff wurde versenkt.

---

[2] Adm. Th. Krancke und Jochen Brennecke: *RRR – Das glückhafte Schiff*, Kreuzfahrten der »Admiral Scheer«, S. 167.

Im allgemeinen verlief die Fahrt von Admiral *Scheer* wie die von *Admiral Graf Spee,* indem die schwere Bewaffnung jedem Widerstand gewöhnlich zuvorkam, so daß es auf den 10 Schiffen, die ihr zum Opfer fielen, nur sehr wenige Verluste gab. Nur ein Schiff versuchte bei Nacht eine kurze Zeit zu schießen, weil die Besatzung durch einen Scheinwerfer so geblendet wurde, daß sie den Gegner nicht erkennen konnte.

Admiral Scheer geriet beinahe im Indischen Ozean in eine Falle, als es zwei Schiffen nacheinander gelang, RRR-Notruf zu geben, bevor sie aufgebracht wurden. Krancke wußte, daß überlegene britische Streitkräfte zusammengezogen wurden.

Ein Fühlung haltendes britisches Flugzeug verlor jedoch den Kontakt, und es gelang Krancke, den Kurs zu ändern und einem britischen Kreuzer auszuweichen, der in der Nacht in nächster Nähe passierte. Man konnte einen Funkspruch dieses Kreuzers aufnehmen, in dem er seinen Mißerfolg, Fühlung zu gewinnen, meldete. Zwei weitere britische Kreuzer konnten mit Hilfe eines nervösen britischen Frachters umgangen werden, der diese Kreuzer zuerst sichtete, sie irrtümlich für deutsche Handelsstörer hielt und einen RRR-Ruf abgab mit ihrer Beschreibung und Position – die genau auf dem vorgesehenen Kurs von *Scheer* lag. Insgesamt standen 7 Kreuzer und ein Flugzeugträger in einem Ring, aber *Scheer* kam durch. Über Funk erreichte das Schiff die Nachricht, daß das Ritterkreuz an Kapitän z. S. Krancke verliehen worden sei. Die Maschinenwerkstatt fertigte eines für die Verleihungszeremonie auf dem Achterdeck an, bei der Krancke die Absicht der Rückkehr nach Deutschland bekanntgab. Über Funk forderte er Ersatzteile für das Funkmeßgerät an, und das Schiff rüstete im Südatlantik für den Durchbruch aus. Ende März 1941 ging *Scheer* durch die Dänemarkstraße, sichtete dabei verschiedene britische Kreuzer und wich ihnen aus. Das nächste Ziel, das in Sicht kam und als »Schlachtschiff *Nelson*« gemeldet wurde, stellte sich glücklicherweise als Eisberg heraus, und am 30. März, dem Geburtstag Krankes, lief das Schiff wohlbehalten in Bergen ein. Zwei Tage später erreichte es die Heimatgewässer und vollendete damit die erfolgreichste Fahrt eines einzelnen deutschen Kriegsschiffes.

Der Schwere Kreuzer *Hipper,* nach Raeders Befehlshaber in der Skagerrakschlacht benannt, war einen Monat nach *Admiral Scheer* ausgelaufen. Er durchbrach die Dänemarkstraße Anfang Dezember 1940 ebenso im Schutze der Verwirrung, die durch die Angriffe von *Scheer* ausgelöst worden war, wie des üblichen Winterwetters. Er kreuzte im Atlantik und stieß am Heiligabend auf einen Konvoi mit Truppen für den Mittleren Osten. Ein Angriff in der Morgendämmerung wurde von einer starken Kreuzersicherung nach einem Feuerwechsel vereitelt, bei dem Treffer auf beiden Seiten erzielt wurden. Zwei Tage später lief der Kreuzer als erstes großes deutsches Kriegsschiff in Brest ein. Nachdem die Beschädigungen ausgebessert und die anfällige Maschinenanlage repariert waren, lief das Schiff am 1. Februar 1941 wieder aus, versenkte einen Einzelfahrer und nahm dann an der einzigen erfolgreichen koordinierten Operation von einer Überwassereinheit, Flugzeugen und einem Uboot im Atlantik teil. Das Uboot sichtete und meldete einen ungesicherten Konvoi, fünf Flugzeuge griffen an, das Uboot erzielte einige Torpedotreffer, und schließlich erschien *Hipper* und versenkte aus der sich auflösenden Gruppe sieben Schiffe, bevor er am 14. Februar zur Brennstoffergänzung nach Brest zurückkehrte. Einen Monat später lief er wieder aus und durchbrach die Dänemarkstraße wenige Tage vor *Scheer*. Der hohe Verbrauch der Dampfturbinen-Maschinenanlage und die häufigen Maschinenstörungen machten das Schiff zu einem Handelsstörer wenig geeignet. Sein französischer Stützpunkt war Ziel schwerer Luftangriffe gewesen, bei denen das Schiff zwar nicht getroffen wurde, die aber sein Verbleiben dort nicht ratsam machten.

Inzwischen fanden auch Angriffe von Zerstörern und Torpedobooten von französischen Atlantikhäfen aus gegen erreichbare Ziele statt, die allerdings kaum mehr Erfolg hatten, als weitere britische Streitkräfte zu binden. Im Januar 1941 lagen alle Zerstörer in Reparatur, hauptsächlich zur Wartung der noch unausgereiften Maschinenanlagen.

Im Frühjahr kam es auch trotz einer Auseinandersetzung über den Einsatz von Torpedoflugzeugen gegen die Engländer in den letzten Monaten des Jahres 1940 zu einer Verbesserung in der Zusammenarbeit mit der Luftwaffe. Hitler befürwortete den Plan, nachdem er vom Erfolg der britischen Torpedoflugzeuge gegen die italienischen Schlachtschiffe in der »Nacht von Tarent« erfahren hatte, während Raeder sich dagegen wandte, weil Göring dafür Flugzeuge einsetzen wollte, die zu dieser Zeit der Marine in der Nordsee unterstanden. Raeder war zu knapp an Flugzeugen, um auch nur auf ein einziges verzichten zu können. Unglücklicherweise wurde der Gedanke an Torpedoflugzeuge, den Raeder grundsätzlich unterstützte, durch den Ehrgeiz Görings verzögert. Im Frühjahr 1941 hielt die Luftwaffe jedoch nun nach leichter zu erringenden Erfolgen, als sie die Schlacht um England geboten hatte, Ausschau und begann mit sehr schweren Bombenangriffen auf Schiffsziele. In der Kriegsmarine war man sich schon seit langem sicher gewesen, daß die Luftwaffe allein 300 000 BRT feindlichen Schiffsraumes pro Monat versenken und Hafeneinrichtungen in erheblichem Umfang zerstören könnte. Im März, April und Mai 1941 wurde dieses Ziel auch annähernd erreicht, wobei 296 000 BRT im April den Höhepunkt darstellten. Die meisten Werften in Glasgow wurden für drei bis sieben Monate ausgeschaltet, und die Hälfte der Hafenanlagen in Liverpool wurde zerstört. Als die Dinge gerade im Sinne Raeders bestens standen, wurde die Luftwaffe für den Rußlandfeldzug abgezogen.

Inzwischen befanden sich die Schlachtschiffe *Scharnhorst* und *Gneisenau* auf dem Wege in den Atlantik – das erste Mal in der Geschichte, daß dies von deutschen Schlachtschiffen unternommen wurde. Sie waren am 28. Dezember 1940 aus Kiel ausgelaufen, mußten aber infolge von Sturmschäden zunächst wieder umkehren. Am 23. Januar liefen sie wieder aus, gingen unter der norwegischen Küste nach Norden und brachen dann durch die Island-Faeroer-Passage. Südlich von Island sichteten sie im ersten Morgengrauen einen Kreuzer, liefen sofort mit hoher Fahrt nach Nordosten ab und konnten den Kreuzer abschütteln. Admiral Günther Lütjens hatte ein Taggefecht mit der Home Fleet, die den deutschen Ausbruch erwartete, vermieden. Eine Woche später kamen die Schlachtschiffe wieder südwärts und passierten erfolgreich die Dänemarkstraße, ohne von englischen Schiffen gesichtet zu werden.
Wenige Tagesmärsche südwärts brachten sie auf die Konvoiroute nach Halifax, und dort erfüllten sich die größten Erwartungen ihres Admirals. Ein schwer beladenes Ostgeleit kam in Sicht. Lütjens teilte seinen Verband und ließ ein Schiff von Süden und eines von Norden an das Geleit heranschließen. Dann gab es die böse Überraschung: der Gefechtsmast eines Schlachtschiffes der R-Klasse wurde ausgemacht. Es war alt und langsam, hatte jedoch die 38 cm-Geschütze, die auf deutscher Seite in Erinnerung an die Schäden, die die *Renown* mit wenigen Treffern nur einige Monate zuvor in Norwegen auf der *Gneisenau* angerichtet hatte, zu recht gefürchtet waren. Die Befehle, die Lütjens erhalten hatte, waren, wie die Operationsabteilung später zugab, zu starr gefaßt. Sie veranlaßten ihn, mit beiden Schiffen abzulaufen, statt zu versuchen, die Sicherung durch ein Schiff abziehen zu lassen und den Konvoi mit dem anderen anzugreifen.

Zwei Wochen später standen die Schiffe wieder auf derselben Route, diesmal jedoch weiter westlich in einem Gebiet, in dem die Konvois oft ohne Geleit liefen, da sie sich zu den verschiedenen Bestimmungsorten hin auflösten. Hier wurden innerhalb eines Tages fünf Schiffe gefunden und versenkt. Die britische Flotte war jedoch alarmiert, und die Jagd begann von neuem. Lütjens holte weit nach Süden und Osten aus, um den Seeweg vor Afrika nördlich des Äquators anzugreifen. Wieder wurde ein Geleitzug gesichtet, und wieder stand ein Schlachtschiff dabei, diesmal die aus der Skagerrakschlacht bekannte *Malaya*. Lütjens rief drei Uboote heran, die versuchen sollten, das Schlachtschiff auszuschalten. Sie versenkten vier Handelsschiffe, konnten die *Malaya* jedoch nicht beschädigen. Erneut war die britische Flotte alarmiert. So setzte sich Lütjens mit seinem Verband nach Westen ab und versenkte dabei unterwegs einen Einzelfahrer. Zurück auf der Halifax-Route, wurde mit zwei Versorgern ein Aufklärungsstreifen von 120 sm Breite gebildet. Innerhalb von zwei Tagen versenkten *Scharnhorst* und *Gneisenau* 13 Schiffe, die ohne Geleit fuhren, und setzten drei als Prisen in Marsch. Sodann nahmen sie Kurs auf Brest, um sich auf eine für den nächsten Monat geplante noch größere Unternehmung vorzubereiten. Die *Gneisenau* konnte einem weiteren Schlachtschiff, das sie kurz sichtete, ausweichen. Beide Schiffe wurde auch zweimal von Flugzeugen gesichtet, konnten aber dennoch die französische Küste unbehelligt erreichen. Während der zweimonatigen Reise hatten neun Brennstoffübernahmen in See stattgefunden. Den Engländern waren 115 622 BRT an Schiffsraum verlorengegangen, und ebenso war es im Konvoiverkehr zu größeren Unterbrechungen gekommen. Weiterhin hatten die beiden Schlachtschiffe britische Kräfte von den Operationen von *Admiral Hipper*, *Admiral Scheer* und der fernab stehenden Hilfskreuzer abgezogen. Schließlich hatte ihr Durchbruch nach Brest indirekt die Heimkehr von *Hipper* und *Scheer* nach Deutschland unterstützt. Die einzige Enttäuschung des Einsatzes war durch die Schlachtschiffsicherung der Konvois verursacht worden. Das Auffinden der Ziele war problematisch gewesen wegen der wechselnden britischen Wegeführung und der begrenzten deutschen Aufklärungsmöglichkeiten. Als die Schlachtschiffe am 22. März 1941 Brest erreichten, wurde daher für die nächste Unternehmung die Ausrüstung von Versorgern und besonderen Aufklärungs-Ubooten mit Funkmeßgeräten geplant.

Neue Operationspläne waren ausgearbeitet worden, denn die größte von allen sollte noch kommen, und das größte Kriegsschiff der Welt machte sich zum Auslaufen bereit. Das Schlachtschiff *Bismarck* war von Anfang an ein Schiff voll Widerspruch. Auf Hitlers Weisung war es nach dem »Blut- und Eisen«-Kanzler benannt worden, der die deutsche Nation geschaffen hatte, die Marine aber geringgeschätzt hatte. Es sollte von dem neuen Schweren Kreuzer *Prinz Eugen* begleitet werden, einem Schiff, das zu Ehren der K. u. K. österreichischen Marine so benannt worden war. Sie hatte bis zum Ende des Ersten Weltkrieges einen bedeutenden Machtfaktor dargestellt, ihre letzten Überreste, die Donauflottille, waren beim Anschluß Österreichs von der Kriegsmarine übernommen worden. Ironischerweise trug das Schiff den Namen des österreichischen Verbündeten des Herzogs von Marlborough, des Vorfahren Winston Churchills. Von diesen beiden Schiffen sollte *Prinz Eugen* das »glückhafte Schiff« der Kriegsmarine, *Bismarck* aber ihr berühmtestes und tragischstes werden.

Von Anfang an waren die Planungen von Mißgeschick und Verzögerungen verfolgt. Die Maschinenanlage der *Scharnhorst* benötigte eine Überholung, wodurch sie in Brest festgehalten wurde und für die Operation ausfiel. Im April wurde die *Gneisenau* zunächst durch einen Torpedo- und dann Bombentreffer bei den hartnäckigen Angriffen der britischen Marine und der RAF beschädigt, so daß auch sie ausfiel. Das neue Schlachtschiff *Tirpitz*, das Schwesterschiff der *Bismarck*, benötigte noch Monate zur Ausbildung der Besatzung und Beendigung der Einfahrzeit. *Admiral Hipper* und *Admiral Scheer* befanden sich nach ihren Atlantikeinsätzen in der Überholung, und die Schäden, die die *Lützow* beim Norwegenunternehmen erlitten hatte, waren immer noch nicht repariert. So mußten *Bismarck* und *Prinz Eugen* allein auslaufen, und Raeder drängte darauf, solange noch die Länge der arktischen Nächte ihren Ausbruch decken helfen konnten. Technische Schwierigkeiten verzögerten die *Bismarck*. Dann lief *Prinz Eugen* Ende April auf eine Magnetmine, wodurch die Zeitplanung erneut um zwei Wochen zurückgeworfen wurde.

Admiral Günther Lütjens kam aus Brest nach Norden, erfüllt von seiner erfolgreichen Unternehmung mit den beiden kleineren Schlachtschiffen. Er war besorgt über den Mangel an Rückhalt, den seine neuen Aufträge offensichtlich finden würden, und über die zunehmende Stärke der Engländer im Atlantik. Er bat Raeder um einen Aufschub des Unternehmens, bis *Scharnhorst* oder sogar *Tir-*

pitz teilnehmen könnte, doch Raeder schlug dies ab. Schwere Schiffe wurden sofort im Atlantik benötigt. Nicht allein war die deutsche Ubootflotte auf den Handelswegen des Nordatlantik zu schwach, sondern es war auch wesentlich, britische Flotteneinheiten aus dem Mittelmeer abzuziehen, um die Überführung von Geleiten für das Afrikakorps zu erleichtern und das Gelingen des für Ende Mai angesetzten kühnen Kretaunternehmens sicherzustellen. Hinter all diesen Zwängen zu Maßnahmen standen die bedrohlichen Fragen: Was würde geschehen, wenn die USA in den Krieg eintreten würden? Was sollte unternommen werden, wenn eine Verbesserung der Radarsuchgeräte auf Schiffen in naher Zukunft einen Ausbruch in den Atlantik unmöglich werden ließ? Würden die großartigsten deutschen Schiffe in gleicher Weise, wie die gerühmte Hochseeflotte des Kaisers, zu einem Dasein kraftloser Bedrohung in den Flußmündungen der deutschen Küstengewässer verdammt sein?

Lütjens kannte die Auseinandersetzungen über die Taktik und das Ausmaß der Handlungsfreiheit eines Befehlshabers in See gut, die zur Ablösung der beiden früheren Flottenchefs, der Admirale Hermann Boehm und Wilhelm Marschall, geführt hatten. Würde er sich den Plänen, deren Ausführung man von ihm erwartete, nachdrücklich widersetzen, war die Reaktion Raeders sicher vorauszusehen. Lütjens wollte nicht der dritte Flottenchef werden, der in seinem Kommando abgelöst wurde.

Am 18. Mai 1941 lagen die Zweifel und Debatten hinter ihm. *Bismarck* und *Prinz Eugen* liefen in den Atlantik aus. Admiral Lütjens war fest entschlossen, seine Schiffe hinauszubringen und die Befehle ohne Rücksicht auf Konsequenzen auszuführen. Seine Befehle waren klar: Angriff auf den Versorgungsweg im Nordatlantik, der Großbritannien die Fortsetzung des Krieges alleine ermöglichte; Durchbruch und weiteres Verhalten, wenn möglich, ohne Gefechtsverwicklungen, ein Gefecht, dem nicht ausgewichen werden konnte, war aber bis zur Entscheidung durchzukämpfen; das Hauptziel war Vernichtung von Handelsschiffstonnage; die Operation war so lange fortzusetzen, wie es die Gefechtsbereitschaft erlaubte. Dann Rückkehr nach Deutschland.

Die beiden Schiffe liefen durch den großen Belt, das Kattegat und sodann das Skagerrak, nach dem die größte deutsche Seeschlacht fünfundzwanzig Jahre vorher benannt worden war. Alles schien ruhig zu verlaufen, als die beiden Schiffe unter der norwegischen Küste entlangfuhren und am 21. Mai in einen stillen Fjord nahe Bergen zur Brennstoffergänzung einliefen. Die Luftaufklärung am

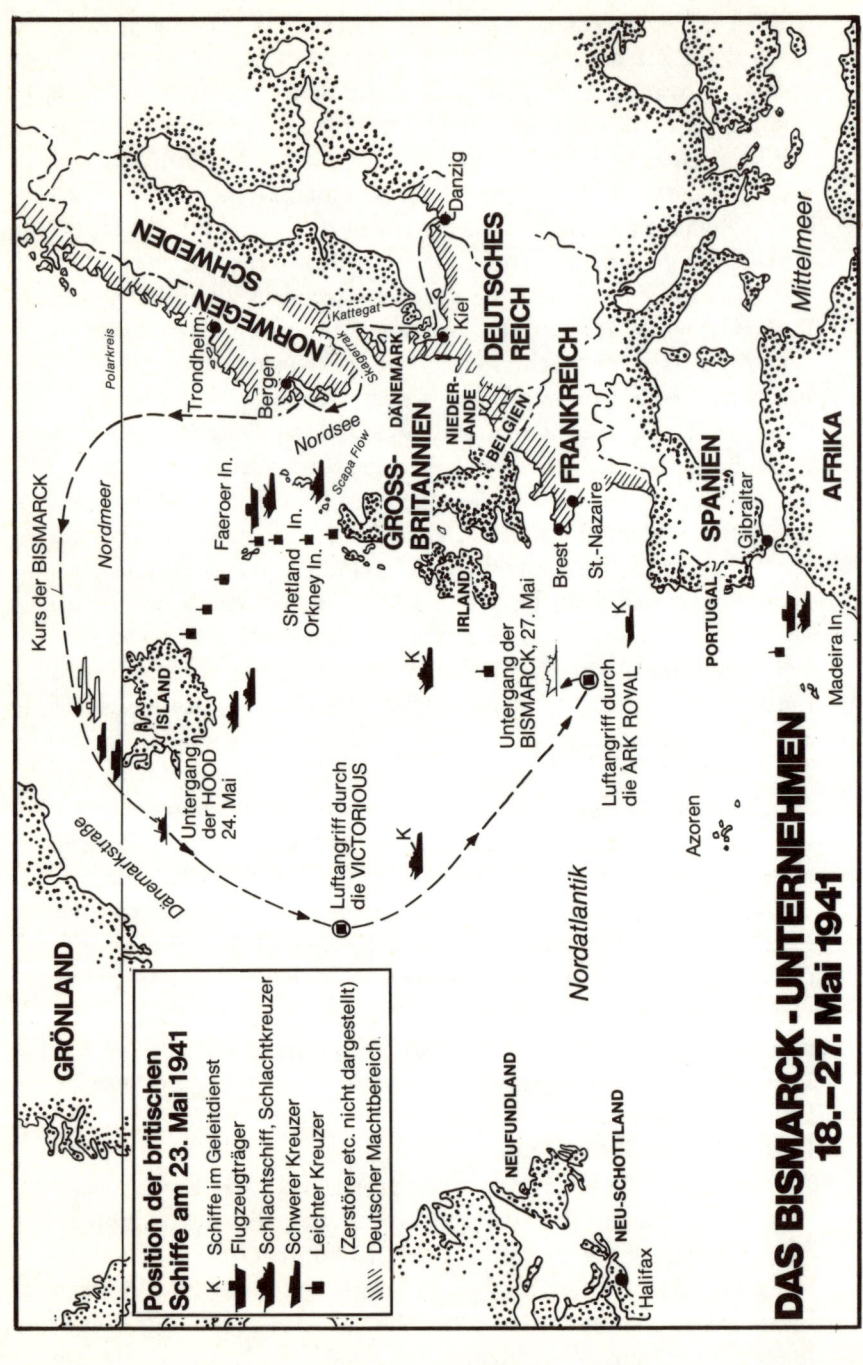

DAS BISMARCK-UNTERNEHMEN 18.–27. Mai 1941

GRÖNLAND

Dänemarkstraße

Kurs der BISMARCK

Nordmeer

Polarkreis

SCHWEDEN

NORWEGEN

Trondheim

Bergen

Skagerrak

Kattegat

Danzig

Kiel

DEUTSCHES REICH

DÄNEMARK

NIEDER-LANDE

BELGIEN

FRANKREICH

St.-Nazaire

Brest

Nordsee

Scapa Flow

Shetland In.

Orkney In.

Faeroer In.

ISLAND

GROSS-BRITANNIEN

IRLAND

Untergang der HOOD 24. Mai

Luftangriff durch die VICTORIOUS

Untergang der BISMARCK, 27. Mai

K

K

K

Luftangriff durch die ARK ROYAL

SPANIEN

PORTUGAL

Gibraltar

AFRIKA

Mittelmeer

Madeira In.

Azoren

Nordatlantik

NEUFUNDLAND

NEU-SCHOTTLAND

Halifax

Position der britischen Schiffe am 23. Mai 1941

K   Schiffe im Geleitdienst
     Flugzeugträger
     Schlachtschiff, Schlachtkreuzer
     Schwerer Kreuzer
     Leichter Kreuzer
(Zerstörer etc. nicht dargestellt)
     Deutscher Machtbereich.

vorhergehenden Tage hatte die britische Home Fleet vor Anker in Scapa Flow gemeldet. Ein an diesem Morgen abgehörter britischer Funkspruch, mit dem Aufklärungsflugzeugen das Suchen nach zwei deutschen Schlachtschiffen und drei Zerstörern befohlen wurde, zeigte jedoch, daß die Engländer wachsam waren, wenn auch ihre Informationen ungenau waren. Die erste Meldung war vermutlich von einem britischen Agenten an der neutralen schwedischen Küste gekommen. Die Engländer bestätigten sie durch Luftaufnahmen, an Hand derer die beiden Schiffe identifiziert wurden. Um Mitternacht hatten *Bismarck* und *Prinz Eugen* den Fjord verlassen – die Jagd begann.

Sie holten weit nach Norden und Westen aus, entließen die Zerstörersicherung auf der Breite von Drontheim und nahmen im Schutze des vorherrschend stürmischen Wetters Kurs auf einen sofortigen Durchbruch. Auf Geschwindigkeit kam alles an, denn erst nach dem Erreichen des offenen Atlantik standen ihnen ihre Versorger zur Verfügung. Zwei Spähschiffe, zwei Versorger, vier Tanker und sechs Uboote waren bereits früher ausgelaufen und warteten auf den Ausbruch der Kriegsschiffe. Hohe Fahrt konnte ihnen die Durchfahrt durch die Dänemarkstraße erlauben, bevor schwere britische Einheiten dort eintrafen. Eine irrtümliche Luftaufklärungsmeldung, die noch immer die gesamte Home Fleet in Scapa Flow angab, bestärkte offensichtlich den Entschluß, diese weit abgelegene, eisbedeckte Straße zu wählen – denn die weit breiteren Passagen zwischen Island und den Faeroern und zwischen den Faeroern und den Shetlandinseln lagen dem britischen Stützpunkt viel näher.

Den ganzen Tag und weit in den 23. Mai hinein liefen *Bismarck* und *Prinz Eugen* mit hoher Fahrt bei tiefhängender Bewölkung und Regenböen nahe der Eisgrenze, die nahe dem Polarkreis verlief. Die Sicht von wenigen Seemeilen endete im Süden scharf an dichten Nebelbänken. Als sich die Schiffe der Nordwestküste Islands näherten, verringerte sich die Breite der eisfreien Durchfahrt auf 80, dann 70 und schließlich 60 Seemeilen. Die Nacht bot in Gewässern so nahe der Mitternachtssonne wenig Schutz, doch das zunehmend unsichtiger werdende Wetter bot einen fast vollkommenen Ersatz. Fast vollkommen – dennoch erschien plötzlich der Schwere Kreuzer *Suffolk* sieben Seemeilen voraus am Rande einer Nebelbank. Das britische Schiff drehte schnell in den Nebel zurück, setzte sich hinter den deutschen Verband und gab Funkmeldungen ab, die zeigten, daß die Verfolgung aufgenommen war. Der Funkbeobachtungsdienst auf der *Bismarck* nahm die britischen Fühlunghalter-Funksprüche auf. Und, was noch verhängnisvoller war, die Elektronik-spezialisten mußten mit Hilfe von Radar-Beobachtungsempfängern feststellen, daß der deutsche Verband vom neuen Suchradar der *Suffolk* festgehalten wurde. Die *Suffolk* war einen Monat vorher, als man den Beginn des Unternehmens erwartete, auf Betreiben ihres Kommandanten mit einem Suchradar ausgerüstet worden. Bis dahin war keiner der britischen Kreuzer im arktischen Überwachungsdienst mit einem solchen Gerät ausgerüstet gewesen, so daß die deutschen Schiffe den englischen leicht hatten ausweichen können. Das neue britische Radar bescherte den Offizieren der *Bismarck* ihre erste Überraschung.

Eine Stunde später stieß ein anderer britischer Schwerer Kreuzer voraus von *Bismarck* aus dem Nebel. Dieses Schiff, die *Norfolk*, war nur sechs Seemeilen entfernt, als sie von *Bismarck* mit Salven ihrer 38 cm-Geschütze empfangen wurde. Drei dieser Salven lagen deckend bei dem Kreuzer und überschütteten ihn mit einem Splitter-hagel. Glück, Rauch und eine schnelle Rückkehr in die dichten Nebelbänke retteten die *Norfolk* vor Beschädigungen. Sie hielt sich im Nebel backbord achteraus von Bismarck.

Admiral Lütjens befahl Fahrtvermehrung auf 28 kn für die nächtliche Fahrt durch die Dänemarkstraße. Er ließ *Prinz Eugen* mit hoher Fahrt sich vorsetzen und mit *Bismarck* Stellung wechseln, so daß er mit der schweren Artillerie des Schlachtschiffes weiter die britischen Kreuzer in Schach halten konnte. Zunehmender Schnee und Nebel verbargen Verfolger und Verfolgte voreinander, doch die andauernden britischen Radarimpulse dämpften die deutsche Hoffnung auf ein schnelles Entkommen. Lütjens entschied sich gegen einen Versuch, umzukehren und die Kreuzer im Nahgefecht zu vernichten. Vielleicht fürchtete er einen Torpedoangriff in einem Augenblick schlechter Sicht oder wollte erst in offeneres Wasser gelangen, um mehr Raum zum Manövrieren zu haben. Was auch immer seine Gründe waren, seine Schiffe behielten Südwestkurs bei. Eine schwarze Rauchwolke, dann eine Silhouette und bald darauf eine zweite wurden früh am nächsten Morgen von den deutschen Ausgucks eben backbord voraus ausgemacht. Die Artilleriezielgeber und Türme wurden geschwenkt und die acht 38 cm-»Flinten« der *Bismarck* und die Hauptartillerie mit 20,3 cm-Geschützen des *Prinz Eugen* zum Ferngefecht auf größte Entfernung gebracht. Das führende Schiff wurde vom Ausguck als der Schlachtkreuzer *Hood* erkannt, der *Bismarck* an Bewaffnung, Größe und Geschwindigkeit ebenbürtig war, jedoch über zwanzig Jahre alt und mit nur schwachem Deckspanzer versehen. Das zweite, dichtauf folgende Schiff gehörte der modernen *King George* V-Klasse an, ein mächtiger Gegner mit zehn 35,5 cm-Geschützen.

Die beiden Schiffe lagen weiterhin fast direkt heran, um die Entfernung zu verringern, denn die alte *Hood* war gegen Steilfeuer auf große Entfernung verwundbar, während von der unerfahrenen Besatzung ihres Begleiters nicht erwartet werden konnte, daß sie im Ferngefecht schnell bewegliche Ziele treffen würde. Während dieses ungestümen Anlaufens waren jedoch 8 der 18 schweren Geschütze der englischen Schiffe außerhalb ihres Bestreichungswinkels. Beide Schiffe tauchten tief in die Dünung ein, wobei große Mengen von Gischt über die Backdecks geworfen wurden und die E-Meßgeräte der schweren Türme blind machten. Weder Radar noch Bordflugzeuge hatten die Anwesenheit der britischen Großkampfschiffe verraten, noch hatten diese gefunkt, um den beiden Schweren Kreuzern und sechs in der Nähe stehenden Zerstörern Zeit zum Heranschließen an die Deutschen zu geben. Alle diese Entscheidungen waren offensichtlich in einem vergeblichen Versuch getroffen worden, eine Überraschung gegen ein voll alarmbereites deutsches Geschwader zu erzielen, und zwar an einem Tag, an dem die Sicht rasch auf über 12 sm zugenommen hatte. Vizeadmiral Lancelot Holland hatte zugelassen, daß eine Überlegenheit von etwa zwei zu eins auf weniger als Gleichstand gesunken war, bevor ein Schuß gefallen war.

Hood feuerte zuerst auf eine Entfernung von fast 12 sm, ihr Begleiter, die *Prince of Wales*, und die beiden deutschen Schiffe folgten unverzüglich. Lütjens ordnete Feuerkonzentration auf das britische Spitzenschiff, die *Hood,* an. Admiral Holland tat das gleiche in der Annahme, das deutsche Spitzenschiff sei die *Bismarck*. Dieser Irrtum wurde durch die Ähnlichkeit der deutschen Schiffssilhouetten und ihren Stellungswechsel nach der letzten Sichtmeldung der Fühlung haltenden Kreuzer hervorgerufen. So eröffnete *Hood* das Feuer auf *Prinz Eugen;* Captain J. C. Leach von der *Prince of Wales* erkannte den Irrtum des Admirals und befahl seinen Männern, gegen den Befehl des Admirals auf *Bismarck* zu schießen.

Prinz Eugen traf *Hood* nach wenigen Salven des Einschießens und verursachte ein großes Feuer mittschiffs. Auch *Bismarck*, die mit einem Salventakt von 22 Sekunden schoß, lag etwa zum gleichen Zeitpunkt am Ziel. Die Geschützbedienungen der *Hood* benötigten drei Salven, um sich auf *Prinz Eugen* einzuschießen. Die unerfahrene Besatzung der *Prince of Wales* verfehlte die *Bismarck* jedoch mit ihrer ersten Salve um etwa eine halbe Seemeile, obwohl sie selber nicht durch deutsche Einschläge behelligt wurde, und benötigte sechs weitere Salven, um sich auf die richtige Entfernung einzuschießen. Drei Minuten lang hielt Admiral Holland weiter mit 28 kn auf seine Gegner zu, wobei sein Schiff wiederholt getroffen wurde. Dann drehten die britischen Schiffe nach Backbord, um ihre achteren Geschütze ins Gefecht zu bringen. Langsam ging der britische Verband auf den neuen Kurs, während *Hood* achtern brannte und die dicht beieinanderliegenden deutschen Salven um sie einschlugen. Das Gefecht dauerte vier bis fünf Minuten, als eine weitere 38 cm-Salve *Hood* eindeckte. Einen Augenblick später schossen Flammen bis in Masthöhe, gefolgt von Explosionen und einem gewaltigen Feuerschein: ein Feuerball, der mit Türmen und Trümmerstücken gemischt war und schnell von schwarzem Ölqualm verhüllt wurde. Bug und Heck standen für einen Augenblick hoch aufgerichtet in diesem Inferno, fielen dann nach innen und versanken in der Tiefe, wobei außer dreien die Besatzung von 1419 Mann den Tod fand. *Prince of Wales* drehte hart nach Steuerbord, um von dem Wrack freizukommen, und lag binnen einer Minute unter dem gleichen schweren und genauen Feuer. Die Entfernung hatte auf 9 sm abgenommen, und die geschlossene britische Formation hatte einen raschen deutschen Zielwechsel erleichtert. Granateinschläge bis zu 60 m Höhe umgaben das Schiff in einer Zahl, daß es den Artilleriebeobachtern sehr schwer fiel, die Wirkung des eigenen Feuers zu erkennen. Die 15 cm-Mittelartillerie der *Bismarck* griff in das Gefecht ein, ebenso die 13 cm-Batterie des englischen Schiffes. Eine 38 cm-Granate traf die Brücke der *Prince of Wales*, warf alle außer dem Kommandanten und einem Signalgasten zu Boden und zerstörte einen Teil der Feuerleitanlage. Die Geschütze, die erst drei Wochen vor dem Gefecht eingebaut worden waren und noch von Werftpersonal bedient wurden, fielen wiederholt aus, so daß die Salven meist nur aus drei statt zehn Granaten bestanden. Durch zwei Treffer unterhalb der Wasserlinie drangen 600 t Wasser in das Schiff ein, während andere den Panzer durchschlugen, darunter eine 20,3 cm-Granate, die in einer Munitionskammer einschlug, aber nicht explodierte. Die Entfernung hatte auf 7 sm abgenommen, als *Prince of Wales* ihren siebten Treffer erhielt. Er drehte hart ab und qualmte schwarz, um den tödlichen deutschen Artilleristen die Sicht zu nehmen. Während des Drehens fiel der achtere Vierlingsturm aus. Nachdem die Entfernung auf über 10 sm zugenommen hatte, stellten *Bismarck* und *Prinz Eugen* das Feuer ein – das zwanzigminütige Gefecht war vorüber.

Admiral Holland hatte ein sehr schwaches Gefecht geführt, und es war nur der Eigenmächtigkeit von Captain Leach zu danken, daß es nicht völlig wirkungslos blieb. Seine Entscheidung, entgegen dem Befehl auf *Bismarck* zu schießen, hatte seiner unerfahrenen Besatzung fünf Minuten Zeit gegeben, sich ungestört von deutschem Feuer auf *Bismarck* und nicht den weniger wichtigen *Prinz Eugen* einzuschießen. Zwei 35,5 cm-Treffer waren auf *Bismarck* erzielt worden, wodurch deren Höchstgeschwindigkeit von fast 31 auf 28 kn herabgesetzt wurde, ihr Bug um 1 Grad tiefer tauchte und das Schiff, was das Wichtigste war, Heizöl verlor.

Admiral Lütjens meldete der erfreuten Heimat diesen größten und überraschendsten Sieg auf See, während Rear Admiral W. F. Wake-Walker von den Kreuzern die angeschlagene *Prince of Wales* unter seine Führung nahm und das Fühlunghalten wieder aufnahm. Die *Suffolk* meldete bald die Verminderung der Fahrt des deutschen Verbandes auf 24 kn und die breite Ölspur der *Bismarck*.

Auf der Brücke der *Bismarck* fand eine scharfe Auseinandersetzung statt, als *Prince of Wales* aus Sicht kam. Kapitän z. See Ernst Lindemann wollte dem angeschlagenen Gegner den Rest geben und dann nach Deutschland zur Reparatur zurückkehren. Admiral Lütjens befahl jedoch dem Schiff, den Südwestkurs in den Atlantik beizubehalten. Viele Faktoren mögen ihn bei diesem Entschluß beeinflußt haben, darunter der Geschwindigkeitsverlust der *Bismarck* im Verhältnis zur *Prince of Wales*, die anscheinend ihre Fahrt noch hielt, und seine Überzeugung, daß es sich bei dem Gegner um *King George V.*, das Flaggschiff der Home Fleet, handele, das ihn bei Fortsetzen des Gefechts auf die übrige Home Fleet ziehen würde. Er schätzte nicht, in Nebelbänke und Rauchfelder hineinzustoßen, wenn torpedotragende Kreuzer und möglicherweise auch Zerstörer und Torpedoflugzeuge in der Nähe standen. Er wußte, daß eine Fortsetzung des Gefechts ihn, nachdem er den Durchbruch in den Atlantik schon erfolgreich hinter sich hatte, zur Rückkehr in die Heimat zu Reparaturen und zur Ergänzung von Brennstoff und Munition zwingen würde. Der Durchbruch wurde von den deutschen Taktikern als der schwierigste Teil des Unternehmens betrachtet, und der Rückweg durch die engen Passagen, bei dem die aufgescheuchte britische Flotte auf der inneren Linie operierte, galt als ein sehr großes Risiko. Seine Unkenntnis der Identität des zweiten Gegners war möglicherweise der bestimmende Faktor für seine Entscheidung. Ironischerweise konnte die Gruppe West unter Admiral Alfred Saalwächter während der Nacht von Paris aus durch Funk mitteilen, daß es sich bei dem Gegner Admiral Lütjens' am Morgen wahrscheinlich um *Prince of Wales,* nicht um das Flaggschiff, gehandelt habe. Jedenfalls entschied sich Lütjens, dem allgemeinen Befehl – zum Durchbruch in den Atlantik zur Handelskriegführung – Folge zu leisten und die beiden spezielleren – nämlich ein aufgezwungenes Gefecht durchzuschlagen und nach Deutschland, nicht nach Frankreich, zurückzukehren, wo die Häfen durch Luftangriffe gefährdet wurden – außer Betracht zu lassen.

Innerhalb von zwei Stunden teilte er seine Absicht mit, in St. Nazaire einzulaufen, dem einzigen französischen Hafen mit einem Trockendock, das die *Bismarck* aufnehmen konnte. Bis zum frühen Nachmittag waren seine Pläne weiter verbessert. Er wollte *Prinz Eugen* zum selbständigen Handelskrieg entlassen und *Bismarck,* falls ihm das Abschütteln der Fühlunghalter nicht gelingen würde, über eine Ubootaufstellung südlich Grönland ziehen, um dies zu erreichen. Er war sich klar, daß Admiral Sir John Tovey, der Oberbefehlshaber der Home Fleet, alle Kräfte auf die Vernichtung der *Bismarck* konzentrieren würde, und daß es notwendig war, seinen Verfolgern zu entkommen. Die Gruppe West schlug Absetzen in ein abgelegenes Seegebiet vor, wenn das Abschütteln der Fühlunghalter gelungen wäre.

Am Abend drehte *Bismarck* auf die verfolgenden Kreuzer zu und schoß einige wenige Salven, um sie zur Vergrößerung des Abstandes zu zwingen und es *Prinz Eugen* zu erlauben, sich nach Süden in eine starke Regenbö abzusetzen, während *Bismarck* die Verfolger nach Südsüdwesten in Richtung auf die Ubootaufstellung zog, um sie in der Morgendämmerung zu erreichen. Anderthalb Stunden später gab Admiral Lütjens, offenbar ohne Hoffnung, daß ein Abschütteln der Radarfühlung möglich sei, und über zunehmenden Brennstoffmangel besorgt, den Befehl, auf Südkurs zu gehen. Damit gab er die Hoffnung auf Hilfe von den Ubooten oder auf Beistand durch die Tanker auf.

Die Maßnahmen Admiral Toveys wurden unmittelbar vor Sonnenuntergang deutlicher, als neun Torpedoflugzeuge vom Typ Swordfish *Bismarck* aus drei verschiedenen Richtungen durch schweres Flakfeuer hindurch angriffen. Diese langsamen Doppeldecker mit einer leinwandbespannten Holz/Metallkonstruktion können nur dadurch vor der Vernichtung bewahrt worden sein, daß die Granaten bei Durchschlagen dieser Bespannung nicht explodierten. Ihre Piloten, die in offenen Sitzen hockten, gingen an ihr Ziel bis auf 800 m heran, um einen einzigen Treffer auf dem 320 mm dicken

Panzer mittschiffs zu erzielen. Das Schlachtschiff setzte seine Fahrt, kaum beeinträchtigt durch den Treffer, fort, und seine Offiziere wunderten sich, warum nur so wenige Flugzeuge am Angriff beteiligt waren.

Dieser Angriff illustrierte, was die britische Admiralität in der ganzen Zeit, seit ein wagemutiger Flugzeugführer bei widerwärtigem Wetter geflogen war, um zu melden, daß die deutschen Schiffe ihren norwegischen Beölungsplatz am Tage nach ihrem Auslaufen verlassen hatten, alles aufgeboten hatte. Die wachsame Kreuzersicherung in der Dänemarkstraße war eine der Gegenmaßnahmen gewesen. Das gleiche galt für die Aufstellung des *Hood/Prince of Wales*-Verbandes südlich Islands, von wo aus er einem Durchbruch sowohl östlich als auch westlich der Insel begegnen konnte. Eine weitere Maßnahme war das Zurückhalten des neuen Flugzeugträgers *Victorious* gewesen, der eine Ladung Jagdflugzeuge für Malta und nur die neun gerade eingetroffenen Swordfishmaschinen an Bord hatte. Die *Victorious* war zusammen mit *King George V.*, auf der sich Admiral Tovey befand, ausgelaufen, und bald war auch der Schlachtkreuzer *Repulse* dazugestoßen. Ihr Geleit bestand aus vier Leichten Kreuzern und sieben Zerstörern. Ihre Aufgabe war die Überwachung der Passagen östlich Islands gewesen. Am Tage des Unglücks der *Hood* war der Träger zusammen mit den Leichten Kreuzern eilig zu jenem Abendangriff vorausgeschickt worden, während die Admiralität sich bemühte, Streitkräfte von allen Konvois im Atlantik und sogar aus dem kritischen Mittelmeerraum ab- und zusammenzuziehen, von wo man die Gibraltarflotte herbeiorderte (was Admiral Lütjens von der Gruppe West mitgeteilt wurde), so ernst war die durch die *Bismarck* entstandene Gefahr. Bis zum nächsten Morgen erwartete Admiral Tovey an sein gejagtes Opfer heranzukommen, dessen Fahrt durch den Torpedoangriff der *Victorious* nach seiner Hoffnung herabgesetzt werden würde.
Eine Stunde nach diesem Angriff schoß *Bismarck* wiederum einige ergebnislose Salven auf ihre Verfolger. Noch später in der Nacht befahl Lütjens, direkten Kurs auf die französische Küste zu nehmen. Stunde um Stunde setzte *Bismarck* den Marsch in südöstlicher Richtung fort. Das Morgengrauen des 25. Mai brach an ohne erneuten Angriff, und ohne daß ein britisches Schiff in Sicht kam. Aber die unsichtbaren Radarimpulse wurden weiterhin mit monotoner Regelmäßigkeit von den deutschen Geräten aufgezeichnet. So sicher in der elektronischen Falle gefangen, glaubte Admiral Lütjens sich

einen im Kriege seltenen Luxus erlauben zu dürfen – einen langen Funkspruch, in dem er das Gefecht in der Dänemarkstraße schilderte und sich zur derzeitigen Situation hinsichtlich der britischen Radarverfolgung äußerte. Die Gruppe West antwortete ihm sofort, daß die Engländer offensichtlich sechseinhalb Stunden zuvor den Kontakt verloren hätten. Ihre Radarstrahlen erreichten die *Bismarck* zwar noch – kamen aber nicht mehr bis zu den Empfängern der *Suffolk* zurück. Die Techniker auf *Bismarck* hatten auf ihre Funkmeßempfänger geachtet und nicht bemerkt, daß in den regelmäßigen Funksprüchen der *Suffolk* die Positionsangaben fehlten. Sechseinhalb Stunden lang hatte *Bismarck* ihre Verfolger abgeschüttelt, ohne es zu wissen, dann hatte sie sich selbst durch ihren eigenen Funkspruch verraten.

Die britische Admiralität übermittelte die unausgewerteten Funkpeilungsdaten an *King George V.*, das Flaggschiff, wo eifrige Steuerleute sie sofort in eine Mercatorkarte eintrugen und feststellten, daß der Gegner offenbar hart auf Nordostkurs gegangen war – in Richtung auf die Island-Faeroer-Passage und damit zu einem Durchbruch in das Nordmeer und zurück nach Deutschland. Sofort gab Admiral Tovey eine Flut von Befehlen und beorderte große Schiffe mit knappem Brennstoffbestand in die jetzt unbewachte nördliche Blockadelinie.

Übermüdete deutsche Ausgucks suchten scharf den Horizont ab, während besorgte Offiziere die Brennstoffreserven nachrechneten, Vermutungen über das Ausbleiben erneuten Fühlunghaltens der Engländer anstellten und *Bismarck* den Kurs beibehielt nach Frankreich und nicht in nordöstlicher Richtung, wie die Engländer annahmen. Irgendwelche radikalen Ausweichkurse schienen keinen Sinn zu haben. Man war sich sicher, daß die Engländer die Position ungefähr kannten. Bei Brennstoffknappheit und der Tatsache, daß die Zeit für den Gegner arbeitete, schien der direkte Kurs und eine mittlere Marschfahrt das Beste zu sein. Der Tag nahm weiter einen sehr ruhigen Verlauf. Mitten im Krieg hatte Admiral Lütjens Zeit genug, sich über die Geburtstagsglückwünsche von Großadmiral Raeder, verbunden mit der Hoffnung auf weiteren Erfolg, zu freuen. Wenige Stunden später ging ein gleicher Funkspruch von Hitler ein.

Lütjens benutzte die Ruhepause, um über die Bordlautsprecher zur Besatzung zu sprechen. Er dankte den Männern für ihre Geburtstagsglückwünsche, sprach von dem Sieg über die *Hood*, dann aber fuhr er fort: er kündigte an, daß das Schwerste noch kommen würde, daß die Engländer alle Kräfte zusammenziehen würden, um den Bezwinger der *Hood* zu jagen, und daß ein Kampf auf Leben oder Tod bevorstände. Ein fröstelndes Gefühl böser Vorahnung überkam die Besatzung des Schiffes, die bis dahin voller Selbstvertrauen war, doch See und Himmel blieben frei von Feinden.

Eine derartige Erholungspause war den Engländern nicht gegönnt, deren Flaggschiff zu dem Zeitpunkt, da die Fühlung verloren ging, nur etwa 100 Seemeilen von einem Zusammentreffen entfernt gewesen war, und auf dem die bittere Enttäuschung stündlich wuchs. Während des Nachmittags und bis zum Abend blieben alle englischen Meldungen negativ. Sieben Stunden lang wurde die vergebliche Jagd in die leere nördliche Wasserwüste fortgesetzt, bis Admiral Toveys Stab die erhaltenen Funkpeilergebnisse noch mal auf einer im Maßstab passenden Karte mit Polarkoordinatensystem anstelle der Mercatorkarte nachprüfte und seinen Fehler entdeckte. Abermals drehten die Verbände, doch konnten nun nicht mehr alle Schiffe die Jagd nach Südost mitmachen. Die meisten Zerstörer waren entlassen worden und erreichten die Häfen mit dem letzten Rest ihres Brennstoffes. Einige Kreuzer und der Träger *Victorious*, die weit zurück standen und unter Brennstoffmangel litten, gaben ebenfalls die Verfolgung auf, wie es auch die beschädigte *Prince of Wales* tat. Weitere Geleite wurden von dem voraussichtlichen Kurs der *Bismarck* umgeleitet. Das langsame, aber stark armierte Schlachtschiff *Rodney* mit neun 40,6 cm-Geschützen war von einem Geleit abgezogen worden und war an diesem Nachmittag in sehr günstiger Abfangposition voraus von *Bismarck* passiert, aber auch dies hatte den Weg freigemacht und war nach Norden auf der falschen Spur gesteuert. Es drehte nun auf einen Treffpunkt mit *King George V.* auf dessen langer Verfolgungsjagd zu; doch das Flaggschiff stand 150 sm hinter seinem Gegner, und obendrein war die Position von *Bismarck* nur eine Annahme.

Das Morgengrauen des 26. Mai zeigte der Wache auf *Bismarck* eine immer noch feindfreie See. Die Männer, die in Nähe ihrer Gefechtsstationen geschlafen hatten, ermunterten einander damit, daß sie bei Anbruch des nächsten Tages in die Reichweite der zugesagten Luftsicherung, der Ubootaufstellung und von Zerstörergeleit gelangen würden. Am Vormittag hatte es seit mehr als dreißig Stunden keinen Feindkontakt mehr gegeben. Dann kam ein niedrigfliegendes Catalina-Flugboot in einer Wolkenlücke kurzfristig in Sicht, wurde von der Flak unter Feuer genommen, verschwand wieder in den Wolken und verlor den Kontakt wieder. Kurz darauf übernahmen zwei

Langstrecken-Trägerflugzeuge das Fühlunghalten, und in der Mitte des Nachmittags hing sich der Kreuzer *Sheffield* an und nahm die Radarverfolgung auf. *Bismarck* war wiedergefunden – doch anscheinend zu spät für die britischen Verfolger.

Inzwischen arbeitete sich U 556 durch die schwere See voran, um seine zugewiesene Position in einem Aufklärungsstreifen zu erreichen, der *Bismarck* in der Biscaya aufnehmen sollte. Kapitänleutnant Herbert Wohlfarth auf seiner winzigen, von der See überspülten Brücke hatte eine ganz besondere Beziehung zu seiner Aufgabe. Monate zuvor hatte er aus einer Stimmung fröhlicher Kameradschaft der *Bismarck* eine wortreich verfaßte Urkunde überreicht, mit der er das 770 t-Boot zum »Paten« des Riesen mit seinen 41 700 t erklärte und versprach, dafür zu sorgen, daß ihm kein Leid geschehe. Spät am Nachmittag bot sich ihm die Gelegenheit hierzu. Feindliche Schiffe wurden gesichtet. U 556 verschwand mit Alarmtauchen und ging auf Sehrohrtiefe, gerade rechtzeitig, um den Schlachtkreuzer *Renown*, der mit hoher Fahrt durch die schwere See pflügte, und den Flugzeugträger *Ark Royal*, der schwer in der See rollte, jedoch Torpedoflugzeuge an Deck hatte, erkennen zu können. Es war die Gibraltarflotte, der einzige Verband schwerer Schiffe, der von seiner Position aus *Bismarck* noch abfangen konnte. Das KTB Wohlfarth's berichtet dazu:[3] »19.48 Uhr Alarm! Aus dem Dunst kommen von achtern mit hoher Fahrt ein Schlachtschiff der ›King George‹-Klasse (ein Irrtum) und ein Flugzeugträger, wahrscheinlich ›Ark Royal‹, in Sicht. Bug rechts, Lage 10. – Wenn ich doch jetzt Torpedos hätte! Ich brauchte nicht einmal mehr anzulaufen, sondern ich stehe genau richtig für einen Angriff. Ohne Zerstörer, ohne Zick-Zack-Kurs! Ich könnte mich dazwischen legen und beide gleichzeitig erledigen. Der Träger hat Flugbetrieb von Torpedoflugzeugen. Vielleicht hätte ich ›Bismarck‹ helfen können.« Noch immer schien die Gefahr für *Bismarck* nur gering zu sein. Der Schlachtkreuzer *Renown* war älter und schwächer gepanzert, als die *Hood* und die Admiralität befahl Viceadmiral Sir John Somerville, *Bismarck* mit ihr nicht anzugreifen, bis andere Großkampfschiffe herankommen konnten – sofern sie das überhaupt noch konnten. Nur die Swordfish-Torpedoflugzeuge der *Ark Royal* hatten eine

---

[3] Karl Dönitz, *10 Jahre und 20 Tage*, S. 169. U 556 sichtete *Ark Royal*, nachdem sie ihre Torpedoflugzeuge zum zweiten Angriff gestartet hatte. (Wohlfarths Bericht gibt an, daß das vorher geschah, aber spätere Zeitvergleiche ergeben, daß es später war.) Der Vorfall wird an dieser Stelle angeführt, um die Zeitfolge des Geschehens aus deutscher Betrachtungsweise beizubehalten.

Chance, mit ihren Torpedos die Geschwindigkeit der Bismarck herabzusetzen. Bei so schwerer See, daß die deutschen Zerstörer im Hafen gehalten wurden und der Flugzeugträger so schwer stampfte, daß sein Flugdeck bis zu 17 Meter Höhenunterschied stampfte, brachten 15 Swordfish-Torpedoflugzeuge es fertig, zu starten. Eine Maschine kehrte bald um, die übrigen kämpften sich aber langsam durch Sturm, Gegenwind und Wolken, um das Ziel auszumachen. Dann teilten sie sich in Gruppen und flogen es aus verschiedenen Richtungen an. Elf Maschinen warfen ihre Torpedos ab und zogen wieder hoch, wobei sie sich über das Ausbleiben von Flakfeuer wunderten und plötzlich mit Entsetzen feststellten, daß ihre Torpedos auf die *Sheffield* zusteuerten. Fünf der Torpedos detonierten vorzeitig und die wild kurvende *Sheffield* wich den anderen aus. Drei Swordfishpiloten erkannten das Ziel noch so rechtzeitig, daß sie ihren Angriff abbrechen konnten.

Wertvolle Zeit war verlorengegangen, doch hatte die Beinahetragödie wertvolle Erkenntnisse vermittelt. Die defekten Magnetzünder der Torpedos wurden gegen Aufschlagzünder für den nächsten Angriff ausgetauscht. Ein weiteres Mal trotzten die furchtlosen Piloten den Elementen mit ihren zerbrechlichen, leinwandbespannten Doppeldeckern, um den letzten Angriff, der vor Sonnenuntergang noch möglich war, zu fliegen. Dies war die letzte Chance der Engländer. Der Brennstoffvorrat ihrer Großkampfschiffe war zu weit abgesunken, als daß sie sich noch weiter vorwagen konnten, und im Morgengrauen würde die *Bismarck* nahe genug zu Frankreich stehen, um von Landflugzeugen geschützt zu werden. Die fünfzehn Swordfish flogen zur *Sheffield*, die sie dann zum Angriff gegen die 56 Fla-Geschütze des kampfbereiten Kolosses einwies. Die schwere See verminderte die Treffsicherheit der ermüdeten deutschen Geschützbedienungen und die dünnwandige Konstruktion der Flugzeuge rettete einige von ihnen vor tödlichen Beschädigungen durch den Splitterregen, der sie zerfetzte. Die konzentrierte Abwehr konnte die 15 Flugzeuge nicht daran hindern, heranzukommen und anzugreifen. Die Torpedos von elf Maschinen liefen am Ziel vorbei und gingen fehl. Zwei Flugzeugen gelang es nicht, ihre Torpedos abzuwerfen. Der vierzehnte Torpedo traf mittschiffs, richtete aber keinen Schaden an.

Auch der fünfzehnte Angriff war nicht tödlich – so schien es wenigstens. Der Torpedo traf den Rudermaschinenraum. *Bismarck* besaß aber drei Propeller und konnte normalerweise mit Hilfe unterschiedlicher Schraubenumdrehungen den Hafen ansteuern. Trotzdem war das stolzeste Schiff der deutschen Flotte zum Untergang verurteilt. Die Ruder hatten sich in Hartlage befunden, als der Torpedo traf, und ließen sich durch nichts bewegen. *Bismarck* zeigte plötzlich der *Sheffield* die Breitseite und begann den überraschten Kreuzer mit halben Salven einzudecken, der der Kursänderung von *Bismarck* nicht gefolgt war. Während sich die *Sheffield* mit drei Toten, neun Verwundeten und zerstörtem Radargerät hoffnungslos hinter eine Rauchwand zurückzog, meldete sie schnellstens die Neuigkeit, die Deutschland in Schrecken versetzen, England aber erfreuen sollte: *Bismarck* lief im Kreis und blieb dann mit geringer Geschwindigkeit auf Nordwestkurs, gegen die schwere See und auf ihre Verfolger zu. Verzweifelte Versuche von Tauchern, in dem vollgelaufenen Ruderraum die Ruder loszusprengen, hatten keinen Erfolg. Als ihre Bemühungen scheiterten, war das Ende gewiß. Nur über den Weg dazu war noch zu entscheiden.

Auf *Bismarck* war noch Zeit für eine dramatische Geste. Admiral Lütjens ließ einen Funkspruch absetzen: »Schiff manövrierunfähig. Wir kämpfen bis zur letzten Granate. Es lebe der Führer. Flottenchef«

und, etwa zwanzig Minuten später,

»An den Führer des Deutschen Reiches Adolf Hitler. Im Glauben an Sie, mein Führer, kämpfen wir bis zum Letzten und im felsenfesten Vertrauen auf den Sieg Deutschlands. Flottenchef«

Hitler antwortete:

»An Flottenchef: Ich danke Ihnen im Namen des ganzen deutschen Volkes.

An die Besatzung des Schlachtschiffes *Bismarck*:

»Ganz Deutschland ist bei Euch. Was noch getan werden kann, wird getan. Eure vorbildliche Pflichterfüllung wird unser Volk stärken im Kampf ums Dasein.   Adolf Hitler«[4]

Es blieb auch noch Zeit für kleine Gesten. Admiral Lütjens schlug den Artillerieoffizier der *Bismarck* für die Versenkung der *Hood* zur Auszeichnung vor. So wurde Korvettenkapitän Adalbert Schneider, ein Mann, dessen Leben nur noch Stunden dauern sollte, auf Befehl des Führers mit dem Ritterkreuz ausgezeichnet.

Es blieb auch noch Zeit, an die Zukunft zu denken, eine Zukunft, die nur wenige der an Bord Befindlichen zu erleben hoffen konnten. Die Arado-Bordflugzeuge sollten startklar gemacht werden, um das Kriegstagebuch und andere Unterlagen nach Frankreich zu bringen.

---

[4]»Führer Conferences on Naval Affairs«, *Brassey's Naval Annual, 1948*, p. 213.

Einer der sonst unerheblichen Treffer mittschiffs hatte jedoch das Preßluftsystem zerstört und machte damit den Katapultstart unmöglich. Später bat Admiral Lütjens um die Entsendung eines Ubootes zum Abholen des Kriegstagebuches, doch keines traf rechtzeitig ein. Das Kriegstagebuch, das alle Informationen über diese berühmteste Fahrt des Krieges enthielt, verblieb bis zum Ende an Bord.

Die Kriegsmarine unternahm alles, was möglich war, um einzugreifen, und beorderte alle Uboote in diesem Bereich zum Gefechtsort. Nur U 556 stand in der Nähe. Ohne Torpedos, gab die Besatzung Peilsignale für andere Boote und beobachtete Leuchtgranaten – Sprengpunkte über der Kimm.

Kurz nach Einbruch der Dunkelheit begann das Funkmeßgerät der *Bismarck* Zerstörer aufzufassen, die sich offenbar zum Torpedoangriff näherten. Es waren fünf unter dem Kommando von Captain Philip Vian, dem Helden der *Altmark*-Affäre im vorangegangenen Jahre. Aus dem Konvoidienst zum Schutz der Homefleet abgezogen, hatte Captain Vian aus eigener Initiative »den Geschützdonner angesteuert«. Wieder und wieder begegnete das Schlachtschiff den Zerstöreranläufen mit genau liegenden Salven der Haupt- und Mittelartillerie, dem ersten Einsatz von Funkmeßgeräten bei einem Nachtgefecht. Stunde um Stunde sah das Bedienungspersonal der Meßgeräte die Zerstörer aus Reichweite ablaufen und dann neue Angriffe fahren. Von der Brücke des Schlachtschiffes aus waren die Positionen der Zerstörer nur sporadisch an Hand einzelner Mündungsfeuer zu erkennen, während seine hellen Leuchtgranaten das stürmische Schlachtfeld erhellten und es dann wieder schwarz und leer erscheinen ließen. Die Ausgucks kämpften gegen den raschen Wechsel des blendenden Mündungsfeuers der eigenen Artillerie und der blindmachenden nachfolgenden Dunkelheit, während die Offiziere die unsichtbare Gefahr der Torpedos fürchteten, denen man nicht länger ausweichen konnte. Vor Anbruch der Dämmerung liefen die Zerstörer ab. Keine Seite hatte Treffer erzielt. Die Zerstörer teilten das glückliche Los aller leichten britischen Einheiten bei diesem Unternehmen, nicht beschädigt zu werden. Sie hatten aber die deutschen Geschützbedienungen ermüdet und den schweren britischen Einheiten ihre Aufgabe erleichtert.

Mit dem Licht kam die Home Fleet. Der schwach gepanzerte Schlachtkreuzer *Renown* von der Gibraltarflotte wurde aus dem Gefecht herausgehalten, um ein zweites Unglück zu vermeiden. Das Flaggschiff *King George V.*, ein Schwesterschiff der *Prince of Wales*, besaß kaum noch genügend Brennstoff, um zum Schlachtfeld zu kommen und noch heimkehren zu können. Das Deck der *Rodney* war mit Kisten voller Ersatzteile für eine Grundüberholung in den USA vollgepackt, und sie hatte 500 Invaliden an Bord, die auf eine ruhige Überfahrt über den Atlantik gehofft hatten. Zu diesen beiden Schiffen mit zehn 35,5 cm- und neun 40,6 cm-Geschützen traten die Schweren Kreuzer *Dorsetshire* und *Norfolk* mit je acht 20,3 cm-Geschützen.

Norfolk wurde von *Bismarck* als erstes Schiff gesichtet. Sie näherte sich bis auf 8 sm, zog sich dann aber genau so schnell, wie sie gekommen war, wieder in die stürmische See zurück. Bald darauf erschienen die beiden Schlachtschiffe voraus, und es gelang *Bismarck*, mit Hilfe der Maschinen etwas nach Steuerbord zu drehen, so daß alle 8 Geschütze der Hauptartillerie zum Tragen gebracht werden konnten. Die britischen Schiffe eröffneten um 8.47 h, während sie noch auf *Bismarck* zuhielten, das Feuer nur mit den vorderen Türmen. *Bismarck* zögerte noch kurze Zeit mit der Antwort und schlug dann gegen *Rodney* zu. Mit der dritten Salve lag sie deckend, ein erstaunliches Schießen für eine ermüdete Besatzung. *Rodney* scherte aus, um alle ihre Geschütze zum Tragen zu bringen. *King George V.* kam schnell näher. *Norfolk* eröffnete das Feuer auf eine Entfernung von 10 Seemeilen voraus.

Bismarck, die dem feindlichen Feuer nicht ausweichen konnte, wie es die englischen Schiffe taten, bot ein nur zu gutes Ziel. Bereits eine der ersten Salven der *Rodney* traf den zweiten Turm. Ein Splitterhagel überschüttete die Brücke und tötete dort die meisten, ebenso wie ein Treffer der *Bismarck* die Brücke von *Prince of Wales* in der Dämmerung nur drei Tage zuvor zerstört hatte. Die Feuerleitanlage der *Bismarck* wurde zerstört, und das Feuer der Türme, die nun unabhängig voneinander schossen, wurde bald ungenau. *King George V.* ging in einer Entfernung von 8 sm auf Gegenkurs parallel zu *Bismarck* und konnte nun auch den achteren Vierlingsturm einsetzen. An der anderen Seite erschien ein weiterer Gegner, die *Dorsetshire*. Sie eröffnete das Feuer aus 10 sm Entfernung. Ein Feuer brach auf dem Achterdeck der *Bismarck* aus, dann ein weiteres mittschiffs. Als das Feuer des deutschen Schiffes nachließ, schlossen die britischen Schiffe auf kürzere Entfernung heran.

Granate auf Granate schlug in die Aufbauten ein. Die Masten, der Schornstein und die Brücke wurden zerfetzt, Türme aufgerissen; ausgefallene Geschützrohre ragten gen Himmel oder wiesen in die See – die beiden Geschütze des dritten 38 cm-Turms schossen aber noch in unregelmäßigen Abständen. Auch die Mittelartillerie der britischen Schlachtschiffe (13 bzw. 15 cm-Geschütze) eröffnete das Feuer, als sich die Entfernung verringerte. *Rodney* und *Norfolk* schossen ohne Erfolg Torpedos. Schließlich näherten sich die beiden Schlachtschiffe bis auf 2 Seemeilen, und schossen die *Bismarck* zusammen, wobei Salve auf Salve der Eintonnengranaten bündelweise in das Deck einschlugen. Sie erwiderte das Feuer nicht mehr. *Rodney* schoß zwei weitere Torpedos und erzielte damit den einzigen Torpedotreffer eines Schlachtschiffes auf einem anderen Schlachtschiff überhaupt. Dann drehten die beiden Schlachtschiffe ab, da ihnen der Brennstoffmangel ein Bleiben bis zum Ende nicht mehr erlaubte, und ließen *Bismarck* hilflos, aber noch immer in Fahrt zurück.

Obwohl alle Aufbauten nahezu vollständig zerstört waren, hatte der Panzer dem zweistündigen Bombardement standgehalten. Die Schwimmfähigkeit war erhalten geblieben, die Maschinen unbeschädigt. Die *Norfolk,* die bereits bei Beginn des Kampfes in der Dänemarkstraße beteiligt war, versuchte ihn mit vier Torpedos zu Ende zu bringen, von denen möglicherweise einer traf. Die *Dorsetshire* schoß zwei weitere Torpedos auf die Steuerbordseite des brennenden Wracks, erzielte einen Treffer, drehte dann um das Wrack und erzielte einen weiteren Torpedotreffer auf der Backbordseite. Es war der 71. Torpedo, der in diesem Kampf geschossen worden war, und mindestens der siebte Treffer – doch *Bismarck* sank nicht. Gegen den Panzer waren die Torpedos wirkungslos. In der Befürchtung, daß die Engländer versuchen könnten, das Schiff zu entern, öffnete die Besatzung die Flutventile und zündete die Sprengladungen als letzten Akt des Dramas. Die größte Tragödie der deutschen Kriegsmarine endete, als *Bismarck* am 27. Mai 1941 um 10.40 Uhr mit wehender Flagge nach Backbordseite kenterte und sank.

Ein Uboot trug schließlich für die Überlebenden zu einem grausamen Ende bei. Die schwere See hatte U 47 daran gehindert, *Bismarck* rechtzeitig zur Übernahme des KTB oder zum Angriff auf die britischen Einheiten zu erreichen. Jetzt durchfuhr es das Gefechtsgebiet in Seerohrtiefe und wurde von der *Dorsetshire* und einem Zerstörer, die zur Rettung von Überlebenden gestoppt lagen, gesichtet. Die britischen Schiffe liefen daraufhin mit hoher Fahrt ab, nahmen 110 Überlebende mit sich, ließen aber Hunderte im Wasser. U 74 konnte nur drei bergen. Über 2200 Männer starben, darunter Admiral Lütjens und Kapitän z. See Lindemann.

Nachdem sie den Schock der Katastrophe, die so kurz auf den Sieg über die *Hood* und *Prince of Wales* folgte, überwunden und Hitlers nachträglicher Besserwisserei entgegengetreten war, zog die Kriegsmarine ihre Schlüsse. Weitreichende Atlantikunternehmungen waren vorüber. Der Flugzeugträger sollte nicht fertiggestellt werden, da für ihn keine Hoffnung bestand, in den Atlantik ausbrechen zu können. Unmittelbar nach der Vernichtung der *Bismarck* rollten die Engländer systematisch nahezu die gesamte Versorgungsorganisation im Nordatlantik auf und vernichteten damit zwangsläufig auch die Versorgung der Handelsstörer. Luftmacht und Radar – von denen die eine den Deutschen fehlte und das andere von den Engländern nur zu gut entwickelt worden war – hatten es geschafft. Die beschränkten britischen Kräfte hatten ihre Augen und ihre Schlagkraft allzusehr erweitert. Und doch hatten die großen Schiffe ihre Aufgabe erfüllt. Sie hatten die Engländer zum Abzug von Streitkräften aus dem Mittelmeer gezwungen. Sie hatten den Seekrieg weitergeführt, während neue Verbände aufgebaut wurden.

Nun waren die Uboote an der Reihe.

Der Nordatlantik

DIE UBOOT-OFFENSIVE – JUNI 1940 BIS ZUM MAI 1943

Ebenso, wie der Fall Frankreichs für die deutschen Überwasser-streitkräfte ein »goldenes Zeitalter« brachte, bescherte er auch den Ubooten ihre erste hervorragende Gelegenheit. Alle Häfen West-frankreichs wurden als Uboot-Stützpunkte verfügbar und verkürz-ten die Zeit auf den Anmarschwegen der Uboote zum Brennpunkt des entscheidenden Transatlantikweges, dem Gebiet der sogenannten »Western Approaches« westlich der Britischen Inseln beträchtlich. Sie flankierten den Gibraltar-Weg, den der gesamte Seeverkehr aus dem Südatlantik und dem Indischen Ozean benutzte. Eine Blockade der Art, wie sie gegen Ende des Ersten Weltkrieges die Ausgänge der Nordsee durch Minen und Bewachungsfahrzeuge für Uboote gesperrt hatte, konnte hier nicht erfolgen. Diese Wirkungen addier-ten sich. Der verkürzte Anmarschweg erlaubte selbst den kleinen Ubooten ein Operieren in den Western Approaches, und die größe-ren konnten dort länger bleiben. Die Nutzung französischer Repa-raturwerften, die später durch riesige Betonbauwerke sicher ge-schützt wurden, verringerten die starke Belastung der deutschen Werften, so daß verstärkter Ubootbau in der Heimat eingeleitet werden konnte. Je mehr Uboote sich gleichzeitig im Operations-gebiet befanden, desto größer wurde die Wahrscheinlichkeit, Kon-vois zu finden, und desto größer wurden die Erfolge.
Sofort nach dem Fall Frankreichs verlegte England seine Geleitwege in den North Channel nördlich von Irland und nahm in verstärk-tem Maße die Häfen der Westküste in Anspruch. Da die französi-sche Flotte nicht mehr am Krieg teilnahm und eine große Zahl der britischen Geleitfahrzeuge durch die drohende Invasion und den Bedarf zum Geleit von Flotteneinheiten bei ihren zahlreichen Un-ternehmungen gebunden war, war die Ubootabwehr jetzt ausge-sprochen geschwächt.
Nach einer Pause von drei Monaten, die durch den Norwegenfeld-zug und die Notwendigkeit zur Überholung und Wiederausrüstung der Ubootflotte bedingt war, lief am 15. Mai 1940 die erste Uboot-gruppe zum Einsatz in den Western Approaches aus. Trotz einiger Torpedoversager, die zum Verzicht auf Magnetzünder für mehrere Jahre führten, traf U 37 gute Angriffsbedingungen und eine schwache Abwehr an. Es versenkte über 43 000 BRT Schiffsraum. Die nächsten Uboote dort bestätigten diese Tendenz und fanden viele

Einzelfahrer und Konvois vor. Gewöhnlich standen die Geleitzüge, wenn sie gesichtet wurden, schon so nahe bei den Britischen Inseln, daß keine Zeit mehr zum Zusammenziehen von Ubootrudeln bestand. Gruppentaktik war aber bei so leichten Zielen auch nicht eigentlich nötig, und Funkstille wurde angestrebt. So legte Dönitz verhältnismäßig wenig Wert auf eine straffe Führung und vertraute hauptsächlich auf gute Urteilsfähigkeit und Initiative seiner einzelnen Kommandanten, sobald sie sich in ihrem befohlenen Operationsgebiet befanden. Da die deutsche Funkbeobachtung nur selten Konvois erfaßte, war man zum Auffinden von Zielen auf Uboote, die Funkstille hielten, angewiesen.

Da sie nahezu ohne Einschränkungen handeln konnten, richteten die Uboote große Schäden an. Sie gingen von Unterwasser- zu Überwasserangriffen über, vom Tag- zum Nachtangriff, von Torpedofächern auf große Entfernung zum Einzelschuß aus nächster Nähe innerhalb der Geleitsicherung. Manchmal, wenn sie von vorne auf Konvois trafen oder zufällige Kursänderungen des Konvois die Gelegenheit ergaben, operierten sie zwischen den Reihen der Handelsschiffe. Erbeutete französische Unterlagen und Geräte erweiterten die deutschen Erkenntnisse über die britischen U-Abwehrmethoden und reizten zu kühner Taktik. Angriffsfreudige Ubootkommandanten nutzten ihre Möglichkeiten bis zum letzten aus. Es war die erste »große Zeit«, die Zeit der berühmten Asse. Führend unter ihnen war Kapitänleutnant Otto Kretschmer, dessen sicheres Zielen und »Ein Torpedo – ein Schiff«-Grundsatz sein Erfolgskonto bald auf 200 000 BRT brachten.

In den Befehlsstellen von Dönitz und Raeder wurde die Genugtuung über versenkte Tonnage aber durch Besorgnis über das Ubootbauprogramm gedämpft. Ein Jahr nach Kriegsbeginn war die Produktion noch immer bei weitem zu niedrig. Ende Mai war während der Schlachten an der Westfront die Ubootlage in aller Ausführlichkeit mit Hitler erörtert und zugunsten eines Langzeitprogramms für Bau und Ausbildung und gegen einen kurzfristigen konzentrierten Einsatz aller vorhandenen Boote entschieden worden. Das erscheint seltsam angesichts der Hoffnungen Hitlers auf einen baldigen Frieden. Doch hatte er wohl auch erkannt, daß ein Heranziehen auch der Ausbildungsboote zum Fronteinsatz die Situation im Seekrieg nicht sehr wesentlich ändern, die Möglichkeiten des Ubootkrieges auf lange Sicht aber in Frage stellen würde. Diese Entscheidung war richtig gewesen. Bei derselben Besprechung hatte Hitler die Konzentration auf den Uboot- und Flugeugbau nach Ende des

Frankreichfeldzuges versprochen. Dieses Versprechen wurde am 4. Juni in Beantwortung einer Anfrage Raeders hinsichtlich der Verzögerungen im Ubootbau wiederholt. Als sich später im Monat das siegreiche Ende in Frankreich abzuzeichnen begann, billigte Hitler Beschleunigungen im Ubootbau – doch war dies noch nicht das letzte Wort zu diesem Thema.

Als im Juli die ersten Uboote Lorient als Stützpunkt benutzen konnten, stimmte Hitler einer Verschärfung des Ubootkrieges durch Erklärung einer Sperrzone zu, die vor Westeuropa etwa dasselbe große Gebiet umfaßte, dessen Befahren Amerikanern durch Anordnung des Präsidenten verboten war. Innerhalb dieses Gebietes war der uneingeschränkte Ubootkrieg erlaubt, wenn dieser Ausdruck auch noch nicht benutzt wurde. Ausgenommen waren lediglich Lazarettschiffe und die neutrale Schiffahrt auf festgelegten Wegen.

Ende des Monats boten die Italiener, die vereinzelt Uboote in den Atlantik entsandt hatten, die ständige Verlegung einer Ubootgruppe in den Atlantik an, sofern Deutschland einen Stützpunkt zur Verfügung stellen würde. Dieses Angebot wurde gern angenommen, die Unterstellung der Gruppe unter deutschen Marinebefehl jedoch von Hitler abgelehnt, um für die Italiener keinen Präzedenzfall zu schaffen, eine Unterstellung deutscher Einheiten zu verlangen. Eine Koordinierung auf unterer Ebene zwischen Dönitz und dem italienischen Befehlshaber, Konteradmiral Angelo Parona, wurde schnell hergestellt und italienische Offiziere auf deutschen Booten eingeschifft, um im Nordatlantikkrieg praktische Erfahrungen zu sammeln. Die italienischen Boote wurden dann auf je eine Feindfahrt in das Gebiet der Azoren geschickt und danach von Dönitz im Nordatlantik eingesetzt. Obwohl durch sie die Zahl der Boote im Operationsgebiet verdoppelt wurde, waren ihre Erfolge enttäuschend. Sie waren den deutschen Booten technisch unterlegen, und ihre Ausbildung war so unterschiedlich und altmodisch, daß sie nur wenige Konvois fanden, keinen angriffen und auch kein deutsches Boot an ein Geleit heranführten. Schließlich wurden ihnen eigene Gebiete südlich der deutschen und vor Gibraltar und Westafrika zugeteilt, wo sie einige Erfolge erzielten, gewöhnlich bei Unterwasserangriffen bei Tage oder bei Artilleriegefechten. Vom September 1940 bis zum Mai 1941 waren über 30 dieser Boote eingesetzt. Dann sah sich das italienische Oberkommando, das sich großen Anforderungen in Nordafrika und Griechenland gegenübersah, veranlaßt, sie zur Unterstützung der sich abzeichnenden Flotten- und Geleitzugkämpfe im Mittelmeer zurückzurufen.

Im September tauschten die Engländer Marine- und Luftwaffen-stützpunkte gegen 50 alte amerikanische Zerstörer ein – der berühmte »Zerstörerhandel«, der beim nächsten Zusammentreffen Hitlers mit Raeder zu unfreundlichen Bemerkungen darüber führte, daß Amerika nun ein feindseliger Neutraler geworden sei. Für England waren diese 50 Zerstörer jedoch nur wenig mehr als ein Tropfen auf einen heißen Stein nach den ersten langdauernden Geleitzugschlachten großen Umfanges in den Western Approaches im September und Oktober. In drei Nächten versenkten 8 Uboote Mitte Oktober 38 Schiffe aus drei Geleitzügen. Die ganze Operation wurde als »Die Nacht der Langen Messer« von der deutschen Presse gefeiert. Diese Einsätze rechtfertigten völlig Dönitz' Hoffnungen. Ende Oktober konnte er das Resümee der Erfahrungen ziehen, die Methoden über-zeugt bekräftigen, die Schwäche der britischen Abwehr herausstellen und wiederum die Notwendigkeit von mehr Ubooten betonen. Diese Verstärkung, das wußte er, mußte erfolgen, sollten die deut-schen Anfangserfolge der Gruppentaktik zum endgültigen Siege führen. Ein Jahr Krieg hatte 28 Boote gekostet, Verluste, die durch Zugang von 28 Booten von den Werften ausgeglichen woren waren. Die kleinen Uboote wurden an die Schulflotillen in der Ostsee ab-gegeben, wodurch die Zahl der Frontboote im Februar 1941 auf 22 sank.

Im Winter 1940/41 wurden die deutschen Uboote allmählich von den englischen Küsten durch bessere Luftüberwachung verdrängt. Das vergrößerte die Probleme der Uboote etwas, denn Dunkelheit und Sturm in Verbindung mit den nun größeren Abständen zwi-schen den einzelnen Ubooten ermöglichten das unbemerkte Durch-kommen von Konvois zwischen ihnen. Da vom November bis Januar nur durchschnittlich 4–6 Boote in See standen, eine Zahl, die mit nur einem Boot während der Weihnachtstage ihren größten Tiefstand erreichte, waren nur sehr wenige koordinierte Angriffe möglich, obwohl die Uboote jetzt so weit vor den Britischen Inseln aufgestellt wurden, daß sie einem Konvoi länger als einen Tag fol-gen konnten. Bei Fühlungnahme an einem Geleit verschossen die Boote oft ihre gesamten Torpedos und kehrten zu ihrem Stützpunkt zurück, wodurch sie im Aufklärungsstreifen größere Lücken ließen. Im Oktober 1940 verlegte Dönitz seine Befehlsstelle von Paris, wo sie bei Vorbereitung des »Seelöwe« eingerichtet worden war, nach Kernevel bei Lorient, um das Prinzip enger Verbindung mit den im Einsatz befindlichen Verbänden, das er stets beachtet hatte, zu ver-wirklichen. In täglichen Besprechungen setzte er nun die Pläne, die

Der Kanaldurchbruch 1942. Ein Zerstörer geleitet *Scharnhorst, Gneisenau* und *Prinz Eugen* während ihres kühnen Unternehmens bei Tageslicht vorbei an Dünkirchen. Die schweren Schiffe werden von Dutzenden kleinerer Einheiten und einem großen Aufgebot an Flugzeugen, das hier durch die Bewölkung verdeckt ist, gesichert. (Imperial War Museum)

Die deutsche Flotte in Norwegen. Das Schlachtschiff *Tirpitz* fährt an der Spitze beim gemeinsamen Auslaufen mit *Admiral Hipper* und *Admiral Scheer*.
(Ferdinand Urbahns)

Künstlicher Nebel verbirgt die »Einsame Königin«. Nebel und Wetter retteten *Tirpitz* wiederholt vor Luftangriffen, schließlich wurde die britische Hartnäckigkeit aber doch belohnt. Trägerflugzeuge beschädigten das Schiff zweimal, und das Bomber Command machte es zunächst fahrunfähig und versenkte es später.
(Imperial War Museum)

Angriff auf *Tirpitz*. Die große Rauchwolke vor der Brücke wurde von Bomben von Trägerflugzeugen verursacht. Sieben Monate später vernichteten schwere Bomber das Schiff mit 6 Tonnen-Bomben. (Imperial War Museum)

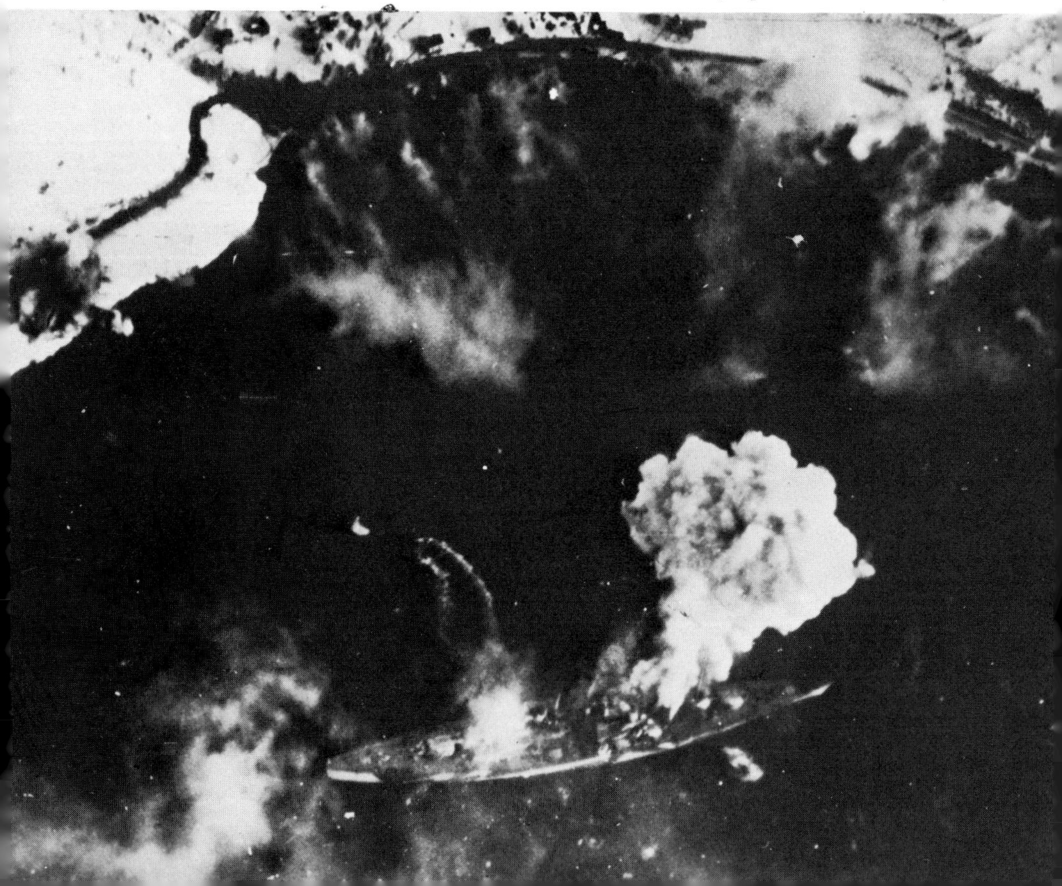

Das Ende eines Ubootes. Die Wasserbombenexplosion und die Einschläge der Bordwaffen sind klar erkennbar. Langstreckenflugzeuge spielten beim Gewinnen der Schlacht im Atlantik eine wesentliche Rolle. (Imperial War Museum)

Prinz Eugen rammt die *Leipzig*. Der Leichte Kreuzer wurde bei diesem dramatischen Unglück bis zur Mittelkielplatte durchgeschnitten. Er diente danach als schwimmende Batterie und nahm nicht mehr am Seekrieg teil. Der glückliche *Prinz Eugen* war bald wieder gefechtsklar und gab den Truppen an der Ostfront Feuerunterstützung. (Foto Drüppel)

Luftaufnahme eines britischen Aufklärers von der getarnten *Tirpitz*. Die Sicherung dieses Riesenschiffes war von größter Bedeutung. Sie war das gefährlichste Schlachtschiff, auf das unaufhörlich Jagd gemacht wurde. Seine bloße Existenz beeinflußte das Kräfteverhältnis auf allen Ozeanen.   (Imperial War Museum)

er in mehr als fünf Jahren entwickelt hatte, in die Tat um. Jeden Tag gingen Meldungen ein und Befehle hinaus. Informationen der in See stehenden Uboote und einiges aus anderen Quellen, wie dem B-Dienst und dem Nachrichtendienst, wurden analysiert und in die Gesamtstrategie eingefügt. Nach jeder Feindfahrt wurden ferner die KTB's der Kommandanten sorgfältig ausgewertet und alle Kommandanten ausgiebig durch Dönitz befragt.

Nachdem nun während der nächsten 6 Monate endlich mit einer hinreichenden Zahl von Ubooten für eine regelrechte Gruppentaktik zu rechnen war, konnte man an die Planung ordentlicher Standlinien herangehen. Der Nordatlantik war der entscheidende Kriegsschauplatz, und dort mußten die Boote konzentriert werden, doch sollten sie alle Bereiche verlassen, in denen die britische Überwachung so stark war, daß die durchschnittlich pro Tag und Boot versenkte Tonnage abnahm. Sie sollten so lange in neuen Gebieten operieren, wie diese entscheidende Zahl zu halten war – solange sie sich versammeln, bewegen und angreifen konnten. Sobald ein Gebiet bestimmt war, wurden die Uboote in einer Standlinie aufgestellt, die sich tags auf erwartete Geleite zu bewegte, während in der Nacht auf Gegenkurs gegangen wurde, um ein unbemerktes Passieren von Konvois zu vermeiden. Ein Boot, das auf einen Konvoi stieß, gab Peilzeichen, und der Angriff begann in der Nacht, nachdem die Boote herangekommen waren. Eines der Boote blieb, wenn nötig, Fühlunghalter, doch konnte diese Aufgabe an einem Geleitzug oftmals von einem auf das andere Boot übergehen. Der Grundgedanke Dönitz' war, britischen Schiffsraum in möglichst wirkungsvoller Weise zu versenken. Das Seegebiet, der Seeweg, die Ladung oder ob das Schiff leer war – das waren bestenfalls zweitrangige Fragen; von entscheidender Bedeutung war die Gesamttonnage auf dem dicht befahrenen Nordatlantik.
Nachdem sie zwei Jahre lang praktisch ohne Luftaufklärung oder -unterstützung operiert hatte, verlieh die Marine ihren Forderungen solchen Nachdruck, daß Raeder ein Zusammentreffen zwischen Dönitz und Jodl vom OKW arrangieren konnte. Dönitz konnte Jodl davon überzeugen, daß die Ubootwaffe so viele Langstreckenaufklärer unter ihrem Befehl haben mußte, daß täglich 12 Flugzeuge in der Luft waren. Am 7. Januar 1941 wurde eine Fliegergruppe mit Langstreckenmaschinen in Bordeaux vom OKW Dönitz unterstellt. Nach der Rückkehr von einem Jagdausflug versuchte Göring, diese Unterstellung rückgängig zu machen, doch Dönitz widersetzte

sich dieser Forderung. Göring versuchte es nun auf eine andere Weise – er schuf in der Luftwaffe eine neue Position, den »Fliegerführer Atlantik«, der die Luftaufklärung übernehmen sollte. Zum Glück war die Zusammenarbeit zwischen diesem, einem früheren Marineflieger, und Dönitz ausgezeichnet.

In der Praxis standen tatsächlich nur zwei Maschinen anstelle der geforderten 12 pro Tag zur Verfügung, von denen eine von Bordeaux aus die Western Approaches aufklärte und dann in Stavanger landete, während die zweite Maschine in umgekehrter Richtung flog. Die Flugzeuge sichteten einige Geleite im Gebiet der Western Approaches, doch waren ihre Meldungen oft ungenau, und Entfernung und Zeit verhinderten im allgemeinen direkte Zusammenarbeit mit den Ubooten. Als die Uboote weiter nach Westen gingen, kamen sie außerhalb der Reichweite der Flugzeuge. So bestand die Hauptaufgabe der Aufklärer, allgemeine Informationen über die Marschformationen der Konvois zu geben, doch auch das war eine wertvolle Hilfe für Dönitz.

Eine Zusammenarbeit zwischen Flugzeugen und Ubooten, und in einigen Fällen auch Überwasserstreitkräften, kam einige Male in der Biscaya und westlich Spaniens zustande. Hier wurden alle drei Waffen auf Schiffe angesetzt, die von einer von ihnen zuerst geortet worden waren. Die dürftige Zahl der Flugzeuge begrenzte aber sogar diese Erfolge.

Im Nordatlantik stieg in den ersten Monaten des Jahres 1941 die Zahl der im Einsatz befindlichen Boote langsam auf über 10 an. Erfahrene wie neue Kommandanten hatten gute Erfolge: sie versenkten im Januar nahezu 100 000 BRT und im Februar 42 Schiffe mit über 200 000 BRT. Die Summe sank etwas ab, als einige Boote in südlichere Operationsgebiete abgezogen wurden, um eine Diversion zu schaffen, sie überschritt aber im Juni wieder 200 000 BRT. Die Einfuhren Großbritanniens erreichten im Januar 1941 weniger als die Hälfte der Menge im Vergleichsmonat des Vorjahres.

Die Seekriegsleitung hatte zu diesem Zeitpunkt Grund zum Optimismus. Die Überwasser-Handelsstörer erzielten Erfolge. Man erwartete, daß die Luftwaffe in Kürze etwa 300 000 BRT Schiffsraum pro Monat versenken würde. Dies hätte Deutschland in greifbare Nähe einer monatlichen Erfolgsrate von 750 000 BRT versenktem Schiffsraum gebracht, was, über ein Jahr hinweg durchgehalten, England nach Schätzung zur Aufgabe des Krieges zwingen würde. Die bereits erreichten monatlichen Erfolge wurden auf etwa 400 000 BRT geschätzt, die Zugänge durch Neubauten britischer

Werften auf 200 000 BRT. Die Zeit schien reif für den entscheidenden Schlag gegen England – bevor die Leistungen des anglo-amerikanischen Schiffbaues auf 500 000 BRT pro Monat ansteigen würden, die für 1942 erwartet wurden.

Im Atlantik führte der »Schweigsame Otto« Kretschmer weiterhin die Erfolgsliste an. Zu seinen Erfolgen zählten drei Hilfskreuzer, zwei davon in einer Nacht. Diese großen Schiffe fuhren mit mäßigen Geschwindigkeiten und fielen praktisch deutschen Kriegsschiffen aller Kategorien zum Opfer: die beiden Schlachtkreuzer versenkten die *Rawalpindi*, *Jervis Bay* wurde nach heldenhaftem Kampf von *Admiral Scheer* vernichtet, drei weitere unterlagen dem kleinen Hilfskreuzer *Thor* und 6 wurden von Ubooten versenkt. Kretschmer führte vor Prien (dem »Stier von Scapa Flow«) und Kapitänleutnant Joachim Schepke im Wettstreit um die größten Tonnage-Erfolge. Anfang März 1941 waren alle drei in See und brachen in Konvois südlich Island ein. Prien und Kretschmer hatten sich zufällig beim Ansteuern eines Geleites getroffen und Signale ausgetauscht. Am 8. März wurde Priens Boot durch einen Wasserbombenangriff versenkt, wobei die gesamte Besatzung fiel. Genau eine Woche später wurde U 100, das Boot Schepkes, von einem Zerstörer erfaßt, als es sich von einem stark angeschlagenen Geleit absetzen wollte. Nach Alarmtauchen mit Wasserbomben belegt, geriet das Boot außer Kontrolle und kam durch die Oberfläche. Ein britischer Zerstörer rammte es mitschiffs und klemmte Schepke im Turm ein, das Uboot sank mit ihm.

Zur selben Zeit hatte Kretschmer denselben dezimierten Konvoi verlassen, nachdem er seinen Restbestand an Torpedos geschossen hatte. Er war durch die Sicherung abgelaufen und hatte die Brücke bereits verlassen, als sein Wachoffizier einen Zerstörer sichtete. Irrtümlich nahm er an, der Zerstörer hätte U 99 bereits gesichtet und gab Alarmtauchbefehl. Einer der Zerstörer, die gerade U 100 vernichtet hatten, bekam Asdic-Kontakt und warf Wasserbomben. Kretschmers Boot wurde schwer beschädigt und sank auf große Tiefe, die den Bootskörper zerstören konnte. Es blieb ihm keine andere Wahl, als auszublasen und aufzutauchen. Ohne Torpedos hatte er keine Möglichkeit zur Verteidigung und ließ einen letzten Funkspruch absetzen: »Zerstörer – Wasserbomben – 53 000 BRT – gehe in Gefangenschaft – Kretschmer[1].« Damit meldete er noch die Versenkung von 53 000 BRT und seine eigene Gefangennahme.

[1] Harald Busch, *So war der Ubootkrieg*, S. 55.

Dann gab er den Befehl zur Versenkung von U 99. Die Besatzung wurde bis auf 3 Mann gerettet und traf mit den 5 Überlebenden von U 100 zusammen. Kretschmer war der erfolgreichste Ubootkommandant des Krieges, dem für die Versenkung von einem Zerstörer und 37 Handelsschiffen mit 241 523 BRT das Eichenlaub zum Ritterkreuz des Eisernen Kreuzes verliehen wurde.

In den ersten Märzwochen wurden noch zwei weitere Uboote versenkt. Durch diese Verluste alarmiert, ließ Dönitz die verbleibenden Uboote weiter seewärts verlegen, da die Engländer neue Ubootabwehrgeräte entwickelt haben konnten. Als klar wurde, daß es sich um rein zufälliges Zusammentreffen von Verlusten handelte, wurden die Uboote wieder in das Gebiet des North Channel und auf den Geleitzugweg von Großbritannien nach Gibraltar zurückverlegt.

In der Seekriegsleitung ging die optimistische Stimmung zur Schlacht im Atlantik im Frühjahr 1941 zurück. Die Vorbereitungen des Angriffs auf Rußland führten zum Abzug der Luftwaffe von Angriffen auf die Schiffahrt. Die *Bismarck*-Unternehmung im Mai stellte die letzte Operation der schweren Überwasserschiffe im Atlantik dar. Die Operationen der Hilfskreuzer wurden fortgesetzt, jedoch in langsam abnehmendem Umfang, da einige von ihnen versenkt wurden und andere in die Heimat zurückkehrten. Ganz offensichtlich würden die Uboote in absehbarer Zeit den Handelskrieg allein führen müssen.

Ausgang des Sommers nahm die britische Ubootbekämpfung in den Gewässern um die Britischen Inseln sichtlich an Stärke zu, besonders durch den Einsatz von Flugzeugen. Aber auch Dönitz' Flotte wurde größer, so daß er im September wieder weiter westwärts gehen und Standlinien von 10, 15, ja sogar 20 Booten in Gebieten bilden konnte, in denen nach Funkbeobachtung oder auf Grund anderer Informationen Konvoiverkehr zu vermuten war. Die Zahl der Uboote war aber immer noch zu gering, um sämtliche möglichen Wege abzudecken. So kamen viele Geleite unbehelligt durch. Wenn jedoch ein Geleitzug erfaßt, tagsüber an ihm Fühlung gehalten und Nacht für Nacht von mehr Booten angegriffen wurde, übertraf die Zahl der Uboote oft die der Geleitfahrzeuge, und die Handelsschiffe hatten hohe Verluste hinzunehmen. Mitte September z. B. verlor ein Konvoi südlich Grönlands in zwei Nächten 16 Schiffe und wurde nur durch aufkommenden Nebel vor weiteren Verlusten bewahrt, da die Uboote nun keine Fühlung mehr halten konnten. Die Gesamterfolge im September: 54 Schiffe mit 208 822 BRT.

Das Ubootbauprogramm lieferte nun endlich neue Boote in genügender Zahl für die Ubootflotte. Im Juni 1941 wurde zum ersten Mal die Ablieferungsrate von 15 Booten pro Monat erreicht. Nicht nur die lange Bauzeit, sondern auch die Erprobungs-, Einfahr- und Ausbildungszeiten ließen den Zulauf zu den Frontflottillen nur langsam ansteigen. Auf den Werften wurde weniger als die Hälfte der Zeit für Neubauten verbraucht – ein ständiger Streitpunkt mit Dönitz –, über die Hälfte aber zur Überholung und Reparatur von Schiffen und Ubooten. In den Besprechungen Raeders mit Hitler kehrten in monotoner Regelmäßigkeit Fragen der Priorität bei Materialzuteilungen, der Neubauzahlen, Werftbelegungen und ähnliches wieder. Aber es konnte keine Einigung auf ein wirklich zufriedenstellendes Bauprogramm erzielt werden. Hitler stimmte zwar Raeder immer zu und versprach Abhilfe, doch erhielten Projekte der anderen Wehrmachtteile jeweils den Vorrang. Schließlich wurde dem Seekrieg der Vorrang nach Abschluß des Rußlandfeldzuges garantiert, und dies sollte bereits im Herbst 1941 der Fall sein!

Die Operationsabteilung hatte schon lange den Einsatz von Ubooten in überseeischen Gewässern befürwortet, um den Kampf der Überwasser-Handelstörer zu unterstützen. Im Juni 1940 wurde das erste Uboot in den Südatlantik entsandt, und weitere Boote folgten in den nächsten 6 Monaten. Es waren größere Boote als die, die für den Nordatlantik vorgezogen wurden, und ihre hauptsächliche Aufgabe war es, die britische Schiffahrt zu unterbrechen, Verzögerungen herbeizuführen und die Geleitstreitkräfte zu zersplittern. Diese Boote und die erste Gruppe, die im Februar 1941 in das Gebiet vor Freetown in Westafrika entsandt wurden, erfüllten ihre Aufgabe gut. Ihre Versenkungserfolge pro Tag lagen aber niedriger als die der kleineren Boote im Nordatlantik, da ihre Anmarschzeiten länger waren. Sie wurden durch Versorger, die von Deutschland ausliefen, Blockadebrecher aus neutralen Häfen und von Hilfskreuzern versorgt. Obwohl der Einsatz weiterer Gruppen folgte, widersetzte sich Dönitz jedoch den Wünschen der Seekriegsleitung nach starkem Ubooteinsatz in überseeischen Gewässern, indem er seine Ansicht durchsetzte, daß der Nordatlantik bessere Erfolgschancen bot und daß viele Boote zum Auffinden von Geleiten benötigt würden.

Im Juni 1941 rollten die Engländer nach dem *Bismarck*-Unternehmen fast alle Versorger in See auf, und im Juli wurde auch die sehr beschränkte Benützung der Kanarischen Inseln als Versorgungsstützpunkte durch britischen diplomatischen Druck auf Spanien, das sich auch nicht zu sehr für Hitler engagieren wollte, unmöglich. Die Uboote konnten sich daher nicht mehr lange vor Westafrika aufhalten. Erst im Herbst 1942, als die Versenkungserfolge pro Boot und Tag im Nordatlantik infolge der wachsenden britischen Ubootabwehr abnahmen und ein Versorgungs-Uboot verfügbar wurde, konnte eine Ubootgruppe in das Gebiet vor Kapstadt und sogar in den Indischen Ozean entsandt werden, wo sie bemerkenswerte Erfolge erzielte.

Die Versorgungsboote, die Ausgang des Frühjahrs 1942 erstmalig eingesetzt wurden, waren Spezialkonstruktionen und konnten die Kampf-Uboote mit Treibstoff, Ersatzteilen, Verpflegung, Bekleidung, Munition und Torpedos, Wasser, ärztlicher Hilfe und Medikamenten versorgen und Besatzungsmitglieder austauschen. Durch den Einsatz eines Versorgers konnte die Dauer der Feindfahrten von Kampfbooten verdoppelt werden.

Während Ubootversorger auch Unternehmungen vor Südafrika möglich machten, fanden die Uboote ein besseres Verfahren, indem sie ab Frühjahr 1943 von dem japanischen Stützpunkt Penang an der Westküste der malayischen Halbinsel aus zu operieren begannen und sogar von diesem Stützpunkt aus einen Tanker in den Indischen Ozean entsandten. Dieses Übereinkommen bestand bis fast zum Kriegsende. Eines der schwierigsten Probleme für Dönitz bestand in der Tendenz Hitlers und der Operationsabteilung, Verwendung von Ubooten für Aufgaben zu fordern, für die sie nicht geeignet waren. Sie wurden zur Wetterbeobachtung im Atlantik eingesetzt. Sie sollten Küsten gegen Invasionsversuche bewachen, die niemals stattfanden. Sie geleiteten Überwasser-Streitkräfte, und sie sollten schließlich sogar auf besonderen Kriegsschauplätzen in Notfällen eingreifen. In allen diesen Fällen sollten Uboote fehlende oder zu schwache Überwasser-Streitkräfte, Flugzeuge oder Landstützpunkte ersetzen. Alle diese Einsätze zogen Boote von den wichtigen Standlinien des entscheidenden Nordatlantik ab und ließen die kritischen Ziffern, nämlich die des Versenkungserfolgs pro Boot und Tag in See, absinken. Außerdem brachten einige der genannten Aufgaben stark erhöhte Verlustquoten für die Uboote mit sich.

Während des ganzen Krieges standen gewöhnlich zwei Uboote zur Wetterbeobachtung im Nordatlantik. Das stellte eine nur geringe Belastung für die Kampfkraft dar. Im Januar 1941 hegte Hitler jedoch ernsthafte Befürchtungen über ein britisches Unternehmen gegen Norwegen, das er als den kriegsentscheidenden Schauplatz ansah, und er befahl, alle Uboote dort zusammenzuziehen. Der Befehl wurde später auf 20 Boote herabgesetzt, deren Fehlen sich jedoch noch immer stark auf die Kriegführung im Atlantik auswirkte. Die Boote wurden im März dem Kommandierenden Admiral Norwegen unterstellt, so daß die Koordinierung mit anderen Einheiten besser erfolgen konnte. Die Zahl der Uboote in diesem Gebiet variierte während des Krieges. Sie nahm im Sommer 1941 ab und wurde dann wieder stark vermehrt, als Hitlers Befürchtungen in den ersten Monaten des Jahres 1942 wiederkehrten. Die Operationsabteilung stimmte mit Dönitz überein, daß die Uboote im Atlantik mehr Schiffsraum versenken konnten, glaubte aber, daß diese Neuverteilung unausweichlich sei, da die Alliierten stark genug waren, um eine Invasion Norwegens versuchen zu können. Außerdem konnten diese Boote noch eine zweite Aufgabe durch Unterstützung der Angriffe auf die Eismeergeleite nach Murmansk übernehmen. Auf die Argumente, daß die Versenkung von Atlantiktonnage die beste Garantie gegen eine Invasion sei, die Boote andererseits aber nur eine bereits begonnene Invasion behindern könnten, hatte die Operationsabteilung keine Erwiderung. Andererseits stand außer Ubooten kaum etwas zur Verfügung, das man im Notfall nach Norwegen oder an einen anderen Kriegsschauplatz hätte entsenden können. Hitler schien sich über seine Politik unklar zu sein. Während er eben noch den Tonnagekrieg befürwortet hatte, konnte er sofort danach die Wichtigkeit von Angriffen gegen die Eismeergeleite betonen, zwei Dinge, die sich nicht miteinander vereinbaren ließen, denn die Murmanskgeleite fuhren so selten, daß die meisten Unternehmungen in der Arktis keine Ziele fanden. Die Uboote erzielten tatsächlich auch im Eismeer einige Erfolge – am bekanntesten ist ihre Mitwirkung bei der Vernichtung des größten Teiles des Konvois PQ 17 im Juli 1942. Doch lag ihr Tonnageerfolg, umgerechnet auf Seetage, dort stets niedrig, da Ziele selten waren, und die britische Abwehr immer stärker wurde. Im Dezember 1942 wurde die Zahl der Boote im Eismeer wieder reduziert, und zwar als Folge der Invasion in Nordafrika.

Raeder konnte sich meist gegen plötzliche Einfälle Hitlers durchsetzen, wie z. B. gegen den Bau von Transport-Ubooten zum Angriff auf Island oder gegen die Verwendung von Ubooten, um die Besetzung der Atlantikinseln durch die Alliierten zu verhindern. Einige besondere Verwendungen waren jedoch unumgänglich, um Hilfskreuzern und Blockadebrechern einen Geleitschutz von allerdings zweifelhaftem Wert zu geben, da hierfür praktisch keine anderen

Streitkräfte zur Verfügung standen. Im Juni 1941 wurde eine Reihe von Ubooten in die Ostsee geschickt, um russische Flottenoperationen zu verhindern. Ende August wurden sie jedoch wieder abgezogen, da die russische Flotte nahezu untätig blieb.

Der stärkste Abzug von Kräften erfolgte jedoch auf den Mittelmeer-Schauplatz. Von April bis Juli 1941 konnte Raeder Hitler daran hindern, Uboote zur Unterstützung des Afrikafeldzuges einzusetzen. Im Juli entschied Hitler jedoch, daß geprüft werden sollte, ob die Italiener einen Stützpunkt zur Verfügung stellen würden. Im August wurde dann trotz des Protestes der Marine ein entsprechender Befehl erteilt und im September und November je 6 Boote in das Mittelmeer gesandt. Weitere Boote folgten in den Monaten danach. Durch diesen Kräfteabzug wurden die Erfolge im Atlantik auf einen Bruchteil derer in den vorangegangenen Monaten reduziert. Dönitz erhob regelmäßig Einwände, und Raeder unterstützte ihn in der Hauptsache, obwohl er die Notwendigkeit einiger Maßnahmen im Mittelmeer zur Unterstützung Rommels und als Vorbeugung gegen britische Schritte in Nordwestafrika einsah. Dönitz betonte, daß die britischen Kräfte Erfolge relativ unwahrscheinlich machten, und daß wegen der Gezeiten und des Oststromes Boote, die einmal ins Mittelmeer gelangt waren, nur eine geringe Chance hatten, wieder zurück in den Atlantik zu kommen, da die britischen Sicherungsstreitkräfte in Gibraltar ständig verstärkt wurden. Im Dezember waren schließlich praktisch alle Atlantikboote im Mittelmeer oder westlich von Gibraltar eingesetzt, da laut Befehl ständig 25 Boote in der Nähe des Felsens stehen sollten.

Die Uboote erzielten im Mittelmeer einzelne Erfolge. Sie versenkten ein Schlachtschiff, einen Flugzeugträger und einen Kreuzer sowie eine Anzahl von Handelsschiffen. Auf Grund des ruhigen Wassers und des starken britischen Geleitschutzes, der alle Schiffsbewegungen sicherte, hatten sie jedoch hohe Verluste. Als die Uboote vor Gibraltar schließlich Mitte Dezember entlassen und zum Angriff auf die Route Gibraltar–England angesetzt wurden, erzielten sie auch hier keine großen Erfolge mehr, da die See zu ruhig war und die britische Ubootabwehr, zu der zum ersten Mal auch ein Geleitträger zählte, zu stark geworden war. Zwar versenkten die Uboote den Träger, einen Zerstörer und 2 Frachter, doch gingen dabei fünf Uboote verloren. Im Januar 1942 erging die Anweisung des Oberkommandos der Kriegsmarine, daß noch 2 oder 3 Boote in das Mittelmeer geschickt, der Rest der Boote westlich Gibraltars aber wieder zum Handelskrieg im Nordatlantik eingesetzt werden sollte.

Da die USA ihren Schiffbau verstärkten und England zunehmend stärker unterstützten, drängte Raeder Hitler, die Beschränkungen für Ubootangriffe in der amerikanischen Neutralitätszone aufzuheben. Aber selbst als die Amerikaner mit dem Geleit von Schiffen bis in das Gebiet Island und der Beschattung deutscher Uboote begannen, weigerte sich Hitler, irgend etwas zu tun, was Amerika auf See herausfordern konnte, und rief in Erinnerung, daß der Ubootkrieg ausschlaggebend gewesen war, die USA zum Eintritt in den Ersten Weltkrieg zu bringen. Amerikanische Schiffe durften nicht einmal in der üblichen Weise durchsucht und beschlagnahmt werden. Als ein Uboot im Juni 1941 das amerikanische Schlachtschiff *Texas* innerhalb der von Amerika erklärten Kriegszone sichtete und verfolgte, erließ Hitler den Befehl, daß Uboote kein Kriegsschiff unterhalb Kreuzergröße und große Schiffe nur, wenn sie eindeutig als feindlich erkannt waren, angreifen durften. Damit war den gefährlichsten Gegnern der Uboote, den Geleitfahrzeugen, ein Freibrief erteilt. Eine leichte Lockerung dieser Bestimmung wurde bald gebilligt – die Uboote durften sich nun gegen Angriffe verteidigen, doch sie überließ die Initiative dem Gegner. Hitler bestand auf der Vermeidung jeglichen Zwischenfalls, weigerte sich andererseits aber, die neue Erweiterung der amerikanischen Sicherheitszone offiziell anzuerkennen, durch deren Proklamation der Bereich, in dem amerikanische Kriegsschiffe patrouillierten, um Hunderte von Seemeilen nach Osten verlegt wurde – im Februar 1941 bis zu einer Linie eben westlich Islands, im Juli dann bis zu einer Linie östlich Islands.

Das verstärkte amerikanische Auftreten mußte unvermeidlich zu Zusammenstößen führen. Der erste war der *Greer*-Zwischenfall im September 1941. U 652[2] wurde von einem Zerstörer verfolgt. Als Wasserbomben explodierten, nahm der Ubootkommandant an, der Zerstörer habe sie geworfen, obwohl sie tatsächlich von einem britischen Flugzeug stammten. Daraufhin schoß das Uboot zwei Torpedos, die beide fehlgingen. Erst am nächsten Tage stellte der Ubootkommandant fest, daß es sich bei dem Zerstörer um den amerikanischen *Greer* gehandelt hatte. Die Sache war inzwischen bereits zu einem größeren Zwischenfall aufgebauscht worden und hatte Roosevelt zu seiner Bemerkung über »Klapperschlangen im Atlantik« veranlaßt sowie zur Erteilung eines Schießbefehls beim

---

[2] Die Nummernbezeichnungen der Uboote wurden nicht in der Reihenfolge ihrer Fertigstellung vergeben und geben nicht die Zahl der bis zu einem bestimmten Zeitpunkt gebauten Boote an.

Sichten an die Kommandanten der US Navy. Im Oktober wurde ein US-Zerstörer in einer Geleitzugschlacht beschädigt, und drei Wochen später sank ein zweiter bei ähnlicher Gelegenheit.

Am 11. Dezember 1941, vier Tage nach dem Angriff Japans auf Pearl Harbour, erklärten Deutschland und Italien den USA den Krieg. Da die deutsche Führung von dem geplanten japanischen Angriff vorher nicht unterrichtet worden war, konnte sie aus ihm keinen großen Nutzen ziehen. Es standen keine Uboote zur Verfügung, die sofort auf dem amerikanischen Kriegsschauplatz eingesetzt werden konnten, was Dönitz sobald wie möglich tun wollte, um maximale Versenkungen zu erzielen, bevor die amerikanische Abwehr stärker werden konnte. Er nahm an, daß die Amerikaner zunächst kaum eine Geleitorganisation haben würden, daß es ihnen an Erfahrung in der Abwehr fehlen würde, und daß die Zahl der Geleitfahrzeuge wegen des riesigen abzudeckenden Gebietes sehr klein sein würde. Er wollte zunächst nur in einem Gebiet zuschlagen, bis sich dort die Abwehr verstärkte, und dann in ein anderes Gebiet ausweichen. Die Uboote sollten einzeln angesetzt werden, da man annahm, daß die wenigen Geleite bei Angriffen sofort Zuflucht in Häfen suchen würden.

Etwa 30 der 90 vorhandenen Uboote standen aber im Mittelmeer oder vor Gibraltar, viele andere wurden zu ihrer Ablösung und zum Ersatz der Verluste benötigt. So wurde Dönitz Antrag, 12 Boote vor der amerikanischen Küste einzusetzen, auf die Hälfte gekürzt. Von dem Tage Mitte Januar 1942 an, da diese kleine Gruppe vor dem St. Lawrence-Strom und Cape Hatteras zu operieren begann, wurde dieses Unternehmen, das die deutschen Ubootfahrer »die amerikanische Jagdzeit« nannten, ein gewaltiger Erfolg. Die Uboote erschienen oftmals unmittelbar vor den amerikanischen Häfen. Sie warteten unmittelbar neben dem Fahrwasser, bis sich besonders dicke Ziele als Silhouette gegen die Lichter der Stadt abhoben und suchten sich für ihre kostbaren Torpedos die wertvollsten Schiffe aus. Bevorzugte Ziele waren Tanker, dann folgten Frachter von 10 000 BRT. Mit Artilleriefeuer schossen sie viele kleinere oder beschädigte Schiffe zusammen. Die Küstenanwohner konnten nachts das Aufblitzen sehen und hörten die dumpfen Explosionen, am nächsten Tag wurden Wrackteile und Leichen an den Strand getrieben. Noch lange, nachdem die Uboote im Triumph nach Frankreich zurückgekehrt waren, ragten aufragende Wrackteile und schiefe Masten aus dem Wasser, und die Strände waren von stinkendem Heizöl verschmutzt.

Für die Ubootkommandanten war es die zweite »große Zeit«, die an die vor der britischen Küste Ende 1940 erinnerte. Einer von ihnen feierte seinen Erfolg durch einen Funkspruch an Dönitz:

»Waidmanns Dank für freie Jagd.
In der Gewitterneumondnacht
war bei Lookout die Tankerschlacht.
Der arme Roosevelt verlor
50 000 Tonnen.   Mohr«[3]

Mit dem in Sicht der amerikanischen Küstenstädte niedergegangenen Gewittersturm gab man sich aber noch nicht zufrieden. Eine Gruppe der kleineren Atlantik-Uboote wurde in das Gebiet bei Neuschottland-Neufundland entsandt, eine Gruppe der größeren zu dem Ölgebiet bei Trinidad–Aruba–Curaçao, um das amerikanische Kriegspotential direkt zu treffen. Die unvorbereiteten Amerikaner unterstützten fahrlässig die Uboote durch offenen Funksprechverkehr und Beibehalten der friedensmäßigen Küstenbefeuerung. Verspätet reagierten sie auf die Ubootgefahr und bekämpften sie durch die Organisation von Konvois, Geleitgruppen und Luftüberwachung, die gleichen Maßnahmen, die den Engländern zunehmend Erfolge brachten. Dennoch wurde das erste Uboot erst Mitte April vor der amerikanischen Küste versenkt, drei Monate, nachdem der Kampf begonnen hatte.

In der Karibik wurde im Februar zugeschlagen, und von da an neue Gruppen jeweils in günstigen Gebieten angesetzt, wie z. B. dem Golf von Mexiko und im westlichen Karibischen Meer. Ihre Anzahl war immer klein, da Hitler auf den Abzug von Ubooten für Norwegen bestand. Zu keiner Zeit waren mehr als 15 Boote im Einsatz. Nachdem jedoch Ende April der erste U-Tanker eingetroffen war, konnte die Operationsdauer der Boote in seiner Nähe mehr als verdoppelt werden. Während der ersten 6 Monate des Krieges gegen Amerika wurden mehr als 400 Schiffe mit über 2 000 000 BRT versenkt, etwa die Hälfte davon Tanker. Langsam führten bessere U-Abwehrverfahren der Alliierten dazu, daß die Boote in immer größerer Entfernung von ihren Stützpunkten operieren mußten und daß weniger Boote zurückkehrten. Einige Boote blieben praktisch bis zum Kriegsende vor den Küsten beider Amerikas im Einsatz, um den Ablenkungseffekt aufrechtzuerhalten. Im Mai 1942 operierten aber wieder einige Boote im Nordatlantik, und im Juli wurde dieses Gebiet wiederum zum Hauptoperationsgebiet.

[3] Wolfgang Frank, *Die Wölfe und der Admiral*, S. 162.

Der uneingeschränkte Ubootkrieg wurde schrittweise auch gegen die lateinamerikanischen Staaten eingeführt, gewöhnlich durch feindliche Handlungen dieser Staaten ausgelöst. Für die Gesamt-Kriegssituation war dies von geringem Einfluß.

Mit der Rückkehr der Uboote in den Nordatlantik begannen die größten Geleitzugschlachten des Krieges. Sie dauerten mit ständig wechselndem Glück fast ein ganzes Jahr an. Zu Beginn schienen die Uboote die Fähigkeit, ihre Ziele zu finden, durch einen ausgezeichneten Funkbeobachtungs- und -Entzifferungsdienst zurückzugewinnen, und in ständig wachsender Zahl hart zuzuschlagen. Der Krieg wurde nicht nur zu einem Wettlauf zwischen den Ubooten und den Bauwerften für Geleitfahrzeuge und Handelsschiffe, sondern auch zu einem technischen Wettstreit zwischen Ortungs- und Täuschungsmitteln und verschiedenen Bekämpfungswaffen.

Anfangs waren die britischen Methoden in erster Linie die des Ersten Weltkrieges, durch Luftaufklärung etwas verbessert und erweitert. Die Uboote hatten gegen Wasserbomben, die Unterwasser-Horchgeräte, getarnte Ubootfallen, neue Leuchtgranaten und Leuchtfallschirme und das neue Unterwasser-Ortungsgerät nach dem Echoprinzip, das Asdic, ziemlich gute Chancen. Als die Überwachung mit landgestützten Flugzeugen die Uboote zu immer häufigerem Tauchen zwang und sie dadurch oft die Fühlung an Geleiten verloren, wichen sie weiter in die offene See aus, um ihr zu entgehen. Außerhalb des Bereiches der Luftüberwachung lag die Lücke im Mittelatlantik oder das »schwarze Loch«, wie die Alliierten es nannten. Diese Lücke schloß sich langsam, als die Reichweite und die Zahl der Flugzeuge zunahm, war aber Mitte 1942 noch immer 600 Seemeilen breit. Die Engländer machten viele Versuche, sie wenigstens zeitweilig zu schließen, wie z. B. durch Katapultstarts von Flugzeugen für einmalige Verwendung von Handelsschiffen aus, durch die deutsche Fernaufklärer angegriffen werden sollten. Das erste Handelsschiff, das zum Geleitflugzeugträger umgebaut worden war, wurde jedoch prompt versenkt, und erst ab Anfang 1943 begleiteten kleine Geleitträger regelmäßig die Konvois. Auch die Zuteilung von mehr Geleitstreitkräften zu jedem Geleit veränderte die Situation, besonders wenn die zusätzlichen Fahrzeuge eine weitab stehende äußere Sicherung um das Geleit bilden konnten, die die Uboote tagsüber abhielt, und die nachts zur Verstärkung der inneren Sicherung dienten. Eine größere Anzahl von Geleitfahrzeugen erlaubte es, ein einmal georteres Uboot über längere Zeit zu verfolgen, eine Taktik, die die Ubootverluste steigen ließ. Die Zahl der

Geleitfahrzeuge wurde durch den serienmäßigen Bau besonders entwickelter Typen, der Geleitzerstörer und der Korvetten, vergrößert. Als die Zahl der Uboote, die einen Geleitzug angriffen, von Tag zu Tag zunahm, bildeten die Alliierten besondere Ujagd-Gruppen zur Verstärkung des Konvoi-Geleites. Man versuchte auch, Torpedoschutznetze für Schiffe zu verwenden.

Ein glücklicher Zufall hatte den Engländern im August 1941 einen unmittelbaren Eindruck von ihrem Gegner verschafft. Südlich Islands wurde U 570, ein Boot des Typs VII C, mit Bomben belegt und beim Auftauchen beschädigt. Sein Kommandant hatte sich durch Winken mit einem weißen Hemd ergeben! Flugzeuge hatten das Boot umkreist und der Besatzung durch Morsesignale gedroht, bis Überwasserfahrzeuge erschienen und es in Schlepp nahmen. Im Frühjahr 1942 wurden die Erkenntnisse aus Untersuchung der Einrichtungen des Bootes, seine Geschwindigkeit, seine Tauchzeit und größte Tauchtiefe zur Jagd auf seine Schwesterboote ausgenutzt. Das Boot selbst wurde zum Kampf gegen seine Erbauer wieder in Dienst gestellt.

Gegen die kombinierten Methoden der Alliierten zur Ubootjagd wurden von der deutschen Ubootführung mit einigen wenigen Gedanken Versuche angestellt. Zunächst wurde im Frühjahr 1942 ein Täuschungsmittel gegen die Asdicortung verfügbar. Es erzeugte auf chemischem Wege Luftblasen, die ein ähnliches Asdicecho wie ein Uboot gaben. Dann wurde ein Torpedo eingeführt, der einen Zickzack-Kurs durch ein Geleit lief, bis er ein Ziel traf. In Versuchen über 2 Jahre nach dem Torpedofiasko beim Norwegenfeldzug war schließlich ein Torpedo mit zuverlässiger Tiefensteuerung und Magnetzündung entwickelt worden. Dieser Torpedo hatte den Vorzug, daß die Schiffe durch einen einzigen Treffer versenkt wurden, der ihnen den Kiel brach. Die Verluste der Besatzungen wurden höher, da die Schiffe sehr schnell sanken. Besonders letzteres wußte Hitler zu schätzen.

Vom Juli 1942 an ergriffen die Engländer Gegenmaßnahmen gegen die Fühlunghalterboote, die sich an einen Konvoi anhängten und Peilsignale sendeten. Sie rüsteten ihre Geleitfahrzeuge mit Hochfrequenz-Funkpeilgeräten aus. Sie konnten damit die Funksignale der Uboote empfangen und achteraus von den Geleiten die Fühlunghalter aufspüren und sie unter Wasser drücken. Mit Beharrlichkeit und Glück konnten sie damit die Uboote vom Geleit abschütteln oder mindestens den Ansatz von Rudelangriffen erschweren.

Von allen neuen Abwehrwaffen war eine entscheidend. Bereits im

Dezember 1941 begann Dönitz zu vermuten, daß britische Zerstörer Funkmeßgeräte benutzten, um die Annäherung deutscher Uboote an ein Geleit festzustellen. In den ersten Monaten des Jahres 1942 stiegen die Verlustziffern der Uboote in der Biscaya plötzlich stark an. Die Ubootkommandanten und technische Fachleute bezweifelten, daß hierbei Radar die Ursache war. Im Juni begannen jedoch die ersten Nachtangriffe aus der Luft gegen Uboote, wobei die Flugzeuge dicht an das Ziel heranflogen, bevor sie kurz vor dem Bombenabwurf Scheinwerfer auf die Boote richteten. Später fanden die Techniker einen Beweis für den Einsatz von Radar durch britische Flugzeuge. Sie empfahlen als Gegenmaßnahmen den Einbau eines Radarbeobachtungsempfängers, eigene Funkmeßanlagen und Beschichtung der Ubootürme, die die gegnerischen Funkmeßwellen nicht reflektieren sollten. Radarbeobachtungsempfänger waren vorhanden und wurden bald eingebaut, die »Biscaya-Kreuze«. Sie ermöglichten nur eine grobe Peilung und keine Entfernung, doch konnten die Boote rechtzeitig tauchen, um dem Angriff zu entgehen. Das Tauchen setzte die Wirksamkeit der Uboote herab, die am besten über Wasser operierten, verminderte aber auch die Verluste. Während die Empfänger vorbereitet wurden, hatten die Boote den Befehl, die Biscaya möglichst unter Wasser zu durchqueren, und Göring wurde dazu überredet, 24 Flugzeuge bereitzustellen, um beschädigte Boote in den Stützpunkt zurückzuleiten. Die Uboote wurden außerdem mit mehrrohrigen Maschinenwaffen als zusätzliche Flugabwehr ausgerüstet. Sie überstanden den ersten Radarangriff, doch war ihre Beweglichkeit eingeschränkt.

Im Sommer und Herbst 1942 erfuhr die Schlacht im Atlantik eine Steigerung. Im Juli, August und September war endlich das lange angestrebte Ziel, der Zulauf von 30 neuen Ubooten pro Monat zu den Stützpunkten in Westfrankreich, erreicht, und die Stärke des Ubootverbandes wuchs von weniger als 100 im Januar auf über 200 gegen Ende des Jahres, obwohl 87 Boote im gleichen Zeitraum verlorengingen. Die Bereitstellung sorgfältig ausgebildeter Besatzungen für alle diese Boote war dem organisatorischen Genie des Konteradmirals Hans Georg von Friedeburg, des 2. Admirals der Unterseeboote, zu danken. Im Oktober konnten ständig zwei breite Standlinien in der Lücke des Mittelatlantik besetzt gehalten werden: eine im Osten, um die westwärts gehenden Geleite zu erfassen, eine zweite im Westen gegen die ostgehenden Konvois. Der Abstand zwischen den einzelnen Booten wurde auf 15–20 Seemeilen vermindert. So hatten die Geleite wenig Chancen, unbemerkt durchzukommen. Tagsüber hielten die Uboote Kurs auf erwartete Konvois, während sie ihnen bei Nacht vorausliefen, so daß die Dunkelheit keinen Vorteil für die Konvois brachte. Die Zahl der Uboote, die einen einzelnen Konvoi angriffen, stieg von 5–6 über 9–10, in Einzelfällen bis auf 20 Boote, und sie blieben über 8 Tage und 1000 Seemeilen zäh dran, um ihre Angriffe ständig zu wiederholen. Oft verließen die Boote den Kampf gegen ein westwärts gehendes Geleit, wenn sie den Bereich der alliierten Luftüberwachung im Westen erreichten, und hängten sich an ein nach Osten gehendes Geleit, um den Kampf sofort wieder aufzunehmen.

Ihre Angriffe in Verbindung mit der Fortsetzung der Angriffe im amerikanischen Gebiet und neue Unternehmungen in den Südatlantik erbrachten in der Zeit vom Mai bis November 1942 Monatserfolge von jeweils mehr als 400 000 BRT, obwohl die Versenkungsziffer pro Seetag und Boot weiter ständig sank. Der Höhepunkt war die Versenkung von 118 Schiffen mit 743 321 BRT im November. Mit Ende des Jahres hatten die Alliierten fast 8 000 000 BRT an Schiffsraum verloren, das meiste davon durch Uboote. Der alliierte Schiffsneubau war jedoch bereits auf etwa 7 000 000 BRT angestiegen. Die Uboote waren in der Schlacht im Atlantik die Gewinner, aber ihr Vorsprung war gering. Zusätzlich zu den Erfolgen gegen die Handelsschiffahrt versenkte U 73 den Flugzeugträger *Eagle* im Mittelmeer mit einem perfekten Torpedoviererfächer, doch zu spät, um den Ausgang der Schlacht bei El Alamain noch zu beeinflussen.

Im Herbst 1942 kam es zu einem Zwischenfall, der zur Verbitterung des Kampfes auf beiden Seiten führte. Er begann mit dem plötzlichen Sturm und Schrecken, zu denen sich in diesem Stadium des Krieges fast beiläufig alle außer den Opfern bereitfanden. Kapitänleutnant Werner Hartenstein sichtete und verfolgte mit seinem U 156 am 12. September auf der Fahrt nach Kapstadt das Passagierschiff *Laconia* von 19 695 BRT etwa 500 Seemeilen südlich Kap Palmas. Nach Anbruch der Dunkelheit schloß er über Wasser heran und schoß zwei Torpedos – oder »Aale«, wie deutsche Seeleute sie nannten. Beide trafen. Die *Laconia* bekam Schlagseite nach Steuerbord, verlor wegen Ausfalls ihrer Maschinen Fahrt und begann zu sinken. Ihre Funkanlage blieb intakt und die Funker begannen, SSS-Notsignale zu senden.

Als sich U 156 vorsichtig dem Schiff näherte, waren Rettungsboote zu sehen. Es wurde klar, daß das Schiff sank, doch für Hartenstein bedeuteten die 90 Minuten, die dies dauerte, eine lange Zeit. Er wollte aus dem Gebiet, in dem er gemeldet worden war, ablaufen, andererseits aber das Sinken des Schiffes bestätigt sehen. Er manövrierte langsam durch die Boote, Flöße, Trümmer und schwimmenden Schiffbrüchigen näher an das Wrack heran. In einem Augenblick war alles anders, denn nun wurden Hilferufe in Italienisch wahrgenommen. Der erschrockene Kommandant ließ einige der Schiffbrüchigen an Bord des Ubootes holen.

Nun wurde Hartenstein das ganze Ausmaß der Tragödie klar. An Bord des Schiffes hatten sich 1800 italienische Gefangene aus dem Nordafrikafeldzug befunden, von denen durch die Explosion und anschließenden Wassereinbrüche in den ersten Augenblicken mehr als 500 umgekommen waren, als die Torpedos die Gefangenenräume getroffen hatten. Ihre Bewachung bestand aus 160 Polen, frühere Kriegsgefangene der Russen, die versucht hatten, die Italiener so lange unter Deck zu halten, bis die 800 englischen Besatzungsmitglieder und Passagiere, darunter 80 Frauen und Kinder, in die Boote gegangen waren. Während Hartenstein überlegte, wie er mit dieser neuen Situation fertig werden könnte, sank die *Laconia* über den Bug in die Tiefe und nahm über 1000 Menschen mit sich.

Hartenstein sah sich vor eine sehr schwierige Entscheidung gestellt. Rettung der Schiffbrüchigen bedeutete, daß er sein Uboot riskierte, und die Sicherheit des eigenen Schiffes muß immer die erste Sorge für jeden Kommandanten sein. Während er befahl, die Rettungsarbeiten fortzusetzen, sandte er einen Funkspruch an Dönitz und setzte ihn von der Situation in Kenntnis. Dönitz wurde bei Eingang des Funkspruches geweckt und sah sich dem gleichen Dilemma wie Hartenstein gegenüber. Es wurde für ihn dadurch noch erschwert, daß er die Reaktion der empfindlichen italienischen Regierung mit in Rechnung stellen mußte, welche Entscheidung er auch treffen würde. Nachdem er die verschiedenen Seiten des Problems erwogen hatte – Sicherung vor Luftangriffen, Unterbrechung der eigentlichen Aufgabe des Ubootes, die moralische Seite –, gab er 4 anderen Booten der für Kapstadt bestimmten Gruppe, 2 Booten einer Gruppe vor Freetown und einem italienischen Boot Befehl, U 156 zu helfen. Auf höherer Ebene hatte Raeders Stab die Franzosen in Kenntnis gesetzt, und diese setzten Überwassereinheiten von Dakar aus in Marsch. Raeder billigte den Rettungsversuch, vorausgesetzt, daß die Uboote hierbei kein Risiko eingingen, eine unmögliche Bedingung, wenn man sie wörtlich auslegte. Hitler wiederholte Raeders Meinung und fügte hinzu, daß die Operation gegen Kapstadt dadurch nicht beeinträchtigt werden dürfte.

228

Ein Uboot vom Typ XXI. Diese revolutionäre Waffe hätte den Ausgang der Schlacht im Atlantik wenden können, kam jedoch zu spät.

(Imperial War Museum)

Ein Uboot vom Typ XXIII. Obwohl nur wenige dieser kleinen Boote zu Feind-fahrten kamen, rechtfertigten sie die Zuversicht, die Dönitz in große Unterwas-sergeschwindigkeit und die fast unbeschränkte Unterwasserausdauer von Diesel-elektrobooten gesetzt hatte.

(Foto Drüppel)

Ein bombensicherer Uboot-Liegeplatz. Riesige Betonbunker schützten die deutschen Uboote erfolgreich gegen britische und amerikanische Luftangriffe.
(Imperial War Museum)

Einfahrt zu einem bombensicheren Uboot-Liegeplatz. Die Uboote zeigen die
während der letzten Kriegsjahre typische verstärkte Flakbewaffnung.

(Imperial War Museum)

Das Marine-Ehrenmal Laboe. Diese Gedenkstätte mit Blick über die See bei Kiel enthält eine Ehrenhalle mit den Schattenrissen aller in den beiden Weltkriegen gesunkenen deutschen Schiffe, eine historische Halle und eine Weihehalle. (Foto Drüppel)

Hartenstein verbrachte die Nacht mit der Aufnahme Schiffbrüchiger, die verpflegt und deren Wunden behandelt wurden. Lange vor Anbruch der Dämmerung befanden sich beinahe 200 Überlebende auf dem Uboot, das nur zur Aufnahme von 50 Mann Besatzung konstruiert war. Hartenstein setzte einen unverschlüsselten Funkspruch auf mehreren Wellenlängen in englischer Sprache ab:
»If any ship will assist the ship-wrecked Laconia-crew, I will not attack her provided I am not being attacked by ship or airforces. I picked up 193 men, 4°52′ South, 11°26′ West. German submarine.«[4]
Kurz darauf erreichte ihn Dönitz' Entscheidung, die jedoch die Mahnung enthielt, tauchklar zu bleiben. Er verbrachte den Tag damit, Schiffbrüchige aus dem Wasser zu retten und auf die intakten Rettungsboote zu verteilen, die er dann am Heck in Schlepp nahm. Am nächsten Tag entließ Dönitz, der sich der französischen Hilfe bei der Rettungsaktion sicher war, die 4 anderen für Kapstadt bestimmten Uboote wieder zu ihrer Unternehmung. Sie hätten nicht rechtzeitig genug eintreffen können, um noch von Nutzen zu sein. Am dritten Tag des Geschehens erschien U 506, übernahm 132 Überlebende und entlastete U 156 damit um die Hälfte der Geretteten. Dann beteiligte sich das Boot an der Rettungsaktion wie U 156. Am nächsten Tag traf auch U 507 ein, und noch einen Tag später das italienische Boot *Cappelini*.
Der vierte Tag der Rettungsoperation, der 16. September, begann mit der ermutigenden Nachricht, daß die französischen Schiffe am nächsten Tag eintreffen würden. Gegen Mittag erschien ein viermotoriges amerikanisches Flugzeug über U 156. Hartenstein ließ eine behelfsmäßige Rote-Kreuz-Flagge von 2 mal 2 m Größe über das vordere Geschütz breiten. Die Flak wurde nicht bemannt. Mit dem Signalscheinwerfer wurde der Flugzeugbesatzung mitgeteilt, daß eine Rettungsaktion im Gange war. Dann wurde der Signalscheinwerfer einem englischen Überlebenden überlassen, der dem Flugzeug seine Identität und die Tatsache, daß sich Frauen und Kinder an Bord des Ubootes befanden, mitteilen sollte. Das Flugzeug drehte ab. Nach einer halben Stunde kehrte es zurück, flog U 156 an und warf 3 Wasserbomben. Sie verfehlten das Uboot, doch traf eine von ihnen ein Rettungsboot gerade in dem Augenblick, als Hartenstein befahl, die Boote loszuwerfen. Ein zweiter Anflug setzte eine Bombe mit Verzögerungszünder unter das Boot.

[4] Karl Dönitz, *10 Jahre und 20 Tage*, S. 254.

Ihre Explosion mit der Wirkung einer Mine hob das ganze Boot an und beschädigte Sehrohre, Funkgeräte und die Maschinen. Hartenstein drehte nun auf die Rettungsboote zu und befahl den an Bord von U 156 befindlichen Schiffbrüchigen, über Bord zu springen. Sobald das Boot wieder klar war, tauchte er und verließ das Gebiet. Er mußte zur Überholung des Bootes in die Werft nach Frankreich zurückkehren. Später in der Nacht, als die Funkgeräte wieder repariert waren, gab Hartenstein eine Meldung an Dönitz ab.

Die Ubootführung reagierte auf diese Meldung sehr stark. Der 1. Admiralstabsoffizier, Fregattenkapitän Günther Hessler, und der Chef der Operationsabteilung, Kapitän z. S. Eberhard Godt, widersetzten sich nachdrücklich einer Fortsetzung der Aktion. Alles, was sie jedoch von Dönitz erreichen konnten, war ein neuer Befehl an die Uboote, tauchklar zu bleiben und nicht mit Schonung durch den Gegner zu rechnen. Dönitz bestand auf der Weiterführung der Rettungsaktion bis zum Ende trotz der, wie er annahm, absichtlichen Brutalität der Alliierten.

Die Gründe für den Bombenangriff waren nicht so einfach, wie man es auf deutscher Seite annahm. Die Flugzeugbesatzung verstand den Morsespruch des Uboots nicht. Weder die Flugzeugbesatzung noch ihre Vorgesetzten auf Ascension hatten Hartensteins offenen Rettungsfunkspruch erhalten. Als der Pilot die Rettungsbemühungen und die Rote-Kreuz-Flagge bemerkte, erbat er über Funk Befehle. Der Befehlshaber auf Ascension hatte die Anweisung erhalten, britische Rettungsschiffe auf dem Wege zum Untergangsgebiet zu schützen und war besorgt über die Schäden, die Uboote auf dieser kritischen Position in der Atlantikschlacht anrichteten. Er hatte keine Befehle zur Anerkennung der Rote-Kreuz-Flagge, und so befahl er den Angriff, obwohl er damit die Überlebenden der *Laconia* gefährden mußte.

Am Morgen des 5. Tages der Rettungsaktion war es allen in der Ubootführung klar, daß die beiden verbliebenen Uboote noch immer mit Geretteten überladen waren. Das stimmte mit der unter Ubootbesatzungen vorherrschenden Tendenz, die Luftgefahr zu unterschätzen, überein. Dönitz überdachte nun die *Laconia*-Rettungsaktion und die schnell wachsende Zahl von Luftangriffen auf Uboote in den vorangegangenen Monaten. Er kam zu dem Schluß, daß Uboote praktisch überall auf offener See Luftangriffen ausgesetzt waren, und daß man zu keiner Zeit einen Angriff als »beendet« ansehen konnte. Als natürliche Folge daraus ergab sich für ihn: Uboote mußten über Wasser mit ziemlich hoher Fahrt laufen und nur minimale Wachen auf dem Turm halten, um jederzeit Alarmtauchen durchführen und beim Sichten schneller Flugzeuge rechtzeitig sichere Tiefen erreichen zu können. Rettungsaktionen waren mit diesen Grundsätzen für die Sicherheit der Boote nicht zu vereinbaren. Er entwarf einen ausführlichen Befehl, der die humane aber gefährliche Entscheidung seinen Kommandanten aus der Hand nahm, gab ihn aber noch nicht heraus. Er wartete dann das Ende der Operation ab.

Gegen Mittag wurde U 506 angegriffen, befand sich aber schon weit unter der Oberfläche, als die Bomben fielen. Sowohl U 506 als auch U 507 hatten die Geretteten an Bord und übergaben sie den französischen Schiffen, die am Nachmittag erschienen. Die Franzosen fanden in mehrtägiger Suche die meisten Rettungsboote, und nach drei Tagen konnte auch das italienische Uboot seine Schiffbrüchigen an sie abgeben. Es wurden 1091 von ursprünglich 2732 gerettet. Trotz der intensiven Suche der Franzosen wurden aber zwei weitere Rettungsboote nicht gefunden, von deren 119 Insassen nur 20 eine 4wöchige Fahrt überlebten.

Dönitz war sehr erleichtert, als er die Nachricht von der Ankunft der Franzosen erhielt. Nun ließ er seinen »*Laconia*-Befehl« ausgeben. Er verbot kategorisch jede Rettungsaktion mit Ausnahme solcher zur Bergung wichtiger Kriegsgefangener. In der Folgezeit führten einige Ubootkommandanten trotz dieses Befehls noch Rettungsaktionen durch, obgleich sich selten eine Gelegenheit bot. Bei dem Prozeß in Nürnberg wurde Dönitz angeklagt, durch den Erlaß dieses Befehls ein Kriegsverbrechen begangen zu haben, da er von der Anklage als Befehl zur »Tötung von Überlebenden« interpretiert wurde; er wurde von dieser Anklage jedoch freigesprochen. Alle drei deutschen Uboote, die an dieser Rettungsaktion teilgenommen hatten, wurden mit den gesamten Besatzungen auf späteren Feindfahrten durch Luftangriffe versenkt. Hartenstein, ein hervorragender Ubootkommandant, der einen ausgezeichneten Ruf als Führer und Gentleman genoß, hatte den 1. Admiralstabsoffizier in der Operationsabteilung im Stabe von Dönitz ablösen sollen, Fregattenkapitän Hessler (Dönitz' Schwiegersohn).

Ende September 1942 wurde eine eingehende Prüfung der Situation im Ubootkrieg im Führerhauptquartier in Anwesenheit von Raeder, Dönitz, Admiral Werner Fuchs, dem Chef des Hauptamtes Kriegsschiffbau, sowie einiger Spezialisten für technische Fragen vorgenommen. Dönitz stellte die Erfolge dar und wies auf Probleme hin, die in der Zukunft wahrscheinlich auftreten würden, wobei er mit Nachdruck betonte, daß ein Zunehmen der Luftbedrohung die U-boote zur Aufgabe der Überwasserangriffe zwingen könnte. Hitler hielt diese Gefahr in einem so riesigen Gebiet wie dem Atlantik für gering. Dönitz betonte die Notwendigkeit einer Luftunterstützung und erörterte in der Entwicklung befindliche Waffen. Versuchs-Uboote mit hoher Unterwassergeschwindigkeit fanden die begeisterte Zustimmung Hitlers, dessen Truppen noch immer an allen Fronten Siege errangen.

Sei es nun auf Grund des eindrucksvollen Vortrages von Dönitz bei dieser Besprechung, sei es auf Grund der vielen Meinungsverschiedenheiten über den Einsatz von Ubooten, oder sei es auf Grund einer mehr persönlichen Reaktion auf den zunehmenden Einfluß von Dönitz wegen des beherrschenden Einflusses der Uboote auf die deutsche Seekriegführung – Raeder versuchte, die starke Stellung von Dönitz zu beschneiden, obwohl dieser im März zum Volladmiral befördert worden war. Zunächst ordnete er an, daß Dönitz sich auf rein operative Aufgaben zu beschränken hätte. Dönitz rief daraufhin Raeders Stabschef, Kapitän z. See Erich Schulte-Mönting, an und teilte ihm mit, daß eine derartige Aufteilung der Verantwortung nicht durchführbar sei und er die Anordnung daher nicht durchführen würde. Diese direkte Herausforderung von Raeders Autorität blieb unbeantwortet. Der Befehl wurde nicht ausgeführt! Einige Monate später übersandte Raeder Dönitz wiederum einen Plan, nach dem die operative Führung der Uboote von der Ausbildung und dem Nachschub getrennt werden sollte. Dönitz schrieb an Schulte-Mönting und stellte den Leerlauf, der bei einem solchen Verfahren auftreten mußte, heraus. Für den Fall der Verwirklichung drohte er mit seinem Rücktritt. Sein Chef des Stabes, Godt, fuhr auf eigene Initiative, aber mit Dönitz' Billigung, ins Führerhauptquartier, um Kapitän z. See Karl-Jesko von Puttkamer, den Marineadjutanten Hitlers, ins Bild zu setzen. Hitler wurde aber nicht um ein Eingreifen gebeten, da Raeder wiederum nachgab, als ihm sein Stabschef Dönitz' Brief vorlegte. Der Ubootkrieg ging unverändert weiter.

Am 30. Januar 1943 wurde Dönitz, der noch wenige Monate vorher wegen seiner Meinungsverschiedenheiten mit Raeder mit seiner Verabschiedung gerechnet hatte, zum Oberbefehlshaber der Kriegsmarine im Range eines Großadmirals ernannt. Raeder war auf Grund einer Auseinandersetzung mit Hitler über die Verwendung der Überwasserstreitkräfte zurückgetreten. Dönitz behielt das Kommando über die Uboote bei, Kapitän z. See Godt und sein Stab übersiedelten nach Berlin, um die laufenden Operationen zu führen. Mit einem Bestand von etwa 200 Ubooten in den ersten Monaten des Jahres 1943 zog in der Schlacht im Atlantik eine Krise herauf. Das Wetter war im Dezember sehr stürmisch gewesen und verschlechterte sich im Januar noch mehr. 8 Uboote konnten jedoch im Mittelmeer aus einem für Nordafrika bestimmten Geleit 7 von 9 Tankern versenken und erzielten damit sogar einen besonderen Erfolg, der direkten Einfluß auf die strategische Lage hatte, weil die Treibstoffvorräte der Alliierten für den Kampf in Tunesien knapp wurden. Dann entbrannten die wirklich großen Schlachten im Atlantik erneut und stellten bald alle vorangegangenen in den Schatten. Anfang Februar kam es zu einem sechstägigen Angriff von 21 Ubooten auf ein Geleit von 63 Handelsschiffen und 10 Geleitfahrzeugen, die bald um zwei weitere verstärkt wurden. 12 Handelsschiffe wurden durch Torpedos versenkt, ein weiteres sank nach Kollision. Drei der angreifenden Uboote sanken, 4 wurden beschädigt. Ein schlechtes Zeichen für Dönitz war, daß nur ein Uboot wiederholt die Sicherung durchbrechen konnte – es versenkte 7 von den genannten 12 Schiffen. Geschick, Zähigkeit und in zunehmendem Maße Glück waren notwendig gegen den immer stärker werdenden Geleitschutz und die Luftüberwachung.

Die Geleitzugschlachten loderten während des ganzen Februar und dauerten noch im März an, mit Erfolgen mal auf der einen, mal auf der anderen Seite; doch stiegen die Tonnageverluste der Alliierten nach den ruhigen Wintermonaten wieder steil an. Die 380 000 BRT des Februar wurden im März mit 590 000 BRT weit übertroffen. In der größten je ausgetragenen Geleitzugschlacht der Geschichte, die sich über 6 Tage im März hinzog, wurden 141 000 BRT versenkt. Zwei Konvois, von denen der eine den anderen überholte, wurden Tag und Nacht von 38 Ubooten angegriffen, von denen 19 zum Torpedoschuß kamen und 21 von 92 Schiffen versenkten. Die verzweifelte Geleitsicherung wurde während der Schlacht auf 18 Fahrzeuge verstärkt, konnte aber nur ein Uboot versenken und zwei stark beschädigen. Die Britische Admiralität war der Verzweiflung nahe.

Dieser Sieg Mitte März war der größte, und er war der letzte dieser Art. Gegen Ende des Monats wurde ein Geleitträger in den Reihen eines Konvois gesichtet. Deutsche Uboote wurden bei der Überwasserfahrt abermals ohne Warnung durch den Radarbeobachtungsempfänger aus der Luft angegriffen. Geleitzüge entkamen konzentrierten Ubootaufstellungen. Es mußten Unterwasserangriffe befohlen werden, da Langstreckenflugzeuge das Auftauchen so gefährlich machten. So unsicher waren sich die deutschen Techniker über die neuen Ortungsmethoden der Engländer, daß über die Gründe wilde Spekulationen angestellt wurden: Verrat, Eigenstrahlungen der Beobachtungsempfänger, völlig neue Ortungsmittel und eine abgewandelte Form des Radar. Letzteres kam der Wahrheit am nächsten – wie sich herausstellen sollte. Es handelte sich um ein Radargerät im Kurzwellenbereich, das die Langwellengeräte der Uboote nicht erfassen konnten.

Der Kampf fand sein Ende im »schwarzen Mai« 1943, als 41 Uboote – ein Drittel der Uboote in See – nicht zurückkehrten. Dönitz ließ die übrigen Boote aus dem Nordatlantik abziehen und in das Gebiet südwestlich der Azoren ausweichen, wo die Abwehr weniger stark war. Dönitz sagt es in seinen Memoiren am besten: »Wir hatten die Schlacht im Atlantik verloren.«[5] Diese Schlacht, die letzte den Verlauf wendende Schlacht des Krieges und in vieler Hinsicht die wichtigste, war eine, von der sich Dönitz sicher war, daß sie hätte gewonnen werden können, hätte die deutsche Führung einem riesigen Ubootbauprogramm bereits zu Beginn des Krieges höchste Priorität beigemessen. Deutschlands gefürchteter Gegner, Winston Churchill, räumte ein: »Der Ubootangriff war unser größtes Unheil. Die deutsche Führung hätte weise gehandelt, alles hierauf zu setzen.«[6]

[5] Dönitz, a. a. O., S. 339.
[6] Winston S. Churchill, *The Second World War*, Vol. IV, p. 125.

Die Überwasserstreitkräfte

IM EISMEER – JUNI 1941 BIS MAI 1945

Das *Bismarck*-Unternehmen stellte den Wendepunkt für die deutschen Überwasserstreitkräfte im Atlantik dar. Nach ihrem Untergang im Mai 1941 blieben die großen deutschen Schiffe untätig. Hitler erließ Vorschriften für scharfe Überwachung von Unternehmungen der Schlachtschiffe. Keines dieser Schiffe durfte mit überlegenen oder gleichstarken Gegnern ein Gefecht riskieren; jede Feindberührung war zu vermeiden, wenn mit starken Gegnern zu rechnen war; keine Unternehmungen im Atlantik waren freigegeben; für jede Verlegung der Schlachtschiffe mußte die persönliche Zustimmung Hitlers eingeholt werden; und schließlich durfte keines dieser Schiffe in See gehen, wenn sich ein britischer Flugzeugträger in seinem Operationsbereich befand. Raeder protestierte vergeblich gegen diese lähmenden Bestimmungen »zur Vermeidung unnötigen Risikos«.

Raeder war nicht der einzige, der feststellte, daß eine Zusammenarbeit mit Hitler immer schwieriger wurde. Im Verlauf der Ereignisse des Jahres 1941 wurde es offensichtlich, daß es für das deutsche Oberkommando ein Krisenjahr war. Die ununterbrochene Serie von Siegen auf dem Kontinent war durch die Propaganda so verherrlicht worden, daß Hitler nun als »der größte Feldherr aller Zeiten« glorifiziert wurde – und er selbst glaubte offenbar daran. Eine solche Haltung im Verein mit seinem angeborenen Mißtrauen machte es sehr schwierig, sich ihm gegenüber zu widersetzen. Viele, die vor dem Kriege Zweifel an seinen Fähigkeiten gehegt hatten, waren von seinen Erfolgen beeindruckt. Andere aber fürchteten, daß sein Ehrgeiz die Möglichkeiten Deutschlands überziehen und es in den Untergang führen würde. Der Feldzug gegen Rußland verschärfte diesen Zwiespalt der Ansichten innerhalb der deutschen Führung, und Hitler reagierte darauf, indem er mehr und mehr Macht in seiner eigenen Hand vereinte. Im Dezember 1941 entließ er nach dem Fehlschlag des Vormarsches auf Moskau den Oberbefehlshaber des Heeres und übernahm selbst diesen Posten. Gleichzeitig wurde der Generalstab des Heeres auf Aufgaben an der Ostfront beschränkt. Das Oberkommando der Wehrmacht verlor inzwischen weiter an Bedeutung und wurde mehr und mehr zu einer Verwaltungsbehörde, die sich im wesentlichen mit Landkriegsschauplätzen von untergeordneter Bedeutung befaßte. Operative Führungsentscheidungen fielen in Lagebesprechungen im

Führerhauptquartier, die zwei- bis viermal pro Tag von ihm einberufen wurden. Die meisten Teilnehmer an diesen Besprechungen – darunter einige wenige Vertreter der Marine – erstatteten nur Bericht und empfingen Befehle. Nur wenige erörterten die Dinge mit Hitler und beeinflußten seine Entscheidungen. Es war eine sehr persönliche, zentralisierte Führung, und die Marine spielte bei dem täglichen Entscheidungsprozeß keine eigentliche Rolle. Außerdem gab es in Abständen Konferenzen mit einzelnen Spitzenpersönlichkeiten, deren Ergebnisse als Direktiven durch das OKW schriftlich ergingen.

In dieser Umgebung war Raeder stark benachteiligt. Er hatte nie echte Beziehungen zu Hitler gehabt, und der Verlust der *Bismarck* kostete ihn einen großen Teil des Ansehens, das ihm die Norwegenoperation und die Erfolge der Flotte im Handelskrieg eingetragen hatten. Wie gewöhnlich zog Göring Nutzen daraus. Anfang 1942 hatte er auch die letzten Landflugzeuge, die noch der Marine zugeteilt gewesen waren, unter seine Führung gebracht. Dies bedeutete in der Praxis wenig, denn ihre Leistung war stets gering gewesen. Auf dem Gebiet der Rüstung wurde Speer zum Minister für Bewaffnung bestellt, war aber Göring unterstellt, und ein Generalfeldmarschall der Luftwaffe wurde ihm als Staatssekretär für Flugzeugproduktion beigegeben. Kein anderer Wehrmachtteil war in gleichartiger Weise im Rüstungsministerium vertreten.

Trotz seiner Differenzen mit Hitler war Raeder zum Einsatz der ihm verbliebenen großen Überwasserschiffe entschlossen, wenn es irgend möglich wäre. Der Begleiter der *Bismarck*, *Prinz Eugen*, war am 1. Juni 1941 in Brest eingelaufen, nachdem die Fahrt wegen Brennstoffmangel und Maschinenstörungen abgebrochen werden mußte. Obwohl die Engländer ihre Geleitzüge von ihrer Sicherung entblößt haten, um sie auf *Bismarck* zu konzentrieren, hatte *Prinz Eugen* keine Handelsschiffe angetroffen. Die Schäden, die *Lützow* vor Norwegen erlitten hatte, waren endlich repariert, und später im gleichen Monat gelang es Raeder irgendwie, die Erlaubnis zu erhalten für einen Ausbruch in den Atlantik. Vor Norwegen wurde das Schiff jedoch von einem Flugzeugtorpedo getroffen und mußte umkehren. *Scharnhorst* und *Gneisenau* wurden in Brest durch britische Luftangriffe beschädigt und mußten für den Rest des Jahres dort liegenbleiben.

Als das Jahr 1941 zu Ende ging, waren die schweren Überwassereinheiten weiterhin untätig – die strategischen Gesichtspunkte wandelten sich jedoch langsam. Es erschien sehr wünschenswert, die Schiffe so lange wie möglich im Atlantik zu belassen, und sei es auch nur, um als eine »Fleet-in-being« britische Kräfte der Gibraltar- und Homefleet zu binden. Es war jedoch klar, daß die Briten alles daransetzen würden, um Brest unhaltbar für die dortigen großen Schiffe zu machen. Schon am 30. Mai 1941 hatte der Kommandierende Admiral Frankreich vorgeschlagen, die drei Schiffe durch den Kanal nach Deutschland zurückzuschicken. Die Vorteile eines solchen Unternehmens lagen in der Kürze des Weges, den guten Möglichkeiten der Sicherung zur See und in der Luft, guten Nothäfen und der Möglichkeit zur Störung der britischen Radarstationen während des Durchbruchs. Diese Vorteile mußten gegen die Schwierigkeiten abgewogen werden, die durch die Navigation und das Fahren in flachen Gewässern mit schmalen minenfreien Wegen unter Angriffen mit Flugzeugtorpedos und Bomben, Minen und Granaten aus der Luft oder durch leichte Seestreitkräfte gegeben waren. Raeder wies den Gedanken für *Scharnhorst* und *Gneisenau* wegen des hohen Risikos zurück, ließ aber eine Untersuchung für *Prinz Eugen* vornehmen.

Die Ereignisse zwangen Raeder jedoch zu einer Entscheidung gegen seine Absichten. Die Brennstoffsituation wurde während des Jahres 1941 langsam schlechter, da der Nachschub aus Rumänien während des Balkanfeldzuges zeitweilig unterbrochen und dann bei allen Wehrmachtteilen für den Rußlandfeldzug in steigendem Maße benötigt wurde. Im Dezember wurde die Zuteilung für die Marine um 50 % gekürzt. Einsätze von Überwasserstreitkräften waren nur erlaubt, wenn die Erfolgsaussichten außergewöhnlich günstig erschienen.

Inzwischen hatten die Engländer begonnen, Geleite nach Murmansk zu entsenden, das war der kürzeste Nachschubweg nach Rußland. Außerdem wurde Hitler sehr nervös wegen einer möglichen Invasion der Briten in Norwegen. Dieses Problem wurde in Lagebesprechungen vom September 1941 bis zum Januar 1942 erörtert. Raeder befürwortete Verwendung der Schiffe in Brest zu kurzen Ausfällen gegen die Konvois zwischen Gibraltar und England, wie man *Hipper* schon früher eingesetzt hatte. *Scheer* wollte er zur Ablenkung zusammen mit den Hilfskreuzern im Atlantik einsetzen. In norwegischen Gewässern wollte er die neue *Tirpitz* verwenden, als Bedrohung einmal für die Island-Passage, zum anderen für britische Unternehmen gegen Norwegen. Der Brennstoffvorrat für dieses Schiff war knapp. Alle diese Gedanken wurden im November durchgesprochen. Hitler war aber irgendwelchen Unternehmungen im Atlantik nicht sehr zugetan. Anfang Dezember drängte Raeder erneut auf Operationsfreiheit. Er wies auf den Abzug feindlicher Kräfte durch den Eintritt Japans in den Krieg hin und auf die Möglichkeit, die sich für *Scheer* durch die Benutzung japanischer Stützpunkte ergäbe. Er kam auch wieder auf den Gedanken eines Stützpunktes in Dakar zurück.

Die Ansichten der Marine über Norwegen begannen sich im Dezember notgedrungen zu verändern, nachdem sich Nachrichten über britische Angriffskräfte mehrten und diese Kommandounternehmen gegen die norwegische Küste führten. Raeder forderte die Verlegung von mehr Luftstreitkräften nach Norwegen und glaubte, daß Flugzeuge zusammen mit *Tirpitz* einem Angriff vorbeugen – oder aber ihn zerschlagen könnten, falls es zu einem Landungsversuch käme. Den Rest der Flotte hoffte er weiterhin im Atlantik einsetzen zu können, und er rechnete dabei vor allem mit der zusätzlichen Bindung weiterer britischer Großkampfschiffe durch den Kriegseintritt Japans und mit den Verlusten der Engländer im Mittelmeer. Hitler jedoch war unnachgiebig. Er bestand Ende Dezember auf einer Rückkehr des Verbandes in Brest durch den Kanal oder seiner Abrüstung, damit Besatzungen und Geschütze nach Norwegen gebracht werden könnten. Er glaubte nicht, daß die Schiffe unbehelligt die Island-Passagen benutzen konnten, und fügte hinzu, daß Schlachtschiffe sowieso bald keinen Wert mehr haben würden. Raeder konnte beiden Gedankengängen nicht zustimmen und betonte, daß allein ihre Anwesenheit in Brest eine ständige große strategische Belastung für die britische Seemacht bedeute. Mitte Januar 1942 war Raeder in der Auseinandersetzung unterlegen. Er brachte seine gegenteilige Ansicht noch einmal zum Ausdruck und legte dann ausgearbeitete Operationspläne zu Hitlers letzter Entscheidung vor. Hitler betonte, daß die Schiffe an ihrem jetzigen Liegeplatz unweigerlich zerstört werden würden und daß ein überraschender Ausbruch der einzige Weg zu ihrer Rettung sei. Es war dies der Typ einer Operation, der ihm am meisten lag, da er seinen Erkenntnissen feindlicher Verhaltensweisen gegenüber unerwarteten Ereignissen am meisten entgegenkam.

Die Planung des Unternehmens erfolgte geheim und gründlich. Jeder wußte, was er zu tun hatte, doch praktisch wußte niemand, warum er es tun sollte. Am Abend des 11. Februar wurde Brest hermetisch gegen die Umgebung abgeriegelt. Die Schiffe machten Dampf auf, um unmittelbar nach Einbruch der Dunkelheit auslaufen und so lange wie möglich im Schutz der Nacht fahren zu können. Ein britischer Luftangriff verzögerte jedoch ihr Auslaufen um 2 Stunden. Dann verließen *Scharnhorst*, *Gneisenau* und *Prinz Eugen* den Hafen, geleitet von 6 Zerstörern, zum Marsch in den Kanal mit hoher Fahrt. Das einzige britische Uboot, das zur Überwachung eingesetzt war, ironischerweise *Sealion* (»Seelöwe«), war etwa eine Stunde vorher zum Aufladen der Batterien abgelaufen. So hatte der Verband unter der Führung von Vizeadmiral Otto Ciliax die erste britische Bewachungslinie hinter sich, ohne es zu wissen.

Im tiefen Fahrwasser des Kanals, das gewählt worden war, um die Minengefahr möglichst herabzusetzen, versuchten die Schiffe, den Zeitverlust durch den Luftangriff wieder wettzumachen. Sie liefen mit Höchstfahrt und wurden durch den Gezeitenstrom noch geschoben. Die dunkle, aber sichtige Nacht schirmte sie gegen britische Augen ab, erlaubte aber den Ausgucks, die Markierungsboote längs des minenfreien Weges auszumachen, die den geräumten Weg zwischen deutschen und englischen Minensperren bezeichneten. Bei Anbruch der Dämmerung hatten sie den Zeitplan nahezu eingeholt. Das Wetter wurde unsichtiger. Die Sicht sank auf wenige Seemeilen bei wolkigem Wetter mit Regenschauern. Leichte Seestreitkräfte stießen aus Häfen längs des Weges zum Verband, und Flugzeuge kreisten über dem Verband, ohne von ihren Gegnern gestört zu werden. Kurz nach 12 Uhr wurde die Enge von Dover erreicht. Weitere Schnellboote und Minensucher stießen zum Verband, der nun von nahezu 60 Geleitfahrzeugen gesichert wurde. Bisher gab es kein Anzeichen dafür, daß die Engländer das Unternehmen erkannt hätten, das bereits über 350 Seemeilen zurückgelegt hatte. Die äußeren Schiffe der Sicherung legten künstlichen Nebel, der sich mit dem natürlichen mischte, und die Störung der britischen Radargeräte, die seit Tagen systematisch vorbereitet worden war, wurde auf ihren Höhepunkt gesteigert. Schließlich sandten die Batterien von Dover einige ungenaue Salven hinter den Schiffen her.

Erst jetzt begannen die Engländer zu reagieren, sehr viel später, als Ciliax schwere Gefechte erwartet hatte. Seine Luftsicherung, die aus 250 Flugzeugen in mehreren genau errechneten Wellen bestand, hatte ihre größte Stärke erreicht, als die ersten englischen Schiffe und Flugzeuge erschienen. Es waren ein nur schwacher Verband von 5 Motortorpedo- und 2 Motorkanonenbooten sowie 6 langsame Swordfish-Torpedoflugzeuge, von wenigen Jägern gedeckt, die sofort von der deutschen Übermacht in Gefechte verwickelt wurden. Die unkoordinierten Angriffe wurden mit verzweifelter Tapferkeit vorgetragen. Besonders der Einsatz der Torpedoflugzeuge beeindruckte die Deutschen. Von Jägern angegriffen, hielten im schwersten Abwehrfeuer die 6 Maschinen ihren Anflug durch das Inferno in einer Höhe von 15 m auf die schweren Schiffe, trotz zerfetzter Tragflächen, durchsiebter Rümpfe und tödlich verletzter Männer ihrer Besatzungen durch und warfen ihre Torpedos ab, bevor sie abgeschossen wurden. Der Führer des unerschrockenen Verbandes, Lieutenant Commander Eugene Esmonde, war ein irischer Freiwilliger und hatte von der *Victorious* aus die Angriffe auf die *Bismarck* mitgeflogen. Er erhielt posthum das Victoriakreuz. Nur fünf seiner siebzehn Begleiter überlebten, darunter nur einer unverwundet.

Dann kam es zu einer zweistündigen Pause in den Angriffen, zu einer Zeit, da die Schiffe mit ihrer Fahrt in flachen Gewässern und durch schmale minenfreie Wege heruntergehen mußten. Mit jeder Minute verschwand die englische Küste weiter im Dunst, und der Nebel wurde dichter. Es schien, als kämen die Schiffe ohne Schäden durch. Zweieinhalb Stunden nach dem Passieren von Dover kam es auf *Scharnhorst* zu einer schweren Detonation achtern, und das Schiff mußte stoppen. Es hatte einen Minentreffer erhalten. Admiral Ciliax beorderte einen der Zerstörer längsseits und stieg mit seinem Stab über. 30 Minuten lang blieb *Scharnhorst* als unbeweglicher Ziel liegen, doch kein Feind erschien. Dann hatte die Besatzung die Schäden beseitigt, und das Schiff nahm wieder Fahrt auf, um wieder Anschluß an den Verband zu gewinnen. Als Ciliax zum Verband auflief, kam es auf seinem Zerstörer durch einen Unglücksfall zu einer Granatexplosion, durch den er Fahrt verlor. Erneut stieg er auf einen anderen Zerstörer über, während über dem Verband ein neuer Luftkampf entbrannte.

Von der Mitte des Nachmittags bis Sonnenuntergang wurden mehrere hundert englische Flugzeuge auf den deutschen Verband angesetzt. Das schlechte Wetter und schlechte Koordination führten jedoch zu solch einem Durcheinander, daß nur 39 Bomber und eine geringe Zahl von Torpedoflugzeugen das Ziel überhaupt fanden und angreifen konnten. Sie taten es einzeln oder in kleinen Gruppen, wurden nur sporadisch von den Jagdflugzeugen, die den deutschen Luftschirm angriffen, gesichert und erzielten Treffer nur auf zwei Torpedobooten. 5 englische Zerstörer aus dem Ersten Weltkrieg konnten im Schutz des unsichtigen Wetters soweit herankommen, einen Artillerie- und Torpedoangriff zu fahren. Sie erzielten keinen Erfolg, doch wurde einer von ihnen schwer beschädigt. Die Dunkelheit beendete die fruchtlosen Angriffe der Engländer, aber nicht Ciliax' Besorgnis. Während der Nacht erhielt auch *Gneisenau* einen Minentreffer und *Scharnhorst* ihren zweiten innerhalb von sieben Stunden, wobei ca. 1000 t Wasser ins Schiff einbrachen. Nur der glückliche *Prinz Eugen* entging Beschädigungen. Bei Anbruch der Dämmerung hatten alle Schiffe sicher die Elbe oder Wilhelmshaven erreicht.

Diese Großtat stellte für Hitler einen großen Propagandasieg dar. Er hatte recht behalten. Die Engländer hatten mit einem nächtlichen Durchbruch bei Dover gerechnet. Der überraschende Durchbruch durch die Doverenge bei Tageslicht hatte so zu einem unkoordinierten Ansatz völlig unzureichender Streitkräfte geführt. Die *Times* schrieb: »Vizeadmiral Ciliax war dort erfolgreich, wo der Herzog von Medina-Sidonia scheiterte ... seit dem 17. Jahrhundert hat es keine größere Demütigung des Stolzes einer Seemacht in ihren heimischen Gewässern gegeben[1].«

Hitlers Eingebung hatte zu einem taktischen Sieg geführt, und doch war das Unternehmen das Zeichen für die endgültige strategische Ausschaltung der Überwasser-Streitkräfte der Marine. Bis zum Kanaldurchbruch waren die Engländer gezwungen gewesen, zusätzlich zu der Überwachung der Islandpassagen durch Kreuzer gegen die Gefahr eines Ausbruches von *Tirpitz* weiterhin die Konvois im Atlantik mit Schlachtschiffen zu sichern. Während dieser Zeit hatte die Islandbewachung Rückhalt an nur einem Schlachtschiff in Scapa Flow gehabt. Sobald die deutschen Schiffe in der Nordsee eintrafen, wurden die britischen Verbände zur Verstärkung der Blockadelinie konzentriert. Beträchtliche Kräfte konnten jetzt für andere Kriegsschauplätze abgegeben werden.

Wenige Tage nach dem Kanaldurchbruch wurde *Gneisenau* durch einen Luftangriff so schwer beschädigt, daß sie für den Rest des Krieges ganz ausfiel. *Prinz Eugen* verlor zwei Wochen später das Heck durch den Torpedotreffer eines Ubootes. Trotz dieser Rückschläge kam es bald zur Versammlung eines kampfkräftigen Verbandes in Nordnorwegen. Im Januar war *Tirpitz* in Drontheim eingelaufen. Es folgten *Lützow*, *Scheer* und *Hipper* und ein leichter Kreuzer, sowie Zerstörer als Sicherungsverband. Die Wirkung dieses Verbandes war sofort spürbar. Trotz der nach dem Verlust der *Bismarck* ergangenen Operationsbeschränkungen, der schwachen Luftaufklärung und chronischen Brennstoffmangels sowie ungenügender Ausrüstung der Stützpunkte entschloß sich Raeder zum Einsatz der Schiffe. Angesichts der Bedrohung durch die deutsche Flotte

---

[1] Captain S. W. Roskill, D.S.C., R.N., *The War at Sea*, Vol. II, p. 159.

verstärkten die Engländer den Geleitschutz und die Deckungsgrup-
pen der Murmanskgeleitzüge in enormem Maße und setzten bei
jedem Unternehmen nun einen Flugzeugträger, Schlachtschiffe und
Kreuzer ein.

Am 6. März lief *Tirpitz* mit 3 Zerstörern gegen einen ausgehenden
und einen einkommenden Geleitzug aus. Eine Luftaufklärung war
auf Grund des schlechten Wetters nicht möglich, doch erfaßte ein
britisches Uboot den Verband. Danach kam es zu einem zweitägigen
gegenseitigen Suchen auf beiden Seiten. *Tirpitz* näherte sich Schlachtschiffen der Home Fleet und einem Flugzeugträger bis auf 60 Seemeilen, ohne daß der Verbandsbefehlshaber, Vizeadmiral Ciliax,
etwas vom Auslaufen dieses Verbandes wußte, und verfehlte die
Konvois nur um 75 Seemeilen. Ein einzelner Nachzügler, ein sowje-
tischer Frachter, wurde von einem deutschen Zerstörer versenkt.
Beim Rückmarsch nach Drontheim wurde *Tirpitz* von den 12 Torpedoflugzeugen der *Victorious* mit solcher Entschlossenheit angegriffen, daß Vizeadmiral Ciliax davon überzeugt war, mindestens
einer der Torpedos habe sein Schiff getroffen, sei aber nicht explodiert. Andere Torpedos verfehlten den ausweichenden Riesen nur
so knapp, daß man beim Durchgehen durch das Kielwasser drei
Laufbahnen gleichzeitig beobachten konnte. Doch erreichte das
Schiff den Hafen unbeschädigt. Damit hatte die zweijährige ent-
setzliche Schlacht um den Weg nach Murmansk begonnen.

Eine Analyse der Unternehmung durch die Operationsabteilung
betonte die Luftgefahr für die schweren Einheiten und die Notwendigkeit starker Luftstreitkräfte zu ihrem Schutz und zur Ausschaltung der britischen Flugzeugträger – Forderungen, die sich von
nun an monoton wiederholen sollten. Ein deutscher Flugzeugträger
wurde auf lange Sicht als die wünschenswerteste Lösung dieses Problems angesehen. Als sofortige Folgerung aus dem Unternehmen
entschloß sich Raeder, die schweren Schiffe solange zurückzuhalten,
bis alle zusammen wären. Hitler stimmte dem sofort zu. Er billigte
auch die Fertigstellung des Flugzeugträgers, obwohl im April von
seiten der Marine einige Ausflüchte hinsichtlich geeigneter Flugzeuge
und technischer Schwierigkeiten gemacht wurden. Im Mai und Juni
wurde dieser Plan ausgeweitet und sollte nun den Umbau einiger
großer Passagierschiffe zu Hilfsflugzeugträgern einschließen.

In der Nacht zum 27. März 1942 reagierten die Engländer auf die
Bedrohung durch die *Tirpitz* mit einem Kommandounternehmen
gegen St. Nazaire, den einzigen französischen Atlantikhafen, in
dem ein Trockendock von der Größe vorhanden war, daß es das

Schlachtschiff hätte aufnehmen können. Der Angriff begann um Mitternacht mit einem ablenkenden Luftangriff auf die Stadt, der die deutsche Wachsamkeit so lange auf sich zog, bis der Verband nur noch 2 Meilen von der Küste entfernt war. Nach der Aufforderung von Land zur Abgabe des Erkennungssignals erfaßten Scheinwerfer ein Schiff von ähnlichem Aussehen wie ein deutsches Torpedoboot, das aber von 18 Motorbooten umgeben war. Es handelte sich um den Zerstörer *Campbeltown*, einen der 50 Vierschornsteinzerstörer, die Roosevelt an Churchill als Gegenleistung für Stützpunkte geliefert hatte. Sobald die deutschen Scheinwerfer das Ziel auffaßten, begann ein heftiges Abwehrfeuer auf nächste Entfernung. Die *Campbeltown* hielt jedoch ihren Kurs durch und erwiderte das Feuer, bis sie das Tor des Normandie-Docks rammte. Nachdem sie sich fest darin verkeilt hatte, versenkte die Besatzung das Schiff, Kommandos gingen an Land, um zusammen mit den Besatzungen der Motorboote Sprengungen vorzunehmen. Ein kurzer, heftiger Kampf endete mit dem Tod oder der Gefangennahme der Kommandos, der Besatzung der *Campbeltown* und der Besatzungen der meisten Motorboote.

Am nächsten Morgen erfolgte eine Besichtigung der *Campbeltown* durch eine große Kommission, die über die Entfernung des Schiffes und die Reparatur des Docktores befinden sollte. Zu diesem Zeitpunkt explodierte eine Sprengstoffladung von 4,5 t im Bug durch einen Langzeitzünder. Die Deutschen wurden getötet, das Docktor zerstört und das Dock für die Kriegszeit dauernd unbrauchbar.

Einige Zeit später wurde dem Kommandanten der *Campbeltown* vom Kommandanten seines Kriegsgefangenenlagers die Verleihung des Victoriakreuzes anläßlich eines Appells bekanntgegeben. Es war eines der 5, die für dieses Unternehmen verliehen worden waren.

Raeders Blicke waren jedoch nicht auf Frankreich, sondern das Eismeer gerichtet. Die nächsten 4 Geleitzüge nach Murmansk und die Rückgeleite wurden von Zerstörern, Ubooten und Flugzeugen, dabei endlich auch Torpedoflugzeugen, angegriffen. Jeder Geleitzug kämpfte sich durch und hatte eine Reihe von mutigen Angriffen zur Folge – die verschiedenen deutschen Verbände unternahmen ihre Angriffe dabei unabhängig voneinander. Beide Seiten verloren Schiffe, doch kein Gefecht war von entscheidender Bedeutung, da die deutschen schweren Schiffe zum Aufrechterhalten der Bedrohung zurückgehalten wurden, während die Briten mit jedem erfolgreichen Durchkommen eines Konvois verwegener wurden.

Eine Bedrohung hat nur dann Wirkung, wenn sie mit der Entschlossenheit zum Handeln verbunden ist. So liefen alle verfügbaren schweren Schiffe mit Geleitschutz Anfang Juli gegen den ostgehenden Geleitzug PQ 17 aus. Die schnelle Kampfgruppe bestand aus dem Schlachtschiff *Tirpitz*, dem Schweren Kreuzer *Hipper* und 4 Zerstörern. Sie ging von Drontheim zum Vestfjord und dann nordwärts, um mit dem langsameren Verband aus Narvik, bestehend aus *Scheer*, *Lützow* und 6 Zerstörern, zusammenzutreffen.

Drei Zerstörer und *Lützow* liefen unterwegs auf Grund, die übrigen Einheiten vereinigten sich jedoch im Altafjord westlich des Nordkaps. Sie waren klar zum Zugriff auf den Geleitzug, sobald er das Kap passieren würde. Starke Luftunterstützung und Luftaufklärung waren zugesagt, Uboote standen auf Wartestellung, und das praktisch ständige Tageslicht wurde für die Flugzeuge und Überwasser-Streitkräfte als günstig angesehen. Allerdings hatten die Schiffe nach dem lähmenden Befehl zur »Vermeidung unnötigen Risikos« zu operieren, der die Bedingung enthielt, daß feindliche Flugzeugträger zunächst ausgeschaltet sein müßten, bevor deutsche Schiffe angriffen. Raeder hoffte aber, daß die deutsche Luftüberlegenheit im Gebiet des Nordkaps die Engländer weiterhin davon abhalten würde, dort Großkampfschiffe einzusetzen. Raeders Hoffnungen gingen in Erfüllung: die großen Schiffe der Home Fleet blieben weit im Westen, als sich der Geleitzug dem Nordkap näherte. Hitler zögerte zunächst, gab aber dann doch seine Zustimmung zu einem kurzen Vorstoß, der jedoch beendet sein müsse, bevor die Briten Zeit hatten, die Deckungsgruppe so weit heranzuführen, daß ein Angriff durch Flugzeuge der *Victorious* erfolgen könnte. Es war bekannt, daß die Engländer auch die Kreuzerdeckung vom Geleit abgezogen hatten, das nun zusammen mit den leichten Geleitfahrzeugen ein verlockendes Ziel bot.

Der Flottenverband lief am 5. Juli nachmittags aus und wurde bald von britischen Ubooten und einem Flugzeug gemeldet. Wenige Stunden später wurde der Verband zurückgerufen, denn es hatte sich etwas Außergewöhnliches ereignet: die Engländer hatten in der Nacht zuvor das Geleit aufgelöst. Sie wollten das Risiko für ihre großen Einheiten in der Nähe der deutschen Luftstützpunkte in Norwegen nicht eingehen. Der Erste Seelord hatte daher den Konvoi als wehrlos angesehen und seine Auflösung befohlen, in der Hoffnung, daß einzelne Schiffe noch die größte Chance hatten, der Vernichtung zu entgehen. Allein die Tatsache, daß *Tirpitz* den Stützpunkt Drontheim verlassen hatte, hatte genügt: sie hätte danach auch im Altafjord bleiben können und nichts gegen den Konvoi unternehmen müssen. Von der Furcht der Engländer profitierten nun die Uboote und Flugzeuge. Die Jagd wurde zum Massaker. Zwei Drittel der 33 Handelsschiffe wurden versenkt. Mit ihnen ging die Ausrüstung einer ganzen Armee verloren: 210 Flugzeuge, 430 Panzer, 3350 Fahrzeuge und ca. 100 000 t an anderem Kriegsmaterial. Die Verluste der Deutschen betrugen 5 Flugzeuge.

Angesichts der Katastrophe des PQ 17 stellten die Engländer die Murmansk-Konvois für 2 Monate ein. Das Mittelmeer, wo Rommel vor den Toren von Kairo stand, zog die Home Fleet von der Unterstützung Rußlands zur Verteidigung Maltas ab. Amerikanische Flotteneinheiten unterstützten kurzfristig die überbeanspruchte britische Flotte, mußten aber bald zur Verstärkung der Pazifikflotte unter Admiral Chester W. Nimitz wieder abgezogen werden, die der japanischen Flotte trotz des entscheidenden amerikanischen Sieges von Midway immer noch unterlegen war. Die Deutschen waren stolz auf ihren Erfolg, konnten aber zu seiner Ausnutzung nicht mehr tun, als Angriffe auf den russischen Schiffsverkehr und die Stützpunkte in der Barentssee zu unternehmen.

Bei dem nächsten Geleitzugpaar plante die deutsche Operationsabteilung die Verwendung von Ubooten und Flugzeugen gegen den stark gesicherten ausgehenden Geleitzug, während auf den, wie man annahm, schwächer gesicherten rückkehrenden östlich des Nordkaps Überwasser-Streitkräfte angesetzt werden sollten. Genau verkehrt wurde das Dönitz'sche Konzept des Tonnagekrieges auf dem einzigen Schauplatz, wo es auf Ladungen für die russische Armee, nicht aber auf Schiffe ankam, hier auf die Überwasser-Streitkräfte angewandt; doch ließ sich diese Denkweise mit dem Grundsatz einer »Vermeidung unnötigen Risikos« vereinbaren, auf den Hitler bei jeder Erörterung einer neuen Unternehmung zurückkam.

Anfang September, als die russische Lage an der Stalingradfront äußerst verzweifelt war, ging der Konvoi PQ 18 in See. Diesmal fanden die Uboote und Flugzeuge einen anderen Empfang, als sie an das Geleit herangingen. Eine massierte Sicherung durch Zerstörer, die zum ersten Mal von einem Geleitflugzeugträger unterstützt wurden, und britische Flugzeuge, die vom nördlichen Rußland aus operierten, machten sowohl die Luft als auch die See in Nähe des Geleits und seiner leichteren Sicherungsfahrzeuge sehr gefahrvoll. Der Kampf dauerte tagelang, und in den langen Stunden des Tageslichts gab es für das Geleit kaum Ruhepausen. Beide Seiten erlitten Verluste, doch konnte der Konvoi nicht aus seiner geschlossenen Abwehrformation gebracht werden. Die deutschen Flugzeuge verlagerten ihre Angriffe erfolglos auf den Geleitträger *Avenger*. Inzwischen hatten *Admiral Scheer*, *Admiral Hipper* und der leichte Kreuzer *Köln* von Narvik zum Altafjord verlegt, um zusätzlich zur Verfügung zu stehen.

Der rückkehrende, leere Geleitzug hatte gewartet, bis die Geleitfahrzeuge ihn sichern konnten. Auf die Nachricht hiervon hatte Raeder den vorgesehenen Angriff der Überwasser-Streitkräfte abgesagt und überließ das Geleit der Luftwaffe und den Ubooten. Beide wurden durch schlechtes Wetter behindert, doch die Uboote konnten verschiedene Erfolge erzielen. Nach Abschluß der ganzen Operation ergab sich folgende Verlustzahl: von 40 ausgehenden Schiffen waren 13 gesunken, von 15 rückkehrenden leeren Schiffen 3. Ferner gingen ein Tanker und aus der Geleitgruppe ein Zerstörer und ein Minensucher verloren, dazu 4 Flugzeuge. Die deutschen Verluste betrugen dagegen 4 Uboote und 41 Flugzeuge.

Hier begann sich ein Kräftegleichgewicht auf der Nordroute abzuzeichnen.

Wieder einmal wurden die Konvois nach Murmansk durch Ereignisse im Mittelmeer und den Abzug britischer Marinestreitkräfte unterbrochen. Der Wendepunkt der Schlacht bei El Alamein und die entscheidende Invasion in Französisch-Nordafrika waren der Anfang des Niedergangs der Achsenmächte im Mare Nostrum. Die deutschen Überwasser-Streitkräfte in Norwegen drangen in russische Gewässer vor und legten dort offensive Minensperren bis zum nächsten Kräftemessen. Das konnte nicht lange auf sich warten lassen. Die verzweifelte russische Verteidigung von Stalingrad war auf angloamerikanische Hilfe angewiesen. Während dreier Monate konnten nur einzelne Schiffe geschickt werden. Sie suchten Schutz in den langen Nächten des Herbstes und schlechten Sichtverhältnissen, doch erreichten nur weniger als die Hälfte ihr Ziel. Mitte November lief ein leerer Konvoi aus Rußland nach Island zurück. Er wurde von starken Stürmen zerstreut, die aber auch den deutschen Ubooten nur wenige Angriffe möglich machten. Nur 2 Schiffe wurden versenkt, 26 erreichten Island. Alle diese Unternehmungen in der Arktis waren jedoch nur das Vorspiel zu den in Aussicht genommenen Wintergeleiten.

Die Bedingungen für derartige Geleite unterschieden sich in vieler Hinsicht völlig von denen bei Sommergeleiten. Fast ständige Dunkelheit reduzierte die Verwendung von Flugzeugen auf ein Minimum. Daher wurden die meisten deutschen Flugzeuge auf andere

Kriegsschauplätze abgezogen. Die Uboote waren für die englischen Geleitfahrzeuge schwer zu orten und zu bekämpfen, waren aber selbst auch nahezu blind und konnten in den Stürmen nicht angreifen. Aufklärung durch Überwasserschiffe wurde bei einer zweiundzwanzigstündigen Nacht und zwei Stunden Zwielicht, schweren Stürmen, Schneefall, Kälte und hohem Seegang stark behindert. Jede Operation deutscher schwerer Einheiten wurde wegen ihrer Gefährdung durch eine große Zahl torpedotragender britischer Geleitfahrzeuge und ihr verbessertes Radar für Suchen und Feuerleitung zu einem großen Risiko. Hitlers »Kein-Risiko«-Befehl machte schließlich mutige Entscheidungen in verworrenen Situationen, in denen gerade kühne Entschlüsse von entscheidender Bedeutung sein können, sehr unwahrscheinlich.

Raeders Anweisungen für die nächste Operation enthielten ein neues Element. Zusätzlich zu dem ausdrücklichen Gebot, keine Überlebenden zu retten – dies war angesichts des Risikos, das durch Bergungsaktionen entstehen würde, notwendig –, hieß es nun, daß es auch nicht wünschenswert wäre, wenn britische Schiffe Überlebende retteten. Dies brachte eine grausame persönliche Note in den Seekrieg. Besatzungen wurden offiziell als äußerst wertvoll für die britischen Kriegsanstrengungen betrachtet. Die neue Anweisung war aber eigentlich überflüssig, da die Überlebenschancen von Schiffbrüchigen in der stürmischen Dunkelheit und Kälte sehr gering waren.

Ein Geleit kam Ende Dezember nach Murmansk durch, ohne angegriffen zu werden. Das nächste wurde von einem Uboot gesichtet. Trotz der schlechten Bedingungen für einen Überwasserangriff wurde Raeder durch eine Forderung des OKW, die Kriegsmarine solle die Ostfront unterstützen, außer seiner eigenen Tatkraft dazu bestimmt, *Lützow*, *Admiral Hipper* und 6 Zerstörer auslaufen zu lassen. Hitlers Zustimmung wurde erteilt, und die Schiffe liefen unverzüglich aus, um den Geleitzug während der zwei Tageslichtstunden am Silvestertag anzugreifen. Eine Stunde nach dem Auslaufen erhielt der Verbandbefehlshaber, Vizeadmiral Oscar Kummetz, einen bemerkenswert hemmenden Befehl für den Führer eines Angriffsverbandes, der auf viele unbekannte Überraschungen aus dem stürmischen Dunkel voraus gefaßt sein mußte. Er kam von Admiral Otto Klüber, dem Admiral Nordmeer, von dem Kummetz kurz vor dem Auslaufen persönlich seine Befehle erhalten hatte. Klübers Funkspruch lautete: »Entgegen Operationsbefehl Verhalten am Feind: Bereits bei gleichstarkem Gegner Zurückhaltung üben, da Eingehen größeren Risikos für Kreuzer unerwünscht[2].« Raeder hatte in Kenntnis der Voreingenommenheit Hitlers gegenüber Verlusten an die Gruppe Nord eine Mahnung zur Vorsicht gesandt, die an Klüber erst nach seiner Unterredung mit Kummetz weitergeleitet worden war. Dieser hatte sich nun seinerseits durch diesen Funkspruch abgesichert.

Kummetz wollte an den Konvoi von achtern herangehen. Die Zerstörer sollten einen Aufklärungsstreifen voraus bilden, die beiden schweren Schiffe dahinter weit auseinander auf den Flügeln stehen, so daß sie aus unterschiedlichen Richtungen, jeweils mit 3 Zerstörern, angreifen konnten. Obwohl die Teilung des Verbandes ein Wagnis war, sollte die Gruppe, die zuerst zum Angriff kommen würde, die Sicherungsfahrzeuge auf sich ziehen und das Geleit zum Angriff der anderen Gruppe entblößen. In der Dämmerung gewann Kummetz auf *Admiral Hipper* von Nordwesten Fühlung mit dem Geleit. Seine Zerstörer hatten bei einigen Suchmanövern nach dem Konvoi den Anschluß verloren, und einige hatten kurzen Schußwechsel mit einem britischen Zerstörer gehabt. *Lützow* stand auf der vorgesehenen Position südlich des Konvois.

Bei außergewöhnlich ruhiger See und leichtem Wind schloß *Admiral Hipper* heran. Die Sicht wechselte, betrug zeitweilig 10 sm, nahm aber in Schneeschauern plötzlich stark ab. Voraus von *Hipper* wurde ein Zerstörer ausgemacht, der vor den Schiffen des Konvois eine Rauchwand legte. *Hipper* versuchte, ihn mit 20,3 cm-Feuer zum Stoppen zu bringen, doch konnte er ihn durch einen Naheinschlag nur beschädigen. Nach wenigen Salven verlegte Hipper das Feuer kurz auf das am nächsten stehende Handelsschiff. Dann kamen zwei weitere britische Zerstörer in Sicht und hinderten *Hipper* an einem direkten Angriff auf das Geleit. Sie schienen Torpedos zu schießen, die Angriffsart, die nach den bösen Erfahrungen bei der Vernichtung der *Bismarck* von den deutschen Kommandanten mehr als alles andere gefürchtet wurde.

Hipper drehte ab und führte, sobald es die Sicht zuließ, zeitweilig ein Artilleriegefecht mit den achteren Türmen. Kummetz hoffte, die Zerstörer vom Geleit abziehen zu können. Da dies nicht gelang, befahl er *Hipper* jedoch bald, wieder auf den Konvoi zuzudrehen. Die Zerstörer fuhren wiederholt Scheinangriffe, schossen jedoch keine Torpedos. *Hipper* wich aus, konnte aber nicht herankommen.

[2] B. B. Schofield, *The Russian Convoys*, p. 134.

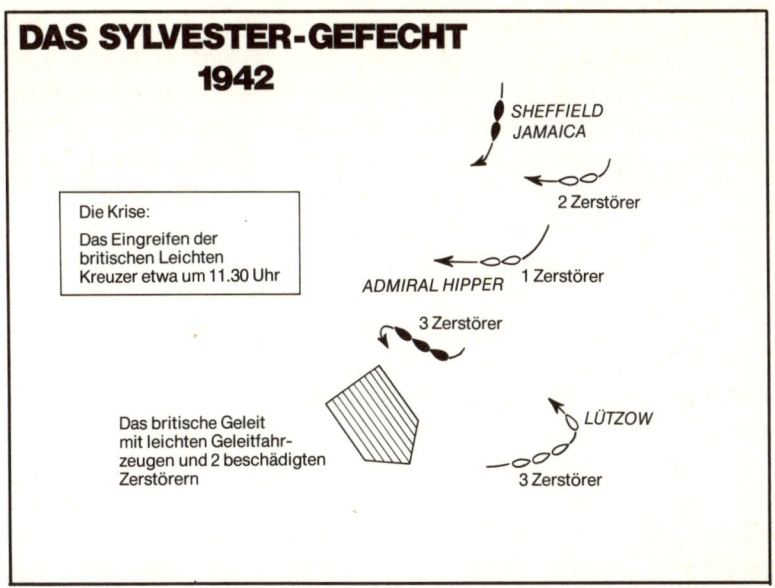

DAS SYLVESTER-GEFECHT 1942

SHEFFIELD
JAMAICA

2 Zerstörer

Die Krise:

Das Eingreifen der britischen Leichten Kreuzer etwa um 11.30 Uhr

ADMIRAL HIPPER   1 Zerstörer

3 Zerstörer

Das britische Geleit mit leichten Geleitfahrzeugen und 2 beschädigten Zerstörern

LÜTZOW

3 Zerstörer

Kummetz befahl nun seinen Zerstörern, die britischen Geleitfahrzeuge unter Feuer zu nehmen, während *Hipper* das Artilleriegefecht fortsetzte. Wie üblich, lag das deutsche Feuer gut. Der führende britische Zerstörer, die *Onslow*, wurde von drei 20,3 cm-Treffern schwer beschädigt, Captain R. St. Vincent Sherbrooke, der tapfere Führer der Sicherung, wurde schwer verwundet. Die *Onslow* zog sich auf das Geleit zurück und wurde dabei von einer Schneebö verdeckt, die *Hipper* daran hinderte, sie oder den anderen Zerstörer zu treffen. Letzterer legte dagegen eine Nebelwand zum Schutz der *Onslow.*

Das nächste Ziel von *Hipper* war ein vom Geleit abgekommener Minensucher, der auf das Gefechtsfeld geriet und auch sofort zusammengeschossen wurde. Kummetz befahl dann einem seiner Zerstörer, die sich gerade angehängt hatten, den Minensucher zu versenken. Der Zerstörer *Achates*, der eine Rauchwand vor den Konvoi gelegt hatte, trat aus ihr in einem ungünstigen Augenblick heraus und wurde durch *Hipper* schwer beschädigt, bevor er wieder verschwand. Seine Rauchwand machte jedoch für Kummetz die ganze Situation nach wie vor unübersichtlich. *Achates* sank nach dem Gefecht.

Hipper drehte nun zunächst nach Süden, dann nach Westen, als drei weitere britische Zerstörer auftauchten – die letzten unbeschädigten Geleitfahrzeuge. Hätte Kummetz dies gewußt, hätte er *Lützow* und die Zerstörer sofort zur Vernichtung des Geleits ansetzen können, während er mit diesen Zerstörern im Gefecht war. *Lützow* und drei Zerstörer waren inzwischen vor der Spitze des Geleits herumgefahren. Die Sicht war äußerst schlecht, und der Kommandant von *Lützow* konnte Freund und Feind nicht unterscheiden. So zögerte er und wartete auf bessere Sichtverhältnisse. Die drei britischen Zerstörer fuhren mit ihren gefährlichen Ablenkungsangriffen auf *Hipper* fort, durften aber keine Torpedos schießen. Hätten sie dies getan und das Ziel dabei verfehlt, wären sie dem Kreuzer nicht mehr gefährlich gewesen, der dann hätte herankommen und Geleitfahrzeuge samt Geleit vernichten können. So feuerten sie mutig nur mit ihren 10- und 12 cm-Geschützen auf den Schweren Kreuzer, der einen der Zerstörer durch einen 20,3 cm-Naheinschlag leicht beschädigte und dann wegen der Torpedogefahr abdrehte.

In diesem kritischen Zeitpunkt, in dem den Engländern die völlige Vernichtung drohte, sobald sich der Kommandant der *Lützow* zum Angriff auf den ungeschützten Konvoi entschloß, erreichten zwei britische Leichte Kreuzer, *Sheffield* und *Jamaica*, die 31 kn liefen, das Kampfgebiet und eröffneten aus dem dunklen nördlichen Horizont das Feuer auf *Hipper*. Ihr Verbandschef, Rear Admiral Robert Burnett, hatte keinen Augenblick Zweifel über sein Vorgehen. Er hatte auf die Mündungsfeuer der schwersten Geschütze zugehalten und seine Schiffe begannen sofort, den überraschten *Hipper* im 20-Sekunden-Takt mit zweimal zwölf 15,2 cm-Geschützen einzudekken. Die 50 kg-Granaten hatten wenig Aussicht, den gepanzerten Gegner lahmzuschießen, doch betrug die Entfernung nur 7 Seemeilen und sank schnell auf 4 Seemeilen. So wurde *Hipper* wiederholt getroffen, wobei eine Granate den Panzer durchschlug und in einen Maschinenraum Wassereinbruch verursachte. Dadurch sank die Geschwindigkeit bei *Hipper* von 31 auf 28 Knoten, während er im Kreise auf die Kreuzer zudrehte, das Feuer eröffnete und schließlich in einer Rauchwand verschwand. *Hipper* kam für kurze Zeit wieder in Sicht und verschwand dann wiederum. Dann traten plötzlich zwei deutsche Zerstörer, von denen einer detachiert worden war, um den manövierunfähigen Minensucher zu versenken, aus dem Nebel heraus und hielten auf ihren vermeintlich eigenen Verband in zwei Meilen Entfernung zu. Der Abstand zwischen der *Sheffield* und einem der deutschen Zerstörer war so gering, daß der Kreuzer zum Rammen aufdrehte, aber gleichzeitig den Zerstörer mit seinem Artilleriefeuer so überschüttete, daß dieser binnen kurzem in ein brennendes Wrack verwandelt war. Der andere deutsche Zerstörer wich hinter seine eigene Rauchwand aus. *Hipper* lief inzwischen nach Westen in die zunehmende Dunkelheit ab.

Inzwischen hatte *Lützow* einige wenige Schiffe des Konvois gesichtet und ohne Erfolg beschossen. Die drei britischen Zerstörer stießen vor, um das Feuer von *Lützow* auf sich zu lenken, und legten dann mit Erfolg eine neue Rauchwand vor sich und die Frachter.

An Bord von *Hipper* traf Kummetz nun seine schwierigste Entscheidung. Er brach das Gefecht ab und trat den Rückmarsch zum Stützpunkt an. *Hipper* feuerte noch kurz auf die drei Zerstörer und drehte dann ab, wobei die beiden britischen Kreuzer noch auf große Entfernung Fühlung hielten. Dann sichteten zwei deutsche Zerstörer und *Lützow* die britischen Kreuzer. Es kam zu einem Gefecht zwischen den vier schweren Einheiten. Die Partie war jedoch zu ungleich, und die englischen Kreuzer brachen das Gefecht ab, als eine 28 cm-Salve die *Sheffield* eindeckte. Sie vergrößerten den Abstand und hielten an dem deutschen Verband so lange Fühlung, bis dessen Ablaufen sichergestellt war. Damit war das dreistündige Gefecht am Silvestertag 1942 vorüber.

Die Befehle zur »Vermeidung unnötigen Risikos«, dazu die herabgesetzte Geschwindigkeit von *Hipper* und die schlechte Sicht hatten Kummetz trotz des unterlegenen Gegners zum Abbruch des Gefechtes veranlaßt, eine Maßnahme, die später von Raeder gebilligt wurde. Captain Sherbroke, der sich mit seinen schwachen Kräften bis zum Eintreffen der Verstärkung glänzend geschlagen hatte, wurde mit dem Victoria-Kreuz ausgezeichnet. Beide Seiten hatten einen Zerstörer verloren – die Engländer dazu noch einen Minensucher. *Hipper* mußte jedoch für lange Zeit in die Werft zur Reparatur gehen, was die Beschädigung der übrigen englischen Zerstörer mehr als aufwog.

Inzwischen hatten die eingehenden Funksprüche das deutsche Oberkommando alarmiert. Der erste stammte von dem einzigen im Kampfgebiet anwesenden Uboot. Es stand zu weit ab, um in das Gefecht eingreifen zu können, meldete aber auf dem Höhepunkt des Kampfes: »Nach hiesiger Beobachtung hat die Schlacht ihren Höhepunkt erreicht. Ich sehe nur rot.«[3] – Der nächste Funkspruch ging von Kummez ein: »Gefecht abbrechen und nach Westen ablaufen.«[4] – Hitler war zermürbt durch die Situation in Stalingrad,

[3] B. B. Schofield, *The Russian Convoys*, p. 145.
[4] Dudley Pope, *73 North*, p. 242.

wo eine deutsche Armee von 250 000 Mann eingeschlossen war und aufgerieben wurde, da sie sich auf Grund seines Befehls nicht hatte zurückziehen dürfen. Er beschuldigte ständig seine Generale, ihn falsch zu unterrichten und seine Befehle nicht auszuführen. In seinem Hauptquartier in Ostpreußen wartete er nun gespannt auf das Ergebnis dieser Geleitzugschlacht und hoffte, das Neue Jahr 1943 mit der Verkündung eines großartigen Sieges beginnen zu können. Die beiden Funksprüche wurden als Zeichen eines Erfolges angesehen, und Hitlers Erwartungen steigerten sich noch.

Am Abend wurde Hitler ein Bericht des britischen Rundfunks vorgelegt, der die Versenkung eines deutschen Zerstörers und die Beschädigung eines deutschen Kreuzers behauptete. Hitler befragte Vizeadmiral Theodor Krancke, den Vertreter der Kriegsmarine im Führerhauptquartier, warum ihm keine Informationen dazu vorlägen. Krancke erklärte, daß noch Funkstille eingehalten werden müsse und bat die Operationsabteilung in Berlin, eine Anfrage an Kummetz zu richten, um die Lage zu klären. Raeder untersagte dies und stimmte auch der Anforderung eines Kurzsignals des Verbandes mit einem Buchstaben trotz des Sturmes, der sich im Führerhauptquartier zusammenbraute, nicht zu. Hitler unterhielt sich mit seinen Silvestergästen und befragte Krancke in halbstündigem Abstand, bis er kurz nach 4 Uhr zu Bett ging.

Als der Neujahrsmorgen dämmerte, hatte noch immer kein Wort aus dem hohen Norden das Führerhauptquartier erreicht. Krancke setzte sich mit der Seekriegsleitung in Verbindung und erfuhr nun, daß ein Gefecht mit den Sicherungsstreitkräften des Geleits stattgefunden und die deutschen Einheiten Schäden erlitten hätten. Kurz darauf übermittelte Raeder eine Nachricht für Hitler an Krancke. Sie besagte nur, daß genaue Informationen infolge von Störungen der Fernsprech- und Funkverbindungen noch nicht vorlägen. Weitere Nachrichten blieben aus. Mittags wurde Hitler wütend. Er vermutete, daß die Marine Informationen vor ihm zurückhielt – etwas, was vom Heer mitunter versucht wurde. Er verlangte einen Bericht des Verbandes und ließ eine scharfe Kritik der schweren Einheiten und ihrer furchtsamen Offiziere los, wobei er ganz vergaß, daß er der Urheber des Befehls zur »Vermeidung unnötigen Risikos« war. Kranckes Berichtsanforderung wurde den ganzen Nachmittag auf dem Dienstweg zum Altafjord durchgegeben, aber während des ganzen Nachmittags erfolgte keine Meldung über Sieg oder Niederlage. Gegen 17 Uhr wurde Krancke zu Hitler befohlen. Hitler erregte sich über die »nutzlosen Schiffe«. Dann gab er seinen unabänderlichen Entschluß zum Verschrotten der schweren Einheiten bekannt. Ihre Geschütze und Panzer sollten zum Aufbau von Küstenbefestigungen in seiner »Festung Europa« verwendet werden, die Besatzungen in Kampfeinheiten Dienst tun. Krancke konnte nicht einmal einen Aufschub bis zum Eingang des Gefechtsberichts erwirken. Er verließ den Raum, um Raeder den Befehl zu übermitteln.

Der Gefechtsbericht, dessen Eingang sich durch viele unglückliche Umstände und einen Wechsel des Schlüssels verzögert hatte, wurde endlich um 19.25 Uhr von Raeder telephonisch an Krancke durchgegeben. Hitler schlief. Nach seinem Erwachen wurde ihm der Bericht von Krancke vorgelegt. Er konnte Hitlers Erregung nicht mildern. Er, der bewußt nur auf Grund von Eingebungen handelte, hatte nicht die Absicht, einzulenken. Die Abendbesprechung wurde für Krancke zu einem Alpdruck. Ein Vorwurf folgte dem anderen: die Schiffe hätten den Kampf nicht durchgeschlagen; die Luftwaffe würde das erledigen, wobei die Schiffe versagt hätten; Schiffe besäßen überhaupt keinen Wert, verschlängen aber enorme Mittel zu ihrem Eigenschutz. Sie wären zu verschrotten. Raeder wurde umgehend ins Führerhauptquartier beordert. Krancke konnte noch einen Aufschub von 5 Tagen erreichen, doch hatte sich Hitlers Ansicht nicht geändert, als Raeder am 6. Januar eintraf. Hitler begann mit einem Monolog über die Geschichte der deutschen Marine und zählte jeden Mißerfolg ihrer Schiffe und das Versagen ihrer Führer auf. Er wiederholte seinen Standpunkt im Vergleich der Bewertung von Schweren Schiffen, Küstenartillerie, Ubooten und Flugzeugen. Er versuchte, Raeder klarzumachen, daß das Verschrotten der großen Schiffe keine Degradierung darstelle. Dann befahl er Raeder die Ausarbeitung eines Memorandums zur Außerdienststellung der Schiffe, Verwendung ihrer Geschütze, Umbau einiger Schiffe zu Flugzeugträgern und Beschleunigung der Ubootbauprogramme. Raeder hatte kaum die Möglichkeit zu antworten, erbat aber am Ende des Wortschwalls ein Gespräch unter vier Augen. Er hielt dies für die einzige Möglichkeit, vernünftig mit Hitler zu sprechen, da dieser sich oft völlig anders benahm, wenn er keine Zuhörer hatte. Nachdem alle anderen gegangen waren, bot Raeder seinen Rücktritt an. Hitler versuchte ihn davon abzubringen, doch Raeder weigerte sich, seinen Entschluß zu ändern. Er akzeptierte einen Ehrentitel und bestimmte den 30. Januar zum Tag seines Ausscheidens, den Tag, an dem er 10 Jahre im Dienste Hitlers gestanden hatte. Hitler bat ihn um zwei Vorschläge für einen möglichen Nachfolger.

Vizeadmiral Krancke, der am Verlauf des Geschehens nichts hatte ändern können, ging nach Berlin, um genaue Informationen über das Gefecht einzuholen. Nach seiner Rückkehr erbat er eine persönliche Unterredung mit Hitler. Krancke war Kommandant von *Scheer* während der langen Unternehmung im Handelskrieg 1940/41 gewesen und hatte schon mehrfach vor der Silvesterkrise seine Meinung gegenüber Hitler vertreten. Er stellte Irrtümer Hitlers richtig, trotz der Erregung, die dies auslöste, und bewies seine Einwände häufig an Hand früherer Protokolle. Hitler respektierte solche Männer, und er ging auf und ab, während Krancke den ganzen Vorgang darstellte und alle Irrtümer Hitlers korrigierte. Krancke befürchtete, hierbei die Deportierung in ein KZ herauszufordern. Nach Ende seines Vortrags schüttelte Hitler ihm jedoch plötzlich die Hand und dankte ihm!

Inzwischen entschloß sich Raeder zu einem letzten Versuch, Hitler umzustimmen. Sein Stab arbeitete ein Memorandum von 5000 Worten aus, das in seinem Inhalt eine Einführung in Seemachtdenken darstellte. Es legte die abschreckende Wirkung der großen Schiffe auf die Alliierten dar, die Möglichkeiten Großbritanniens zu Operationen gegen Europa und zu Verlegungen in das Mittelmeer und in die Fernen Osten, wenn die deutschen Schiffe abgezogen würden. Er fügte diesem Memorandum einen Brief bei, in dem er die Maßnahmen der Verschrottung der Schiffe als kampflosen Sieg der Engländer bezeichnete, der auf ihrer Seite Freude, auf der Seite der mit Deutschland Verbündeten aber nur tiefe Enttäuschung auslösen würde, die darin ein Zeichen von Schwäche und ein Fehlen jeglichen Verständnisses für den Seekrieg sehen müßten. Hitler aber zeigte gerade diesen völligen Mangel an Verständnis und befahl die Durchführung seiner Absichten unter Mißachtung des Memorandums.

Als seine möglichen Nachfolger benannte Raeder Generaladmiral Rolf Carls, einen Mann, der in seiner Denkweise ihm selbst sehr ähnlich war, und Admiral Karl Dönitz, sofern Hitler den Schwerpunkt auf Uboote legen wollte. Hitler wählte Dönitz und ernannte ihn am 30. Januar 1943 zum Großadmiral – dem Rang, den Raeder seit dem 1. April 1939 bekleidet hatte. Raeder trat zurück und wurde Admiralinspekteur der Marine – eine Ehrenstellung –, mit der Bitte an Hitler, die Kriegsmarine und seinen Nachfolger vor Göring zu schützen. Dönitz gegenüber betonte er nochmals die Notwendigkeit, die Schlachtschiffe im Dienst zu belassen und sie ohne operative Einschränkungen oder Rücksicht auf Verluste einzusetzen.

Der neue Oberbefehlshaber unterschied sich im Wesen scharf von Raeder, obwohl seine Anschauungsweise in gleicher Weise durch und durch von seinem Beruf her geprägt war. Er erkannte die Benachteiligung der Kriegsmarine, die darin lag, daß sie niemand in der unmittelbaren Umgebung Hitlers besaß, der ihre Gesichtspunkte unterstützte und ihre Interessen gegenüber Männern wie etwa Göring durchsetzen konnte, dessen Einfluß der Aufruhr zum Jahreswechsel wieder gezeigt hatte. Dönitz beschloß, häufig mit Hitler zusammenzutreffen, um ihm sowohl bei offiziellem Anlaß als auch bei gelegentlichen Gesprächen den Standpunkt der Marine nahezubringen. Raeder war stets knapp und formell gewesen und hatte es Hitler überlassen, später umfangreiche Darlegungen zu lesen. Dönitz erkannte, daß Hitler in lange vorbereiteten Begeisterungsausbrüchen zu handeln pflegte, und er versuchte, so viel wie möglich mit ihm im persönlichen Gespräch Verbindung zu halten. Er nahm das Risiko auf sich, hierbei der Faszination Hitlers zu erliegen, etwas, was er bei Raeder schon lange vor dem Kriege bemerkt hatte.

Raeder hatte versucht, seine Unabhängigkeit von Hitler durch Distanz zu wahren, doch ohne Erfolg. Auch Dönitz sollte bei diesem Versuch scheitern – dabei jedoch zum Nutzen für die Marine Hitlers Vertrauen erringen. Hierdurch wurde er in die Lage versetzt, sie gegen Parteieinflüsse abzuschirmen und für die Erfüllung ihrer Bedürfnisse Sorge zu tragen, soweit dies in den letzten Kriegsjahren noch möglich war.

Einige Veränderungen folgten der Ernennung von Dönitz. Er behielt die Führung der Ubootwaffe, übertrug allerdings die tägliche Leitung der Ubootoperationen seinem bisherigen Chef des Stabes, Eberhard Godt, der zum Konteradmiral ernannt wurde. Einige ältere Offiziere wurden verabschiedet, andere übernahmen neue Aufgaben, als die Organisation etwas »stromliniger« gestrafft wurde. Später im Jahr konnte Dönitz bei Hitler eine Beschleunigung des Ubootbauprogramms durchsetzen. Er sorgte für ein schnelleres Bausystem, indem er den gesamten Schiffbau an Albert Speer, den Rüstungsminister, abgab. Dieser schuf einen sehr wirksamen Zentralausschuß für Schiffbau, der die Kapazitäten der deutschen Industrie in bester Weise für den Ubootbau nutzbar machen konnte. Der Reichskommissar für Seeschiffahrt wurde eingesetzt, um eine zentrale Lenkung zu wirtschaftlichem Einsatz der Handelsflotte vornehmen zu können.

Dönitz ging an seine neuen Aufgaben mit solcher Energie und

Furchtlosigkeit heran, daß er überlegte, wie lange ihn Hitler in seinem Amt belassen würde. Bei einer seiner ersten Besprechungen mit Hitler unterbrach ihn Göring mit einer seiner üblichen Bemerkungen über die Marine. Dönitz sagte ihm in recht scharfem Ton, er solle sich aus Angelegenheiten der Marine heraushalten, so wie er dies auch bei Belangen der Luftwaffe mache. Die darauf folgende Stille wurde erst durch ein Kichern Hitlers unterbrochen. Hitler gewann Vertrauen und schenkte einem Manne Gehör, der seine Offiziere aufgefordert hatte, ihn auch in Gegenwart Hitlers, wenn nötig, zu berichtigen, um Irrtümer in seinem Vortrag zu vermeiden. Eine derart aufrechte Haltung war im Führerhauptquartier selten. Es wirkte sich für die Marine günstig aus, daß sie in den letzten beiden Kriegsjahren von einem Manne geführt wurde, der in der Lage war, Hitler zu beeinflussen. Dönitz errang seine Erfolge teils bei allgemeinen Besprechungen, teils in persönlichen Gesprächen und nach heftigen Ausbrüchen Hitlers, denen er ruhig und mit sachlichen Argumenten begegnete. Für alle außerhalb seines engsten, vertrauten Kreises wurde Hitler noch starrsinniger und mißtrauischer. Er bestand darauf, mehr und mehr Entscheidungen selbst zu treffen, besonders in Angelegenheiten der Heeresführung. Es entwickelte sich ein Teufelskreis: Hitler gab detaillierte Anweisungen, seine Generale hielten sie für sinnlos und handelten nach eigenem Entschluß, und Hitler beschuldigte sie daraufhin der Treulosigkeit und des Verrats und wurde in seinem Standpunkt nur noch bestärkt. Dieser Teufelskreis und die Zunahme der Niederlagen führten schließlich zum Attentat des 20. Juli 1944, bei dem Hitler knapp dem Tode entging, einem Ereignis, das ihn in seinem Fanatismus nur noch bestärkte. Er glaubte, daß ihn die Vorsehung zur Erfüllung seiner Aufgabe beschützt habe: Deutschland zum Sieg zu führen. Seine Unbeweglichkeit und Rücksichtslosigkeit wie sein Starrsinn nahmen nurmehr weiter zu.

Die erste und wichtigste Entscheidung, die Dönitz nach seiner Amtsübernahme am 30. Januar zu treffen hatte, war die über das Schicksal der Schlachtschiffe. In der Marine liefen demoralisierende Gerüchte über einen radikalen Wechsel um, und man machte Dönitz dafür verantwortlich. In seiner ersten Unterredung mit Hitler legte Dönitz zur Frage dieser Schiffe nur die Pläne zur Außerdienststellung und Neuverteilung der Besatzungen vor. Bereits am 9. Februar setzte Krancke Hitler jedoch in Kenntnis, daß Dönitz es als seine Pflicht ansehe, die Schiffe in See gehen zu lassen, sofern sich Erfolgschancen boten, und daß sie hierfür Operationsfreiheit benötigten. Zwei Wochen später bestätigte Dönitz diese Ausführungen Kranckes. Inzwischen hatte er sich mit den Dingen soweit vertraut gemacht, daß er überzeugt davon war, daß für die Schiffe gute Operationsmöglichkeiten mit Aussicht auf Erfolg bestanden, und daß ihre Außerdienststellung oder ihr Verschrotten praktisch keinerlei Beitrag zu den übrigen Kriegsanstrengungen bringen würden. Ihr größter strategischer Wert bestand in der ständigen Bedrohung, die ihre bloße Existenz darstellte. Die Entscheidung, die er Hitler zur Bestätigung vorlegte, sah die Außerdienststellung der beiden alten Linienschiffe, die als Schulschiffe dienten, von zwei leichten Kreuzern und des beschädigten *Hipper* vor. *Lützow, Admiral Scheer, Prinz Eugen* und ein leichter Kreuzer sollten in der Ostsee zu Ausbildungszwecken verwendet werden (bis sie für den Kampf benötigt würden), während *Tirpitz* und *Scharnhorst* mit Zerstörersicherung zur Verteidigung Norwegens und zum Angriff auf Eismeergeleite bestimmt waren. Ferner forderte er mehr Luftaufklärung. Nach einer stürmischen Sitzung stimmte Hitler zu, versicherte aber Dönitz, die Zeit würde beweisen, daß *er*, Hitler, recht gehabt hätte.

So wurde *Scharnhorst* nach Nordnorwegen verlegt und trat zu *Lützow* und *Tirpitz* – der »einsamen Königin«, wie sie die Norweger nannten – in dem einzigen Seegebiet, wo ein deutscher Flottenverband sich noch bemerkbar machen konnte. Ihre Operationsbefehle gewährten ihnen volle taktische Freiheit. Ihre Anwesenheit brachte jedoch die Geleite nach Murmansk während des Winters 1943/44 zum Erliegen, so daß sie diese Befehle nicht anwenden konnten. Die Öffnung der Straße von Sizilien durch die Alliierten machte den Weg nach Rußland durch den Persischen Golf weit wirtschaftlicher bezüglich der Ausnutzung des Schiffsraums als zuvor. Die Route nach Murmansk verlor damit an Bedeutung.

Der Überwasserkrieg kam langsam zum Erliegen. Der Gedanke an Fertigstellung des Flugzeugträgers wurde im Februar 1943 aufgegeben. Der letzte Hilfskreuzer versuchte im gleichen Monat auszulaufen, konnte aber den Kanal nicht mehr durchbrechen, und der letzte in See stehende Hilfskreuzer wurde im Oktober versenkt. *Tirpitz* war während des Silvestergefechtes in Reparatur gewesen. Während des Frühjahrs und Sommers lag sie mit ihrem Begleitschutz im Altafjord und beeinflußte den Seekrieg wesentlich allein durch ihre Anwesenheit, obwohl der Brennstoff so knapp war, daß das Schiff nur etwa zweimal im Monat zu einer kurzen Erprobungsfahrt und zum Übungsschießen auslaufen konnte. Auf dem südlicheren Liegeplatz war sie wiederholt das Ziel der Angriffe von

Langstreckenbombern gewesen – aber das Gebiet nahe dem Nordkap lag außerhalb von deren Reichweite. Einem kühnen Angriff durch bemannte Torpedos war sie von ihrer Besatzung unbemerkt entgangen. Die Kurzstrecken-»Chariots« waren unbemannt und getaucht von einem norwegischen Fischerboot in Reichweite des Schlachtschiffes geschleppt worden. Die Schleppleinen waren jedoch gebrochen, und die Boote waren nur 5 Seemeilen von ihrem Ziel entfernt gesunken.

Am 6. September liefen *Tirpitz* und *Scharnhorst* mit Zerstörergeleit zu einem kleineren Unternehmen aus, der Vernichtung der Wetterstation und anderer Einrichtungen auf Spitzbergen. Sie kehrten ohne Zwischenfall zurück. Zur Maschinenüberholung wurde *Lützow* nach Deutschland entlassen und *Scharnhorst* von ihrem gewöhnlichen Liegeplatz in einen Nachbarfjord verlegt, um den britischen Nachrichtendienst zu täuschen. *Tirpitz* lag weiterhin im inneren Fjord im Torpedonetzkasten. Bei hellem Tageslicht durchbrach am 22. September 1943 plötzlich innerhalb der Torpedonetze ein Kleinst-Uboot kurz die Wasseroberfläche, verschwand wieder, tauchte erneut auf, wobei es unter Maschinenwaffenbeschuß genommen wurde, und verschwand. 4 Männer kamen an die Oberfläche und wurden sofort von einem Boot der *Tirpitz* aufgenommen. Dann tauchte ein weiteres Kleinst-Uboot innerhalb der Netze auf, wurde von den leichten Waffen der *Tirpitz* unter Beschuß genommen und verschwand. Die britischen Gefangenen wurden verhört, verweigerten jedoch die Aussage.

Kapitän z. S. Hans Meyer ließ die Schotten schließen, verholte den Bug um 50 m nach Steuerbord durch Einholen der Trossen, begann ebenso mit dem Heck, ließ Dampf aufmachen und forderte einen Schlepper an. Dann explodierten 4 Sprengladungen von 2 t gleichzeitig, drei davon vor dem Bug, die vierte jedoch unter dem Maschinenraum, wodurch das Schiff regelrecht angehoben wurde. Die Stromversorgung fiel aus, und es entstand eine Schlagseite nach Backbord. Das zweite Uboot durchbrach noch mehrfach die Wasseroberfläche außerhalb der Netze. Es war durch die Explosionen offenbar beschädigt worden und wurde jedesmal mit Geschützfeuer empfangen. Beim letzten Mal öffnete sich das Luk, und ein Mann sprang über Bord – dann sank das Boot. Ein weiteres Besatzungsmitglied konnte aus dem gesunkenen Boot zwei Stunden später aufsteigen. Den Kommandanten beider Boote wurde nach dem Kriege das Victoria-Kreuz dafür verliehen, daß sie das gefährlichste Schiff der Welt außer Gefecht gesetzt hatten.

262

Alle Hauptmaschinen der Tirpitz waren beschädigt, zwei Türme blockiert und das Ruder verbogen. Auch die Feuerleitanlage hatte neben anderen Einrichtungen starke Schäden davongetragen. Man überführte das Schiff zur Reparatur jedoch nicht nach Deutschland, da es bei der Verlegung und in der Werft stark gefährdet gewesen wäre, sondern reparierte es am Orte mit Hilfe von 700 Arbeitern, die aus Deutschland herangeholt wurden. Sie bauten Caissons und setzten sie von außen auf die Lecks, so daß die beschädigten Platten an diesen Stellen ersetzt werden konnten. Auch die Maschinen wurden langsam wiederhergestellt. Dadurch, daß *Tirpitz* weiterhin im Norden blieb und über den Umfang der Beschädigungen nur ungewisse Vermutungen vorlagen, konnte sie weiterhin einen starken Einfluß auf die britische Seemacht ausüben.

Die Beschädigung der *Tirpitz* bedeutete, daß *Scharnhorst* und einige Zerstörer den einzigen einsatzbereiten Verband im Norden darstellten, als nun die Nächte länger wurden und die britischen Geleite wieder aufgenommen wurden. 3 ausgehende und 2 heimkehrende Geleitzüge kamen im November und Dezember 1943 unbehelligt durch. Trotz gleich unsichtiger Wetterbedingungen wie denen beim Unternehmen der *Hipper/Lützow*-Gruppe im vergangenen Winter, zu denen aber erschwerend noch eine ständig zunehmende Radar-Überlegenheit der Briten kam, wurde *Scharnhorst* mit 5 Zerstörern am 25. 12. 1943 gegen ein Murmanskgeleit angesetzt. Die sich verschlechternde Lage an der Ostfront, wo sich die deutschen Truppen in ständigem Rückzug befanden, leistete Vorschub zu diesem Unternehmen, über das man in der Marineführung unterschiedlicher Meinung war. Für die Durchführung hatte der Verbandsbefehlshaber, Konteradmiral Erich Bey, die volle taktische Freiheit, die man für die Überwasserstreitkräfte Hitler abgerungen hatte. Das Gefecht sollte das einzige in der deutschen Marinegeschichte werden, das ohne einschränkende Befehle durchgefochten wurde, und gleichzeitig das letzte klassische Duell zwischen einzelnen Schlachtschiffen.

Die 6 Schiffe liefen nur wenige Stunden nach den Stunden der Feiern am Heiligen Abend mit seinen Friedensgedanken in das Gebiet des Nordkaps aus, wo die üblichen Stürme wüteten. Am nächsten Morgen befahl Bey seinen Zerstörern einen Aufklärungsstreifen auf Südwestkurs zu bilden, während das Schlachtschiff zunächst auf Nordkurs blieb. Damit teilte er seinen Verband. Starker Seegang setzte die Fahrt der Zerstörer auf 10 kn herab. Plötzlich wurde *Scharnhorst* von Leuchtgranaten des leichten Kreuzers *Belfast*

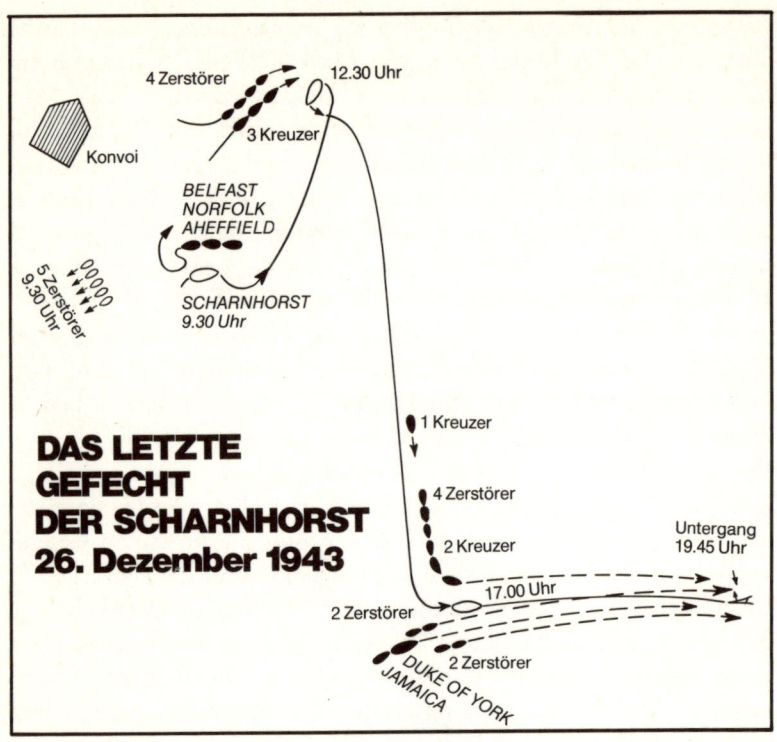

4 Zerstörer **12.30 Uhr**

3 Kreuzer

BELFAST
NORFOLK
AHEFFIELD

Konvoi

5 Zerstörer
9.30 Uhr
00000

SCHARNHORST
9.30 Uhr

DAS LETZTE
GEFECHT
DER SCHARNHORST
26. Dezember 1943

1 Kreuzer

4 Zerstörer

2 Kreuzer

Untergang
19.45 Uhr

17.00 Uhr

2 Zerstörer

2 Zerstörer

DUKE OF YORK
JAMAICA

beleuchtet. Der Schwere Kreuzer *Norfolk,* ein Veteran des *Bismarck*-Gefechtes, eröffnete das Feuer und zerstörte durch einen Treffer das vordere Funkmeßgerät der *Scharnhorst*. Der Leichte Kreuzer *Sheffield*, der an dem Gefecht an Silvester des Jahres zuvor teilgenommen hatte, befand sich auch in der Nähe, konnte aber nicht nahe genug herankommen, um das Feuer zu eröffnen. Das Schlachtschiff war nach voraus praktisch blind. Bey drehte zunächst auf Südkurs, um sich aus dem Gefecht zu lösen, ging dann aber nach Osten und schließlich nach Norden, um die Kreuzer zu umgehen und zum vermuteten Standort des Geleits zu gelangen. Die Kreuzer unter dem Befehl von Vice Admiral Robert Burnett, der den Silvesterangriff vor einem Jahr zunichte gemacht hatte und danach befördert worden war, verschwanden im Norden.

Bey rief nun seine Zerstörer heran, die jedoch zu diesem Zeitpunkt weitab standen. Durch Luftaufklärung erhielt Bey die Nachricht, daß eine Gruppe von Schiffen weit im Südwesten stand – d. h. in einer Position, von der sie seine Rückkehr zum Altafjord abschneiden konnte –, aber Bey hielt weiter Nordkurs durch. Seine Zerstörer soll-

264

ten nun wieder auf Westkurs gehen, um den Konvoi zu finden, dessen Position von einem Uboot gemeldet worden war. Dadurch wurde wiederum ihr Abstand zum Schlachtschiff vergrößert.

Kurz nach Mittag wurde *Scharnhorst* wieder von den Kreuzern angegriffen und drehte abermals ab. In einem zwanzigminütigen Artilleriegefecht traf das Schlachtschiff die *Norfolk* mit 28 cm-Granaten und setzte einen Turm und alle Radargeräte bis auf eines außer Gefecht. Zwei Kreuzer beschränkten sich darauf, an dem Schlachtschiff Fühlung zu halten, während die *Sheffield* mit Maschinenstörungen abdrehen mußte und Bey nach Süden in Richtung auf seinen Stützpunkt drehte. Er machte keinen Versuch, die Verfolger abzuschütteln – offenbar in der Ansicht, daß die langsameren Kreuzer, an die inzwischen 4 Zerstörer herangeschlossen waren, ihm nur wenig anhaben könnten. Bey befahl seinen Zerstörern, zum Altafjord zurückzukehren, wo er mit ihnen zusammentreffen wollte.

Vier Stunden nach dem zweiten Gefecht mit den Kreuzern wurde *Scharnhorst* wieder von Leuchtgranaten beleuchtet. Aus Süden begannen jetzt aus 6 Seemeilen Entfernung das Schlachtschiff *Duke of York* mit 35,6 cm-Granaten und der Kreuzer *Jamaica*, ein weiterer Veteran des Silvestergefechtes, mit 15,2 cm-Geschützen das deutsche Schlachtschiff einzudecken. Radar hatte solch ein einzigartiges Schießen möglich gemacht. Innerhalb kurzer Zeit war *Scharnhorst* zum dritten Mal überrascht worden – diesmal wegen Ausfalls ihres vorderen Funkmeßgerätes. Sie drehte nach Osten, um abzulaufen und erwiderte das Feuer, wobei Bey mehrfach drehte, um auch die beiden vorderen Türme zum Tragen zu bringen, und dann wieder auf Ostkurs ging, um durch seine höhere Geschwindigkeit den Verfolgern zu entkommen. Auch *Norfolk* und *Belfast* eröffneten für kurze Zeit das Feuer, konnten aber die Entfernung nicht halten, als *Scharnhorst* mit Höchstfahrt zu entkommen suchte. Das Artillerieduell wurde nun mit deckenden Salven beider Seiten zwischen den beiden Schlachtschiffen geführt. Nun verließ das Glück die *Scharnhorst*, das ihr so lange treu geblieben war. Ein Treffer in Nähe des vordersten Turms blockierte ihn. Auch der zweite vordere Turm mußte zeitweilig das Feuer einstellen. Eine weitere Granate schlug mittschiffs ein. Noch immer konnte das Schiff trotz weiterer schwerer Treffer den Abstand vergrößern, bis Treffer achtern infolge von Wassereinbruch die Fahrt herabsetzten. Zwanzig Minuten nach Gefechtsbeginn betrug der Abstand 10 Seemeilen und wurde damit so groß, daß erst *Scharnhorst*, dann *Duke of York* das Feuer einstellen mußten.

In der folgenden Pause von wenigen Minuten versuchten die Ausgucks der *Scharnhorst*, die unheimliche Helligkeit der Leuchtgranaten, die über dem Schiff hingen, zu durchdringen. Dann wurde die Mittelartillerie auf zwei Zerstörer gerichtet, die an Backbordseite aufzukommen versuchten. Zwei andere, darunter ein norwegischer, konnten jedoch unbemerkt an Steuerbordseite bis auf eine Meile herankommen. Als die Ausgucks plötzlich die Gefahr sichteten, drehte *Scharnhorst* – zu spät, um allen Zerstörertorpedos auszuweichen. Einer traf. Die Zerstörer an Backbord machten sich diese Drehung zu nutze, schossen ebenfalls Torpedos und erzielten 3 weitere Treffer. Ein Torpedo traf einen Kesselraum, dadurch sank die Geschwindigkeit auf 8 kn. Durch angestrengteste Arbeit des technischen Personals konnten zwar nach kurzer Zeit wieder 22 kn gelaufen werden – doch das war nicht genug.

Nach den Torpedotreffern war das Ende unausbleiblich. Schweres Artilleriefeuer der *Duke of York* und der drei Kreuzer auf kürzeste Entfernungen wurden mit Torpedoangriffen von zweien der Kreuzer und 4 weiterer Zerstörer vereint. Dieser letzte Kampf dauerte 36 Minuten. Explosionen und Feuer verwüsteten das Schiff, dessen Geschütze jedoch alle das Feuer erwiderten, bis sie sich verschossen hatten. *Scharnhorst* sank tiefer, bekam Schlagseite nach Steuerbord, kenterte, als weitere Torpedos trafen, schließlich und sank. Die britischen Zerstörer und Kreuzer liefen in die Rauchwolke hinein, die die Stelle des Untergangs markierte. Das eisige Wasser brachte jedoch die meisten Überlebenden zum Schweigen, die ein letztes Hurra auf das Schiff ausbrachten und das Lied sangen: »Auf einem Seemannsgrab, da blühen keine Rosen.« Nur 36 Mann der 1900-köpfigen Besatzung, die weniger als als einen Tag zuvor das Auslaufen mit Hurra begrüßt hatte, überlebten den Untergang.

Als *Duke of York* wenige Tage später wiederum die Untergangsstelle passierte, ließ Admiral Sir Bruce Fraser eine Ehrenwache aufziehen und einen Kranz zu Ehren seines früheren Gegners über Bord werfen. Dieser Kranz war mehr als das Symbol für das Ende eines Schiffes: er zeigte das Ende der deutschen Hochseestreitkräfte und das Ende eines ganzen Abschnittes der Seekriegsgeschichte an.

Der Untergang der *Scharnhorst* beendete endgültig die deutschen Angriffe gegen den Seeweg nach Murmansk. Während der restlichen Zeit des Krieges lagen die Verluste aus stark gesicherten Konvois reichlich unter 4 % des eingesetzten Schiffsraumes.

Die Bomben eines Angriffes schwerer russischer Bomber auf *Tirpitz* im Februar verfehlten ihr Ziel, und das Schiff war im März 1944 wieder einsatzbereit. Am 3. April erschienen ohne Vorwarnung 61 Trägerflugzeuge über den Bergen und stürzten sich an den Fjordwänden entlang auf das Schlachtschiff. Jäger belegten die Decks des Schiffes mit Bordwaffen, um das Flakfeuer niederzuhalten, und Sturzkampfbomber folgten ihnen nach. Innerhalb einer Minute explodierten neun Bomben von 250 und 800 kg auf den oberen Decks und hinterließen ein Trümmerfeld. Eine Stunde später griff eine zweite Welle durch eine Nebelwand an und erzielte fünf weitere Treffer. 122 Tote und 300 Verwundete lagen auf den zerfetzten oberen Decks. Die Maschinen und die 38 cm-Türme blieben unter ihrem starken Panzerschutz intakt, das Schiff war jedoch wiederum außer Gefecht gesetzt. Die angreifenden Engländer hatten 3 Flugzeuge verloren.

Im Juli wurde ein weiterer trägergestützter Angriff gegen das riesige Schiff geflogen, das abermals wiederhergestellt worden war. Künstlicher Nebel machte den Versuch zunichte. Durch schlechtes Wetter wurde ein Angriffsversuch im August vereitelt. Ein folgender Angriff erbrachte zwei Treffer durch den künstlichen Nebel hindurch: eine Bombe traf ohne Wirkung einen Turm, während die andere 8 Decks und dabei eine Panzerung von 20 cm durchschlug, aber Blindgänger war. Der dritte Angriff im selben Monat blieb ohne Erfolg. Im September waren schwere britische Bomber, die von russischen Flugplätzen starteten, an der Reihe. Sie erzielten trotz des Nebels zwei Nahtreffer mit 6 t-Bomben, eine weitere zerstörte den Bug. Das Schiff mußte nun nach Tromsö verlegen, um dem russischen Vormarsch zu entgehen, und sollte dort als schwimmende Küstenbatterie dienen. Ein neuer Angriff des Bomber-Command im Oktober erzielte wieder nur einen Naheinschlag, da die Wetterbedingungen schlecht waren.

Zwei Wochen später jedoch, am 12. November, bot sich den Bombern schließlich ein klares Ziel, da das Wetter gut war und der künstliche Nebel nur unvollständig zur Wirkung kam. Wegen konfuser Befehle erschienen keine deutschen Jäger. 6 t-Bomben trafen mittschiffs und rissen den Schiffskörper über 30 Meter weit auf. Das Schiff bekam Schlagseite, dann flog eine Munitionskammer in die Luft, und das Schiff kenterte, wobei fast 1000 Mann ertranken. Die »einsame Königin«, die so lange die Strategie des Feindes auf den weiten Ozeanen geplagt hatte, die sie selber nie befuhr, war endgültig zerstört. Ihr Schicksal wiederholte das der deutschen Hochseeflotte des Ersten Weltkrieges: beide stellten eine ständige große Gefahr dar, die von England nur mit großem Aufwand abgeriegelt werden konnte, und beide wurden vernichtet, als ihr eigentlicher Nutzen schon vorüber war. Ironischerweise trug das Schlachtschiff den Namen des Schöpfers der Hochseeflotte, des Großadmirals Alfred von Tirpitz.

Schon lange vor dem Ende der *Tirpitz* hatte die Seekriegsleitung ein weit schwierigeres Problem als die Aufgaben in Nordnorwegen zu meistern. Die Alliierten zogen starke Kräfte für eine Invasion irgendwo in Westeuropa zusammen. Von Narvik bis Spanien mußten viele Punkte in Erwägung gezogen werden, die verletzlich gegen Kommandounternehmen, Ablenkungs- oder Täuschungsangriffe oder gegen eine große Invasion sein konnten. Die langen Küsten, die geschützt werden mußten, zusammen mit dem Mangel an Material, Menschen und Waffen ließen den Aufbau einer passiven Verteidigung nur langsam voran kommen und sehr unzureichend bleiben. Unterschiedliche Ansichten der Führung über die Strategie, sowohl zwischen wie innerhalb der einzelnen Wehrmachtteile führten vor und während der Invasion zu völlig ungenügend koordinierten Maßnahmen. Vom Blickpunkt der Marine aus stellte das schlimmste Problem die unzureichende Verwendung von Minen dar, die zu spät, in zu geringen Mengen und oft an den falschen Stellen gelegt wurden.

Gegen die Invasion in der Normandie am 6. Juni 1944 wurden nur wenige Zerstörer, Torpedoboote, Schnellboote und Uboote aufgeboten. Die meisten davon wurden bald vernichtet – entweder auf See oder durch Bomben in ihren Stützpunkten, während die Überlebenden Frankreich verlassen mußten, da diese Stützpunkte von der Landseite besetzt wurden.

Kleinstuboote und Einmanntorpedos wurden kurz nach dem Beginn der Invasion benutzt und konnten bis 1945 einige Erfolge erzielen. Es handelte sich aber immer nur um Überraschungserfolge, und im Ganzen gesehen war ihre Wirkung gering, obwohl Dönitz Hitler gegenüber sein Vertrauen in diese Waffen betonte.

Nach dem Erfolg der Invasionslandung in der Normandie drohte offensichtlich Deutschland die Niederlage. Da jedoch das Ziel der Alliierten die bedingungslose Kapitulation war, ein Gedanke, der für jede militärische Organisation unannehmbar ist, und unter der fanatischen Führung Hitlers konnte die Marine kaum etwas anderes tun, als den Kampf fortsetzen.

Die letzten Aufgaben der deutschen Kriegsmarine bestanden in einer

Verwendung, über die sie eigentlich hatte hinauswachsen wollen: Unterstützung des Heeres, Schutz der Schiffahrt und Ausbildungsgebiete in der Ostsee und Rückführung von Truppen und Zivilbevölkerung aus eingekesselten Brückenköpfen an der Ostseeküste. *Prinz Eugen,* das »glückliche Schiff«, begann diesen Kampf im August 1944, und alle übrigen verbleibenden schweren Schiffe folgten. Als Finnland im September kapitulierte, lag die Ostsee entgegen Dönitz' Hoffnungen russischen Vorstößen offen, doch die Russen unternahmen nur wenig. Die deutschen Schiffe hielten sich gut und hatten fast bis zum Ende nur geringe Verluste. Schließlich fielen sie bis auf *Prinz Eugen* und einen leichten Kreuzer der alliierten Luftübermacht zum Opfer.

Dönitz' letzte Aufgabe war, einen Waffenstillstand etwas hinauszuzögern, nachdem er durch die letzte Anordnung Hitlers zum deutschen Staatsoberhaupt bestimmt worden war. Er tat dies, um seiner Marine und dem Heer die Möglichkeit zu geben, so viele Menschen wie möglich nach Westen und aus dem Zugriffsbereich der Russen zu bringen. Hier deutete sich bereits die Haltung des deutschen Volkes im Streit zwischen den Siegern an, der den Sieg verdunkeln sollte.

Der Nordatlantik
DIE DEFENSIVE IM UBOOTKRIEG – JUNI 1943 – MAI 1945

Der »schwarze Mai« des Jahres 1943 – der Wendepunkt in der
Schlacht im Atlantik – war die letzte der entscheidenden Niederlagen, die die Achsenmächte in die Defensive drängten. Die Schlacht
von Midway im Pazifik im Juni 1942 war die erste in dieser Reihe
gewesen. Ihr waren El Alamein und die Invasion in Nordafrika im
November 1942 und Stalingrad im Februar 1943 gefolgt. Aus-
nahmsweise machte Hitler einmal die Marineführung nicht für die
Katastrophe im Ubootkrieg verantwortlich. Dönitz hatte schon
lange vorher warnend auf die stetig zunehmende Stärke Großbritanniens zur See hingewiesen, und Hitler vertraute darauf, daß
Dönitz sein Bestes gab. Die Niederlage auf den Geleitzugwegen
spielte sich nicht so dramatisch wie das Ende der *Bismarck* ab, und
sie tangierte, da sie Sache der Marine war, Hitlers Vorstellung nicht,
er sei der »größte Feldherr aller Zeiten«.

Der Zusammenbruch der Ubootkriegführung machte außerordentlich schwierige Entscheidungen notwendig. Schon seit einiger Zeit
hatten Schätzungen des alliierten Schiffbaues ergeben, daß der Neuzugang die Versenkungen übertraf. Defensive Überlegungen hatten
schon seit einiger Zeit im Denken der deutschen Marine Platz gefunden – z. B. die, die Versenkungserfolge wenigstens auf einer
Höhe zu halten, daß dadurch alliierte Angriffe auf Europa oder
Afrika verhindert werden würden. Nun waren die Würfel gefallen – die Uboote waren aus dem Nordatlantik vertrieben worden.

Trotz der schweren Verluste der Ubootwaffe entschied sich Dönitz,
bereits bevor neue Waffen gegen Radarortung, Flugzeuge und Zerstörer entwickelt waren, die Uboote weiter in See zu schicken. Sie
waren notwendig, ja sogar tatsächlich lebensnotwendig für die gesamten deutschen Kriegsanstrengungen. Sie banden weit mehr alliierte Seestreitkräfte, als ihre eigene Zahl betrug, zwangen zum Beibehalten des Geleitzugsystems mit seinen zwangsläufigen Verzögerungen, erforderten die Inanspruchnahme sehr umfangreicher
Produktionseinrichtungen für den Bau von Geleitfahrzeugen und
Anlagen zur Ubootbekämpfung und zogen schließlich – und das war
das wichtigste – Tausende von Flugzeugen vom Angriff auf andere
Ziele ab. Natürlich waren auch alle Versenkungserfolge, die die
Uboote noch erzielen mochten, ein wertvoller Kriegsbeitrag, ran-
gierten in der Wirkung jedoch erst hinter der indirekten Schwä-

chung des alliierten Potentials, die alleine schon durch ihre Anwesenheit im Atlantik herbeigeführt wurde. Einen direkten Einfluß auf das Kriegsgeschehen erzielten sie noch immer bei Vernichtung besonderer Ziele wie etwa der Geleitzüge nach Murmansk. Zwei weitere Gedankengänge waren ebenfalls wichtig: für die neuen, im Bau befindlichen Boote würden erfahrene Besatzungen benötigt werden, und ferner wären, hätte man alle Uboote zurückgerufen, viele von ihnen bestimmt in den Häfen dem Bombenkrieg zum Opfer gefallen, da die Ubootbunker zur Aufnahme aller Boote nicht ausreichten.

Die Konferenz zwischen Dönitz und Hitler am 31. Mai 1943 betraf vorwiegend den Ubootkrieg. Hierbei wurde zu Recht vor allem neuen Ortungsgeräten der alliierten Flugzeuge der Verlust von etwa 36 oder 37 Ubooten im abgelaufenen Monat zugeschrieben.[1] Es wurde anerkannt, daß die Uboote neue Radarbeobachtungsgeräte benötigten, ferner Radarstörsender, Radartäuschbojen und -ballons und Antiradarbeschichtung für die Ubootstürme. Eigene Funkmeßortungsgeräte für Uboote waren noch unzulänglich, da sie den Horizont viel zu langsam absuchten und außerdem in sehr scharf gebündelten Strahlen. Es wurde die Forderung nach neuen Flugzeugen erhoben, die alliierte Ujagdflugzeuge in der Biscaya vernichten sollten, doch wurde diese Forderung von Hitler mit pessimistischer Beurteilung abgelehnt, da er Flugzeuge für diese Aufgabe für ungeeignet hielt. Ein akustisch zielsuchender Torpedo gegen Zerstörer stand kurz vor der Einführung, und es wurden eiligst Maschinenwaffen zur Luftabwehr auf den Booten eingebaut. Sobald einige der genannten Verbesserungen eingebaut waren, sollten die Angriffe auf Konvois im Nordatlantik wieder aufgenommen werden.

Trotz der düsteren Aussichten wurde ein neues Bauprogramm von Hitler genehmigt, das 40 Uboote pro Monat vorsah, und der gesamte Ubootbau wurde dem Rüstungsminister Speer übertragen.

Hitlers Träume von Geheimwaffen hatten auch in das Denken der Marine Eingang gefunden. Der Abschuß von Raketen durch Uboote gegen Zerstörer und die Entwicklung einer 40 cm-Rakete für Uboote zur Verwendung gegen Städte waren im Gespräch. Hitler hatte aber vor übertriebenen Hoffnungen auf die erstgenannte Waffe gewarnt, und die letztere wurde von der Marine als praktisch nicht verwendbar bezeichnet, obwohl Probeschüsse mit einer solchen Rakete von einem getauchten Uboot aus stattgefunden hatten. Die Marine be-

---

[1] Die schließliche Gesamtzahl war 41; zu dieser Zeit konnte Dönitz aber noch keine genaue Zahl kennen.

schränkte sich schließlich auf die Entwicklung minder ausgefallener Waffen. Was einige wenige Raketen, die auf New York niedergegangen wären, hinsichtlich des alliierten Widerstandswillens für eine Wirkung gehabt hätten, bleibt eine der vielen offenen Fragen des Zweiten Weltkrieges.

Der erste Versuch, alliierten Luftangriffen in der Biscaya zu begegnen, war im Mai bereits im Gange. Eine Vierlingsflak und einige Einzellafetten wurden auf einer zusätzlichen Plattform (»Wintergarten«) achtern am Turm einer Reihe von Ubooten eingebaut, und einige Boote wurden noch stärker bewaffnet, um als Flugzeugfallen zu dienen. Sie sollten den Kampf mit Flugzeugen durchstehen und diese zu größerer Vorsicht in der Zukunft veranlassen, eine Vorsicht, die anderen Ubooten je nach Lage das Entkommen über Wasser oder das Wegtauchen erlauben sollte. Anfangs hatte diese Taktik Erfolge, und einzeln angreifende britische Flugzeuge fielen den Flakfallen zum Opfer. Dadurch ermutigt, befahl Dönitz, daß normale Uboote zu gegenseitiger Unterstützung in Gruppen die Biscaya durchfahren sollten. Die Engländer begegneten der Feuerkonzentration mit massierter Flugzeugkonzentration und griffen Ubootgruppen ebenfalls in Gruppen aus vielen Richtungen gleichzeitig an. Sie brachten eine Luft-See-Rakete heraus, und in den kurzen, aber harten Gefechten häuften sich die Verluste. Zu Ausgang des Sommers durchfuhren die Uboote die Biscaya wiederum unter Wasser, und die Flakfallen wurden wieder abgebaut.

Während des restlichen Jahres 1943 und bis 1944 tobte der Kampf – nicht um den Sieg, sondern um einfaches Überleben. Die Deutschen führten Täuschungsmittel gegen das Radar ein. Ein Typ bestand in Ballons, die Staniolstreifen dicht über der Wasseroberfläche schleppten. Ein anderer Typ, der in der Biscaya eingesetzt wurde, war eine Boje mit reflektierenden Oberflächen. Neue Explosivgeschoße mit Brandsätzen verstärkten die Wirkung der leichten Flawaffen, die vom frühen Herbst an auf allen Ubooten eingebaut wurden, und die der schwereren Flak, die später im Jahr kamen. Der zielsuchende Torpedo gegen Geleitfahrzeuge wurde zusammen mit einem neuen Radarbeobachtungsgerät im August eingeführt, letzteres als Ersatz für ein früheres Gerät, von dem man irrtümlich annahm, daß es eine verräterische Eigenstrahlung besäße, die von Empfängern der Alliierten erfaßt würden.

Weiterhin eintretende schwere Verluste zwangen zum Ausweichen einzeln fahrender Uboote in relativ wenig befahrene Gewässer, was aber dadurch erschwert wurde, daß bis zum August 1943 von 12

Ubootversorgern alle bis auf drei verloren gingen. Sobald die neuen Waffen verfügbar waren, wurde jedoch ein neuer Versuch im Nordatlantik unternommen. Mitte September wurde ein Uboot-rudel mit scheinbarem Erfolg, besonders der zielsuchenden Torpedos gegen die Geleitfahrzeuge, im Unterwasserangriff auf einen Konvoi angesetzt. Aber schon im Februar 1944 wurde diese Angriffsart wieder eingestellt, da die Zahl der Ubootverluste die der versenkten Frachter übertraf. Von diesem Zeitpunkt an wurde einfaches Überleben einzeln operierender Uboote zum einzigen Operationsgedanken. »Keine unnötigen Risiken« wurden zum neuen Leitwort.

Es blieb auch kaum eine andere Wahl, denn die Erfolge bei der Ubootbekämpfung schnellten steil in die Höhe. Bereits im Juni 1943 fuhren schnelle alliierte Schiffe ohne Geleit. Damit wurden Geleit-fahrzeuge frei, aus denen nun Ujagdgruppen gebildet werden konnten, deren Kern jeweils aus einem kleineren Flugzeugträger bestand. Geleitträger wurden vom Geleitdienst frei, indem große Tanker und Erzfrachter mit einem Flugdeck und einigen Flugzeugen ausgerüstet wurden. Geleitfahrzeuge arbeiteten bei Verfolgung und Bekämpfung einzelner Uboote in Gruppen zusammen, wobei das eine Sonarkontakt hielt, während die anderen mit den verschiedensten Waffen angriffen. Eine der erfolgreichsten neuen Waffen war der »hedge hog« (Igel), ein Werfer, der Gruppen kleinerer Wasserbomben voraus von den angreifenden Schiffen schleuderten. Diese Geschosse explodierten nur beim Auftreffen auf das Objekt. Treffer waren so eindeutig feststellbar, und der Sonarkontakt wurde nicht unterbrochen. Auch größere Wasserbomben mit einer Explosivladung von einer halben Tonne wurden verwendet. Zur Abwehr der neuen deutschen zielsuchenden Torpedos wurden Geräuschbojen als Täuschungsmittel nachgeschleppt, um das Steuerungssystem der Torpedos »zum Narren zu halten«. Flugzeuge warfen Sonarbojen ab, die die Schraubengeräusche der Uboote aufnahmen, und Kontakte wurden daraufhin mit zielsuchenden Flugzeugtorpedos verfolgt. Ubootbesatzungen berichteten über Geräuschbojen, die nach ihrer Annahme Geleitfahrzeuge in größerer Zahl, als wirklich vorhanden, vortäuschen sollten. Es wurde auch von einem Schleppnetz berichtet, mit dem Uboote auf flachem Wasser aufgespürt und Explosivladungen an den Bootskörper herangebracht würden. Einige von diesen Mitteln hatten nur geringe Erfolge – in der Summe reduzierten sie jedoch die Erfolge der Uboote auf sehr kleine Zahlen.

Das Radarrätsel wurde schließlich gelöst, nachdem man ein britisches Gerät aus Teilen, die in abgeschossenen Flugzeugen gefunden wurden, rekonstruiert und seine Wirkungsweise untersucht hatte. Dieses »Rotterdamgerät« – so von den Deutschen genannt nach dem Ort des ersten Auffindens von Geräteteilen – zeigte, daß die deutsche Funkmeßtechnik gegenüber der der Alliierten hoffnungslos ins Hintertreffen geraten war. Auch der Besitz des britischen Gerätes half noch wenig. Zwar konnten Radarbeobachtungs- und -ortungsgeräte gebaut und Uboote mit Hilfe von Flugzeugen an Ziele herangeführt werden. Die Uboote selbst mußten aber noch zu häufig unter Wasser operieren, wo sie langsam, wenig wendig, blind und von sehr geringer Ausdauer waren. Der letzte Ubootversorger wurde im April 1944 versenkt, und Versuche zur Treibstoffversorgung unter Wasser hatten nie viel gebracht. Antiradarbeschichtung für Uboote versprach einiges, kam aber nie zu ausgedehnter Anwendung.

Die einzige Lösung des Problems war ein völlig neuer Uboottyp – ein »wirkliches Unterseeboot« mit großer Ausdauer und hoher Unterwassergeschwindigkeit. Schon vor dem Kriege hatte der Ingenieur Hellmuth Walter als Antrieb für ein derartiges Boot eine Kombination einer Gasturbine und eines von Luftzufuhr unabhängigen Treibstoffes vorgeschlagen. Die Weiterentwicklung dieser Idee wie übrigens auch der Funkmeßgeräte wurde zunächst durch zu konservatives Denken, dann durch die Kriegserfordernisse und Hitlers Befehl von Mitte 1940 verhindert, alle Forschungen einzustellen, die nicht binnen eines Jahres abgeschlossen werden könnten.

Schon im September 1942 hatte Dönitz erkannt, daß ein neuer Uboottyp, dessen Entwicklung er stets befürwortet hatte, sehr bald benötigt werden würde. Er wies auf diesen Punkt während eines Vortrages vor Hitler, zu dem er von Raeder berufen worden war, besonders nachdrücklich hin. Hitler stimmte dem Bau von zwei Versuchs-Ubooten mit Walterantrieb zu und genehmigte einige Monate später den Bau von 24 kleinen und zwei großen Booten dieses Typs. Die auf Grund dieser Gedanken entwickelten vollkommen neuen Boote besaßen eine Unterwassergeschwindigkeit von 24 Knoten, die weit höher lag als die der meisten Geleitfahrzeuge, waren sehr wendig und konnten Tauchtiefe und Fahrt rasch ändern und damit die Geleitfahrzeuge verwirren. Die großen Boote besaßen 10 Bugtorpedorohre. Leider liefen die ersten Ablieferungen im Serienbau dieser Boote erst im Dezember 1944 an. Die lange Entwicklungszeit, die eine so vollkommen neue Waffe benötigte, verhinderte ihre Verwendung während des Krieges.

Die Schwierigkeiten völliger Neuartigkeit bestanden jedoch bei dem zweiten Konzept, das entwickelt wurde, nicht. Nach einer Besprechung im November 1942 zwischen Dönitz, Walter und den beiden führenden Ubootkonstrukteuren, bei der sich herausstellte, daß die Entwicklung der Walterboote lange Zeit benötigen würde, betonte Dönitz seinen Eindruck von der Dringlichkeit neuer Lösungen und bat um Vorschläge. Walter schlug die Weiterentwicklung einer erbeuteten niederländischen Erfindung vor, eines umlegbaren Luftmastes, der den Dieselbetrieb unter Wasser bei konventionellen Ubooten zum Aufladen der Batterien ermöglichte. Diese Einrichtung wurde als »Schnorchel« bezeichnet. Der zweite Vorschlag bestand demgemäß aus einem großen Boot von der Stromlinienform des Walterbootes mit sehr großer Batteriekapazität für hohe Unterwassergeschwindigkeit und -ausdauer und Schnorchel zum Aufladen der Batterie. Dönitz stimmte der sofortigen Inangriffnahme dieser Projekte zu.

Geschwindigkeit, das Wesentlichste in dieser letzten Phase des Ubootkrieges, war das Kennzeichen des ganzen Bauprogramms. Mitte Juni 1943 wurden Dönitz die ersten Entwürfe vorgelegt. Sie betrafen zwei Uboottypen mit ähnlichen Charakteristiken: der eine, ein recht kleines Boot von 200 t, erhielt die Bezeichnung Typ XXIII, der andere, ein Fernfahrtboot mit Ozeanfähigkeit mit 1500 t, die Bezeichnung Typ XXI. Der erstgenannte Typ war ausgelegt für eine Unterwassergeschwindigkeit von kurzzeitig 13, der zweite für eine solche von 17 kn. Dönitz befahl, die Produktionsplanung sofort anlaufen zu lassen. Als er feststellte, daß die Marine eine zu lange Zeit dazu benötigte, übertrug er das ganze Problem an Speer. Dieser beauftragte einen zivilen Spezialisten der Fertigungstechnik, der ein System für Sektionsbau in großen Stückzahlen entwarf und als Ablieferungstermin für das erste Boot April/Mai 1944 setzte. Bis zum September 1944 sollte der Monatsausstoß 33 Boote betragen. Ein Prototyp sollte nicht gebaut werden. Zulieferungen sollten durch viele weit verstreute Werke erfolgen, die Sektionen an 11 Orten im Binnenland montiert und dann auf drei Werften zusammengebaut werden.

Am 8. Juli 1943 trug Dönitz diese Planung Hitler vor und erhielt seine volle Zustimmung. Ein bemerkenswerter Produktionsrekord wurde erreicht, der mit der Ablieferung eines großen Bootes im April 1944 begann und mit 8 Booten im August endete. Technische Schwierigkeiten verzögerten die Produktion etwas, und Bombenangriffe hemmten sie im Frühjahr 1945. Die Massenproduktion beider Typen lief jedoch voll an und wurde während des Winters 1944/45 und im folgenden Frühjahr aufrecht erhalten.

Auch während der Monate, in denen die Uboote auf den Einbau der neuen Waffen und schützenden Geräte warteten, die ihnen die Rückkehr in die Schlacht im Atlantik ermöglichen sollten, wurden verschiedene andere Aufgaben weiterhin erfüllt. Im Fernen Osten wurde die Gruppe, die im Mai 1943 nach Penang gegangen war, in diesem und im folgenden Jahre weiter verstärkt. Diese Gruppe verlor ihren letzten Tanker im Januar 1945. Da nach dem Zusammenbruch im Nordatlantik Ablenkungen tunlich waren und Blockadebrecher aus Ostasien seit einiger Zeit nicht mehr durchkommen konnten, wurden 15 deutsche sowie einige italienische und japanische Uboote zum Transport hochwertiger Frachten geringen Umfangs von und nach Ostasien eingerichtet. Die meisten von ihnen gingen jedoch verloren. Ein Uboot wurde Japan als Geschenk überlassen, von den Japanern aber für den Nachbau als zu kompliziert betrachtet.

Die deutschen Uboote verstärkten auch Ende 1943 und Anfang 1944 die Operationen im Mittelmeer. Im Herbst 1944 wurde aber dort das letzte Uboot versenkt. Auch der arktische Schauplatz wurde sowohl gegen Invasion als auch gegen die Murmansk-Geleite verstärkt, jedoch mit sehr seltenen Erfolgen. Im Jahre 1944 wurde eine 8 Monate anhaltende Debatte über die britischen Flugzeugträger geführt, die in den Murmansk-Geleiten mitfuhren und die Erfolgschancen der Uboote gleich null werden ließen. Dönitz wies aber immer wieder darauf hin, daß die Uboote diese Träger nicht ausschalten konnten, obwohl er schließlich einige Boote in das Gebiet von Scapa Flow, die Basis der Träger, entsandte. Göring beharrte jedoch darauf, daß seine Luftwaffe zu schwach sei, um diese Träger anzugreifen, obgleich er zustimmte, einige Torpedoflugzeuge nach Norwegen zu schicken. Keine dieser Maßnahmen konnte einen nennenswerten Einfluß auf den Verlauf des Krieges haben.

Im März 1944 hatte der alliierte Druck einen Punkt erreicht, daß der Kommandant von U 852 nach der Versenkung des Frachters *Peleus* aus Furcht vor Entdeckung die Überlebenden und Wrackteile mit Maschinenwaffen beschoß, um jede Spur seines Angriffs auszulöschen. Auf derselben Feindfahrt wurde sein Boot jedoch später versenkt, und er geriet in Gefangenschaft. Drei Besatzungsmitglieder der *Peleus* hatten das Massaker überlebt und sagten in der Gerichtsverhandlung, die mit Todesurteilen gegen den Kommandanten und seinen Geschützführer endete, als Zeugen aus. Dönitz erfuhr von diesem Vorfall erst nach dem Kriege. Zur Ehre der deutschen Ubootfahrer ist die Tatsache zu erwähnen, daß der *Peleus-*

Vorfall die einzige derartige, willentlich begangene Grausamkeit ist, von der man weiß. Dönitz blockierte durch seine entschlossene Führung die Idee Hitlers, schiffbrüchige Besatzungen anzugreifen, und der *Laconia*-Befehl war weder als Aufruf zur Vernichtung Schiffbrüchiger gedacht, noch wurde er allgemein so ausgelegt. Trotz des etwas zweideutigen Satzes »Rettung widerspricht den primitivsten Forderungen der Kriegführung nach Vernichtung feindlicher Schiffe und ihrer Besatzungen[2]« war es ein »Nichtrettungs«-Befehl, der ausschließlich auf die Notwendigkeit, die Uboote gegen Luftangriffe zu schützen, zurückzuführen war.

Im Juni 1944 ermöglichte ein sorgfältig vorbereitetes Vorgehen den Alliierten einen direkten Einblick in den Stand der technischen Ubootanlagen. U 505 wurde von dem amerikanischen Geleitzerstörer *Chatelain*, der zu einer Ujagd-Gruppe gehörte, geortet und mit Wasserbomben belegt. Als das beschädigte Uboot auftauchte, wurde sein Deck von 3 Schiffen mit kleinkalibrigem Maschinengewehrfeuer gehalten, während über dem Boot bedrohlich Flugzeuge des Geleitträgers *Guadalcanal* kreisten. Die Besatzung des Bootes sprang über Bord, nachdem sie das Verschlußventil eines starken Rohres geöffnet hatte, um das Sinken des Bootes zu beschleunigen. Auf den amerikanischen Schiffen wurde der altertümliche Befehl »Klar zum Entern!« gegeben, und beherzte Männer des Geleitzerstörers *Pillsbury* enterten mit einem kleinen Boot U 505, schlossen die Ventile und brachten so der U. S. Navy die erste Kriegsschiff-Prise nach über einem Jahrhundert ein. Der Wert der Beute wurde noch erhöht, als man feststellte, daß sich das Ubootsignalheft an Bord befand.

Die Uboote kämpften noch weiter. Trotz anhaltender Verluste befanden sich Ende 1943 und Anfang 1944 monatlich mehr als 50 Boote auf Feindfahrt. Im Frühjahr 1944 wurde der Schnorchel voll verwendbar. Er steigerte die Schlagkraft der vorhandenen Boote zwar nicht, erlaubte ihnen aber, ihre Batterien aufzuladen, ohne auftauchen zu müssen, und erhöhte so ihre Überlebenschance. Der Schnorchelkopf wurde mit Schaumgummibeschichtung versehen, um Radarstrahlen zu absorbieren, und trug eine kleine Antenne für das Radarbeobachtungsgerät, das das Boot nicht mehr ganz blind sein ließ. Ein Uboot in Schnorcheltiefe konnte aus einiger Entfernung durch Asdic schwer geortet werden. Der Schnorchelkopf bildete jedoch ein starkes Kielwasser, und ein Uboot in geringer Tiefe konnte manchmal vom Flugzeug aus gesehen werden, so daß das Schnorcheln

[2] Léonce Peillard, *Die Laconia-Affäre*, S. 190.

nachts erfolgen mußte. Ferner konnte ein Uboot, dessen Diesel liefen, seine Horchgeräte nicht benutzen. Der Schnorchel stellte also zwar eine große Verbesserung dar, war jedoch kein Allheilmittel.

Dönitz sah jedoch in ihm eine neue Möglichkeit zum Angriff gegen Englands Versorgungswege. Im Mai 1944 entsandte er eine Gruppe von Schnorchelbooten in die flachen Gewässer dicht unter der englischen Küste, um sich dort zwischen den Sandbänken und Wracks auf die Lauer zu legen. Die Überraschung wurde in gewissem Maße erreicht, und nach dem 1. Juni durften nur noch Schnorchelboote auf Feindfahrt gehen. Sie hatten im Atlantik und in den Küstengewässern einigen Erfolg, doch setzte die lange Zeit, die sie zum An- und Abmarsch benötigten, ihren Wirkungsgrad merklich herab.

Im März wurden die Uboote in allen in Betracht kommenden Gebieten in Bereitschaft für eine Invasion zusammengezogen. Als sie im Juni in der Normandie erfolgte, griffen 16 Uboote aus der Biscaya im Kanal an. Der Gedanke war, daß jeder Verlust des Gegners auf See ihn in der kritischen Phase des Gewinnens von Brückenköpfen besonders treffen würde. Eine Gruppe von 19 Ubooten operierte in der Biscaya, und einige weitere Boote wurden aus Norwegen in den Kanal dirigiert. Die Verluste der Uboote war hoch: innerhalb von zwei Monaten gingen 15 Uboote verloren, denen 21 versenkte alliierte Schiffe gegenüber standen. Die Schnorchelboote konnten jedoch ihre Operationen fortsetzen. Aus anderen Bereichen wurden einige Uboote in den Nordatlantik entsandt um die Alliierten zur Aufteilung ihrer Invasions-Geleitfahrzeuge zu zwingen. Nachdem sie an Land festen Fuß gefaßt hatten und die Ubootverluste im Invasionsgebiet an Zahl die der versenkten alliierten Schiffe erreichten, wurden die Uboote im August zurückgezogen. Einige wenige wurden zur Versorgung eingeschlossener Häfen herangezogen. Als die Uboot-Stützpunkte von der Landseite aus von den Alliierten genommen wurden, wurden die Uboote nach Norwegen und Deutschland verlegt.

Daß die Uboote den Kampf in den zwei nahezu aussichtslosen Jahren vom Mai 1943 bis zum Mai 1945 fortsetzten, ist ein bemerkenswertes Zeichen für Dönitz' Führereigenschaft. Von 1170 Ubooten gingen bis zum Ende 784 verloren, viele davon mit der ganzen Besatzung. Weit mehr als die Hälfte dieser Zahl wurde in diesen letzten zwei Jahren versenkt – dennoch liefen die Uboote noch im April 1945 fast trotzig aus, so als hätten sie den Makel der Meuterei der Hochseeflotte von 1918 auszulöschen.

Trotz andauernder Verluste bei geringen Erfolgen und ständig wachsender alliierter Abwehrmaßnahmen erwartete Dönitz voller Hoffnung das Auslaufen der neuen Uboottypen. Im Februar 1945 liefen die ersten Boote des kleinen Typs XXIII in die Gewässer um die britischen Inseln aus, wo sie sehr erfolgreich bis zum Kriegsende operierten, wobei keines der teilnehmenden 8 Boote verloren ging. Da sie aber nur je zwei Torpedos mitführten, war ihre Wirksamkeit gering. Eine viel bedrohlichere Gefahr wären die 61 Boote dieses Typs, die im Mai fertig waren, und die 8 kleinen Walterboote gewesen, hätten sie noch Zeit gehabt.

Für die Uboote des großen Typs XXI, auf den Dönitz seine Hoffnung setzte, entwarf sein Stab völlig neue Pläne, die die bemerkenswerten Eigenschaften dieser Boote ausgezeichnet zum Tragen brachten. Sie besaßen einen Schnorchel mit Anti-Radar-Beschichtung und Radar-Beobachtungsantenne, hochempfindliche Horchgeräte, die unter Wasser Schiffe in über 50 Seemeilen Entfernung erfaßten, ein Hochfrequenz-Sonargerät, mit dem Kurs, Entfernung, Geschwindigkeit, Anzahl und Art der Ziele bestimmt werden konnten, zielsuchende Torpedos, die weder durch Täuschbojen noch durch Schiffe, die ihre Hauptmaschinen stoppten, irregeleitet werden konnten und mit einer Programmsteuerung aus jeder Lage zum Ziel geschossen werden konnten und Schleifenlauf-Torpedos mit Zickzackkursen. Ein geräuschloser Motor und entsprechende Propeller ermöglichten ein geräuschloses Fahren mit 5 kn Geschwindigkeit. Die Uboote sollten verwegen unter die Geleitzüge gehen, wo sie nicht mehr geortet werden und angegriffen werden konnten, und dann aus einer Tiefe von 50 m ihre Torpedos schießen, ohne ihren Gegner auch nur gesehen zu haben.

Die Eigenschaften des neuen Ubootes schalteten die wirkungsvollsten alliierten Ujagd-Methoden aus. Optische und Radar-Ortung durch Flugzeuge wurde durch die Taktik, stets getaucht zu bleiben und den Schnorchel nur nachts zu benutzen, praktisch ausgeschaltet. Asdic, Wasserbomben und Hedgehogs verloren durch erheblich größere Angriffstiefe und Unterwasser-Geschwindigkeit stark an Wirkung. Die Konstrukteure des Typs XXI und Dönitz' erfahrene Taktiker hatten die Alliierten im technischen Wettlauf überflügelt. Die Schlacht im Atlantik stand vor ihrem Neubeginn, und die alliierten Lebensadern waren bei sicher überlegener deutscher Taktik wieder furchtbar gefährdet.

Über 100 dieser furchterregenden Uboote waren fertiggestellt, und viele Bootsbesatzungen hatten die Ausbildung abgeschlossen, als das erste Boot am 30. April 1945 auslief. Es entkam einer Ujagdgruppe leicht, ortete nach einer mehrtägigen Fahrt einen Kreuzer mit Zerstörergeleit, ging auf Angriffsposition, setzte sich wieder ab, ohne überhaupt bemerkt worden zu sein, und tauchte auf, während der Verband seine Fahrt fortsetzte. Die neuen Angriffsmethoden waren perfekt, die neue Waffe, die eine Wende im Seekrieg bringen sollte, stand bereit. Hitler hatte jedoch seinem Leben in der Woche zuvor ein Ende bereitet, und das Uboot war nicht mehr als eine Kriegsbeute.

Nachwort

AUSWIRKUNGEN DER DEUTSCHEN SEESTRATEGIE IM ZWEITEN
WELTKRIEG AUF DIE ÄRA DES »KALTEN KRIEGES«.

Die deutsche Strategie vermochte nicht, den Zweiten Weltkrieg zu
verhindern, ihn zu gewinnen oder ihn anders als mit einer totalen
Niederlage zu beenden. Diese Feststellung darf jedoch nicht als
Grabgesang auf deutsche strategische Gedanken oder auf ihren Wert
für die Geschichte verstanden werden. Besonders die deutsche Seestrategie verdient sehr sorgfältige Untersuchung; denn die Lage, in
der sich die westliche altantische Gemeinschaft in der Periode des
Kalten Krieges befindet, hat manche Parallelen zu den Problemen,
vor denen Deutschlands Gegner von 1919 bis 1945 standen.
Die deutsche Seestrategie umfaßte eine Anzahl kühner und einfallsreicher Pläne. Die Diversionsstrategie der Überwasserstreitkräfte
erfüllte ihre Aufgabe zu Beginn des Krieges sehr gut, bis nach starkem Anwachsen der Ubootflotte die sie ergänzende Strategie des
Tonnagekrieges angewandt werden konnte. Beiden gemeinsam war,
daß sie in richtiger Erkenntnis die Entscheidung auf den Seewegen
im Atlantik suchten. Die Mittelmeerstrategie war ebenso vernünftig, solange sie die »Schlacht im Atlantik« ergänzte.
Die strategischen Überlegungen pflegten jedoch hinter den Gescheh-
nissen zurückzubleiben. Die Entsendung von Ubooten in das Mittelmeer war ein Versuch, einen Feldzug auf Kosten der weit wichti-
geren Schlacht im Nordatlantik zum Vorteil zu wenden. Bei den
Geleitzugkämpfen im Eismeer wurden die Anweisungen, kein Risiko einzugehen, die im Atlantik sinnvoll gewesen waren, starr beibehalten, obwohl hier das Eingehen eines kalkulierten Risikos in
aggressivem und wagemutigem Vorgehen besser angebracht gewesen
wäre, wo mehr Einheiten zur Verfügung standen, die auch leichter
geopfert werden konnten.
Taktisch gesehen, scheint mehr als nur die Nötigung zur Vorsicht
hinter den deutschen Fehlschlägen gestanden zu haben. Die deutsche
Marine hatte weder Zeit noch Gelegenheit gehabt, sich eine Tradition von der Art zu schaffen, die in einer Krisensituation einen
Drake, einen Nelson oder einen Spruance hervorbringen konnte –
Männer, die die Fähigkeit besaßen, sorgfältig zu planen, ihre Verbände entschlossen zu führen und dann bis zur Entscheidung durch-
zufechten im Vertrauen darauf, daß, wenn alles Menschenmögliche

getan war, das »Glück auf der Seite des Tapferen« stehen würde. Zugegeben, die Voraussetzungen hierfür waren nicht günstig. Die deutschen Befehlshaber wurden durch Brennstoffmangel in ihren Häfen festgehalten. Es fehlte ihnen an Zusammenwirken mit Luftstreitkräften, sie hatten zu wenige Zerstörer und Leichte Kreuzer als Sicherung gegen Uboote und Zerstörer, und sie hatten sich mit ständigem Wechsel unerfahrener Besatzungen herumzuschlagen. Alles dies erklärt jedoch nicht ganz eine Einstellung, die eine Selbstversenkung nicht zur ultima ratio, sondern zu einer ehrbaren Tradition machte. Es erklärt auch weder die fehlende Initiative von sechs großen Zerstörern, die es in dem Silvestergefecht versäumten, an den Gegner heranzugehen, noch die Auseinandersetzung auf der Brücke der *Bismarck*, als *Prince of Wales* sich aus dem Gefecht löste. An persönlichem Mut mangelte es sicher nicht; eher scheint ein gewisses überspitzt vergiftetes dogmatisches Denken daran schuld zu sein.

Auf der Ebene der Gesamtstrategie erschwert die Tendenz, Hitler für alle Niederlagen die Schuld zu geben und den Soldaten fast alle Erfolge zuzuschreiben, eine gerechte Würdigung des militärischen Geschehens. Hitlers Fehler als Führer waren zahlreich, und sein Verständnis für Seestrategie war stets gering; aber er hatte auch Stärken in seinem politischen Scharfblick und in seinem Wagemut, die auf einem manchmal bemerkenswerten Einfühlen in Denkweise und Handeln seiner Gegner beruhten. Auf die Dauer reichten allerdings auch beste Erleuchtungsblitze nicht aus. Er hatte keine genauen Pläne auf lange Sicht und war, wenn er sich feindlicher Seemacht gegenübersah, nicht fähig, Gegenmaßnahmen zu improvisieren. Er konnte sich weder zur Einstellung auf einen langen Abnutzungskrieg entschließen, noch die Kraft aufbringen, sich für eine gänzliche Vernichtung des Gegners zur See zu entscheiden.

Hitlers Niederlagen zeigen deutlich die Bedeutung einer Reihe von Übereinstimmungen auf, die für den Erfolg einer Nation in dem von Machtpolitik beherrschten internationalen Rahmen erforderlich sind. Diese Übereinstimmungen schließen bewaffnete Macht und Diplomatie, Wirtschaft und Strategie, Streitkräfteplanung und Gesamtstrategie ein. Die Notwendigkeit, militärische und diplomatische Schritte aufeinander abzustimmen, wird an Hitlers Unvermögen sichtbar, seine Siege in Frankreich und Norwegen als Grundlage für ein Verhandlungsabkommen mit Großbritannien zu nutzen oder aber durch Anwendung militärischer Machtmittel England zu Verhandlungen zu zwingen. Die Notwendigkeit einer Übereinstimmung von Wirtschaft und Strategie zeigt sich in der Überbeanspruchung der deutschen militärischen Kräfte. Sie machte die Wirtschaft so unbeweglich, daß zunächst die Forschung auf so bedeutungsvollen Gebieten wie dem der Entwicklung neuer Antriebssysteme für Uboote beschnitten wurde und dann bei Anwachsen des Kriegsbedarfes an Neuentwicklungen auch der normale militärische Bedarf nicht mehr erfüllt werden konnte. Wie wichtig die Übereinstimmung zwischen den Kriegsplänen der einzelnen Wehrmachtteile und der nationalen Gesamtstrategie ist, wird, wiederum in negativem Sinne, an der Entzweiung unter den verschiedenen Oberkommandos von Hitlers Wehrmacht deutlich – etwa über die Anwendung von Luftmacht auf See – die sich schließlich zu einer tödlichen Belastung für das Staatsgefüge auswuchs, das doch eigentlich von den Streitkräften getragen werden sollte. Zieht man alle diese Grundbegriffe in Betracht, so muß Deutschlands Niederlage im Westen im Zweiten Weltkrieg an seinem Unvermögen gemessen werden, den Alliierten die Nutzung der Seewege zu versagen.

Die aus Deutschlands strategischer Niederlage zu ziehenden Lehren müssen keineswegs zu weiteren Kriegen führen. Wenn aber Krieg unausweichlich wird, so ist nur zu hoffen, daß er mit einer möglichst vernünftigen Zielsetzung geführt werden kann. Strategische Überlegungen können ein beschränkender Faktor auf der Suche nach Lösungen oder Beilegung internationaler Spannungen sein. Wären die Folgerungen aus Wegeners Thesen hinsichtlich der Stärke von Seemacht überdacht und auf die Lage in den dreißiger Jahren angewendet worden, oder hätte die nationalsozialistische Führung die britische politische Haltung und militärische Elastizität 1939 richtig eingeschätzt, hätte es keinen Zweiten Weltkrieg gegeben.

Die Entscheidungen Westdeutschlands nach dem Kriege haben klares Verständnis für die Beziehungen zwischen den Weltmächten bewiesen. Die Bundesrepublik Deutschland ist ein aktiver Partner im atlantischen Bündnis geworden, ein Anerkennen nicht nur der Stärke des sowjetischen Reiches, sondern auch der Wirksamkeit der Seemacht der Westmächte. Deutsche Streitkräfte sind Bestandteil der Streitkräfte der atlantischen Gemeinschaft geworden, statt unabhängig in erneutem Streben nach Wegen zum Erringen eigener Macht zu rein nationalen Zwecken aufgestellt zu werden. Die neue Marine der Bundesrepublik Deutschland steht bereit zur Verteidigung der Ostseeausgänge, um die atlantischen Seewege vor einer Bedrohung aus dem Osten zu schützen, nicht aber, um die Ostsee als Operationsbasis gegen das atlantische Bündnis zu behaupten.

Im weiten Überblick über die Machtverteilung hat sich in einer Zeit, in der einige auf der Suche nach Utopien waren und andere sich unter dem Eindruck des festgefahrenen Kalten Krieges auf zynischen Nationalismus zurückzogen, zwischen den sich befehdenden Großmächten stillschweigend eine bemerkenswerte Übereinkunft herausgebildet, durch die ihnen eine Koexistenz über mehr als 20 Jahre ohne einen Weltkrieg möglich wurde. Die Gefahr eines Atomkrieges reicht zur Erklärung nicht aus. Ein Erkennen der Stärke der westlichen maritimen Gemeinschaft auf allen Seiten hat zwischen verschiedenen Machtblöcken Grenzen gesetzt, ebenso wie die Rote Armee die Machtverhältnisse in Mitteleuropa stabilisiert hat. Das sorgsam aufrechterhaltene Kräftegleichgewicht läßt eine Welt voll von einiger Spannung erkennen, obwohl man sie geringer nennen kann als die von 1939, als Hitlers innere Vorstöße die Weltszene beherrschten. Das Gleichgewicht ist nicht vollkommen, und es ist auch nicht sicher, ob es von Dauer sein wird. Trotzdem muß festgehalten werden, daß große Teile der Welt für fast ein Vierteljahrhundert vom Kriege verschont blieben, und daß Kriege nur dort stattfanden, wo es kein vernunftgemäß verstandenes Gleichgewicht gibt.

In den Gesamtstrategien der Zukunft wird der Einfluß westlicher Seemacht weiterhin ein bestimmender Faktor in der Kräfteverteilung der Weltmächte bleiben. Nichts hat bisher die Seewege als die für die Westliche Allianz unverzichtbaren Straßen zum Transport von Gütern und Streitkräften verdrängt oder droht sie in naher Zukunft zu verdrängen. In Erkenntnis dieser Tatsache haben die Vereinigten Staaten einen Teil ihrer die »letzte Drohung« bildenden Atomwaffen auf nuklear angetriebenen Unterseebooten mit Flugkörperbewaffnung aufgestellt. Sie bauen Flugzeugträger sowohl für Atom- als auch für begrenzte Kriegführung und verbessern ihre amphibischen Leistungsmöglichkeiten. Alle diese Streitkräfte tragen zum Gleichgewicht des Schreckens ebenso wie zu einer Stabilität bei, die auf einer verhältnismäßig vernunftgemäßen Bewertung des Kräftegleichgewichtes zwischen den Mächten der Welt beruht.

Waffensysteme verändern sich, aber die atlantische Gemeinschaft hat es bisher immer verstanden, ihre militärische Stärke gegen Ziele an Land mit Hilfe der See zum Tragen zu bringen. Auf der anderen Seite werden die Seemächte eindeutig im Falle jedes größeren Krieges auf den ozeanischen Seewegen in der Defensive stehen, und zwar einschließlich eines »totalen« Krieges, wenn er sich über die Zeit eines ersten Infernos hinziehen sollte. Wieder einmal könnten an Zahl unterlegene Flotten, in welcher Zusammensetzung und mit welcher anteiligen Luftwaffenunterstützung auch immer, zu einer Gefahr für die westlichen Lebensadern werden. Wieder einmal müssen die Seemächte bereit sein, solchen Gefahren zu begegnen – diesmal aber mit wirkungsvollen Mitteln, die schon in Friedenszeiten entwickelt worden sind; denn die Zeit ist knapp, die Technik wird zunehmend komplizierter, und jedes Schwächezeichen wird wahrscheinlich von russischen Strategen erkannt und ausgenutzt, die jedes Druckmittel auf allen Ebenen einer Konfrontation anwenden werden, vom Grenzzwischenfall bis zum großen Konflikt.

Wieder einmal steht die Vorherrschaft, die die westlichen Seemächte seit dem 16. Jahrhundert innehatten, auf dem Spiel. Wieviel wird ihnen das Verständnis ihres maritimen Erbes, die Schaffung einfallsreicher Strategien und schließlich einfach der Wille zum Sieg in Zukunft nützen? Die Gefahr, die die deutsche Kriegsmarine von 1939–1945 für westliche Seemacht darstellte, kann der heutigen atlantischen Gemeinschaft als ernste Warnung dienen.

Anhang I

DIE SCHLACHT IM ATLANTIK 1939–1945

| | Deutsche Uboote | | | |
	Bis zu diesem Zeitpunkt gebaut[1]	Bis zu diesem Zeitpunkt versenkt	In 3 Monaten gesunken	Im Atlantik durchschn. pro Monat in See
	1	2	3	4
1939				
September – November	55	8	8	16
1940				
Dezember (1939) – Februar	60	15	7	11
März – Mai	70	24	9	15
Juni – August	80	29	5	14
September – November	100	33	4	12
1941				
Dezember (1940) – Februar	125	33	0	10
März – Mai	150	41	8	19
Juni – August	200	49	8	32
September – November	250	58	9	37
1942				
Dezember (1941) – Februar	310	73	15	39
März – Mai	350	86	13	53
Juni – August	425	110	24	72
September – November	500	150	40	100
1943				
Dezember (1942) – Februar	575	180	30	102
März – Mai	650	251	71	115
Juni – August	725	330	79	76
September – November	800	384	54	75
1944				
Dezember (1943) – Februar	875	427	43	67
März – Mai	925	495	68	56
Juni – August	975	578	83	44
September – November	1 050	619	41	51
1945				
Dezember (1944) – Februar	1 100	669	50	46
März – Mai	1 170	784	115	52
Summe (soweit sinnvoll)	1 170	784		

Siehe Anm. S. 288

Alliierte Handelsschiffahrt (alle Angaben in 1 000 BRT)				Deutsche Handelsstörer	
Neubauten in 3 Monaten	Verluste durch Uboote N.-Atl.	Gesamtverluste durch Uboote	Gesamtverluste	Schwere Einheiten durchschn. pro Monat in See	Hilfskreuzer durchschn. pro Monat in See
5	6	7	8	9	10
300	322	421	800	2	0
300	240	465	1 000	0	0
300	112	161	800	0	3
300	815	834	1 800	0	6
300	764	784	1 500	1	6
300	502	536	1 500	3	6
400	510	846	2 300	2	6
600	336	435	1 800	0	4
700	378	483	1 500	0	3
800	286	789	2 000	0	1
1 200	125	1 426	2 800	0	2
1 700	350	1 589	3 300	0	3
2 200	518	1 801	3 150	0	2
2 500	475	915	1 800	0	1
3 100	620	1 093	2 200	0	1
4 000	0	421	1 600	0	1
4 100	52	220	700	0	1
3 900	23	213	500	0	0
3 500	26	186	500	0	0
2 900	83	227	900	0	0
2 800	37	68	300	0	0
2 600	142	225	900	0	0
–	129	179	–	0	0
	6 846	14 316			

Anmerkungen zum Anhang I:

Statistische Aufstellungen über die Schlacht im Atlantik stimmen in den seltensten Fällen überein, da sie von einer großen Zahl von Variablen abhängen. Hierzu gehören Probleme wie etwa die Frage, ob man Hilfskreuzer mit unter die alliierten Handelsschiffverluste rechnen soll, ob für Schiffsverluste in Küstennähe als Ursache Minen oder Torpedos angenommen wird, und ob man zu den Verlusten an Ubooten auch die zählen soll, die noch unfertig in den Werften und Häfen zerstört wurden. Die statistischen Angaben in Anhang I geben ein ziemlich zuverlässiges Bild, ohne aber den Anspruch auf letzte Exaktheit zu erheben. Viele Zahlen wurden, um eine bessere Übersicht zu erzielen, abgerundet.

Die Spalten 1, 2 und 3 wurden nach Karl Heinz Kurzack, »German U-Boat Construction«, USNIP, LXXXI (April 1955), pp. 374–389 zusammengestellt. Die Spalten 5 und 8 wurden aufgestellt nach Captain S. W. Roskill, D.S.C., R.N., *The War at Sea* (London, Her Majesty's Stationery Office, 1954–1961), Vol. I, pp. 599–600; Vol. II, pp. 467–471; Vol. III, Part. 1, pp. 365–372; Vol. III, Part. 2, pp. 463–469. Die Daten zu Spalte 4 stammen aus Harald Busch, *U-Boats at War* (New York, Ballantine Books, Inc., 1955), p. 176. Spalten 6 und 7 wurden schließlich aus Jürgen Rohwer, *U-Boote* (Gerhard Stalling Verlag, Oldenburg/Hamburg, 1962), pp. 93–95, und Spalten 9 und 10 aus David Woodward, *The Secret Raiders* (New York, W. W. Norton & Company, Inc., 1955) entnommen.

---

[1] Bis zum Juni 1944 hatte der Typ VII, ab Juni 1944 der Typ XXI den Hauptanteil an der Produktion.

288

Anhang II

CHRONOLOGIE DER WICHTIGSTEN EREIGNISSE DER
DEUTSCHEN MARINEGESCHICHTE 1919–1945.

1919	21. Juni	Versenkung der Kaiserlichen Hochsee-flotte in Scapa Flow
1928		Entwurf des Panzerschiffs *Deutschland* fertiggestellt
1928	1. Oktober	Admiral Erich Raeder wird Chef der Ma-rineleitung
1933	30. Januar	Adolf Hitler wird Reichskanzler, Her-mann Göring Reichsminister für Luftfahrt
1935	16. März	Göring wird Oberbefehlshaber der neu-geschaffenen Luftwaffe Baubeginn der Schlachtschiffe *Scharnhorst* und *Gneisenau*
	17. Juni	Deutsch-britischer Flottenvertrag
	29. Juni	Indienststellung von U 1
	27. September	Fregattenkapitän Karl Dönitz wird Chef der U-Flottille Weddigen
	3. Oktober	Angriff Italiens auf Abessinien
1936		Baubeginn der Schlachtschiffe *Bismarck* und *Tirpitz*
	7. März	Remilitarisierung des Rheinlandes
	18. Juli	Beginn des spanischen Bürgerkrieges
	3. September	Unterzeichnung des Londoner Ubootpro-tokolls
1937	Mai	Neutralitätsgesetz der USA
1938	12./13. März	Anschluß Österreichs
	September	Beginn der Ausarbeitung des Z-Plans
	29. September	Münchener Abkommen (Abtretung des Sudetenlandes durch die Tschechoslowakei)
	Dezember	Zustimmung Großbritanniens zur Erhö-hung der deutschen Uboot-Tonnage

1939	27. Januar	Dem Z-Plan wird von Hitler die höchste Dringlichkeitsstufe zugewiesen
	15./16. März	Besetzung der Rest-Tschechoslowakei
	23. März	Übernahme des Memellandes von Litauen
	28. März	Ende des Spanischen Bürgerkrieges
	7. April	Italienischer Einmarsch in Albanien
	27. April	Kündigung des deutsch-britischen Flottenvertrages durch Hitler
	23. August	Abschluß des deutsch-sowjetischen Nichtangriffspakts
	1. September	Deutscher Einmarsch in Polen
	3. September	Kriegserklärung Frankreichs und Großbritanniens
	4. September	Versenkung der *Athenia* westlich der Britischen Inseln.
	17. September	Versenkung der *Courageous* westlich Irlands
	26. September	Bekanntgabe der Bewaffnung britischer Handelsschiffe
	14. Oktober	Versenkung der *Royal Oak* in Scapa Flow
	23. November	Versenkung der *Rawalpindi* durch *Scharnhorst* und *Gneisenau* zwischen Island und den Faeroern
	30. November	Beginn des Russisch-Finnischen Krieges
	13. Dezember	Gefecht vor dem La Plata
1940	16. Februar	*Altmark*-Zwischenfall
	12. März	Ende des Russisch-Finnischen Krieges
	31. März	Auslaufen des ersten Hilfskreuzers, *Atlantis*
	8. April	Versenkung der *Glowworm* durch *Admiral Hipper* vor Norwegen
	9. April	Beginn der Besetzung Dänemarks und Norwegens
	9. April	*Blücher* im Oslofjord versenkt
	9./10. April	Versenkung von *Königsberg* und *Karlsruhe* beim Norwegenunternehmen
	10. April	Erstes Gefecht bei Narvik
	13. April	Zweites Gefecht bei Narvik
	10. Mai	Beginn des »Blitzkrieges« im Westen
	27. Mai – 5. Juni	Räumung Dünkirchens

	8. Juni	Britischer Rückzug aus Norwegen
	8. Juni	Versenkung der *Glorious* durch *Scharnhorst* und *Gneisenau* vor Norwegen
	10. Juni	Eintritt Italiens in den Krieg
	25. Juni	Waffenstillstand mit Frankreich
	3. Juli	Britischer Angriff auf Oran
	16. Juli	Führerweisung für Operation »Seelöwe«
	15. August	Beginn des verschärften Luftkrieges gegen England (»Adlertag«)
	7. September	Beginn der Angriffe auf London
	15. September	Abbrechen der »Luftschlacht über England«
	17. September	Aufschub des Unternehmens »Seelöwe« auf unbestimmte Zeit
	23./25. Sept.	Britischer Angriff auf Dakar
	27. September	Abschluß des Dreimächtepaktes zwischen Deutschland, Italien und Japan
	28. Oktober	Italienischer Einmarsch in Griechenland
	29. Oktober	*Admiral Scheer* läuft in den Atlantik aus
	11. November	Britischer Nachtangriff auf Tarent
	30. November	*Admiral Hipper* läuft in den Atlantik aus
	9. Dezember	Beginn der Wüstenoffensive O'Connors gegen Italien
	11. Dezember	Aufgabe des Mittelmeerplanes
	18. Dezember	»Barbarossa«-Weisung für den Krieg gegen Rußland
1941	23. Januar	*Scharnhorst* und *Gneisenau* laufen in den Atlantik aus
	7. Februar	Ende der Wüstenoffensive O'Connors
	22. März	*Scharnhorst* und *Gneisenau* laufen in Brest ein
	28. März	*Admiral Hipper* kehrt aus dem Atlantik zurück
	28./29. März	Seeschlacht bei Kap Matapan
	31. März	Beginn der ersten Wüstenoffensive Rommels
	1. April	*Admiral Scheer* kehrt aus dem Atlantik zurück

6. April	Beginn des Balkanfeldzuges
13. April	Abschluß des Russisch-Japanischen Nicht-angriffspaktes
30. April	Ende des Balkanfeldzuges
18. Mai	*Bismarck* und *Prinz Eugen* laufen in den Atlantik aus
20. Mai	Beginn der Schlacht um Kreta
27. Mai	Untergang der *Bismarck*
30. Mai	Ende der ersten Rommeloffensive
31. Mai	Ende des Kampfes um Kreta
1. Juni	*Prinz Eugen* läuft in Brest ein
8. Juni	Beginn der britischen Unternehmen in Syrien und im Libanon
22. Juni	Beginn des Rußlandfeldzuges
11. Juli	Ende der britischen Unternehmen in Syrien und im Libanon
September	Beginn der Entsendung von Ubooten in das Mittelmeer
14. November	Untergang der *Ark Royal* im Mittelmeer
25. November	Versenkung der *Barham* im Mittelmeer
7. Dezember	Angriff auf Pearl Harbour
10. Dezember	Versenkung von *Prince of Wales* und *Repulse* vor der Malakkahalbinsel
11. Dezember	Deutschland und Italien erklären den USA den Krieg
18. Dezember	*Valiant* und *Queen Elizabeth* werden in Alexandria außer Gefecht gesetzt
1942	13. Januar	Beginn des Ubootkrieges gegen die USA
	21. Januar	Beginn des Vormarsches Rommels nach Ägypten
	11./13. Februar	Kanaldurchbruch
	6. März	Beginn der Geleitzugschlachten auf dem Murmanskwege
	27./28. März	Britischer Raid gegen St. Nazaire
	4./8. Juni	Seeschlacht bei Midway
	Juli	Ubootkonzentration im Nordatlantik
	1./17. Juli	Erste Schlacht von El Alamein
	5. Juli	Auflösung des Geleitzuges PQ 17 im Eismeer
	11. August	Versenkung der *Eagle* im Mittelmeer

31. August bis 6. September	Zweite Schlacht von El Alamein	
12. September	Versenkung der *Laconia* im Südatlantik	
23. Oktober bis 4. November	Dritte Schlacht von El Alamein	
November	Die Uboote erzielen ihre höchste Versenkungsziffer: 118 Schiffe mit 743 321 BRT	
8. November	Beginn der anglo-amerikanischen Landungen in Französisch-Nord- und Westafrika	
19. Nevomber	Beginn des russischen Gegenangriffs bei Stalingrad	
31. Dezember	Silvestergefecht vor dem Nordkap	
1943	30. Januar	Rücktritt Raeders; Großadmiral Karl Dönitz wird Oberbefehlshaber der Kriegsmarine
	2. Februar	Fall Stalingrads
	16.–20. März	Größte Geleitzugschlacht der Geschichte im Nordatlantik
	Mai	Die Uboote verlieren die Schlacht im Atlantik
	13. Mai	Tunesien fällt in die Hand der Alliierten
	10. Juli	Invasion Siziliens durch die Alliierten
	9. September	Landung der Alliierten in Italien bei Salerno
	22. September	Beschädigung der *Tirpitz* im Altafjord durch Kleinst-Uboote
	17. Oktober	Der letzte Hilfskreuzer, *Michel*, wird vor Japan versenkt
	26. Dezember	Versenkung der *Scharnhorst* vor dem Nordkap
1944	3. April	Beschädigung der *Tirpitz* im Altafjord durch britische Trägerflugzeuge
	Mai	Einführung des »Schnorchels« in großem Umfang
	6. Juni	Beginn der Invasion in der Normandie
	20. Juli	Hitler durch Bombenattentat verwundet
	August	Beginn der Unterstützung der Ostfront durch Artilleriefeuer von Überwasser-Streitkräften

15. August	Alliierte Landungen in Südfrankreich
15. September	*Tirpitz* im Altafjord durch schwere Bomber außer Gefecht gesetzt
12. November	*Tirpitz* durch schwere Bomber bei Tromsö versenkt

1945	Februar	Die ersten Uboote vom Typ XXIII gehen auf Feindfahrt
	30. April	Das erste Uboot vom Typ XXI läuft zur Feindfahrt aus
	30. April	Hitler begeht Selbstmord
	30. April	Dönitz wird Staatsoberhaupt
	8. Mai	Kapitulation Deutschlands

Stichwortregister

Aus unserem Marine-Sachbuchprogramm

J. P. Mallmann-Showell

UBOOTE GEGEN ENGLAND

Kampf und Untergang der deutschen Ubootwaffe 1939–1945

200 Seiten, 228 Abbildungen, Leinen, DM 36,–

Dies ist die Geschichte des Entstehens der deutschen Ubootwaffe und ihres Schicksals im Zweiten Weltkrieg. Eine Dokumentation über die Uboote und ihre Männer, ihre Technik und Bewaffnung, über Kampf und das schließliche Sterben der Uboote unterm Hakenkreuz. Weit mehr als 70 Prozent betrug ihre Verlustquote während des Zweiten Weltkrieges! Trotz dieser Tatsache waren die Uboote die einzige Waffe in der Rüstkammer des Dritten Reiches, die Großbritannien hätte niederringen können. J. P. Mallmann-Showell ist den Dingen auf den Grund gegangen. Daraus ist dieses einzigartige, objektive Werk über den Aufbau und die Kampfhandlungen der deutschen Ubootwaffe entstanden. Es enthält eine Menge Informationen zu der mörderischen Schlacht, die sich auf fast allen Weltmeeren abspielte. Dieser Report wird ergänzt durch rund 250 Abbildungen, die großenteils noch nicht veröffentlicht wurden. Mit diesem Buch wird ein Kapitel der Geschichte über den Krieg der deutschen Uboote abgeschlossen.

S. G. George

VOM SKAGERRAK NACH SCAPA FLOW

Die Hebung der versenkten deutschen Flotte – eine technische und seemännische Großtat der Schiffsbergung

269 Seiten, 90 Abbildungen Leinen, DM 28,–

Mehr als ein halbes Jahrhundert nach der Versenkung der deutschen Hochsee-Flotte hat es der Engländer S. G. George unternommen, nach gründlicher und mühevoller Vorarbeit die Geschichte dieser in der Welt einzig dastehenden technisch und seemännischen Großtat niederzuschreiben. Er begann damit, durch Zeitungsanzeigen mit den auf den Orkney-Inseln und in den Werftstädten noch lebenden Teilnehmern an diesen Bergungsunternehmungen Verbindung aufzunehmen – vom Firmendirektor bis zum Taucherhelfer. Durch ihre Befragung gelang es, das aus Artikeln der lokalen Orkney-Zeitungen und den Geschäftsunterlagen der Bergungsfirmen entstehende Tatsachengerüst mit Leben und persönlichen Erinnerungen zu füllen und eine umfassende und fesselnde Schilderung dieses einmaligen Großunternehmens zu geben.

Prof. Dr. Jürgen Rohwer

GELEITZUGSCHLACHTEN IM MÄRZ 1943

356 Seiten, 180 Abbildungen und Zeichnungen, Leinen, DM 36,–

Die »Schlacht im Atlantik« war mit ihren 68 Monaten die längste Schlacht des Zweiten Weltkrieges. Es ging um die für England lebensnotwendigen Zufuhren über See. Obwohl mit Schlachtschiffen, Kreuzern, Schnellbooten, Flugzeugen und Minen angegriffen wurde, oblag die Hauptlast des Kampfes den deutschen Ubooten. Den Schwerpunkt des Ringens bildeten die Konvoi-Routen im Nordatlantik. Hier fiel im Jahr 1943 die Entscheidung in einer Kette von Geleitzugschlachten. In diesem Buch wird zum ersten Mal der Versuch gemacht, den Höhepunkt dieser Schlacht im Atlantik in den ersten 20 Tagen des März 1943 zu schildern. Mit zahlreichen Karten wird die Gesamtlage im Nordatlantik verdeutlicht.

 **MOTORBUCH-VERLAG 7 STUTTGART 1 POSTFACH 1370**